国家社科基金后期资助项目研究成果（17FTQ001）

民国时期图书馆社团研究

王阿陶　著

国家图书馆出版社

图书在版编目(CIP)数据

民国时期图书馆社团研究 / 王阿陶著. —北京：
国家图书馆出版社,2022.8
ISBN 978 - 7 - 5013 - 7434 - 2

Ⅰ.①民…　Ⅱ.①王…　Ⅲ.①图书馆—社会团体—研
究—中国—民国　Ⅳ.①G259.296

中国版本图书馆 CIP 数据核字(2022)第 003614 号

书　　名　民国时期图书馆社团研究
著　　者　王阿陶 著
责任编辑　唐 澈 张 颀
责任校对　郝 蕾
封面设计　耕者设计工作室

出版发行　国家图书馆出版社(北京市西城区文津街 7 号　　100034)
　　　　　(原书目文献出版社　北京图书馆出版社)
　　　　　010 - 66114536　63802249　nlcpress@ nlc. cn(邮购)
网　　址　http://www. nlcpress. com
排　　版　北京金书堂文化发展有限公司
印　　装　河北鲁汇荣彩印刷有限公司
版次印次　2022 年 8 月第 1 版　2022 年 8 月第 1 次印刷

开　　本　710×1000　1/16
印　　张　27
字　　数　443 千字
书　　号　ISBN 978 - 7 - 5013 - 7434 - 2
定　　价　125.00 元

国家社科基金后期资助项目
出版说明

　　后期资助项目是国家社科基金设立的一类重要项目,旨在鼓励广大社科研究者潜心治学,支持基础研究多出优秀成果。它是经过严格评审,从接近完成的科研成果中遴选立项的。为扩大后期资助项目的影响,更好地推动学术发展,促进成果转化,全国哲学社会科学工作办公室按照"统一设计、统一标识、统一版式、形成系列"的总体要求,组织出版国家社科基金后期资助项目成果。

全国哲学社会科学工作办公室

序

王阿陶博士的《民国时期图书馆社团研究》付梓在即,邀我作序。我作为王阿陶的硕、博士导师,同时又是其多个科研课题的合作者,责无旁贷。

2009 年,我在四川大学历史文献学专业设立图书馆文献资源建设研究方向,王阿陶作为该方向的第一届博士研究生,就此开始从事图书馆史领域的研究。入学以后,她很快确定以中华图书馆协会作为博士期间的研究主题,最终完成了 24 万字的博士学位论文《中华图书馆协会研究(1925—1949)》,其论文获得外审及答辩专家一致好评,并于 2012 年顺利通过答辩。

中华图书馆协会作为民国时期最具影响力的图书馆社团,对推动民国时期图书馆事业发展与图书馆学术研究,可谓厥功至伟。然而中华图书馆协会只是当时众多图书馆社团的一个代表、一个缩影,是观察民国时期图书馆社团的一个窗口,对中华图书馆协会的研究也只是完成了对众多图书馆社团中一个点的研究,需要由点及线,从一个图书馆社团,扩展至这一时期的所有图书馆社团,系统考察社团组织对于图书馆学术研究与图书馆事业的作用,再由线及面,全面总结过往经验得失,以资当下借鉴。这既是一般学术研究的演进过程,也是学术研究作用现实社会的必然逻辑。职是之故,王阿陶借助写作博士论文过程中所积累的大量文献资料,扩大研究范围,将民国时期的图书馆社团作为研究对象,并于2017 年以"民国时期图书馆社团研究"为题成功获批国家社科基金后期资助项目,本书就是该项目的最终研究成果。

民国时期的图书馆社团,既有区别于同时期其他群众性社团的一面,即主要由业缘关系聚合而成,而非学缘、地缘和趣缘关系,又有与同时期其他群众性社团同样的病痛,即受社会局势和战乱的影响,加之其作为群众性组织对于会员约束力不强、自身管理不力、受国民政府挤压生存空间等原因,大多数图书馆社团的发展并未如其成立时所预想的。

因此,民国时期的图书馆社团成为学界忽略的一个研究领域。

然而,本书先以"补缺"为阶,以"还原"为梯,以"正名"为终,展现了一幅民国时期图书馆社团从酝酿到成立,从发展到衰落的完整图景。

清末民初,社会变革、思想激荡、文化转型,社会教育被视为"造就近代国民"的利器,因此作为社会教育机关的图书馆得到了极大发展。而图书馆界内部,新图书馆运动带来了新的思想启蒙,图书馆学教育培育了一定数量的图书馆人,与此同时,图书馆学研究也走向聚合,加之国外图书馆社团的榜样作用,目前有文献可查的首个图书馆社团——北京图书馆联合会于1918年成立。1925年,全国性的图书馆社团——中华图书馆协会在图书馆界、教育文化界人士的共同努力下,终于成立,并实际充当了图书馆界领袖的角色,而中国的图书馆学术研究和图书馆事业也就此进入有组织、有目标、有规划的新阶段。在细致梳理各个图书馆社团的成立及发展梗概的基础上,本书以中华图书馆协会为个案,对民国时期图书馆社团的管理与运行机制进行探究。接着,本书着重对民国时期图书馆社团的学术成果进行梳理和研究,对图书馆社团开展的图书馆事业发展活动进行展示和剖析,全面揭示了民国时期的图书馆社团对于图书馆学术研究和图书馆事业发展所起到的重要促进和推动作用。此外,本书还对与图书馆社团有关的重要人物,围绕他们对于图书馆社团的贡献、与图书馆社团的工作往来等进行刻画,丰富了对民国时期图书馆人的观察视角。最后,本书总结民国时期图书馆社团的主要贡献和其在中国近代图书馆史上的地位,也指出了当时多数图书馆社团功能发挥不全的问题。

从整体上来看,本书的内容有以下几方面值得肯定:

首先,区别于以往研究多在近代图书馆事业史演进过程中对社团组织进行观察,本书以社团组织为基准点对近代图书馆事业史和学术史进行观察,两者的不同之处在于发力方的不同,前者认为图书馆事业和学术研究的进步促使图书馆社团向前发展,后者认为图书馆社团促进了图书馆事业和学术研究的发展。诚然,两者都各有其逻辑自洽之处,但现实情形是图书馆事业和学术研究与图书馆社团之间是彼此紧密联系的,彼此互相促进的。而且以往的图书馆史人物研究普遍缺乏对图书馆社团职员或会员的关照,忽略社团组织对于个人思想、学术研究的培养和推动作用,以及个人之于图书馆社团的作用与贡献。而本书单列一章论述图书馆社团的主要倡导者和职员,论述其思想起源和发展以及对图书馆社团的倡导和实际工作。因此,本书的相关内容可以弥补以往单一视角的缺失所带来的偏颇。

其次,作为民国时期图书馆界与政府的中间组织,图书馆社团是两者沟通的桥梁之一,又是两者力量动态平衡的工具,本书在论述图书馆社团发展梗概以及促进图书馆事业发展的相关内容中,尽可能多地呈现其与当时政府之间的交往和互动。本书在使用大量档案、民国期刊、图书等文献的基础上,还挖掘出一些未被学界发现或重视的图书馆社团,如浙江的学区图书馆协会。同时,厘清了一些过去众说纷纭的史实,如中华图书馆协会到底是否有分会、浙江省会图书馆协会与杭州图书馆协会之间的关系等,这是本书在资料方面有补于学术界的。

再次,在目前的研究成果中,年代较远的少数学术成果认为民国时期的图书馆社团是国民党的御用工具而对其口诛笔伐,抹杀其功绩。本书就图书馆社团在七个方面所做出的突出贡献,做了中肯而详尽的论述,从而证明了相关成说的有失公允。年代较近的学术成果虽部分承认了图书馆社团的成绩,但未能指出其局限及其成因。而本书在还原民国时期图书馆社团活动对于图书馆事业与学术研究的贡献的同时,也分析了图书馆社团功能发挥不全的外部和内部原因,一方面避免了"为贤者讳"的问题,也能够对当前的图书馆学会建设有所启发。

民国时期的图书馆社团有 43 个之多,这些社团涉及内容庞杂,驾驭十分不易。作者细致搜集和爬梳了目前各类档案、期刊、报纸、图书等关于民国时期图书馆社团的文献资料,所付出的艰辛劳动不言而喻,虽文中部分观点为一家之言,不免有所局限,但整体上是一部叙述客观、分析中肯、结论信实的学术研究成果。

从 2008 年起,近代图书馆史是我和我的科研团队聚焦的一个重要领域,我欣喜地看到近年来图书馆史的研究呈现出蓬勃发展的景象,论文、专著、史料整理成果等不断涌现,相关学术会议也频繁举行,表现出研究面进一步拓展、思辨与分析进一步加强的趋势。"历史是最好的教科书",图书馆史的研究,并不能简单停留于史实挖掘和真相澄清,更应有补于现在乃至未来中国图书馆学、图书馆事业的发展以及世界图书馆事业的发展。这是学者的使命,也是学术研究的核心要义。这也是我对王阿陶博士的期许。

是为序。

姚乐野

2022 年 7 月于四川大学

目　　录

表 目 录

绪　　论

一、研究背景

1994 年,美国学者莱斯特·M. 萨拉蒙(Lester M. Salamon)在其《非营利部门的兴起》("The Rise of the Nonprofit Sector")一文中指出,进入20 世纪 90 年代以来,一场以公民志愿者和非营利、非政府组织为主体的社团革命(Associational Revolution)正在以强大的发展势头席卷全球,世界各国已进入社团大规模发展的高潮阶段①。中国同样不可避免地受到"社团革命"的冲击与洗礼,20 世纪 90 年代以来,伴随着种类繁多的社团的纷纷成立,有关社团的学术研究成果亦呈现出异彩纷呈的景象。更有部分学者将社团研究的视角转向了在中国近代社会结社高潮期出现的社团②,这些研究成果包括:《清末新知识界的社团与活动》(桑兵,1995 年)、《灵魂溶于文学的一群:论浅草社、沉钟社》(陈永志,1995年)、《日据时代台湾儒教结社与活动》(李世伟,1999 年)、《辛亥革命时期新式商人社团研究》(朱英,2011 年)、《社会转型中的中国近代教育会研究》(孙广勇,2007 年)、《中间组织——近代工商同业公会研究(1918—1949)》(魏文享,2007 年)、《救赎与自救:中华基督教会边疆服务研究》(杨天宏,2010 年)、《近代中国科学社团研究》(范铁权,2011年),等等。这些著作借民国时期这一历史场景,对于文学、教育、经济、宗教、科学等各类社团进行考察,展现了当时的各类社团与时代、社会、政府、个人之间的互动、影响与关系,成为解构近代中国社会结构与发展的又一重要视角。

---

① SALAMON M L. The rise of the nonprofit sector[J]. Foreign Affairs,1994,73(4):109 – 122.

② 有关中国近代社会第一次结社高潮的论述详见王世刚主编的《中国社团史》和张玉法的《民国初年的政党》等著作。

2005 年 7 月 30 日，范并思在其博客发表了《中华图书馆协会 80 年，不该忘却的纪念》一文，文称："中华图书馆协会成立 80 年的纪念文……但我想不通的是到现在还没有看到这方面的文章。这么重要的事件，我想，即使发表 100 篇纪念文章，也是不为多的。"①

中华图书馆协会是民国时期唯一的全国性图书馆行业协会，集群众性、学术性和公益性为一体，它既是当时图书馆社团中的突出代表，又是当时其他 40 多个地方图书馆社团的缩影。笔者在研究过程中，也深有同感：即使是百篇文章也不足以将中华图书馆协会以及其他图书馆社团对于当时中国图书馆事业的作用与贡献囊括殆尽。

民国时期图书馆社团的发展历程，是中国图书馆事业发展史的一部分，是近代图书馆事业史研究中不可或缺的部分。然而现实情形却是，目前学界对于中华图书馆协会以及其他图书馆社团的研究较之于其大量活动与重要贡献而言，仍显不足。民国时期的图书馆社团产生于民智渐开的五四运动之后，发展于内忧外患的战争年代，解散于激荡变化的新旧社会交替之间，其成立的难能可贵与艰辛、发展的曲折和坚韧以及解散后的走向和余音，无不与当时的中国图书馆事业密切相关，并对中华人民共和国成立后的图书馆事业的发展产生深远影响。因此，可以说，民国时期的图书馆社团是观察民国时期中国图书馆事业的一个窗口，其存续期间，中国图书馆事业经历了近代图书馆事业的兴盛时期（1925—1937 年）和衰落时期（1938—1948 年）②。这些图书馆社团是如何在兴盛期快速发展，并作用于图书馆事业与学术研究的，又是如何在衰落期仍然于竭蹶中奋力前行，谋划图书馆事业的复兴的……种种关于图书馆社团与政府或其他社会组织之间的互动、社团的内部纷争与解散等诸多问题都亟待理清。

从目前收集到的资料可知：我国历史上第一个有据可考的图书馆社团——北京图书馆联合会，成立于 1918 年 12 月，但因教育部不予批准立案，加之经费困难，旋即停顿；1920 年，北京高等师范学校开办图书馆讲习会，附设图书馆员研究所；1922 年 4 月，广东省教育委员会图书馆管理员养成所创办了图书馆研究会，但未有开展研究活动的讯息；1924 年，

---

① 老槐. 中华图书馆协会 80 年，不该忘却的纪念［EB/OL］.［2017 - 01 - 16］. http://old-huai. bokee. com/2435887. html.

② 有关近代图书馆事业的阶段划分详见：程焕文. 百年沧桑　世纪华章——20 世纪中国图书馆事业回顾与展望（续）［J］. 图书馆建设，2005（1）：15 - 21.

北平图书馆协会、浙江省会图书馆协会、南阳图书馆协会等相继成立；1925 年，广州图书馆协会、中华图书馆协会和苏州图书馆协会成立；1926—1947 年，又陆续有杭州图书馆协会、中央大学区图书馆联合会、武汉图书馆协会等成立或见诸报端。

民国期间陆续成立或见诸报端的 43 个①图书馆社团几乎遍及全国。虽然这些图书馆社团中有的存续时间较短且工作开展情况不尽如人意，有的不但因经费掣肘而势单力薄、职员寥寥，而且往往身不由己——其纲领政策、发展路线以及各项活动都在很大程度上受地方政治势力的影响。但仍然有不少图书馆社团在当时的政治、经济与文化的"夹缝"中艰难前进，竭力推进各项图书馆事业发展。而且据目前笔者收集到的各类文献资料可知，出现于民国时期的图书馆社团对于民国时期我国图书馆体系的完善、图书馆事业的标准化与法制化建设、图书馆学教育事业的发展、图书馆及图书馆人权益的保护、古籍的保存保护、战后图书馆事业的复兴以及与国际图书馆界的交流等各个方面都做出了非常巨大的贡献。

这些图书馆社团不仅开展大量活动推进了图书馆事业的繁荣发展，而且推动了图书馆学术研究向纵深发展，并对图书馆学术研究氛围的培养、学术风气的正向引领等都起到了非常积极的促进作用。各类社团通过创办图书馆社团刊物，发行与图书馆学、目录学等相关的各类出版物，形成图书馆业调查报告，举办各类图书馆学术演讲，并且对于分类、编目、索引、检字以及公共图书馆事业等问题展开了系统深入的研究，一方面向普罗大众普及图书馆知识，一方面又将图书馆学研究引入科学研究的轨道中来。然而，除了部分图书馆社团所办的期刊被重新影印出版外，图书馆社团其他类型的学术成果、档案资料的整理挖掘尚付阙如。

因此，从近年来其他各类社团研究的兴起，再到范并思对中华图书馆协会研究缺失的感叹，再加之长期从事图书馆史研究形成的大量有关民国时期图书馆社团的资料累积，笔者确定以民国时期的图书馆社团及其活动作为研究的对象和主题。

二、相关概念界定

研究民国时期的图书馆社团，首先要对"图书馆社团"的含义做一个

---

① 　此外还有 6 个日本人在中国所建图书馆社团及伪满图书馆社团，由于以篡夺我国古籍及文化资源为目的，本书仅在第二章中做简要介绍，在一般性论述中不予计算在内。

界定。

社团是"社会团体"的简称,王世刚主编的《中国社团史》一书将社团定义为:由一定数量的自然人或团体、法人为了共同的目的,依法自愿成立并按照一定的原则和方式组织活动的相对稳定的群众团体①。社团按照其开展的活动性质可以分为政治类、经济类、科技类、文学类等,按照其举办主体可以分为官办、民办和半官办。图书馆社团是指由图书馆、图书馆界从业人员,或热心于图书馆事业的人士组成的,以推动图书馆事业发展、促进图书馆学术研究为目的,推进图书馆界行业协调与沟通,开展图书馆学研究与交流等方面活动的非营利性组织。

图书馆社团主要包括图书馆协会和图书馆学会两个类型。

图书馆协会是图书馆界的行业组织,是指由图书馆,或研究图书馆学术、从事图书馆相关工作,或对图书馆事业热心的、有兴趣的组织和个人组成的,其活动侧重于行业协调、沟通,规范图书馆职业与行业行为,维护图书馆职业与行业利益,促进图书馆事业发展的非营利性组织。根据顾烨青的研究,图书馆协会的主要功能有对内和对外两大类:对内支持和维护图书馆员的合法利益,开展行业自我规范、自我协调,促进图书馆事业和图书馆职业的发展;对外以行业代言人身份与政府相博弈并面向和服务公众,承担社会责任②。与图书馆协会名称不同但性质相同的还有图书馆联合会等,也是图书馆的行业组织。

图书馆学会是围绕图书馆事业开展学术研究和学术活动的学术组织,同样是由图书馆、研究图书馆学术、从事图书馆相关工作,或对图书馆事业热心的、有兴趣的组织和个人组成的,其活动侧重于开展图书馆事业相关的学术研究和交流,以促进图书馆学科发展、理论创新、知识普及为目的组织。图书馆学社、图书馆研究会、图书馆学术研究会、图书馆研究所等与图书馆学会的性质功能一致,只是名称不同。

与图书馆社团的概念相关的还有"图书馆组织"。根据《辞海》中的释义,"组织"一词在管理学上指按照一定的宗旨和目标建立起来的、有确定结构和行为规范的人群集体③。因此,"图书馆组织"指由图书馆界及相关领域人士组成的、与图书馆事业相关的活动团体,包括图书馆、与

---

① 王世刚. 中国社团史[M]. 合肥:安徽人民出版社,1994:1.

② 顾烨青. 图书馆学会与图书馆协会之辨及其思考——写在中国图书馆学会成立三十周年之际[J]. 图书馆,2009(6):1-6,10.

③ 辞海(第7版)[DB/OL]. [2022-06-10]. https://www.cihai.com.cn/baike/detail/72/5653446? q=%E7%BB%84%E7%BB%87.

图书馆事业及学术活动相关的所有机构等,如政府或文化教育机构下设的图书馆管理机构,各文化教育机构内部设立的图书室等,学校设立的图书馆学系、图书馆专业、与图书馆有关的培训机构,等等。如北京高等师范学校、天津师范学校、北平近代科学图书馆、文华图书馆学专科学校、山东省民教馆图书馆讲习会都曾举办过图书馆(员)讲习会(班),这类讲习会属于图书馆教育机构,即"图书馆组织",因此不在本书的研究范围之内。

本书的研究对象以图书馆行业协会与图书馆学会为主,"图书馆社团"一词刚好涵盖了图书馆协会和图书馆学会,同时又排除了图书馆的管理、教育与培训机构等与本书无关的组织,因此,本书使用"图书馆社团"作为研究对象的名称。

综上,本书的研究对象是指成立于民国时期(1912—1949 年),在全国范围内,由图书馆、图书馆界从业人员,或热心于图书馆事业的人士组成的图书馆社团,主要包括图书馆协会和图书馆学会两大类型。其中,一些图书馆社团虽未在当时的政府相关部门办理立案手续,也尚未开展相关活动,仅有成立等相关文献记载,也在本书的视阈之内。

三、学术史回顾

目前国内外有关民国时期图书馆社团的研究成果从发表类型上主要分为著作类和论文类。

在各类图书馆学著作中,对于中华图书馆协会的介绍和研究较多。

宋建成所著的《中华图书馆协会》一书是最早介绍中华图书馆协会各方面情况,且最为详细、全面的专著。该书共分为绪论、成立背景、一般会务、年会、各项研究与活动以及结论六章,但从具体内容来看,大多是对《中华图书馆协会会报》和《图书馆学季刊》的摘录,该书的作者在其"自序"中也承认"本书写作态度尽量多求记载事实,以免不成熟之评论"[①]。由于该书的内容都是对中华图书馆协会各方面情况的介绍,为资料汇集的性质,少有作者个人观点,因此,笔者认为,该书更像是中华图书馆协会介绍(指南)。此外,台北"中央图书馆"编的相关图书馆年鉴中有"图书馆团体"一章,其中中华图书馆协会的部分仍由宋建成撰写,内容与《中华图书馆协会》中的部分内容相同。霍瑞娟所著的《中华图

---

① 宋建成.自序[M]//宋建成.中华图书馆协会.台北:台北育英社文化事业有限公司,
　　1980:6.

书馆协会研究》首先分析了中华图书馆协会的产生、发展和衰退的历程，又围绕中华图书馆协会的组织结构、规章制度、内交外联、学术研究、年会活动等展开专题研究，是对中华图书馆协会进行完整、系统研究的著作①。李彭元所著的《中华图书馆协会史稿》从中华图书馆协会的成立及背景出发，对不同时期中华图书馆协会的各项活动进行研究，归纳该协会的突出贡献，提出不少有创见性的个人见解，对于系统全面了解和研究中华图书馆协会的发展历程具有重要的参考价值②。

此外，徐引篪、霍国庆的《现代图书馆学理论》指出，中华图书馆协会的成立是第一次（图书馆学发展）高潮中的大事，它标志着我国早期图书馆学进入了有组织的研究时期③。范并思等人编著的《20世纪西方与中国的图书馆学——基于德尔菲法测评的理论史纲》对中华图书馆协会的主要活动做了简要介绍，认为中华图书馆协会是当时中国图书馆界为创建中国图书馆学努力的结果之一④。董小英在《图书馆学情报学文献源》⑤一书中指出，中华图书馆协会的诞生，一方面标志着图书馆之间的合作加强，另一方面也推动了图书馆学研究工作的发展及图书馆学刊物的出版。严文郁的《中国图书馆发展史——自清末至抗战胜利》介绍了韦棣华女士对于中华图书馆协会成立的贡献、中华图书馆协会的成立经过与前六次年会及其议案，并全文收录中华图书馆协会成立宣言及其组织大纲。最后，该书作者总结："中华图书馆协会在短短二十几年之中，尽力使我国图书馆事业发展达成专业化、标准化与技术化之目标"，而且在推进教育文化发展方面贡献良多⑥。张树华、张久珍编著的《20世纪以来中国的图书馆事业》一书在"五四运动后我国图书馆事业的大发展"一章下单列"中华图书馆协会的建立及其组织"一节，阐述了中华图书馆协会成立的缘起及宗旨，简要介绍其会员类型与组织大纲，指出中华图书馆协会在近代图书馆学的发展、图书馆新工作技术与方法、调查研究、创办图书馆教育事业与培养人才以及开展国际学术交流这五个方

① 霍瑞娟. 中华图书馆协会研究[M]. 北京：国家图书馆出版社，2018.
② 李彭元. 中华图书馆协会史稿[M]. 北京：国家图书馆出版社，2018.
③ 徐引篪，霍国庆. 现代图书馆学理论[M]. 北京：北京图书馆出版社，1999：107.
④ 范并思，等. 20世纪西方与中国的图书馆学——基于德尔菲法测评的理论史纲[M]. 北京：北京图书馆出版社，2004：204－207.
⑤ 董小英. 图书馆学情报学文献源[M]. 北京：书目文献出版社，1996：88.
⑥ 严文郁. 中国图书馆发展史——自清末至抗战胜利[M]. 新竹：枫城出版社，1983：211－224.

面的贡献①。刘中威所著的《中国图书馆思想探究》指出,中华图书馆协会在图书馆界人士的共同努力下,开展了一系列卓有成效的开创性工作,在推动我国图书馆学研究的发展及加强学术交流方面取得了一定的成果,"它标志着近代图书馆文化活动走向成熟",而且"中华图书馆协会成立在中国近代图书馆史上具有划时代的重要意义……标志着中国近代图书馆思想的初步形成,为我国近代图书馆事业发展奠定了坚实的基础"②。

目前出版的各类著作中,除了以上对中华图书馆协会的作用持肯定意见的之外,还有学者提出了不同观点。谢灼华主编的《中国图书和图书馆史(修订版)》一书的"图书馆学研究与图书馆学教育"一章下为中华图书馆协会单列一节,介绍了中华图书馆协会的沿革、年会及各项图书馆事业建设方面的活动等情况。但作者在该节结尾指出,学界对于中华图书馆协会的评价毁誉不一,由于经费等原因,中华图书馆协会的活动"受国民党控制","按国民党旨意行事"③。来新夏等著的《中国图书事业史》简要介绍了中华图书馆协会的成立经过,指出"中华图书馆协会成立之初,因经费支绌,未能如期举行年会、促进交流,仅开展了一些零星的活动"④。

还有一些著作简要介绍了民国时期地方性图书馆社团的相关情况与开展的主要活动,例如中国图书馆学会、中国科学技术协会的《中国图书馆学学科史》介绍了民国时期的 13 个图书馆协会的简况,并归纳了中华图书馆协会 8 个方面的贡献⑤。韩永进主编的《中国图书馆史·近代图书馆卷》⑥论述了中华教育改进社对地方图书馆社团的促成作用,以及退还庚子赔款与中华图书馆协会成立之间的关系,是关于民国时期图书馆社团的成立经过的著作中挖掘和利用史料最为翔实的。李朝先、段克强著的《中国图书馆史》,李希泌、张椒华编的《中国古代藏书与近代图书馆史料(春秋至五四前后)》,吕绍虞编著的《中国图书馆大事记》,王余光主编、范凡等选辑的《清末民国图书馆史料汇编》,张静庐辑注的

①　张树华,张久珍.20 世纪以来中国的图书馆事业[M].北京:北京大学出版社,2008:87 – 90.
②　刘中威.中国图书馆思想探究[M].北京:现代教育出版社,2008:182.
③　谢灼华.中国图书和图书馆史[M].修订版.武汉:武汉大学出版社,2005:400 – 406.
④　来新夏,等.中国图书事业史[M].上海:上海人民出版社,2008:406.
⑤　中国图书馆学会.中国图书馆学学科史[M].北京:中国科学技术出版社,2014.
⑥　韩永进.中国图书馆史·近代图书馆卷[M].北京:国家图书馆出版社,2017.

《中国近现代出版史料》，陈源蒸、张树华、毕世栋编的《中国图书馆百年纪事（1840—2000）》，李致忠主编的《中国国家图书馆馆史资料长编》（全三册）及北京图书馆业务研究委员会编的《北京图书馆馆史资料汇编（1909—1949）》，袁同礼著、国家图书馆编的《袁同礼文集》等也有少量篇幅涉及民国时期图书馆社团。

此外，期刊论文是研究民国时期图书馆社团的主要阵地。如《民国时期中华图书馆协会发展脉络梳理》（金春梅，2017年）、《民国时期图书馆学会考略》（顾烨青，2009年）和《民国地方图书馆协会成立考述》（胡卫玲，2015年）等，对于民国时期的图书馆学会和图书馆协会的成立和发展进行了考证和推演，厘清了一些史事。另外，还有单论某一图书馆社团的文章，以民国时期图书馆社团的发起成立、组织沿革以及开展的各项活动为研究主题，如《八年抗战中的中华图书馆协会》（李彭元，2009年）、《略论中华图书馆协会组织沿革》（梁桂英，2012年）、《中华图书馆协会年会述略》（梁桂英，2013年）、《中华图书馆协会的孵化器——中华教育改进社》（吴稌年，2014年）、《民国北京图书馆协会之探究》（袁碧荣，2014年）、《民国时期的上海图书馆协会和图书馆学近代化》（黄蕾，2017年）、《论近代北京图书馆协会的历史贡献》（杨俊涛，2021年）、《近代北京图书馆协会兴衰》（杨俊涛，2021年）、《民国最后的图书馆协会：重庆市图书馆协会研究》（黎飞，2021年）、《近代四川地区图书馆社团考》（王阿陶，2020年）、《陕甘宁边区延安市图书馆协会工作探析》（黄会奇，2021年）等。还有一些以图书馆社团的学术成果、召开的年会及其他业务活动为研究对象的文章，如《民国时期中华图书馆协会图书出版概述》（吴澍时，2017年）、《图学史卷 时代华章——〈中华图书馆协会会报〉研究》（王阿陶、姚乐野，2014年）、《〈图书馆学季刊〉及其学术特点刍议》（王阿陶、姚乐野，2015年）、《影响深远的一次盛会——纪念中华图书馆协会第三次年会80周年》（周余姣，2016年）、《民国时期中华图书馆协会与基层图书馆发展研究》（吴澍时，2017年）、《中华图书馆协会对民国图书馆学教育的贡献——基于〈申报〉的史料记载》（郑爽，2017年）、《中华图书馆协会请庚款用于图书馆事业发展史实考》（王阿陶、姚乐野，2020年）、《中华图书馆协会的主要调查活动》（王岩、李彭元，2019年）等。除此之外，还有一些论文在研究民国时期图书馆学思想、图书馆学人以及相关的图书馆事业活动中提及相关的图书馆社团，现不赘述。

上述有关民国时期图书馆社团的研究论著，从整体上来说资料来源多限于图书馆社团所主办的各类期刊,没有将民国时期的图书馆社团作为一个整体进行全面、系统、深入的研究,缺乏对其从产生、发展直至解散的整个生命周期和发展演变过程的完整性的考察,更为重要的是未能对当时的图书馆社团于图书馆事业和学术研究的推动和促进作用加以归纳和总结。

当然,毫无疑问的是,目前收集到的上述资料对于本书的写作具有重要的参考价值,有助于本书整体构架的搭建,并借此厘清了一些基本史实,在研究方法与视角方面对于笔者也颇有启发。笔者正是以此为基础,站在学者们的"肩膀"上,得以更深入系统地对民国时期的图书馆社团展开研究。

四、本书的写作目的与意义

本书的写作目的与意义主要有三:一为补缺,二为还原,三为正名。

"民国时期图书馆事业是整个中国近代图书馆事业的一部分……历史作用和影响不可忽视。"[①]民国时期图书馆事业所具有的特殊性在于,其经历了在中国历史上盘踞了几千年的封建王朝的彻底覆灭所带来的社会变革与思想冲击,经历了在中国沿袭了数千年的藏书楼的解体以及近代图书馆大量出现所带来的巨大转变。因此,产生于这一时期的图书馆社团也带有深刻的时代烙印:变与不变的抉择、因循与突破的矛盾、东方与西方的碰撞、专业性与公共性的结合……中国社会过渡时期的显著特征都在图书馆社团的建立、发展过程中得到充分的展现。图书馆社团在当时的图书馆事业发展中起到了非常重要的推动作用,是研究近代图书馆事业发展史中不可缺失的一环。如前文所述,当今学术界对于各行业社团的研究如火如荼,尤其是对近代结社高潮期出现的社团的研究,产生了不少具有影响力的学术成果。然而目前图书馆学界有关民国时期图书馆社团研究的规模化的、系统性的研究成果尚付阙如。

区别于目前的图书馆学论著多以时间、事件来对图书馆事业和学术研究所进行的考察,本书侧重于以图书馆社团为基准点的观察和测量。民国时期共有43个图书馆社团先后成立和出现,这些社团因为宗旨不同,其开展的活动各有侧重,但又因其同为图书馆界的行业和学术组织,在组织结构和管理制度方面又有一些共性。这些图书馆社团的各项活

---

① 程焕文.民国时期图书馆事业的发展与评价[J].图书情报知识,1986(3):37-38,36.

动是当时图书馆事业与学术活动的集中表现形式,既能反映出两者的发展进步,又能显示出两者存在的不足与问题。因此,以图书馆社团的各项活动来分析当时国内图书馆事业的发展变化与图书馆界的立场与诉求,不仅可以在一定程度上弥补目前学界对于民国时期图书馆社团研究的不足,而且也可以为了解民国时期的图书馆史提供一个更广阔的窗口和独特的视角。是为"补缺"。

图书馆社团中的图书馆学会以图书馆事业为研究对象,其主要职责就是开展图书馆学学术研究与交流。仅以中华图书馆协会为例,中华图书馆协会及其机关会员共创办图书馆学期刊 58 种,其自身发行图书馆学、目录学等各类出版物 74 种,此外还有大量调查、统计报告以及非常有价值与学术奠基地位的论文刊载于其创办的期刊中。图书馆社团的学术成果不仅是我国图书馆学术研究进步的集中反映,代表了当时图书馆学研究的最高水平,而且是研究中国图书馆史,尤其是近代图书馆史的极为重要的资料来源。然而,目前图书馆社团的部分学术成果虽已影印出版,但对于这些学术成果的梳理挖掘与研究尚处于起步阶段。这也是民国时期图书馆社团长期以来未能形成研究热点,以及至今仍未能在学界得到应有的肯定与客观评价的重要原因之一。陈以爱女士曾写道:"……可惜的是,虽然在 20 世纪的中国,学术研究明显出现制度化的发展,然迄今尚未有一本专著,就研究机构之建立对推动学术成长所发挥的作用,做深入细致的分析。"①虽然这一缺憾近年来有所弥补,如《中华图书馆协会史稿》和《中华图书馆协会研究》的出版,但有关民国时期图书馆社团整体发展的研究及对图书馆学术成果和图书馆事业发展的研究仍属空白。本书通过对民国时期 43 个图书馆社团各项业务活动与学术成果的系统梳理与归纳分析,厘清图书馆社团对于当时图书馆学术研究在研究氛围的培养、学术风气的引领等方面的积极促进作用,呈现这些图书馆社团的历史真貌,进而提供给学界一个判断、评价与深入研究的基础。是为"还原"。

笔者认为,目前学界对于民国时期图书馆社团的研究视角与研究层次还有待拓展与深入,对于这些图书馆社团的历史地位及工作成果等还缺乏应有的肯定。20 世纪 80 年代,有学者认为中华图书馆协会是一个

---

① 陈以爱.前言[M]//陈以爱.中国现代学术研究机构的兴起——以北京大学研究所国学门为中心的探讨.南昌:江西教育出版社,2002:3.

"半殖民地半封建性质的图书馆学术团体"①,而且在政治上是为当时的反动政治服务的,在学术上宣扬了大量的封建文化糟粕和帝国主义的"腐朽文明"。还有学者认为中华图书馆协会是"反动派颇为得力的工具"②,"仅开展了一些零星的活动"③。李泽厚曾指出,中国近现代史上的两大主题是"救亡"与"启蒙",而现实的形势使得当时的"救亡"活动覆盖了"启蒙"活动④。中华图书馆协会与其他地方性图书馆社团在这一大的时代主题面前,无法独善其身而不与社会政治产生关系。这些图书馆社团如当时出现的数百个群众性社团一样,一方面受政治的管制,成为国家实施社会管理的工具,另一方面又努力开展社团活动,以履行其职能,在夹缝中求生存。此外,目前学界普遍存在的一个问题是,在对近现代著名图书馆学家进行研究时,往往忽略其曾作为图书馆社团职员或会员的身份。笔者认为,其中原因之一在于民国时期的少部分图书馆社团,由于战乱及内部管理不力等原因,未能积极有效地开展相关活动,在当时的各类社会活动和学术研究中存在感不强,因此研究人员在一定程度上忽视了图书馆社团对于个人学术的培养作用。而原因之二则在于,图书馆社团与当时政府之间的来往关系使得后来有部分学者对于图书馆社团的定位往往联系到其政治归属问题。因此,他们在对近现代图书馆学家的研究中,有意"忽略"了其与图书馆社团之间的联系。本书通过对民国时期各类文献资料的收集、整理和系统爬梳,将这些图书馆社团开展的各项活动及其与政府部门间的往来一一呈现,以期得出这样的结论:以中华图书馆协会为首的图书馆社团在当时开展了大量会务与社会活动,为当时图书馆事业的整体推进以及中国近代图书馆事业的发展做出了重要的贡献。是为"正名"。

此外,本书收集到的大量文献,尤其是民国时期的档案、期刊、报纸等,可以较全面地反映当时图书馆社团的各项活动,并借此厘清以往研究成果中较少涉及,或语焉不详(实),或尚属空缺的诸多问题。

五、本书的结构与内容

本书以"民国时期图书馆社团研究"为题,综合运用历史学、社会学

---

① 徐文.试评中华图书馆协会的性质及其作用[J].图书馆学研究,1987(4):61-65.
② 马启.如何评价中华图书馆协会[J].江苏图书馆工作,1982(1):37-41.
③ 来新夏,等.中国图书事业史[M].上海:上海人民出版社,2008:406.
④ 李泽厚.启蒙与救亡的双重变奏[M]//李泽厚.中国现代思想史论.北京:东方出版社,1987:7.

和文献计量学等领域的研究方法,宏观与微观相结合,以民国初年至中华人民共和国成立前这一时期出现的 43 个图书馆社团为研究对象展开研究。

本书共分为八部分:

1. 绪论

绪论对本书涉及的相关概念进行界定,详述本书的研究背景,对相关研究的学术史进行回顾,介绍本书的写作目的与意义,展示材料来源与结构内容。

2. 第一章　图书馆社团的酝酿

本书认为图书馆社团的成立来自两个驱动力——社会大发展的外在驱动力和图书馆事业发展的内在驱动力。外在驱动力来自清末新旧藏书楼的更迭、图书馆数量的激增,新文化运动中图书馆社会功用的认可,以及清末民初兴起的结社风潮;而内在驱动力则来自新图书馆运动引发的图书馆思想启蒙、图书馆学教育的发展与图书馆人的培育,以及图书馆学术研究的发轫与聚合趋向和国外图书馆社团的引领与榜样作用。

3. 第二章　图书馆社团的成立、发展梗概与类型特点

这一章首先按照时间顺序,详述民国时期先后出现的 43 个图书馆社团的成立经过与发展梗概,其中对于中华图书馆协会的成立经过做重点梳理,并挖掘出一些尚未被学界发现或重视的图书馆社团,如北京高等师范学校图书馆员研究所、中央大学区图书馆联合会、浙江第十学区图书馆协会等;其次,理清了一些图书馆社团之间的关系,如浙江省会图书馆协会与杭州图书馆协会等;最后从时间段分布、层级性分布、业缘性分布三个角度对这些图书馆社团进行类型划分,并对图书馆社团成立的历史意义做出评价。

4. 第三章　图书馆社团的管理与运行——以中华图书馆协会为例

为深入图书馆社团内部以窥探其管理与运行,本章以中华图书馆协会为个案研究的对象,从制度建设、组织构架、职员与会员、经费收支和年会五个方面进行考察:中华图书馆协会的制度建设较为完备和合理,具备了近代社会组织的基本特征;其组织构架经历了数次变革,并三次修订其组织大纲,基本上满足了自身发展的需要;中华图书馆协会职员虽然具有良好的图书馆学科背景,但其非专职性与地域分散性阻碍了会务的正常开展;在会员方面,从严格遵守入会介绍制度到广纳会员,说明中华图书馆协会对其自身定位的改变,然而由于行政职能的缺乏以及社

会局势等原因,中华图书馆协会对其会员的管理较为松散,从历次会员登记的最终结果可见一斑;经费方面,与其他非政府组织一样,中华图书馆协会从始至终都受经费短缺的影响,而使得一些工作未能全面展开或获得实效;中华图书馆协会通过年会促进了全国图书馆界的联络与团结,亦提升了其自身的社会形象与地位。

5. 第四章　图书馆社团的学术成果与学术研究活动

民国时期的图书馆社团虽以行业协会数量居多,但是这些行业协会兼有开展图书馆学学术研究活动,其中有 11 个图书馆社团先后创办了 13 种期刊,尤其是中华图书馆协会主办的《中华图书馆协会会报》和《图书馆学季刊》,前者被誉为"一部民国时期图书馆事业的发展史",后者则被奉为"我国历史上第一种图书馆学权威期刊"。此外,图书馆社团还发行图书馆学、目录学领域的等各类出版物近百种,形成大量图书馆业相关调查与统计报告,举行图书馆学术演讲等,图书馆学具体问题开展研究,不仅自身积极参与图书馆学术研究,而且其刊物、出版物、各类调查统计报告以及演讲等亦成为推广与传播图书馆学知识的重要媒介,带动了当时图书馆学术研究的热潮,繁荣并促进了图书馆学、目录学以及其他相关学科的研究。

6. 第五章　图书馆社团在推进图书馆事业发展中的作用

这一章围绕图书馆社团开展的各项活动及其对于当时图书馆事业发展所起到的作用展开研究。第一,图书馆社团在中华图书馆协会的引领下,开展图书馆工作标准化、法制化建设工作,不仅使得当时各地图书馆工作,尤其是馆藏建设有法可依、有据可循,而且也促使政府相关职能部门出台相关的政策法规,在一定程度上保障和支持了图书馆的运行;第二,图书馆社团积极倡导建设各类图书馆,使得民众(通俗)图书馆、学校图书馆、巡回文库、儿童图书馆以及机关图书馆等各个类型的图书馆都在这一时期得到了长足发展;第三,图书馆社团还积极倡导与开展图书馆学教育,利用暑期学校、合作办学等方式培养了大批具有一定图书馆学识的人员,提升了图书馆从业人员的业务能力;第四,图书馆社团履行其行业协会职能,力请英美退还庚款用于中国图书馆事业发展,争取图书馆经费保障,争取改善图书馆员待遇与社会保障,抗争图书加税与邮票加价等,努力为图书馆事业的发展开创良好的环境与氛围。此外,图书馆社团还积极参与古籍的保存、保护;参与国际图书馆界事务,使中国图书馆界在国际上占有一席之地;在抗战期间,图书馆社团普遍转变工作方向,以调查全国图书馆被毁状况以及协助全国图书馆复兴为工作重点,激发民族斗争精神,为战后图书馆事业的复兴做好准备。

7. 第六章　图书馆人与图书馆社团的互动

这一章主要对民国时期图书馆社团的部分倡导者、图书馆社团的部分职员进行考察。对于前者,主要总结其对于图书馆社团成立和倡设过程中所做出的贡献;对于后者,首先梳理其对于图书馆社团的最初理论设想,其次从其自身工作经历等方面提炼其从事图书馆社团具体工作的动机,最后总结其对于图书馆社团不同方面的贡献。

8. 第七章　结论

这一章主要总结民国时期图书馆社团的主要贡献和在中国近代图书馆史上的地位。存续于民国时期的 43 个图书馆社团于战乱与困境中积极推动和发展图书馆事业,开创"中国的图书馆学",倡导图书馆学实用性研究,树立开放包容的态度,这些图书馆社团对于民国时期图书馆事业的发展起到了非常积极的推动和促进作用,是中国近代图书馆史上的重要组成部分。

六、研究资料来源

本书所用到的文献资料主要有以下来源:

1. 民国时期政府档案

目前,我国未见有关中华图书馆协会及其他图书馆社团的档案全宗。经笔者对中国第二历史档案馆以及四川、重庆、北京、上海、广州等地的档案馆中的相关档案以及一些档案文献汇编的收集查阅后发现,有关民国时期图书馆社团的档案散见于民国时期的政府、教育部、行政院以及地方行政等部门的档案之中,主要包括图书馆社团的立案申请、会务工作报告、呈请推行年会议决案、请予补助经费等内容。这些档案不仅零散且数量较少,尚不足以展示图书馆社团会务工作的全貌,但从内容上来说,这些档案对于揭示图书馆社团的组织运行以及与中央政府、地方政府以及相关机构之间的关系提供了非常有价值的证据。

2. 民国时期的出版物

民国时期的出版物主要分两种:

一是由图书馆社团主办的期刊与出版物,诸如《中华图书馆协会会报》《图书馆学季刊》《北平图书馆协会会刊》《图书馆》《浙江第二学区图书馆协会季刊》《无锡图书馆协会会报》《浙江第一学区图书馆协会会刊》《图书馆学报》等,以及图书馆社团发行的出版物,如《中华图书馆协会第一、二次年会报告》《中华图书馆协会概况(附职员表与会员录)》

《浙江省第一学区图书馆协会第四次大会纪》等。这些期刊与出版物本身由图书馆社团主办或主编，既能从其所载信息提炼研究图书馆社团发展沿革的脉络、会务开展的情形等，又能从中挖掘其组织局限与不足。

二是民国时期的各类报纸、各地图书馆主办的期刊以及其他刊物中刊载的有关图书馆社团筹备与成立、召开年会以及开展会务活动的通讯、报道等。以《申报》为例，从 1924 年至 1947 年，《申报》刊载了大量有关上海图书馆协会相关活动的报道，是研究民国时期上海图书馆协会的最主要文献来源。地方的报纸，如四川的《新新新闻》亦载有大量有关四川图书馆协会成立经过情形的信息，是研究民国时期四川图书馆协会的重要资料来源。此外，还有《民国日报》《教育杂志》《新教育》《厦门图书馆声》《浙江省立图书馆馆刊》《江苏省立国学图书馆年刊》《江西省立图书馆馆务汇刊》《江苏省立苏州图书馆馆刊》《辽宁省立图书馆馆刊》《江西图书馆馆刊》《国立北平图书馆馆刊》《图书季刊》《图书月刊》《国立中央图书馆馆刊》《图书展望》《图书集刊》《上海市立图书馆馆刊》等。这类出版物中所载内容既是研究民国时期图书馆社团的重要材料来源，同时又为研究图书馆社团与社会互动以及图书馆社团的社会影响力提供了新的视角。

3. 史料汇编、回忆录与评传、纪念文集等

史料汇编主要指国民政府教育部编的《第一次中国教育年鉴》《第二次中国教育年鉴》，以及现代学者编著的《清末民国图书馆史料汇编》《近代中国史料丛刊》《北京图书馆馆史资料汇编》《中国古代藏书与近代图书馆史料（春秋至五四前后）》《胡适王重民先生往来书信集》《思忆录——袁守和先生纪念册》等。这些年鉴与汇编、文集不仅为本书提供了近代图书馆事业与学术研究发展的基本脉络，其中还有不少统计数据可供本书研究之用。

回忆录则以台北"中研院"近代史研究所出版的《蒋复璁口述回忆录》为主。此外，还有一些图书馆社团职员或会员的评传类书籍，如王子舟所著的《杜定友和中国图书馆学》、程焕文所著的《中国图书馆学教育之父：沈祖荣评传》、郑锦怀所著的《中国现代图书馆先驱戴志骞研究》等。另有一些图书馆社团职员或会员的文集，如《刘国钧图书馆学论文选集》《杜定友图书馆学论文选集》《袁同礼文集》《李小缘纪念文集》《中国图书馆界先驱沈祖荣先生文集（1918—1944）》等，这些著作对于开展图书馆社团的职员、会员研究，以及挖掘图书馆社团的学术研究成果等不可或缺。

4. 图书馆事业与学术活动研究的论著

这类文献可分为两部分:一是前述学术史回顾中的相关著作与论文,现不赘述;二是研究近代图书馆事业发展与学术研究的著作,如《图书馆活动高潮与学术转型》《图书馆精神》《民国时期图书馆学著作出版与学术传承》《清华大学图书馆百年图史》《不朽的文华——从文华公书林到文华图书馆学专科学校》《中国图书馆事业论集》《武汉大学百年名典·图书馆学导论》《民国图书馆学文献学著译序跋辑要》等。这些著作的研究方法、研究思路以及对于研究主线的把握,为本书从图书馆事业发展史的角度来考察民国时期的图书馆社团提供了清晰的思路。

5. 其他

民国时期社团研究类的著作诸如《发现边疆:华西边疆研究学会研究》《救赎与自救:中华基督教会边疆服务研究》《清末新知识界的社团与活动》《灵魂溶于文学的一群:论浅草社、沉钟社》《辛亥革命时期新式商人社团研究》《社会转型中的中国近代教育会研究》《中间组织:近代工商同业公会研究(1918—1949)》《近代中国科学社团研究》《中间团体与中国现代民族国家的构建:1901—1937》等;关于民国时期社会转型与知识文化界转型的著作,如《中国近代学术体制之创建》《移植与转化:中国现代学术机构的建立》等。这些著作对本书研究视角的拓展、具体推理的演进以及语言叙述的规范等方面都大有帮助。

第一章　图书馆社团的酝酿

第一节　图书馆社团成立的社会驱动力

一、清末旧式藏书楼的没落与新式藏书楼的萌发

藏书楼在中国有数千年的历史,有学者认为,殷商时期保存甲骨的处所就是古代藏书楼的雏形①。到了汉代,兰台、东观等皇家藏书楼的建立,标志着藏书楼的发展已初具规模。历经三国到隋唐五代的发展,从宋代开始,随着雕版印刷术的盛行和活字印刷术的发明,藏书楼的发展进入繁荣时期,官方藏书楼、私人藏书楼、宗教藏书楼和书院藏书楼等各种类型的藏书楼林立且数量迅速增加。晚清时期,太平天国起义、义和团运动等对封建地主阶级的严重冲击,使得旧式的藏书楼和藏书损毁、散佚严重。而且由于资本主义入侵,旧式封建官僚和藏书世家受到封建生产关系逐渐瓦解所带来的经济冲击,纷纷典当、贱卖藏书,旧式的官方藏书楼、大型私人藏书楼逐渐衰落,新式藏书楼开始萌发。

据考证,最早向中国介绍西方图书馆的是明朝时期的外国传教士艾儒略,他在《职方外纪》中不仅介绍了西方图书馆性质的书院,更重要的是将西方图书馆"公共""公开""官办"的理念首次传递到了中国。鸦片战争后,传入中国的英国马礼逊的《外国史略》、美国戴德江的《地理志略》对于西方图书馆的介绍更为系统、详细。此时,随着西方图书馆理念的传入,一些教会新式藏书楼产生了,如上海徐家汇天主教堂藏书楼、格致书院藏书楼等,这些藏书楼之所以被称为"新式",区别于"旧式"藏书楼的一个特征就是已经具备了一定的开放性,这些藏书楼由教会进行管理,既有西方图书馆的管理方法和技术,又有西方图书馆公开、公平、公

---

① 孙启存.探索:图书馆里的思想[M].哈尔滨:哈尔滨出版社,2009:50.

益的理念。

与此同时，受救亡图存、师夷长技的影响，一些爱国人士已认识到旧式藏书楼私有、封闭、专享的弊端不利于启发民智、富民强兵，因此主张建立新式藏书楼或图书馆。维新派中的林则徐组织翻译的《四洲志》，就介绍了西方公办公共图书馆，尤其是美国图书馆的数量和经费来源等，并强调图书馆的"公共性"。维新派政论家王韬在《弢园文录外编》中对旧式藏书楼进行猛烈抨击，并提出应将私家藏书楼转变为公共藏书楼，并向公众开放："夫藏书于私家，固不如藏书于公所。私家之书积自一人，公所之书积自众人。私家之书辛苦积于一人，而其子孙或不能守，每叹聚之艰而散之易。唯能萃于公，则日见其多而无虞其散矣。"①王韬提出学习和兴建西式图书馆，对西方图书馆的开放性颇为推崇："男女观书者，日有百数十人，晨入暮归，书任检读。"②1901 年，《杭州白话报》刊载了《要办藏书楼》一文，文中称杭州要再建藏书楼，"把中国外国各种顶要紧书籍，捐的捐些，买的买些，每日限定多少时刻，听那外边的读书人，进去看书"③，改变过去藏书楼"重门紧闭"的局面。这反映出当时的人们对于旧式藏书楼私藏私用、重门紧闭、不对外开放的弊端有了深刻的认识，并且开始寻找解决办法，试图建立大门敞开、公藏公用的新式藏书楼。因此在一些新式教会藏书楼出现的同时，一批新办的藏书楼开始显露出近代图书馆的雏形。例如皖省藏书楼、古越藏书楼等，虽名为"藏书楼"，但已在服务方式和理念、管理方法等方面基本具备了近代图书馆的特征，具有了公开、公平、公益的特点。

二、民国以来各类型图书馆数量的猛增

1912 年 1 月 1 日中华民国正式成立，之后关于政治、经济、文化等方面的改革措施陆续出台。为了维护新制度的实施与新社会秩序的建立，当时的政府大力提倡新式教育的普及，并将图书馆与博物馆、美术馆等确立为社会教育机构④⑤，陆续发布了一些有关图书馆事业发展的公文与规程，极大地促进了近代图书馆事业的发展，如《京师图书馆暂定阅览

---

① 王韬.征设香海藏书楼序[M]//王韬.弢园文录外编.上海:上海书店出版社,2002:184.
② 王韬.漫游随录·扶桑游记[M].长沙:湖南人民出版社,1982:105.
③ 太虚.要办藏书楼[J].杭州白话报,1901(3):3.
④ 民国教育部官职令草案[J].教育杂志,1912,3(12):63 - 65.
⑤ 教育部分科规程[J].政府公报,1912(237):14 - 16.

章程》(1912 年)、《通俗图书馆规程》(1915 年)、《图书馆规程》(1915
年)等。其中《通俗图书馆规程》规定:"各省治、县治应设通俗图书馆,
储集各种通俗图书,供公众之阅览。各自治区得视地方情形设置之。私
人或公共团体、公私学校及工场,得设立通俗图书馆。"①《图书馆规程》
规定:"各省、各特别区域应设图书馆,储集各种图书,供公众之阅览。各
县得视地方情形设置之……公立、私立各学校、公共团体或私人,依本规
程所规定得设立图书馆。"②由于《通俗图书馆规程》与《图书馆规程》对
图书馆的人员配置、经费来源、阅览收费等都做了明文规定,因此可以
说,这两项规程的公布标志着中国近代图书馆建设事业正式进入法制化
的萌芽阶段。以政府之力发展图书馆事业无疑会收到很好的效果,而事
实也证明,政府的这一系列政策法规对于当时的图书馆事业,尤其是各
类图书馆的普遍设立起到了非常积极的促进作用。据当时北京政府的
教育部统计,截至 1916 年,"全国除山西、甘肃、新疆、绥远、察哈尔外,各
省均建有省立图书馆"③。另据学者统计,1916 年,全国共有图书馆 293
所(包括巡回文库)。1918 年,这个数字猛增至 725 所④。1919 年,北京
政府教育部公布了《全国教育计划书》,将图书馆的社会教育功能加以深
化,并对图书馆事业大力提倡:"图书馆之启导学术,其功用等于学校,现
在国立图书馆规模简陋,不能购储各国典籍,亟应大加整理扩充,并拟择
国中交通便利文化兴盛之地,分别建设,以资观览。"⑤

　　随着图书馆数量的猛增,图书馆的类型也开始增加。据中华图书馆
协会统计,1925 年全国共有 502 所图书馆,其中:公共图书馆有 259 所,
占总量的 51.6%;学校图书馆 171 所,占总量的 34.1%;私立、机关、团
体及其他类型的图书馆 72 所,占总量的 14.3%⑥。私立图书馆、公共图
书馆、学校图书馆以及政府机关及学术团体附设的图书馆的大量出现,
标志着中国近代图书馆体系的基本建立,也表明我国图书馆事业的近代

---

①　通俗图书馆规程(一九一五年十月)[M]//李希泌,张椒华.中国古代藏书与近代图书
　　馆史料(春秋至五四前后).北京:中华书局,1982:184 – 185.

②　图书馆规程(一九一五年十一月)[M]//李希泌,张椒华.中国古代藏书与近代图书
　　史料(春秋至五四前后).北京:中华书局,1982:185 – 186.

③　黄鹂.清末民初图书馆创建热潮略述[J].图书馆杂志,2001(2):49 – 53.

④　谢灼华.中国图书和图书馆史[M].武汉:武汉大学出版社,1987:251.

⑤　李桂林,戚名琇,钱曼倩.中国近代教育史资料汇编:普通教育[G].上海:上海教育出
　　版社,1995:961.

⑥　金敏甫.中国现代图书馆概况[M].广州:广州图书馆协会,1929:60 – 61.

化业已达成①。然而,伴随着图书馆的大量、迅速以及普遍设立,受地理、历史以及政策与文化等方面因素的影响,全国图书馆发展的不均衡、不稳定等缺陷也随之暴露,而且这一时期的图书馆还未完全实现免费、公平、公开的阅览,例如教育部颁布的《图书馆规程》(1915年)中仍然有"图书馆得酌收阅览费"②的规定,这些问题成为图书馆事业整体向前发展的制约因素。

三、新文化运动中图书馆社会功用的认可

中华民国的建立虽然意味着新的共和政治制度的建立,但由于种种原因逐渐演变为军阀政治。1914年,《中华民国临时约法》被废除,稳定、有序的理想社会成为泡影。

外敌侵略加剧、军阀混战持续、政治腐败加重、民生凋敝更甚……现实的景象让国人从最初的政治革命转而寻求思想革命——"只有整个民族的思想意识、文化素质得到改造,适应于新的时代要求,政治革命、社会变革才能成功"③,而革新的首要任务就是"冲决过去历史之网罗,破坏陈腐学说之图圈"④。于是,"在一群最没有文化的军阀武夫统治中国的时期,就在民族灾难深重、看来最不可能有文化创造的雅兴的年代里"⑤,以"民主"与"科学"为武器的新文化运动兴起并迅速席卷全国,对阻碍社会进步的封建文化展开猛烈的批判。

新文化运动打破了封建思想和封建意识对国人的禁锢,使他们的思想得到空前的解放和活跃,促进了国人对于西方民主、自由精神的觉知和追求,营造了自由讨论、百家争鸣的学术氛围,为新思潮、新理论的传播开辟了道路。新文化运动还将实用主义教育思潮、职业教育思潮、平民教育思潮等近代欧美教育思想与教学方法大量介绍给国人,为这一时期的教育改革与教育发展提供了借鉴和动力。鉴于科学技术和人才在西方各国社会变革与发展中的重要作用,以及学校教育作为传播"民主"和"科学"、对国人进行思想与文化启蒙的重要途径,通过兴办新式教育来培养具有现代科学知识和技能的人才便成为新文化运动推行的重要

---

① 来新夏,等.中国图书事业史[M].上海:上海人民出版社,2008:394.

② 图书馆规程(一九一五年十一月)[M]//李希泌,张椒华.中国古代藏书与近代图书馆史料(春秋至五四前后).北京:中华书局,1982:185 – 186.

③⑤ 吴小龙.少年中国学会研究——从最初的理想认同到政治思想的激烈论争[D].北京:中国社会科学院研究生院,2001:3.

④ 李大钊.青春[N].新青年,1916 – 09 – 01(2).

内容。而新文化运动自身的许多成果也直接对学校教育产生了积极的影响。在学校教育不断发展且广受重视的情况下,图书馆本身作为新式教育机构之一,图书馆教育作为学校教育的重要补充,也相应地引起了各方的广泛关注。

1. 图书馆对于国民教育的作用

曾任北京大学图书馆主任的李大钊指出:"想教育发展,一定要使全国人民不论何时何地都有研究学问的机会;换一句话说,就是使全国变成一个图书馆或是研究室。但是想达到这种完美教育的方针,非依赖图书馆不可。"而图书馆与图书馆员的身份也需要转变:"现在图书馆是研究室,管理员不仅只保存书籍,还要使各种书籍发生很大的效用,所以含有教育的性质。"①沈祖荣也指出:"学校外之教育机关甚多,其性质属于根本的,其效果属于永远的,莫如图书馆……图书馆之性质,不在培养一二学者,而在教育千万国民;不在考求精深学理,而在普及国民教育。"②

2. 图书馆与国家进步之联系。

李大钊认为图书馆关系到中国教育的未来:"图书馆和教育有密切的关系,和社会教育更有关系。"③他认为,图书馆学的教育是关系中国图书馆前途的事情,也是关系到中国教育前途的事情。陶行知指出:"近今教育趋势,多利赖于图书馆,而民族文化,亦即于是觇之……非力谋图书馆教育之发展,不可与列邦争数千年文化之威权。"④沈祖荣认为:"我国为文明古国,其所以进步迟钝者,虽不尽关于是,而图书馆之寥寥落落,亦其一种原因也。"⑤"国家富强,其表面在政治,实际在学问。图书馆为造就各种学问之机关,为富强之基础。"⑥

于是,借着新文化运动与诸多有识之士的大力宣传,图书馆在推动社会文化、教育、学术发展乃至国家进步等方面所具有的功能和作用被进一步提升,图书馆的重要性成为社会的共识。

---

①③ 李大钊.在北京高等师范学校图书馆二周年纪念会上的演说辞[M]//李希泌,张椒华.中国古代藏书与近代图书馆史料(春秋至五四前后).北京:中华书局,1982:169-171.

②⑥ 沈祖荣.中国全国图书馆调查表[J].教育杂志,1918,10(8):37-45.

④ 陶行知.中华图书馆协会董事会呈文[M]//陶行知.陶行知全集:第2卷.2版.成都:四川教育出版社,2005:555.

⑤ 沈祖荣.民国十年之图书馆[J].新教育,1922,5(4):783-797.

四、清末民初以来社会结社风潮的兴盛

受民族危机、经济发展以及学术文化进步等各因素的驱使，近代以还，各类社团大量兴起。中华民国建立后颁布的《中华民国临时约法》规定人民享有结社、集会的自由，这更加激发了民间的结社热情，中国近代社团由此开始进入鼎盛时期。这些社团大都有明确的宗旨和活动指向，制定了较成文的章程和入会规程，建立了比较健全的组织机构，因此具备了近代社团的特征[1]。据有关学者统计，截至1912年10月，国内各类教育、文化、学术、学生、妇女、体育、宗教等类社团总数高达300多个[2]。新文化运动与五四运动接连给国人以思想上的彻底解放和启蒙，因此各类以学习和宣传新思潮为主要目的的新兴社团也大量出现，仅五四运动后一年中出现的进步社团就有数百个之多[3]。

曾留学多国的梁启超指出："道莫善于群，莫不善于独。独故塞，塞故愚，愚故弱；群故通，通故智，智故强……今欲振中国，在广人才；欲广人才，在兴学会。诸学分会，未能骤立，则先设总会。"[4]

蔡元培在中华教育改进社《第一次年会日刊发刊词》中解释为什么要成立中华教育改进社时提到："教育事业范围很广，不能专靠政府所设的几个机关来主持……全国的省教育会每年开一次联合会……议决的案，只能送教育部请他采用；自己没有一个永久机关可以执行几件事……我们要有一种改进教育的机关，是固定的，不是临时结合的；是普遍的，不限于一地方一局部的；是纯然社会的，不受政府牵制的；所以组织这个中华教育改进社。"[5]

随着图书馆事业的不断向前发展，近代图书馆体系基本建立，图书馆的社会教育功用进一步提升，一批掌握现代图书馆学知识与技能的图书馆人活跃于图书馆界，加之国内各行业社团的大量涌现，以及人们对于社团之于行业的推动作用的认识越来越清晰，图书馆界与教育界人士亦认识到了图书馆社团在发展图书馆事业中的重要作用。曾在美国学

① 陈胜昆. 中国科学社的科学观(1914—1922)[G]//吴嘉丽，等. 中国科技史演讲文稿选辑(下). 台北：台北银禾文化事业公司，1990：102 - 105.

② 戈公振. 中国报学史[M]. 北京：三联书店，1955：178 - 181.

③ 王国忠. 进步社团的兴起与五四运动[J]. 绥化师专学报，1989(3)：11 - 13.

④ 梁启超. 论学会[M]//梁启超. 中国沉思：梁启超读本. 呼和浩特：内蒙古出版社，2008：17.

⑤ 蔡元培. 第一次年会日刊发刊词[J]. 新教育，1922，5(3)：727 - 730.

习图书馆学的沈祖荣率先呼吁成立全国图书馆研究会：

> 中国图书馆，其所以不能发达者，又在该馆各自为法，孤立无助。推原其故，由未联络研究机关，以谋协助也。诚能组织全国图书馆研究会，以馆中馆长馆员主任为基础，再征求全国同志，及热心赞成家，加入此会，则会员愈多，见闻愈广，集思广益，知识交换，合群策群力，以改良其办法，则此种事业，定有进步。不然，一盘散沙，毫无统系。同为此种事业，而意见纷歧，各处异制，即有良法，无人学步，纵多流弊，不知铲除，长此以往，欲谋发展，未之有也。①

确实，图书馆"启迪民智，愉慰精神，关系于地方文化发展者，厥功甚伟也"，但因为彼此之间各自为政，在工作开展方面"少智识交换之机会，缺情感联络之组织，以故协助互益之效，竟不克获"②。

第二节　图书馆社团成立的内在驱动力

一、新图书馆运动引发的图书馆思想启蒙

辛亥革命前，全国各地省级图书馆虽已普遍建立，但是大都承袭旧式藏书楼的做法，带有浓厚的衙门习气，有形无神。随着辛亥革命带来的思想激荡，旧式藏书楼模式的图书馆逐渐开始向现代图书馆转变，但是这些转变或零散或局部，尚不具有系统性和整体性。随着新文化运动的蓬勃发展，民主、科学以及图书馆教育功能的深入人心，越来越多的有识之士意识到了这种旧式藏书楼模式的图书馆的诸多弊病以及现代图书馆对于社会发展的重要作用。因此，改革旧式藏书楼、建立现代图书馆成了图书馆界与教育文化界的共识与努力方向。

1917 年，荣膺图书馆学学士学位"中国第一人"称号的沈祖荣由美国学成归国。他在韦棣华女士（Mary Elizabeth Wood）的指导下，与胡庆生、余日章等人，携带大量有关美国新式图书馆的介绍和服务指南、影片、图书馆建筑模型与美国图书馆统计表等资料奔赴华北、华东、中南各省进行宣传、演讲，大力推广美国图书馆学理论和管理方法，宣扬现代图

---

① 沈祖荣. 民国十年之图书馆［J］. 新教育，1922，5（4）：783 - 797.
② 济南图书馆协会章程［J］. 中华图书馆协会会报，1926，1（5）：8 - 9.

书馆公共精神,倡导开展图书馆改革,提倡施行平等服务与免费服务,并对旧式藏书楼进行猛烈抨击,新图书馆运动(1917—1925 年)①拉开帷幕。这场以现代图书馆宣传、教育与研究为主要内容的新图书馆运动极大地推动了我国图书馆事业近代化的步伐:加快各类型图书馆的普遍设立,使我国近代图书馆体系得以基本确立;促使"公平、开放"的理念深入各地图书馆与图书馆员之中,推动了图书馆服务观念的更新,使图书馆服务对象扩大到不同阶层、不同性别、不同年龄的普通民众;引导图书馆藏书渐趋合理,形成了古今并存、中西并重的局面;宣扬欧美图书馆的技术与方法,如卡片目录、开架制、馆际互借以及新式分类法等,这些技术与方法逐渐为我国图书馆界所接受,从而大幅度提高图书馆的业务水平,促进我国图书馆管理的科学化;培养和孕育一批图书馆学人才,推动图书馆理论研究的繁荣。沈祖荣在《民国十年之图书馆》中称:"我国人士,对于图书馆,如梦初醒,以为可补教育之所不及者……热心求之,非如从前之冷静态度,是于图书馆事业中,放出绝大曙光也。"②

新图书馆运动最重要的是实现了由封建藏书楼到现代图书馆的从理念到现实的转变,从"形似"到"神似"的转变③,是中国图书馆事业与图书馆学思想史上的一次思想启蒙。

二、图书馆学教育的发展与图书馆人的培育

中华民国建立后,清朝的"学部"改为"教育部",蔡元培任第一任教育总长,对中国传统教育进行了大刀阔斧的改革,颁布了一系列与教育相关的政令法规,促成了兴办新式教育的一次高潮。据统计,1912 年,全国各类学校总数达到了 87 272 所,其中初级学校有 86 318 所,中级学校有 832 所,高级学校有 122 所,学生总数达到了 2 933 387 人④。随着学校数量的猛增,新的教育制度和教育理念在民主共和的精神之下构建了起来,并逐步将中国传统教育的"教化"功能转化为国民教育,并以军国民教育、实利教育、德育、美育和世界观教育作为新式教育的核心,基本确立了中国现代教育的雏形。受政府教育改革的影响,教育界有识之

---

① 本书对于"新图书馆运动"的时间界定取自王旭明所著《20 世纪"新图书馆运动"述评》(《图书馆》,2006 年第 2 期)一文,原因在于 1925 年后,建设全国性的公共图书馆体系理想渐被放下,图书馆界更多致力于"建设中国图书馆学"。

② 沈祖荣.民国十年之图书馆[J].新教育,1922,5(4):783 - 797.

③ 吴稌年."新图书馆运动"若干关键点之研究[J].图书馆,2006(6):27 - 30.

④ 舒新城.中国近代教育史资料:上册[M].北京:人民教育出版社,1981:367 - 368.

士不仅引入了实用主义教育学说和设计教学法以及道尔顿制等教育学说、学制,还在此基础上,结合中国国情进行了一系列的教育改革试验,形成了强调实用性、民主性与科学性的教育思潮,如国民教育思潮、职业教育思潮、平民教育思潮、儿童本位教育思潮等。

　　基于新式学校的大量创办及新思潮的冲刷,原本处于被忽略地位的图书馆学教育也开始逐渐进入公众视野。1913 年,美国图书馆学家克乃文(William Harry Clemons,又译为克莱门斯)担任金陵大学图书馆馆长一职,在其积极倡导和努力下,金陵大学文科专业开设了图书馆学课程,这是中国教育机构开设图书馆学课程的起始①。1920 年 3 月,任教于武昌文华大学的韦棣华、沈祖荣等人仿照美国纽约州立图书馆学校学制,在该校设立了图书科②,是为我国图书馆学专业教育之肇始。受其影响,次年广州市立师范学校开设图书管理科,亦是图书馆学专业教育之一。此后,其他短期培训、讲习班也开始增多,如 1920 年北京高等师范学校举办了暑期图书馆讲习会,次年,该讲习会的参加人数就达到了 78 人③。1922 年,杜定友在广州开办了图书馆管理员养成所,共培训学员 52人④。1923 年,洪有丰在南京高等师范学校创办了暑期图书馆学讲习科,并连办 4 年⑤。此外,还有南京东南大学暑期学校图书馆讲习班(1923 年)(后称为"图书馆暑期学校")、成都暑期图书馆演讲会(1924年)以及上海圣约翰大学海氏图书馆讲习会(1924 年)⑥等。从 1920 年起,每年都有图书馆学讲习会、训练班或函授开设,培养了大批图书馆工作人员,使得"图书馆学业余教育蔚然成风"⑦。

---

① 叶继元,徐雁.与其临渊羡鱼,不如归而结网[M]//叶继元.南京大学百年学术精品:图书馆学卷.南京:南京大学出版社,2002:3 – 4.

② 1924 年,文华大学改组为"华中大学",该图书科随即更名为"华中大学文华图书科";1927 年,华中大学暂时停办,图书科单独成校,韦棣华任校长;1929 年,文华图书科从华中大学脱离出来,成为独立的"武昌私立文华图书馆学专科学校"。1938 年,该校因抗日战争全面爆发迁至四川璧山,1946 年迁回武昌。1953 年,该校并入武汉大学,成为武汉大学图书馆学专修科。

③ 耿申,邓清兰,沈言,等.北京近代教育纪事[M].北京:北京教育出版社,1991:118.

④ 吴仲强.中国图书馆学情报学档案学人物大辞典[M].深圳:亚太国际出版有限公司,1999:28.

⑤ 沈固朝,刘树民.涓涓成川有师承——1913—1948 年间金陵大学图书馆学教育的发展历程[J].图书情报工作,2005,49(11):139 – 141.

⑥ 李明杰,李瑞龙.民国图书馆学教育编年(1913—1949)[J].图书情报知识,2018(2):113 – 121.

⑦ 龚蛟腾.清末至民国图书馆事业的勃兴与繁荣(下)[J].图书馆,2011(2):8 – 11,34.

图书馆学教育的出现为当时的图书馆工作培养了一大批既掌握现代图书馆学理论与技术,又兼备中国传统目录学、文献学基础的图书馆工作与研究人员。随着国内图书馆学教育的发展,加之一批留学欧美学习图书馆学的留学生相继归国,诸如沈祖荣(1914—1916 年在美国纽约州立图书馆学校学习,获图书馆学学士学位)、杜定友(1917—1921 年在菲律宾大学学习图书馆学,获文学、图书馆学、教育学三个学士学位)、戴志骞(1917—1918 年在美国纽约州立图书馆学校学习,获图书馆学学士学位)、洪有丰(1919—1921 年在美国纽约州立图书馆学校学习,获图书馆学学士学位)、袁同礼(1920—1922 年在美国纽约州立图书馆学校和哥伦比亚大学学习图书馆学,获文学与图书馆学双学士学位)、李小缘(1921—1925 年在美国纽约州立图书馆学校和哥伦比亚大学师范学院学习,获美国哥伦比亚大学教育社会学硕士学位)、刘国钧(1922—1925 年在美国威斯康星大学学习,兼修图书馆学课程,获哲学博士学位)等①。这一时期,中西方图书馆学教育文化与体制培养出来的学人与践行者,在中国这片土地上开始从事同样的工作与理论研究,面对与思考同样的现实问题,开始了来自两种不同教育环境下的图书馆人之间的融合,中西方图书馆学的交流与共享因此得到完美的实现。而这批具有现代图书馆学科背景的图书馆人,其中不少不仅成为民国时期图书馆学研究和教育事业中的中流砥柱,同时,也成为图书馆事业快速发展的巨大推动力与内应力。

三、图书馆学术研究的发轫与聚合趋向

中国的图书馆学研究最初起源于对国外图书馆学的引介,而真正自主的研究则始于 1909 年。该年,孙毓修在当时极负盛名的《教育杂志》上连载了《图书馆》一文。文章从传播新知、培养救国之才出发:"当此沧海横流、中原陆沉之日……正宜博求新理,以裕济变之才",而传统藏书楼"虽存抱残守阙之功,终究因占有者垄断,其收藏图书,目录著述,无非乃奇货可居……独得为可矜,以公诸世为失策气"。因此,"欲保古籍之散亡,与策新学之进境,则莫如设地方图书馆,使一方之人皆得而阅之,著作之家博览深思,以大其文,专家之士假馆借阅,以蓄其德,即一艺一业之人亦得于职务余闲,借书籍以慰其劳苦,长其见识"②。孙毓修不

---

① 胡庆生、徐燮元等人因归国后未继续从事图书馆工作,因此不予计算在内。
② 孙毓修.图书馆[J].教育杂志,1909,1(11):45 – 54.

仅指出了图书馆的重要作用,还将图书馆的功用从光文、蓄德延伸至休闲与慰藉,不可不说是当时图书馆理念的一大进步。《图书馆》一文虽为孙毓修综合日美图书馆学研究成果而来,但因其"量变为通"地制定出了一部适合中国国情的新书编目分类法而成为中国学者研究我国图书馆事业的起始,标志着中国图书馆学进入近代化阶段①。

　　辛亥革命后,图书馆学正式作为一门专门学科走入我国学术界,并陆续有中国学者所撰(编、译)的图书馆学论著问世,如:《图书馆管理法》(王懋镕,1912 年)、《图书馆教育》(广野周二郎著,谢荫昌译,1912)、《图书馆小识》(日本图书馆协会编,北京通俗教育研究会译,1917 年)《图书馆指南》(顾实编译,1918 年)等。同时,中国的图书馆学思想也逐步从最初的西学吸收阶段进入本国学者自觉研究的阶段。新图书馆运动开始后,中国自己的图书馆学理论研究更是有了长足的发展。沈祖荣与胡庆生合编的《仿杜威书目十类法》(1917 年)被认为"在学习利用新技术编制图书分类法方面是一个划时代的贡献"②。1923 年,杨昭悊的《图书馆学》出版,金敏甫称赞该书为"中国图书馆学自撰书籍之最完备者"③。还有杜定友的《世界图书分类法》(1922 年)和《图书馆通论》(1925 年)等图书馆学著作陆续问世。除此之外,还有越来越多的传播速度更快、受众范围更广的图书馆学论文发表,譬如:《图书馆生活》(蔡成玉,1920 年)、《近代图书馆之性质与职能》(刘国钧,1921 年)、《图书馆教育急宜发展之理由》(冯陈祖怡,1922 年)、《图书馆与师范大学》(程时奎,1922 年)、《图书馆与学校》(戴志骞,1922 年)、《本校图书馆目录之种类及其利用法》(张之轩,1922 年)、《高师图书馆沿革纪略及新图书馆》(冯陈祖怡,1922 年)、《近日图书馆教育的趋势》(王文培、1922 年)、《英美女子的图书馆事业》(松寿,1922 年)、《民国十年之图书馆》(沈祖荣,1923 年)、《图书馆学术讲稿》(戴志骞,1923 年)等。可以说,中国的图书馆学研究无论是范围、角度还是实用性等方面都取得了可喜的成果。据台湾地区出版的相关图书馆年鉴统计,1920—1927 年间出版的图书馆学书籍和散见于各种期刊的图书馆学文字,多达 577 件,属中国图书馆学术的发轫期。

―――――――――

①　范并思,邱五芳,潘卫,等.20 世纪西方与中国的图书馆学——基于德尔菲法测评的理论史纲[M].北京:北京图书馆出版社,2004:233.

②　范并思,邱五芳,潘卫,等.20 世纪西方与中国的图书馆学——基于德尔菲法测评的理论史纲[M].北京:北京图书馆出版社,2004:209 – 210.

③　金敏甫.中国图书馆学术史[J].国立中山大学图书馆周刊,1928,2(2):1 – 14.

图书馆学研究的兴勃也从另一个侧面反映出当时图书馆人作为研究主体的成熟以及报纸、期刊等新传播媒体对于学术发展的推动作用。但从总体上来说,这一阶段的图书馆学研究缺乏组织性与计划性,其成果较零散,这一点从报纸、期刊中刊载的论文多以对某一国或一地图书馆事业的介绍、评述为主,而缺乏系统、深入的研究性论文中可见一斑。而图书馆学要走向系统、科学且符合图书馆事业的发展需要,就必须由相应的图书馆组织来承担调查、规划、协调、统筹以及引导等任务。

当时已有不少学者认识到了学术团体对于学术发展的作用。蔡元培认为:"方今文化大开,各科学术,无不理论精微,范围博大,有非一人之精力所能周者。且分科至繁,而其间乃互有至密之关系。若专修一科而不及其他,则致孤陋而无借,合各科而兼习焉,则又泛滥而无所归宿,是以能集同志之友,分门治之,互相讨论,各以其所长相补助,则学业始可抵于大成矣。"①梁启超也认为学术进步与公共研究机关之间有紧密关系:"凡一学术之发达,必须为公开的且趣味的研究,又必须其研究资料比较的丰富……此其事非赖有种种公开研究机关——若学校若学会若报馆者,则不足以收互助之效,而光大其业也。"②此外,图书馆工作人员亦"提携各图书馆组织促进会,以交换管理上及推广上之知识"③。图书馆团体在促进图书馆事业与学术研究的长足发展中的重要作用已得到普遍认可,中国的图书馆学研究由自发、松散走向自觉、聚合的趋势也逐渐显现。

四、国外图书馆社团的引领与榜样作用

就在中国近代图书馆事业经历发展中的第一个高潮之际,欧美及亚洲一些国家在经历了最初的图书馆建设热潮之后,其图书馆社团逐渐走向成熟,进入以各自的图书馆社团为领导,开展计划性的图书馆事业发展阶段。

1876 年,美国成立了世界上第一个图书馆协会——美国图书馆协会(American Library Association)。这是一个由图书馆员呼吁发起以"馆员公约"(Convention of Librarians)为纽带的图书馆员组织。该协会的成立

---

① 蔡元培.中学修身教科书[M]//中国蔡元培研究会.蔡元培全集:第 2 卷.杭州:浙江教育出版社,1997:97.

② 梁启超.清代学术概论[G]//朱维铮.梁启超论清学史二种.上海:复旦大学出版社,1985:85.

③ 沈祖荣.提倡改良中国图书馆之管见[J].新教育,1923,6(4):551 – 555.

目标是"使图书馆员能够更轻松,更经济地开展当前的工作"①。该协会在 1879 年制定的《图书馆协会章程》规定其宗旨是:通过共享与交流,达成共识;引导共建,使公众支持图书馆建设与改进;通过会员培训,团结力量,促进全面发展。美国图书馆协会组织体系庞大且完备,除了最高决策和立法机构理事会,执行委员会作为理事会的管理机构监督总的工作以外,还有多个委员会、专门图书馆协会以及州或地区分会等。在其专业分支机构中又按照专业活动内容的不同而设置了图书馆行政部、图书馆教育部、参考服务部等。美国图书馆协会的主要工作内容有:开展图书馆员教育与培训、制定图书馆法和图书馆标准规范、编辑发行刊物、合作开展图书编目和分类、编制书目工具等。1876 年美国图书馆协会开始发行《图书馆杂志》,并于 1908 年制定了《英美编目条例》等规范性文件。有学者指出:"美国的公共图书馆在 1876 年美国图书馆协会成立之后有了巨大的发展。"②

　　英国图书馆协会(Library Association)诞生于 1877 年,该协会的宗旨是:团结所有从事图书馆工作和关心图书馆事业的人们,以便大力推进现有的图书馆管理方法,并在需要之处建立新馆。至 1896 年,该协会在内务方面,共设有 32 个专业组,由其领导机构理事会每年召集举行年会,讨论协会内部事务,举办图书、设备等展览和相关会议,出版会议录;在外部活动方面,该协会以促进英联邦国家图书馆事业的发展为其主要工作内容,而且还派出图书馆学家赴发展中国家,为发展中国家图书馆事业的发展提供咨询和帮助等。该协会于 1880 年创办了《每月摘记》,随后出版了《图书馆记事》(1884—1888 年)、《图书馆》(1889—1898年)和《图书馆界》(1898 年)。1899 年 1 月又创办了《图书馆协会记录》。此外,该协会还出版有《英国图书馆协会年鉴》等。

　　日本于 1892 年成立了日本书库协会(日本图书馆协会的前身),该协会成立的主要目的在于振兴图书馆事业,提高图书馆员的素质与社会地位,对图书馆运营提供帮助,促进图书馆间的交流与协作。

　　此外,瑞士(1897 年)、德国(1900 年)、丹麦(1905 年)、法国(1906年)、波兰(1917 年)也相继成立了各自的全国性图书馆社团组织。

　　随着综合性图书馆社团的出现,专业性图书馆社团的成立也逐渐成为

---

① 　美国图书馆协会历史(1876)[EB/OL].[2022 - 01 - 03].https://www.ala.org/aboutala/history/details-ala-history.

② 　杨威理.西方图书馆史[M].北京:商务印书馆,1988:222.

一种趋势。1909 年,世界上第一个专业图书馆协会(The Special Library Association)在美国成立。该协会的主要目标是促进专业图书馆间的交流与合作,以实现图书馆间文献信息资源的共享。

欧美及亚洲等国的图书馆社团在促进各国的图书馆事业发展和学术进步、加强图书馆间的合作与交流,以及辅助教育和促进科技进步等方面做出了杰出的贡献。而且外国图书馆社团的职能设定、组织条例、会务开展,以及创办刊物的内容、主题以及编排等,在民国时期我国图书馆社团身上都有所体现。可以说,国外图书馆社团的涌现为我国图书馆社团的建立提供了导向与榜样。

第二章　图书馆社团的成立、发展梗概与类型特点

据笔者目前收集的文献资料可知,民国时期先后有 43 个图书馆社团(不包括 6 个日本人在中国所建图书馆社团及伪满图书馆社团)成立或见诸报端,有些社团有具体的成立日期以及相关的规章制度,并开展了多项活动,有的社团仅有成立讯息见诸报端,未见有正式成立的报道,有的甚至未见有成立讯息,而只有名称等只言片语。各社团信息见表 2－1。

表 2－1　民国时期图书馆社团表

序号	图书馆社团名称	成立日期	成立地点
1	北京图书馆联合会	1918 年 12 月 21 日	北京
2	北京高等师范学校图书馆员研究所	1920 年	北京
3	广东图书馆管理员养成所图书馆研究会	1922 年 4 月 13 日	广州
4	中华教育改进社图书馆教育研究委员会	1922 年	济南
5	北平图书馆协会	1924 年 3 月 30 日	北京
6	浙江省会图书馆协会	1924 年 4 月 26 日	杭州
7	南阳图书馆协会	1924 年 5 月 26 日	南阳
8	开封图书馆协会	1924 年 5 月 29 日	开封
9	天津图书馆协会	1924 年 6 月 1 日	天津
10	南京图书馆协会	1924 年 6 月 14 日	南京
11	上海图书馆协会	1924 年 6 月 27 日	上海
12	江苏图书馆协会	1924 年 8 月 3 日	南京
13	济南图书馆协会	1924 年 12 月 16 日	济南
14	广州图书馆协会	1925 年 4 月 2 日	广州

续表

序号	图书馆社团名称	成立日期	成立地点
15	中华图书馆协会	1925 年 4 月 25 日	上海
16	苏州图书馆协会	1925 年	苏州
17	杭州图书馆协会	1926 年 4 月 18 日	杭州
18	中央大学区图书馆联合会	1928 年 11 月 7 日	苏州
19	武汉图书馆协会	1928 年	武昌
20	太原图书馆协会	1929 年 5 月 29 日	太原
21	福建图书馆协会	1929 年 9 月 17 日	福州
22	山东图书馆协会	1930 年 3 月 18 日	济南
23	浙江第二学区图书馆协会	1930 年 5 月	嘉兴
24	瑞安图书馆协会	1930 年 9 月 14 日	瑞安
25	无锡图书馆协会	1930 年 11 月	无锡
26	安徽图书馆协会	1931 年 6 月 22 日	安庆
27	金陵大学图书馆学会	1931 年	南京
28	天津市图书馆学会	1931 年	天津
29	浙江第一学区图书馆协会	1932 年 5 月 22 日	杭州
30	江西省会图书馆协会	1932 年 11 月 14 日	南昌
31	杭县图书馆联合会	1933 年 9 月 10 日	杭县
32	四川图书馆协会	1934 年 3 月 13 日	成都
33	南宁图书馆协会	1935 年	南宁
34	浙江图书馆协会	1936 年 4 月 19 日	杭州
35	浙江第三学区图书馆协会	1936 年 5 月	吴兴
36	浙江第十学区图书馆协会	1937 年 4 月 20 日	—
37	金陵大学图书馆学座谈会	1940 年	成都
38	延安图书馆协会	1941 年 7 月 13 日	延安
39	成都图书馆协会	1942 年	成都
40	中国图书馆学社	1945 年 3 月 30 日	璧山
41	兰州图书馆协会	1945 年 4 月 8 日	兰州
42	广东图书馆协会	1947 年 3 月 30 日	广州
43	重庆图书馆协会	1947 年 10 月 18 日	重庆

民国时期先后有 6 个日本人在中国所建图书馆社团及伪满图书馆社团,详见表 2 - 2。

表 2 - 2 民国时期日本人在中国所建图书馆社团及伪满图书馆社团表

序号	图书馆社团名称	成立日期	成立地点
1	（"满铁"）奉天图书馆研究会	1916 年	沈阳
2	台湾图书馆协会	1927 年 12 月 12 日	台北
3	"满铁"图书馆业务研究会	1929 年	长春
4	（伪满）奉天省图书馆联合研究会	1939 年 7 月 21 日	沈阳
5	（伪满）"满洲"图书馆协会	1939 年 12 月 20 日	长春
6	（伪满）新京地区图书馆事业联合会	1943 年 11 月	长春

第一节 图书馆社团的成立与发展梗概

一、民国时期的 43 个图书馆社团

1. 北京图书馆联合会①（1918 年 12 月 21 日）

目前收集到的文献资料记载,我国历史上出现的第一个行业型图书馆社团为北京图书馆联合会。北京最早设立的图书馆可以追溯到明万历年间利玛窦创建的南堂图书馆。清末民初,京师图书馆、京师图书馆分馆、京师通俗图书馆、中央公园阅览所、北京大学图书部、教育部图书室等各类型图书馆陆续出现。北京地区的图书馆事业发展迅速,图书馆职业队伍人数扩充,图书馆业务工作中的问题急需解决,图书馆管理方法亟待统一,图书馆学术研究有待有序开展,"客观上要求图书馆之间联合起来……因此有必要成立地区的或全国的图书馆协作组织"②。彼时,国内各类教育社团风起云涌,国外图书馆社团发展如火如荼。《北京大学日刊》记载,汇文大学于 1918 年 12 月 3 日发起约集北京中学以上各学校图书馆主任 10 余人在汇文大学开会,商议北京各图书馆间的联络

---

① 民国时期的部分文献称该会为"北京图书馆协会",为与 1924 年成立的"北京图书馆协会"（1928 年更名为"北平图书馆协会"）有所区别,以下称该会为"北京图书馆联合会",但当时的各类文件等保留原称。

② 张树华.北京各类型图书馆志［M］.北京:北京燕山出版社,1993:44.

事宜,并拟成立"北京图书馆联合会"①。因应到会者缺席较多,因此,此次会议仅成立筹备委员会,袁同礼被推选为筹备委员会委员长,北京图书馆联合会起草委员数人被一并选出。12 月 7 日,筹备委员会再次在汇文大学召开会议,议定《北京图书馆联合会会章》及附则若干条。12 月 21 日,北京各图书馆全体会在北京大学文科事务室召开,宣布正式成立北京图书馆联合会。来自国务院的朱师辙和教育部的杨晋源出席此次成立大会,此外还有来自京师图书馆的谭新嘉、京师图书分馆的常国宪、京师通俗图书馆的朱颐锐、清华学校的袁同礼、法政专门学校的徐枕康、农业专门学校的丁械、高师附属中学的于光锐、高等师范学校利特青年会的李贻燕、崇文中学校的迮维斯、协和华语学校的裴德士、协和医学校的吉非兰、女子协和医学校的希斯、协和女子大学的费慕礼、俄文专修馆的王曾杰、中央公园图书馆阅览所的王丕谟。

会上选举出清华学校图书馆代表戴志骞(由袁同礼代)任会长,汇文大学图书馆代表高厚德(Howard Spilmam Galt,又译为高罗题)任副会长,北京大学图书馆代表李大钊任中文书记,协和医学校图书馆代表吉非兰任英文书记。成立大会还通过了《北京图书馆协会会章》及附则 6 条。根据该会会章,北京图书馆联合会的宗旨为"图谋北京各图书馆间之协助互益"②③。会章规定该会设会长、副会长、中文书记、英文书记各一人,每年春季选举出任,每年春秋两季开常会两次,入会会员以图书馆为单位,但各个图书馆需有专职图书馆员者方可入会,每馆一名代表有投票权,其他职员可参会但无投票权。该会会章需由出席代表三分之二通过方可修正。另外附则 6 条规定:个人可以以捐赠藏书方式加入该会,各图书馆藏书经会员介绍可互相往来参考,互借图书由各馆自行交涉,各图书馆应谋互换其出版物,各图书馆应每年春季时报告该馆一年的成绩,等等。

从参加北京图书馆联合会成立大会的代表组成可以看出,北京图书馆联合会的成立是受到政府支持的。从该会的会章中可以看出,北京图书馆联合会的主要功能是促进北京地区各类图书馆工作的互益互助,并互换图书以飨读者,是图书馆馆际互借的雏形。该会的民主选举和换届,可以让该会始终朝着会员期望的方向前行,而不至落入少数人操控

---

① 北京图书馆联合会之组织[N].北京大学日刊,1918(277):3.

② 北京图书馆协会成立[J].教育周报,1919(230):23-24.

③ 北京图书馆协会成立[J].教育杂志,1919,11(2):19-20.

之手,这是群众性社团的突出特点。北京图书馆联合会的成立在我国图书馆史上具有划时代的意义,中国图书馆人意识到了"一盘散沙"的弊端从而凝聚起来结成命运共同体,这是中国图书馆界首次联合起来,共谋图书馆事业的生存、发展和未来,是图书馆人合众意识的觉醒,也是图书馆事业发展进步的必然结果。

然而,即使有来自国务院和教育部人员的参与,北京图书馆联合会也未能按照预想顺利立案。1919 年 9 月 28 日,李大钊在《新生活》第 6 期上以"孤松"为署名发表题为《大笑话》的短文:"听说政府近来很麻烦'联合会'几个字,所以图书馆联合会在教育部立案,也被批驳了。这真是一个大笑话。"[1]李大钊在 1919 年 11 月 29 日写给袁同礼的信中提到"图书馆协会立案,已被教部批驳。前闻人言这是傅次长[2]亲自批的……"[3],北平图书馆协会的会刊《北京图书馆协会会刊》1929 年第 2 期的卷头语中称"民国七年之冬,北平即有图书馆协会之组织,以故中断"[4],实际原因是"教育部不予批准立案,加之经费困难,旋即停顿"[5]。

当时政府虽发布了一些鼓励结社的社团法规,如《教育会规程》(1912 年)、《农会暂行章程》(1912 年)、《商会法》(1914 年)等,试图从社团政策上承认和保障民众结社的合法权利,以利用社团促进社会各行业发展,但在实际的社会活动中又竭力压制结社,以免社团"触手太长",干涉其统治。北京图书馆联合会的不予立案为例证之一。虽然北京图书馆联合会因立案和经费问题未予成立,但有学者称其"作为北京地区图书馆界的交流活动一直没有停止"[6]。

据《北京大学日刊》记载,1919 年 2 月 15 日,北京图书馆联合会在北京大学举行职员会议,就该会的工作内容和实施方法进行讨论,并议决北京图书馆联合会当时的主要活动内容为"图书互借"和"互换出版物"[7]。有学者指出,此次会议之后北京图书馆联合会才正式开始活动,

---

① 李树权.蔡元培李大钊与中国大学图书馆[M].长春:吉林大学出版社,1990:129.

② "傅次长"即傅岳棻,时任北京政府教育部次长。

③ 李大钊.致守和先生(二)[G]//姚维斗,杨芹.李大钊遗文补编.哈尔滨:黑龙江人民出版社,1989:62.

④ 韦.卷头语[J].北京图书馆协会会刊,1929(2):1.

⑤ 北京图书馆协会成立[J].教育杂志,1919,11(2):19—20.

⑥ 吴稌年.北京高等师范学校暑期图书馆学讲习会95周年纪念[J].山东图书馆学刊,2016(2):1—6.

⑦ 北京图书馆协会成立纪闻(续)[J].北京大学日刊,1919(293):4.

并将北京图书馆之间互借图书、交换出版物的做法延续了下来,而至此"中国图书馆界破天荒有了互相协作、资料共享的联络组织"①。

1920年,《文华温故集》第4期记载沈祖荣作为文华公书林协理应"北京图书馆研究会"之邀于暑假期间赴京演讲②。文华公书林图书科学生查修与沈祖荣一同前往北京,于北京政治学会图书馆任职。由查修撰写的《北京图书界见闻纪录》详细介绍了此行见闻,其中提及的"北京图书馆联合会"应该与沈祖荣所称"北京图书馆研究会"是同一个组织。

《北京图书界见闻纪录》称"中国国内办图书馆的人物非常有限,社会上的对于这种人才的需求自然非常孔急。今年(1920年)上春北京图书馆联合会鉴于社会上这种情形,就有意要在暑假的时候设立一个图书馆讲习会,当时联合会的会正(长)就是清华学校图书馆主任戴志骞先生,书记就是高师附属中学主任程伯庐先生"③。从该文可以看出,北京图书馆联合会在1920年仍然存在,正会长为戴志骞,他从回国开始执会,副会长为程伯庐,二人以及其他一些热心图书馆教育事业的人士经过多次磋商,拟采用"北京图书馆联合会"的名义设立图书馆讲习会,北京大学、北京高等师范学校和清华学校每校各出100元作为经费来源。当"计划成功,正想预备施行"之际,北京高等师范学校校长陈宝泉自美国归来,听闻此讯,专程写信给戴志骞说明该计划可以用北京高等师范大学的名义进行。于是,戴志骞、程伯庐几经周折终于将"危在旦夕"的图书馆讲习会办立起来,图书馆讲习会于1920年8月2日至8月20日在北平召开,首期有来自北京、天津、山东、江苏、江西、四川、广东、甘肃山西、河南等地的学员共84人参加。

在此次图书馆讲习会举办的茶话会中,程伯庐正式揭露了北京图书馆联合会工作停顿的原因:一是会员单位单一,仅限于以学校图书馆为单位;二是职员只限于学校图书馆的干事;三是多系外国人发起。程伯庐还总结到:"总之,以前失败的原因,全系大家把此事(北京图书馆联合会的工作)认作少数人的事情,大家不愿往前帮助……"④

从1920年起至此后4年间,再未有北京图书馆联合会以及其他地

① 吴汉全.李大钊与中国社会现代化新道路[M].长春:吉林人民出版社,2011:617.
② 赴京演讲[J].文华温故集,1920,15(4):43.
③ 查修.北京图书界见闻纪录[J].文华温故集,1920,15(4):32-37.
④ 曹配言.北高图书馆讲习会闭会式志盛[N].晨报,1920-08-21(3).

方图书馆协会成立的音讯。这显然不符合社会组织发展的正常进程,更多的可能是社会政治因素加上自身组织不力等因素导致发展中断。

2. 北京高等师范学校图书馆员研究所(1920 年)

沈祖荣在《民国十年之图书馆》中记载:"……此外尚有短期图书馆员研究所,附属于北京高师,乃系陈君晓庄,程君伯庐,戴君志骞等,于民国八年(应为民国九年)时,组织夏令图书馆员讲习所,彼时来学者,共计八十余人之多;继以晓庄①辞职,兼之时局不靖,好事多磨,是以中止,后难继续,殊为憾事。"②从该文可以看出,北京高等师范学校主办的图书馆讲习会(又称为"图书馆员讲习所""图书馆员讲习会")附设有图书馆员研究所,但由于目前资料缺乏,具体情形尚未得知。

金敏甫在其《中国现代图书馆事业概况(续)》中提及:"民九,北京高师举行图书馆讲习会时,亦有组织全国图书馆协会之建设(议)。"③经笔者反复查阅各种资料,终于将金敏甫所谓"组织全国图书馆协会之建议"追根究底查找到了确凿的证据。

1920 年 8 月 2 日至 20 日,北京高等师范学校举办了图书馆讲习会。此次讲习会不仅首开我国图书馆职业教育的先河,更是围绕成立全国图书馆协会展开了较为集中的讨论,为 5 年以后成立的中华图书馆协会奠定了基础。

北京高等师范学校图书馆讲习会闭会当天特别召开了茶话会,北京高等师范学校图书馆主任程伯庐报告了此次讲习会的大概情况,校长陈宝泉发表演说,之后由讲习会会员自由发表意见,其中"都以筹划设立图书馆协会以谋本国图书馆教育的发达为重要"④。会中,沈祖荣详细介绍美国图书馆年会,并充分阐述我国成立图书馆协会的必要性。戴志骞不仅详细介绍欧美图书馆协会成立的历史,而且提出我国图书馆协会应该"急速设立",原因有三点:一是图书馆协会可作普及教育的总机关;二是书籍翻译可统一由图书馆协会办理;三是图书馆协会可与各国图书馆协会积极联络,并可加入国际图书馆联盟,借以发展中国图书馆事业。何作霖亦对于图书馆协会成立的必要加以说明。冯陈祖怡女士亦"希望

①　陈宝泉(1874—1937),字筱庄、晓庄。

②　沈祖荣.民国十年之图书馆[J].新教育,1922,5(4):783-797.

③　金敏甫.中国现代图书馆事业概况(续)[J].国立中山大学图书馆周刊,1928,1(3):19-26.

④　曹配言.北高图书馆讲习会闭会式志盛[N].晨报,1920-08-21(3).

（图书馆）协会成立，则各事自易解决"①。程伯庐关于组织全国图书馆协会的意见最为详细具体：首先，图书馆协会组织要谨慎，并说明北京图书馆联合会失败的三点原因；其次图书馆协会要广招会员，群策群力；最后图书馆协会要设各种研究会，组织的方法要符合平民治理的精神，不要有会长等名词……而且，此次关于图书馆协会的讨论并未停留在口头上，当场选举出 7 人作为全国图书馆协会的筹备员②。

杨昭悊在此后发表的《我对于图书馆讲习会的意见（续）》③中详细介绍了程伯庐的《关于图书馆教育发展计划案》，该案分为三部分，除了关于学校教育、教育行政外，"关于团体组织"的一部分就是组建全国图书馆协会及设分会于各地。在《再论图书馆讲习会（续）》中，杨昭悊再次重申组织全国图书馆协会："这次讲习会闭会以后，提前要办的事情，就是组织全国图书馆协会……使中国图书馆界从我们时代开一个新纪元。"④

由此可以看出，北京高等师范学校图书馆讲习会不仅培育了一批图书馆工作人员，成立了"图书馆员研究所"这一最初图书馆学术社团的雏形，而且对于日后成立全国性的图书馆协会展开了深入的讨论，如后来参与中华图书馆协会的戴志骞、沈祖荣、冯陈祖怡、程伯庐等，都发表了关于全国图书馆协会的设想，可以说此次讲习会是全国图书馆协会成立的理论肇始。

3. 广东图书馆管理员养成所图书馆研究会（1922 年 4 月 13 日）

广东得西方先进文明之先风，前有郑观应《盛世危言》呼吁倡设公共藏书楼（图书馆）之启蒙，后有康有为、梁启超鼓吹新式图书馆，广雅书局藏书楼、司徒氏通俗图书馆等陆续建立，地方文化得到了迅速发展。

1922 年 3 月 27 日，广东省教育委员会下设图书馆管理员养成所。该所由时任广东省教育委员会图书仪器事务委员和广东省立图书馆馆长的杜定友发起，同时杜定友担任该所所长，对来自省内的 52 名中学在职教员开展了为期三周的图书馆学教育⑤。杜定友不仅具有图书馆学专业背景，而且深知图书馆社团组织为发展图书馆事业的重要工具。4 月13 日，图书馆管理员养成所在杜定友的倡导下组织成立了图书馆研究

①② 曹配言.北高图书馆讲习会闭会式志盛[N].晨报,1920－08－21(3).

③ 杨昭悊.我对于图书馆讲习会的意见(续)[N].晨报,1920－08－19(7).

④ 杨昭悊.再论图书馆讲习会(续)[N].晨报,1920－08－30(5).

⑤ 广东省立中山图书馆.广东省立中山图书馆志[M].广州:广东教育出版社,2012:232.

会，"研究会以解决图书馆草创时期问题为主，互通声气，联络感情，使图书馆学得以普及，图书馆事业得以扩充"①。杜定友被推举为会长，穆耀枢任编辑部主任，孤志成任文牍部主任，陈德芸任调查部主任，李华龙任庶务部主任，会员为图书馆管理员养成所的受教人员。

　　沈祖荣在《民国十年之图书馆》中记载："今幸广东广州市，穆君耀枢，杜君定友，组织图书馆员研究所，所章简明，课本精当，兼之二君热心教育，循循善诱，虽属速成，由祖荣观之，实大有补于图书界也。所惜者偏在粤峤，他省人才，因道路迢迢，不能担簦往学，亦属缺陷。"②文中"图书馆员研究所"即应为"图书馆管理员养成所图书馆研究会"。由于图书馆管理员养成所从 3 月 27 日开学至 4 月 19 日毕业仅存续不到一个月，因此，由该养成所发起组织的图书馆研究会也随即停办，是否开展学术活动尚不得而知。该研究会是目前我国有据可查的最早的图书馆学术研究型社团，有学者称其为"是国内有图书馆学会组织之始"③，也是我国图书馆学研究从自发走向自觉，从零散走向聚合的标志。

　　4. 中华教育改进社图书馆教育研究委员会(1922 年)

　　1921 年 12 月，以"调查教育实况，研究教育学术，力谋教育进行"④为宗旨的中华教育改进社在实际教育调查社、新教育共进社、新教育杂志社三社合并的基础上成立。该社下设董事部，范源濂任董事部部长，陶行知任主任干事，杜威、梁启超、严修等人为名誉董事，蔡元培、黄炎培、熊希龄等人为董事。该社有学术、事务两个部门，设有 32 个专门教育委员会，图书馆教育研究委员会为其中之一。戴志骞、袁同礼、刘国钧、沈祖荣、杜定友、蒋复璁、韦棣华、王文山等都是其会员⑤。该社还创办有《新教育》杂志，以介绍美国的教育制度和实用主义教育思想为主，推行各类新教学法，在当时的教育界颇具影响力。

　　1922 年 7 月 3 日至 8 日，中华教育改进社在山东济南召开的第一次年会中提出了不少有关图书馆事业发展的议案：《请中华教育改进社组织图书馆教育研究委员会案》《各校应添设教导用图书方法案》《中国师范学校及高等师范应增设图书馆管理科案》《呈请教育部推广学校图书馆案》《拟呈请教育部通咨各省省长转饬各教育厅长除省会内必须建设

①　王子舟. 杜定友和中国图书馆学[M]. 北京：北京图书馆出版社，2002：213.
②　沈祖荣. 民国十年之图书馆[J]. 新教育，1922，5(4)：783 - 797.
③　王子舟. 杜定友和中国图书馆学[M]. 北京：北京图书馆出版社，2002：8.
④　李桂林. 中国现代教育史教学参考资料[M]. 北京：人民教育出版社，1987：538.
⑤　蒋复璁，黄克武. 蒋复璁口述回忆录[M]. 台北："中研院"近代史研究所，2000：43.

省立图书馆外凡所属之重要商埠（上海汉口等处）亦必有图书馆之建设案》《拟呈请教育部会同财政部筹拨相当款项建设京师国立图书馆案》《各市区小学校应就近联合于校内创设巡回儿童图书馆以备充教室内之教育案》。其中最为重要的是《请中华教育改进社组织图书馆教育研究委员会案》，该案由戴志骞重提，理由有两点："一、图书馆教育与改进问题，本有密切之关系。例如美国图书馆协会与教育会互相独立，原非妥当办法，以致常生隔阂；二、中华教育改进社已设立各处办事机关，并以图书馆教育为新教育问题之一，设立图书馆教育研究委员会于中华教育改进社内，对于经济上既属节俭，而于教育事业上亦大有裨益。"①此项提案在年会中议决通过。中华教育改进社图书馆教育研究委员会由此正式成立，并以"研究图书馆教育问题"为宗旨，该委员会设立委员名额15人，由中华教育改进社函请国内研究图书馆教育及热心研究教育者担任。设书记1人、干事1人、副干事1人，由委员互选，由中华教育改进社聘任。该委员会研究计划分两种：一是分组研究，分图书馆行政与管理、征集中国图书、分类编目研究和图书审查四个组；二是共同研究，将分组研究的结果提交全体委员讨论决定。研究结果由《新教育》发表。

1923 年的中华教育改进社年会中，程湘帆提出《请规定学校"图书馆年"并请本社图书馆教育研究委员会速制定中等学校图书馆建筑图式及馆中设备计划案》，具体是"由中华教育改进社图书馆教育研究委员会从速制定中等学校图书馆建筑图式，并拟定馆中各项设备……分送全国学校及教育机关，一方面可引起社会及教育界对于图书馆建筑及设备的关注，另一方面可以作为学校图书馆建设的参考"②。由此可见，当时的教育界人士以中华教育改进社图书馆教育研究委员会为全国图书馆界的领导组织，并视其为改进图书馆事业的主要力量。曾为中华教育改进社社员的蒋复璁曾指出"中华图书馆协会的前身为民国十年成立的中华教育改进社"③，而该委员会在后来地方图书馆社团的成立过程中也确实起到了领导作用。

---

① 中华教育改进社第一次年会图书馆教育组议决案汇录[J].北京高师教育丛刊，1923，3(6):3-6.

② 程湘帆.请规定学校"图书馆年"并请本社图书馆教育研究委员会速制中等学校图书馆建筑图式及馆中设备计划案[J].新教育，1923，7(2/3):331-332.

③ 蒋复璁，黄克武.蒋复璁口述回忆录[M].台北："中研院"近代史研究所，2000:43.

5. 北平图书馆协会①（1924 年 3 月 30 日）

虽然 1918 年北京图书馆联合会成立夭折，未予立案，但显然组织图书馆社团的种子一经种下，即已生根发芽，势不可当。

1923 年 8 月，中华教育改进社在北平举行的第二次年会中通过了由图书馆教育组的戴志骞提议的《组织各地方图书馆协会案》②，理由有三：一是"现各处图书馆逐渐成立，而同一处之二三图书馆毫无联络。管理办法及手续，均不一致，此于阅书者及图书管理，颇有阻碍"，而图书馆协会可以研究统一适用的图书馆管理法；二是在地方图书馆协会的组织下，"同一地方之一二三图书馆可合作购置新书，搜罗旧籍……而同一地方之书籍，则种类必倍于从前。近来各图书馆每缺乏经济，如能通力合作，实节省经费惟一之妙法"；三是"我国图书馆管理事业正在萌芽，诸待创作。同一地方之各图书馆管理员，凡关于友谊上，学问上，应有一种组织，借以互相研究"③，而各地方图书馆协会正可充当此种组织。对此提案，年会经讨论最终议决五个解决办法，其中第一要务为由中华教育改进社通告各地方图书馆关于成立地方图书馆协会的重要性与紧迫性，亦由中华教育改进社函请各省图书馆即刻组织成立各省图书馆协会，该案还提出协助地方图书馆成立图书馆协会的具体方法——"在某地方图书馆协会未能成立以前，或遇必要时，中华教育改进社图书馆教育研究委员会，由社员报告，应妥派本社社员在该地者，充当发起人或交际员"④，以便各地从速组织图书馆协会。

《组织各地方图书馆协会案》的提议，从个人层面来说，既可能是戴志骞延续 1918 年北京图书馆联合会未能立案的志愿，试图重新发起成立图书馆协会，也源于他从中华教育改进社的发展壮大中所受到的鼓舞。从图书馆事业发展的层面来说，当时中华教育改进社图书馆教育研究委员会的主任是戴志骞，副主任是洪有丰，书记是程时煃⑤，而且该委员会被视为"中华教育改进社之下一个全国性的以研究图书馆学与推动

---

① 北平图书馆协会成立时名称为"北京图书馆协会"，1928 年该协会更名为"北平图书馆协会"，"北京图书馆协会"的名称只存在了 4 年，因此为统一起见，统称为"北平图书馆协会"。

② 本会概略：北京图书馆协会原起[J]．北京图书馆协会会刊，1924（1）：7－10．

③④ 通告组织图书馆协会[J]．教育杂志，1924，16（4）：7．

⑤ 卢浩．中华教育改进社——中国近代教育模仿美国的主要推动者[D]．上海：华东师范大学，2003：11．

图书馆事业为主要职能的二级机构"①,因此该提案也是身为图书馆教育研究委员会领导人的戴志骞在综合图书馆事业发展状况和图书馆人的共同期望后所提出的。1923 年 11 月出版的《新教育》刊载了戴志骞的《图书馆学简说》,文中戴志骞将图书馆协会的作用上升到了提升国家实力的高度:"自一八七六年,美国组织图书馆协会后,而全国图书馆,乃相继崛起,欧洲各国,终不能与之抗衡。自一八九一年后,英日德法比各国之图书馆协会先后成立,遂为欧洲图书馆事业开一新纪元。"②由此可见,戴志骞等图书馆人坚持成立图书馆协会的初心未因北京图书馆联合会的夭折而放弃,反而愈发坚定。

1924 年 2 月 19 日,中华教育改进社"通知本社社员在各地图书馆办事者,克日发起组织图书馆协会"③。1924 年 2 月 20 日,该社函请时任清华学校图书馆主任的戴志骞为北平图书馆协会发起人,并邀请北京各图书馆管理员于 3 月 16 日在该社事务所召开北平图书馆协会筹备会,到会者有冯陈祖怡、赵廷范、许达聪、皮宗石、戴志骞、查修、高仁山等人,会议修正通过了《北京图书馆协会草案》,正式名称为《北京图书馆协会章程》。3 月 30 日,北平图书馆协会成立大会在中华教育改进社事务所召开,到会者有北京大学、清华学校、汇文大学、国立北京师范大学、北京女子高等师范学校、北京俄文法政专门学校等各校图书馆代表,松坡图书馆、京师图书馆及分馆、京师通俗图书馆、中华教育改进社图书馆等各馆代表以及个人会员共 30 余人。会上,代表们选举戴志骞为会长,冯陈祖怡为副会长,查修为书记。该会宗旨在推动北京各图书馆间之协助互益,具体为"一则联络京中各图书馆,互通声气、彼此辅助,使有无相通。即如非各馆必备之书,各馆合购一部即足,如此则经费可省,再则聚集各馆人员,共同研究关于图书馆之种种学问"④。《北京图书馆协会章程》规定该会设会长 1 人、副会长兼会计 1 人、书记 1 人,任期均为一年,可以连任。每年 3 月召开年会时进行职员选举。除寒暑假外,每月召开常会一次,于在京各图书馆轮流开会。至此,中国历史上第一个有案可查经政府批准的图书馆社团——北平图书馆协会宣告成立。1924 年 8 月北平图书馆协会创刊的《北京图书馆协会会刊》,为我国首个由图书馆协

① 郑锦怀. 中国现代图书馆先驱戴志骞研究[M].青岛:中国海洋大学出版社,2017:231.
② 戴志骞. 图书馆学简说[J].新教育,1923,7(4):227-238.
③ 中华教育改进社第三次社务报告——组织各地方图书馆协会[J].浙江公立图书馆年报,1924(9):53-55.
④ 江篱. 京图书馆协会进行计划[N].申报,1924-04-12(10).

会创办的期刊。"故中国之有图书馆协会,图书馆协会之有刊物,皆北平为之创也。"①

如前所述,中华教育改进社作为当时最大的民间教育社团,集合了一批非常具有影响力的知名学者、教育学家、社会活动家和政府官员。该社的图书馆教育组开展的各项活动使得"中国现代图书馆事业的团体化、职业化和专业化由这里起步"②。而且其常设机构图书馆教育研究委员会也在当时被视为全国图书馆事业发展的引领者。因此,可以说,北平图书馆协会之所以未能像1918年的北京图书馆联合会一样夭折,很大一部分原因是借助了中华教育改进社的强大社会影响力和会务执行力,也得益于中华教育改进社的积极发起与促成。北平图书馆协会在成立后也一直将其成立缘由系于中华教育改进社,《北京图书馆协会原起》称的北平图书馆协会成立源于中华教育改进社第二届年会中图书馆教育组戴志骞提议的《组织各地方图书馆协会案》③。当时的各类报刊,如《清华周刊》《科学》等也一致称北平图书馆协会由中华教育改进社发起。

北平图书馆协会成立之后,除积极进行各项会务工作外,还努力发起组织各地方图书馆协会及全国图书馆协会:

> 图书馆协会之成立,小之可谋图书馆间及个人间之协助互益,大之可奠全国图书馆事业之稳固根基。其成立之必要,已急若燃眉。本会为中国图书馆协会之首先发轫者。自中华教育改进社与本会致各地图书馆管理员,敦请组织图书馆协会通启发出后,各地图书馆协会之成立,风起云涌。中国图书馆事业,焕然一新。而主持图书馆协会者皆努力从事。际兹烽烟遍地,荆棘满目之秋。吾图书馆界同人当能奋发有为,将来全国图书馆联合会之成立,与夫全国图书馆事业之臻极峰,不劳屈指而可待矣。④

《申报》称"中华教育改进社近来对于图书馆教育事业异常注意,各地方图书馆协会均由该社提倡组织"⑤,在1924年陆续成立的多个地方

① 韦.卷头语[J].北京图书馆协会会刊,1929(2):1.
② 李刚,叶继元.中国现代图书馆专业化的一个重要源头——中华教育改进社图书馆教育组的历史考察[J].中国图书馆学报,2011,37(3):79-91.
③ 本会概略:北京图书馆协会原起[J].北京图书馆协会会刊,1924(1):7-10.
④ 本会概略:要事简载[J].北京图书馆协会会刊,1924(1):22-28.
⑤ 中华教育改进社近讯两则[N].申报,1924-10-21(7).

图书馆协会的筹备倡设过程中,中华教育改进社的作用确实不可小觑,但自北平图书馆协会成立之后,本由中华教育改进社倡导组织各地图书馆社团的接力棒落到了北平图书馆协会手中,此后北平图书馆协会在地方图书馆社团乃至后来全国性图书馆社团的成立过程中都起到了非常重要的推动作用。

《北平图书馆协会会务报告》称该会成立后,"鉴于图书馆联合组织之需要,而各地未有图书馆协会之组织者为数尚多,特致函各地图书馆员,请从速发起,结果有各地方协会相继成立"①。此后,北平图书馆协会的作用在中华图书馆协会的成立过程中也至关重要,"该协会(北平图书馆协会)发起人,尚拟扩充范围,敦劝各地皆起而组织图书馆协会,将来联络各地协会,而成一全国图书馆协会"②,"北平既有地方协会之组织,更进而有全国协会之发起"③。

北平图书馆协会成立后每年召开常会,讨论北京各图书馆及图书馆事业发展事宜,于北京图书馆事业帮助颇多。1928年12月23日,北平图书馆协会在燕京大学图书馆召开的年度内第一次常会中修正通过了新的《北平图书馆协会简章》,并正式更名为"北平图书馆协会"。《北京图书馆协会会刊》也相应更名为《北平图书馆协会会刊》。1929年第2期的《北平图书馆协会会刊》刊载了《北平图书馆协会简章(十八年十二月廿三日修正)》④,日期有误,应该为"十七年十二月廿三日修正"。

1935年5月25日,菲律宾大学图书馆学教授约翰·威廉·奥思博恩(John William Osborn)携夫人访华,其夫人在菲律宾从事图书馆工作,并任菲律宾图书馆协会董事部董事,北平图书馆协会在清华学校设茶话会欢迎,并请奥思博恩夫人做了题为"图书馆在菲律宾之地位"的演讲。当时到会的有北平图书馆界人士30余人,待演讲完毕,"群相攀谈,随用茶点,兴尽始散"⑤。

1935年1月6日,北平图书馆协会在国立北平师范大学图书馆召开了年度第一次会议,出席的有机关会员16个、个人会员33人⑥。会议主

---

① 各地方协会之促成[J].北京图书馆协会会刊,1929(2):5.

② 江篯.京图书馆协会进行计划[N].申报,1924-04-12(10).

③ 韦.卷头语[J].北京图书馆协会会刊,1929(2):1.

④ 北平图书馆协会简章(1929-12-23)[J].北京图书馆协会会刊,1929(2):2-4.

⑤ 平图协欢迎菲岛图书馆家[J].中华图书馆协会会报,1935,10(6):16-17.

⑥ 平图书馆协常会[J].中华图书馆协会会报,1935,10(4):22.

席李文祎报告开会经过,然后由洪有丰和袁同礼分别做了演讲,随后袁同礼、田洪都、洪有丰、何日章、邓衍林、严文郁、李文祎等 7 人当选执行委员,吴鸿志、于震寰、黄象文、翟凤銮、施凤笙等 7 人当选为监察委员。

1937 年全面抗战爆发后,该会会务停顿。1945 年,北平图书馆协会有鉴于"今兹国土光复,百废待兴,图书馆事业,关系一地方之教育文化至巨,尤当积极提倡,勇猛推进"[1],于 12 月 2 日集合本市图书馆界同人在国立北平图书馆召开战后第一次会员大会。各处五十余所图书馆代表百余人到会。会议主席为松坡图书馆馆长叶景华,司仪兼记录为北平图书馆西文编目组组长李钟履。开会伊始由叶景华致辞,接下来由中华图书馆协会理事长袁同礼报告后方及欧美图书馆事业状况,再由李钟履报告该会目前所办事项,议决通过了诸如会员登记、会所选址、调查图书馆损失、恢复图书馆间互借办法以及函请市政府扩充市立图书馆并在本市多设分馆等议题。随后又议定北平图书馆协会年会临时会负责人由国立北平图书馆、北京大学图书馆、清华大学图书馆、北京师范大学图书馆、燕京大学图书馆、中法大学图书馆、辅仁大学图书馆、北京市立图书馆、北京政治学会图书馆、故宫博物院图书馆、中国大学图书馆及松坡图书馆各推举一人,待会员登记完毕再正式改选理监事。此后,再无该协会音讯。

6. 浙江省会图书馆协会(1924 年 4 月 26 日)

浙江省素来为文献名邦、人文渊薮,天一阁、文澜阁、南浔嘉业堂、玉海楼等著名大型藏书楼是浙江文脉悠远的最好见证。1909 年,浙江省立图书馆成立,成为当时较早开设的省立图书馆。1915 年 12 月,《浙江公立图书馆年报》创刊,这是中国近代图书馆学期刊的肇始[2],浙江也逐渐成为当时图书馆开设数量多、图书馆学术研究突飞猛进的地区之一。

1924 年,在北平图书馆协会成立后不久,时任浙江公立图书馆馆长的章篯即致函北平图书馆协会"述即须组织浙江省会图书馆协会之忱"[3],并拟仿照北平图书馆协会的组织办法,发起组织浙江省会图书馆协会。4 月 13 日,章篯召集浙江省教育会许倬云、浙江省立女子中学曹辛汉、浙江省立第一中学黄肇吉、宗文中学吴叔丹、安定初级中学张月

---

①　北平图书馆协会召集会员大会[J].中华图书馆协会会报,1945,19(4/6):9.

②　张敏.民国时期图书馆学期刊研究[D].苏州:苏州大学,2015:5.

③　本会概略:要事简载[J].北京图书馆协会会刊,1924(1):22 - 28.

恒、浙江公立工业专门学校孙祖炜、通俗图书馆高幼莼等①,在西湖图书馆召开浙江省会图书馆协会筹备会,会议公决学校及图书馆均为团体会员,且捐赠图书者可成为个人会员。会议还推举由章箴起草《浙江省会图书馆协会简章》,并定于4月20日在公众运动场讲演厅再次召开筹备会讨论成立事宜。4月26日,浙江省会图书馆协会在浙江公立图书分馆召开成立大会,选举浙江公立图书馆馆长章箴为会长,两浙盐务中学校图书馆主任陈益谦为副会长,浙江省立公众运动场附设通俗图书馆管理员高克潜为书记兼会计,暂借杭州横大方伯十七号浙江公立图书馆分馆为事务所。《浙江省会图书馆协会简章》称该会宗旨是"在图谋浙江省会各图书馆间之协助互益"②,也有文献记载其宗旨为"研究图书馆学术,发展本省图书馆事业,并谋推进本省之学术文化"③。该协会设会长1人,总理会务;副会长1人,协理会务;书记兼会计1人,掌理文书收支款项等。成立时有机关、团体会员55个,个人会员42人。

1925年4月11日,浙江省会图书馆协会在浙江公立工业专门学校图书馆召开首届年会,但因为到会人数较少,因此于当月18日在甲商学校图书馆开临时会,会议内容为修正《浙江省会图书馆协会简章》、改选职员,商讨在北京或上海等地成立全国图书馆协会事宜④。结果会长仍由章箴当选,副会长则由高幼莼当选。

同月,浙江省教育厅就筹备招待鲍士伟博士(Arthur Elmore Bostwick)一事致函浙江省会图书馆协会,称:"惟吾国图书馆事业际兹萌芽时代,问题甚多,鲍氏此来正可借与讨论以资改进,除请其就地演讲并与教育界讨论外,特就各地情形妥拟行程,查杭州为必经之地,谅荷允予招待。并希转知各图书馆筹备一切为盼。"⑤这说明浙江省会图书馆协会不仅成立,还得到了当地政府的认可,并视其为联络组织浙江各地图书馆的枢纽。

浙江省会图书馆协会成立后积极开展相关活动,"办事精神,亦颇不弱"⑥。截至1926年4月,共召开常会6次,临时会3次,年会2次。

①　浙江筹设图书馆协会[J].通俗旬报,1924(19):8.

②　浙江省会图书馆协会简章[J].中华图书馆协会会报,1926,1(5):8-9.

③　浙江省图书馆志编纂委员会.浙江省图书馆志[M].北京:中国书籍出版社,1994:367.

④　浙江图书馆协会近讯[N].申报,1925-04-15(11).

⑤　浙江教育厅致浙江省会图书馆协会函(为筹备招待鲍士伟博士事)[J].浙江公立图书馆年报,1925(10):7-8.

⑥　本会概略:要事简载[J].北京图书馆协会会刊,1924(1):22-28.

"（浙江）省会图书馆协会，于联络及研究工作之外，曾有筹设全省图书馆协会提议"①。

1936 年，《厦门图书馆声》中有文："浙省之有地方图书馆协会，滥觞于民国十三年之省会图书馆协会，十八年以后，因主持人员星散，无形停顿……"②后该会改组重新命名为"杭州图书馆协会"。

7. 南阳图书馆协会（1924 年 5 月 26 日）

河南著名进步教育家张嘉谋指出："社会教育最切要者，莫过于图书馆……"③因此，他于 1917 年的河南省议会中提出《陈请扩充图书馆案》，以扩充改良河南图书馆。虽该案获批通过，具体施行却无下文。当时河南地区的图书馆事业较浙江、江苏和上海等地颇有差距，即使是河南省立图书馆也因管理不得其人，呈现出"不啻荒刹古寺"④的颓败景象，更遑论各县图书馆。

为发展南阳的文化教育事业，1924 年初，张嘉谋捐出自家藏书和巨额资金创设了南阳县立图书馆。同年 5 月，南阳县立图书馆组织当地的教育界人士和社会贤达成立了南阳图书馆协会⑤。

《中华教育改进社第三次社务报告》对于南阳图书馆协会的成立只有寥寥数语："南阳图书馆协会五月二十六日成立，推定杨廷宪为正会长，李寰宇为副会长，王洪策为书记。"⑥

民国时期河南设 11 个行政区，南阳为第六行政区，下辖 13 个县：南阳、南召、唐河、镇平、方城、邓县、内乡、桐柏、新野、淅川、泌阳、叶县、舞阳。南阳图书馆协会是由南阳县还是南阳行政区组建的，笔者未查到相关资料。但从发起机构为南阳县立图书馆来看，南阳图书馆协会应该是县级图书馆社团。而且目前其仅见在《中华教育改进社第三次社务报告》、金敏甫所著的《中国现代图书馆概况》和王子舟所著的《杜定友和中国图书馆学》中被提及，为目前收集到的民国时期图书馆社团中相关资料最少的几个图书馆社团之一。

---

①　雪昆.浙江省图书馆协会成立小史[J].浙江省图书馆协会会刊,1936(1):5-6.

②　浙江省图书馆协会编印会刊[J].厦门图书馆声,1936,4(1/3):20.

③　昨日之省议会纪事[N].河声日报,1917-06-27(8).

④　豫省教育界近讯[N].益世报,1921-12-03(6).

⑤　陶善耕.旧时河南县级图书馆寻踪[M].长春:吉林文史出版社,2009:33.

⑥　中华教育改进社第三次社务报告(组织各地方图书馆协会)[J].浙江公立图书馆年报,1924(9):53-55.

8. 开封图书馆协会(1924 年 5 月 29 日)

河南为中华文明发源地,也是中原文化核心。清末报业盛行,河南省的阅报所大量出现,截至 1916 年共达到 139 个[①]。随着新式教育的兴起,开封师范学校图书馆、汝南初级中学图书馆、商丘中学图书馆、欧美留学预科班图书馆也陆续涌现。1909 年开馆的河南省图书馆是我国创办最早的省级公共图书馆之一,为国内教育文化界瞩目。同时,通俗图书馆迅速发展,一度达到 22 所之多[②],推动了地方文化和教育的向前发展。

1924 年北平图书馆协会成立后,于当年 5 月 18 日开第二次常会时议决由书记查修致函各地图书馆管理员,呼吁从速组织成立地方图书馆协会,并借当年中华教育改进社年会时报告成立经过等信息。会议结束后,该协会于 5 月 23 日发出致各地图书馆管理员通启:

> 前由中华教育改进社函达先生,敦请从速组织地方图书馆协会。刻下不知进行如何,曷胜悬念。敝会自今春成立以来,对于图书馆事业不揣绵薄,奋力进行。但井蛙终难窥天,集思方可广益。故特函台端,请将进行情形略示一二。至协会尚未成立,则请立即组织,并祈转达成立之协会,就本届中华教育改进社年会详为报告一切。俾便群策群心,互助进行。无任盼祷。[③]

随即,河南省立图书馆[④]馆长何日章回函:

> 展读大函,备悉一切。敝省公共图书馆现有二处,学校图书馆约五六处。已由日章填发通知,定于本月二十九日在开封文庙敝馆开讨论会。一俟结果,即当报告,特先奉复。[⑤]

1924 年 5 月 29 日,时任河南省立图书馆馆长的何日章发起成立开封图书馆协会,会址设在河南省立图书馆,选举何日章任会长,齐真如任副会长,李燕亭为书记[⑥]。何日章在致北平图书馆协会的函件中称,"中华教育改进社社员何日章王芸青二君承中华教育改进社之委托在开封

---

① 李希泌,张椒华. 中国古代藏书与近代图书馆史料(春秋至五四前后)[M]. 北京:中华书局,1982:258.

② 李希泌,张椒华. 中国古代藏书与近代图书馆史料(春秋至五四前后)[M]. 北京:中华书局,1982:256.

③⑤ 本会概略:要事简载[J]. 北京图书馆协会会刊,1924(1):22-28.

④ 河南省图书馆于 1915 年改名为"河南省立图书馆"。

⑥ 李和邦. 河南省图书馆志略[M]. 北京:中国致公出版社,2001:110.

发起图书馆协会……"①由此看来,中华教育改进社在开封图书馆协会的成立中起到了敦促的作用,该社会员成为促成开封图书馆协会成立的直接力量。

1925年3月,开封图书馆协会致函江苏省教育会"主张组织全国图书馆协会"②,江苏省教育会将征集到的各方意见函转至上海图书馆协会,并请其议复。后上海图书馆协会称:"本会前接开封浙江等处图书馆来函,以我国图书馆界向少联络,为谋图书馆事业之发展,及鉴于时势之需要起见,拟推本会组织全国图书馆协会,曾经本会委员讨论结果先行通函各处图书馆征求意见。"③开封图书馆协会亦积极回复,并推举由上海图书馆协会主持筹备全国图书馆协会,并提议在上海举行成立会④。在中华图书馆协会成立过程中,开封图书馆协会积极参与,并选派何日章、李燕亭、张幼山3人作为开封图书馆界代表。

笔者在《清华图书馆旧时文档预整理报告》中发现了由开封图书馆协会完成的《草拟全国图书馆协会成立大会宣言》:

> 吾国设立图书馆历有年,所各省情形不同,设备管理均欠完善。一由于经费不充,一由于国家多故,遂致文化事业之发展不无缺憾。近以美国退还庚款,拟将此项经费划拨一部分作为扩充图书馆之用,复以美国图书馆协会特派代表鲍士伟博士来华参观,不日抵沪。友邦即肯赞助于前,吾国宁甘独居人后?时机万不可失。然非群策群力兼筹并进,殊难收普及敏捷之功。本会同人有鉴于此,曾经往复函商征集意见,佥以上海为人文荟萃之区,亦交通适中之地,即以上海为会议地点,各省推定代表出席开成立大会。举凡各省图书馆成立之年月、设置之地点、组织之情形、经费之多寡,以及此后设备管理种种计划应如何改良扩充,分别胪列说明理由,提交大会表决。讨论不厌求详,规划期诸久远;凡我同人协力提倡乐观厥成。是则本协会之成立,不惟关系文化之进步,即国家社会之幸福实利赖之。谨此宣言,国人公鉴。⑤

① 本会概略:要事简载[J].北京图书馆协会会刊,1924(1):22-28.

② 省教育会干事员常会记[N].申报,1925-03-29(11).

③ 上海图书馆协会开会纪[N].申报,1925-04-07(11).

④ 组织中华图书馆协会之进行[N].申报,1925-03-24(11).

⑤ 赵熊.清华图书馆旧时文档预整理报告[G]//林佳.探索 改革 奋进——纪念清华大学图书馆百年华诞论文集.北京:清华大学出版社,2013:615-624.

由此可见开封图书馆协会及开封图书馆界对于成立全国图书馆协会的热忱。

9. 天津图书馆协会(1924 年 6 月 1 日)

民国时期的天津先后为特别市、行政院辖市,是当时仅次于上海的第二大城市,不仅经济、交通发达,而且因名流遗老、逋客寄公云集津门,文人墨客诗酒唱酬、觞咏不断,因此结社之风兴盛①。1908 年直隶天津图书馆开馆,次年谭新嘉等编成《天津图书馆书目》。之后各类型图书馆逐渐建成开馆,如天津通俗图书馆、天津工人图书馆、天津儿童图书馆、南开大学图书馆等,图书馆事业颇有进展。

王文山,湖北人,1923 年于武昌文华大学图书科毕业后,就任天津南开大学图书馆主任,时为中华教育改进社社员。1924 年 5 月 17 日,因工作便利之故,中华教育改进社致函王文山委托其组织发起天津图书馆协会。

实际上在天津图书馆协会成立前曾召开两次会议:

5 月 22 日,南开大学"为图谋图书馆之协助互益起见"②,特召集本埠各学校及各图书馆在南开大学秀山堂开会,到会者 10 余人,由王文山主持并报告开会宗旨,首先说明图书馆和图书馆协会对于公众的利益,因此拟仿照北平图书馆协会的办法组织天津图书馆协会,会中还分发《北京图书馆协会章程(1924 年)》等以供参考,与会众人皆赞同,并定于下星期在该校开成立大会并选举职员等。

5 月 25 日,河北省立第一中学校图书馆、南开中学校图书馆、汇文中学校图书馆、南开大学图书馆、直隶第一女师范学校图书馆、直隶法政专门学校图书馆、天津甲种商业学校图书馆、天津扶轮中学校图书馆、直隶第一图书馆、教育图书馆等图书馆的代表在南开中学召开天津图书馆协会筹备会,预拟草章 9 条,以备大会通过。定于 6 月 1 日在天津县教育会内开成立大会,并选举正副会长及职员。《天津图书馆协会草章》规定该会定名为"天津图书馆协会",其宗旨为谋天津各图书馆之协助互益,另外还规定了会员种类、会期等。

6 月 1 日,天津图书馆协会在天津县教育会③召开成立大会,由王文山任大会临时主席,李晴皋为临时书记。王文山首先报告筹备会经过情形,次宣读草章并修正通过。《天津图书馆协会简章》与《北京图书馆协

---

① 杨传庆.民国天津文人结社考论[J].文学与文化,2017(1):113 - 126.

② 南大召集图书馆会议[N].益世报,1924 - 05 - 28(1).

③ 天津县教育会成立于 1907 年,为协商有关天津教育的重要事项以及监督学堂的机构。

会章程》大同小异①。最后选举职员,王文山当选为会长,严台孙当选为副会长,庄子良当选为会计,李晴皋当选为书记。会议还议决先呈请教育厅,转呈省长立案,并咨警察厅备案保护。此外,会议还议决将函询中华教育改进社该会成立情形以及"北京总会"办事细则,以资参考。"北京总会"即北平图书馆协会,北平图书馆协会成立后在各地方图书馆社团的成立中起到了引领和总指挥的作用。

1934 年出版的第 2 期《天津市市立通俗图书馆月刊》曾刊有萧纲季撰写的《本市图书馆应办的几件事》,文中提出本市各图书馆应当联合办理的首件事情就是"成立图书馆协会",文称"欲谋教育的普遍,固然是应多设图书馆,然而各图书馆苟不相为谋,各自为政,也不能收良好的效果。所以欲求图书馆的进展,必须有共同的组织,共同的组织维何? 就是图书馆协会","我国关于图书馆协会的组织,近年亦颇注意,全国则有中华图书馆协会设于北平,并且刊发月报,以便传达消息,帮助图书馆一切的进行,功效很是伟大。各省市县的图书馆,也多组织局部的协会,以谋局部的协助互益。现在津市的图书馆很多,各省立市立及学校所附设的,约有数十处,然而率多埋首工作,不相往来,形势上既然散漫,精神上亦不团结,殊与发展教育阐扬文化的本旨不合,所以天津市图书馆协会,很有成立的必要,也就是服务本市图书馆馆员的责任——闻天津向有图书馆协会,设在南大木斋图书馆内,但是我从没有听说有开会和进行的举动,这个会即或是有,也等于零,尚须整顿改善"②。

1936 年,天津市市立通俗图书馆编辑委员会致各界的征稿函称:"吾津为华北大市,教育事业号称发达。学校而外以言图书馆综计省立、市立以及学校所属不下数十处。惟各馆既乏交换智识之组织,尤少沟通消息之工具,埋首工作,各自为谋,殊失发展教育、阐扬文化之本旨……"③由此可见当时大概率并未有天津图书馆社团开展活动。天津图书馆协会成立于 1924 年,为国内首批图书馆协会之一,但无论是《中华图书馆协会会报》还是其他报刊,除了成立当年外几乎没有报道,此后更有学者称其工作"等于零"。其中固然有政局等因素,但也与协会自身的管理与组织建设不无关系。

① 本会概略:要事简载[J].北京图书馆协会会刊,1924(1):22-28.

② 萧纲季.本市图书馆应办的几件事[J].天津市市立通俗图书馆月刊,1934(2):1-3.

③ 天津市市立通俗图书馆编辑委员会致各界征稿函[J].天津市市立通俗图书馆月刊,1935(7/8/9):28.

10. 南京图书馆协会(1924 年 6 月 14 日)

南京为六朝古都,文化底蕴深厚。清末,江苏摄两江总督端方上"创建图书馆折",视建设图书馆为"各国导民善法"①,与缪荃孙、陈庆年等积极推动江南图书馆建设。民国以后,南京的学校、教育团体和社团林立,尤其是 1913 年金陵大学开设图书馆学课程使南京的图书馆事业步入新的发展阶段,此后孟芳图书馆、东南大学暑期图书馆讲习科的开办,使得南京成为中国新图书馆运动时期的重镇②。

1924 年 6 月 3 日,南京图书馆协会筹备会致函北平图书馆协会,称其已于 5 月 31 日开会讨论筹备事宜。有学者称洪有丰(字范五)发起成立南京图书馆协会,任会长③。但据《北京图书馆协会会报》所载,6 月 14 日,南京图书馆协会正式成立。职员有总干事钟复庆、副干事洪范五、文牍朱家治、交际冯绍苏、会计石廷镛④。经笔者多方查找相关文献,认为此处"钟复庆"应该为"钟福庆"。钟福庆曾任江苏省立法政专门学校校长,1919 年,钟福庆与梁启超、蔡元培等人同为中华职业教育社的特别社员。1925 年,钟福庆又以其社会影响力任中华图书馆协会董事和中华图书馆协会第二次年会的筹备委员。但钟福庆应该不是南京图书馆协会的实际发起人,而是挂名。施廷镛的儿子回忆称:"1924 年春,洪范五、朱家治和父亲(施廷镛)三人根据中华教育改进社年会的决议,发起组织南京图书馆协会。这会目的,是交流经验,研究图书馆问题和馆际协作。会员都是当时图书馆工作人员。在成立时,公推洪范五主持会务,父亲为干事……"⑤由此可见,南京图书馆协会实际的发起者以及会务主持人应该为洪有丰。南京图书馆协会成立后设会址在南京市公园路省立民众教育馆内。

南京图书馆还制定有《南京图书馆协会简章》,该简章与《北京图书馆协会章程》在内容方面"微有出入"⑥。1926 年,《中华图书馆协会会报》第 1 卷第 5 期刊载的《南京图书馆协会章程》注明该协会"会长李小缘,书记施廷镛,通讯处东南大学图书馆"⑦。此时距离南京图书馆协会

---

① 《南京图书馆志》编写组. 南京图书馆志(1907—1995)[M]. 南京:南京出版社,1996:5.

② 吴稌年. 中国近代图书馆事业南京重镇的形成与特征[J]. 图书馆,2015(1):28 – 33,44.

③ 韦庆媛. 洪有丰与国立清华大学图书馆[J]. 图书情报工作,2010,54(11):144 – 148.

④⑥ 本会概略:要事简载[J]. 北京图书馆协会会刊,1924(1):22 – 28.

⑤ 施锐. 奋斗一生:纪念施廷镛先生[M]. 南京:南京大学出版社,2008:44.

⑦ 各市图书馆协会章程汇录:南京图书馆协会章程[J]. 中华图书馆协会会报,1926,1 (5):7 – 12.

成立已经两年,会长李小缘应是新职员选举的结果。同年,南京图书馆协会改选洪有丰、江恒源、李小缘、刘国钧及余舜芝为干事。

南京图书馆协会成立后,积极开展会务。1926 年时决定参加农村生活改良会,办理农村图书馆,并推选洪有丰等 8 人组成图书选购委员会,刘国钧等 3 人组成设备委员会,陈长伟等 3 人组成管理法委员会,"各委员会多次集议于相关工作颇有进展"。此外该协会还决定两项办法:一为会员图书馆间交换复本杂志办法;二为各会员图书馆间互借办法。两项办法一经公布,会员踊跃参加,由此可见当时各地方图书馆以及读者对于图书交换、互借的旺盛需求。该协会还拟组织巡回书库,以供给附近各乡村小学作为课外读物,并拟编制中等学校图书馆标准书目等①。

国民政府定都南京后,南京图书馆协会"鉴于宣传党义莫便于推广图书馆",特在金陵大学图书馆集议,修改章程,并推举洪范五、刘国钧、陈长伟、顾天枢、黄竞白 5 人为委员②,同时议决出版发行《图书馆学周刊》,但无后续消息。

南京图书馆协会成立三年后正式呈请南京市教育局请予备案。1927 年 7 月 2 日,教育局批示:"协会发携党化,辅进教育,为民众造福,志趣远大,热心可嘉,准予备案。"③

1929 年 10 月 26 日,南京图书馆协会在金陵大学举行第六年度④第一次会议,选举出新任职员和执行委员 5 人:戴志骞(主席)、朱家治(书记)、陈长伟(会计)、万国鼎(研究)及顾天枢(宣传);监察委员 3 人:赵吉士、俞少韩、芮逸夫。此次会议中,又"因旧会章颇有不适用之点"⑤,因此讨论修正会章。新修正后的会章与之前的会章相比,改动之处有以下两点:首先是宗旨,新会章的宗旨中增加了"推广图书馆事业,以求促进民众教育"的字样,使南京图书馆协会的工作目标更为聚焦;其次是关于职员的设置,旧会章采用干事制,设总干事 1 人、副干事 1 人、会计 1 人、文牍 1 人、交际 1 人,而新会章采用委员制,设执行委员 5 人、监察委员 3 人,均由会员选举,任期一年,每半年改选半数(第一次改选执行委员 2 人、监察委员 2 人,第二次改选执行委员 3 人、监察委员 1 人)。南京图书馆协会的职员设置受当时民间社团"干事制"改"委员制"的风潮

---

① 南京图书馆协会[J].图书馆学季刊,1926,1(4):708 - 709.

②③ 南京图书馆协会近况[N].申报,1927 - 07 - 03(11).

④ 民国时期图书馆社团工作的"年度"大多是指其从成立之日起满一年的时间为一个年度,这样主要是为了职员换届选举,每届职员只工作一个年度(12 个月)。

⑤ 南京图书馆协会之新会章及新职员[J].中华图书馆协会会报,1929,5(3):31 - 32.

影响,协会的决策权分置于五个执行委员,不再握于一人手中,而且设置了监察委员,可以有效地监督和把控协会的发展方向和会务工作,具备了现代社团的特点。

1930年1月11日,南京图书馆协会在大中桥省立民众教育馆举行第六年度第三次会议,由顾天枢主持,朱家治纪录,主要讨论四点:一是供给《中国图书馆人名录》材料;二是注意各图书馆协会间的交际往来;三是编辑《南京图书馆协会概况》事宜,将由编辑部同人努力进行;四是征求新会员加入①。

同年3月15日,南京图书馆协会在该会事务所举行第六年度第四次会议,由唐启宇主持,朱家治记录,主要讨论九个议题,其中最重要的议题是由南京图书馆协会书面转达南京市内各公共图书馆及通俗图书馆,请其酌情延长开放时间②。这反映出南京图书馆协会实际上充当了南京市各地方图书馆的指导者和领导者的角色,这是民间社团指导国家机构的一个典型案例。

1935年6月2日,南京图书馆协会在南京市公园路省立民众教育馆内召开会员大会,到会者71人。会议主席朱家治介绍该协会发展历史,以及会务停顿原因。会上,蒋复璁作为南京图书馆协会代表方发表演讲,主要讲述三点:一是图书馆协会的功用;二是地方图书馆协会与总会(中华图书馆协会)的不同之处;三是图书馆协会与民族复兴的关系③。会员大会还举行职员选举,最终选出蒋复璁、刘国钧、柳诒徵、桂质柏和俞家齐5人为理事,选出朱家治、陈长伟、吴光清3人为监事,候补理事为顾天枢和李小缘,候补监事为曹祖彬和顾仁铸。

南京图书馆协会与天津图书馆协会一样,虽然成立较早但因种种原因相关报道较少,而且由于档案等文献资料缺乏,似乎其会务工作也无突出成绩,"(南京图书馆协会)这会会期无定,开起会来,一般地漫谈图书馆的情况……"④殊为憾事。

11. 上海图书馆协会(1924年6月27日)

清末开埠以来,上海逐渐成为中国最大的通商口岸城市,也是最先接受西方先进文化的城市之一。随着西方传教士的浸透,上海图书馆、

① 南京图书馆协会第三次会议[J].中华图书馆协会会报,1930,5(4):21.

② 南京协会第四次会议[J].中华图书馆协会会报,1930,5(5):40-41.

③ 京图书馆协会会员大会[J].中华图书馆协会会报,1935,10(6):21.

④ 施锐.奋斗一生:纪念施廷镛先生[M].南京:南京大学出版社,2008:44.

徐家汇藏书楼、格致书院藏书楼、圣约翰大学罗氏图书馆、国学保存会藏书楼等各类教会图书馆、教会大学图书馆以及本土藏书楼等纷纷建立，此后直至民国前期，上海的图书馆无论是数量还是藏书量都在全国首屈一指。

在当时各地图书馆界纷纷动员，加紧成立地方图书馆协会之际，上海图书馆协会的筹设也在紧锣密鼓地进行。1924 年 5 月，复旦大学图书馆杜定友致函北平图书馆协会称其"来申后又诸事纷繁，协会事未及进行，兹拟于日内发起组织，详情续报"①。

同年 6 月初，杜定友、孙心磐等向上海各公共图书馆、学校图书馆发出通函，拟定于 6 月 22 日在上海总商会图书馆开会讨论集议办法②。6 月 20 日，江苏省教育会举行干事员常会，其中报告杜定友、孙心磐来函一事，称二人"受中华教育改进社委托"，定于本月 22 日开会"集商组织上海图书馆协会事"，并请江苏省教育会派员参与③。

6 月 22 日，上海图书馆协会筹备员在上海总商会图书馆开会，到会者有上海总商会商科大学暨上海图书馆孙心磐、上海大学余寄文、复旦大学图书馆杜定友、广肇公学邓演存、通信图书馆沈滨掌、同济大学魏以新、清心中学宋景祁、江苏省教育会潘仰尧、圣约翰大学黄维廉、东亚同文书院植野武雄、商务印书馆流动图书馆黄警顽、大同大学周景之等。大会首先推举临时主席杜定友，临时书记孙心磐，通过《上海图书馆协会草章》后，推举潘仰尧、邓演存、黄警顽为第一次大会筹备委员，并定于 6 月 27 日在上海总商会图书馆开成立会④。

6 月 27 日，由杜定友、孙心磐、黄警顽等发起组织的上海图书馆协会成立大会在上海总商会图书馆召开，到会者有孙心磐、余寄文、杜定友、邓演存、魏以新、宋景祁、潘仰尧、植野武雄、黄警顽以及南洋大学暨民立图书馆陈伯逵、商务印书馆潘圣一、寰球学生会朱少屏、辛酉学社马崇淦、中华职业学校杨声初、江苏省立第一商业学校邵召南、中国公学商科大学赵麟华等上海各机构代表 16 人。会议开始后，首先由孙心磐报告协会筹备经过，杜定友报告发起上海图书馆协会的宗旨有三：①研究图书馆学说，提倡图书馆事业；②提倡读书运动；③联络出版界以发扬文

①　本会概略：要事简载[J].北京图书馆协会会刊,1924(1):22 - 28.

②　图书馆讯[N].申报,1924 - 06 - 21(22).

③　省教育会干事会纪[N].申报,1924 - 06 - 22(14).

④　上海图书馆协会开会纪[N].申报,1924 - 06 - 23(14).

化①。随后由朱少屏、陈伯逵等发表演说。接下来宣布该会施行委员制，设立委员职位 21 个，委员中互推委员长 1 人主持会务。随即推举协会职员，最终选出委员长杜定友，编辑潘圣一、陈仁达，调查马崇淦、潘仰尧，交际朱少屏、黄警顽，庶务邓演存、黄维廉，会计孙心磐，书记梁朝树。至此，上海图书馆协会正式成立，会址设在上海总商会图书馆②。

上海图书馆协会的成立占据了天时地利人和。首先，前有北平图书馆协会、浙江省会图书馆协会、开封图书馆协会、天津图书馆协会和南京图书馆协会的成立，成立图书馆协会已成燎原之势；其次，当时的上海是十里洋场，各种公私家出版机构林立，据统计图书馆有 22 所之多③，图书馆的合众有了人力基础；最后，上海聚集了大量受西方先进知识和教育理念浸染的知识分子，对于成立图书馆协会抱有极大的热情。

中华教育改进社第三届年会于 1924 年 7 月 3—9 日在南京东南大学举行，与会代表黄警顽参加图书馆教育组会议，报告上海图书馆协会成立消息，并称"一切计划，亦颇能于大处着眼云"④。

同年 11 月 3 日，上海图书馆协会编辑委员会于下午 4 时在上海市总商会图书馆开会，讨论发行《图书馆》⑤月刊事宜，到会者有杜定友、沈滨掌、马崇淦、黄警顽、陈伯逵、孙心磐、潘仰尧。会议由杜定友主持，通过六项议案，其中之一为推选陶行知、黄炎培、胡适、梁启超、朱经农、章太炎等五十余位教育文化界名人为名誉编辑⑥。虽然上海图书馆协会此举是为了扩大将要发行的《图书馆》月刊的社会影响力和知名度，此后也应该与这些名人有一些积极的接洽，但实际上这些名誉编辑并未刊文于《图书馆》月刊。

1925 年 1 月 4 日，上海图书馆协会在天妃宫总商会举行第一届年会，此次年会"到者千余人，颇极一时之盛"⑦。会议由杜定友任主席，沈沅记录，其他职员各司其职，分任大会书记、会场布置、庶务和招待等。开会伊始，首先由协会委员长杜定友重申上海图书馆协会宗旨，并称"本会成立已一年，外界尚未明了本会之内容，特乘此年会机会请名人演讲，

① 上海图书馆协会昨日开年会记[N].申报,1925 – 01 – 05(10).
② 上海图书馆协会成立会记[N].申报,1924 – 06 – 28(15).
③ 上海图书馆调查表(十四年一月份)[J]图书馆,1925(创刊号):63 – 66.
④ 本会概略:要事简载[J].北京图书馆协会会刊,1924(1):22 – 28.
⑤ 《图书馆》月刊又常被称为"《图书馆》杂志"。
⑥ 图书馆协会讨论发行月刊纪[N].申报,1924 – 11 – 04(10).
⑦ 上海图书馆协会开会[J].图书馆,1925(1):1.

俾吾人对图书馆学说有真确之了解,并望到会诸君莫忘图书馆二字,以后时加提倡,唤起一般人之注意。如能时时提倡读书运动,则有益群众当非浅鲜"①。随后由江亢虎、方椒伯、张君劢、郑宗海、孙科及杜定友等陆续演讲。据统计,当时上海图书馆协会有团体会员 40 余所、个人会员百余人②。

起初,上海图书馆协会的各类常会、年会进行顺利,南洋大学校长凌鸿勋曾称该协会截至 1925 年 3 月共召开筹备会、委员会、常会、大会(年会),凡十一次③。

1926 年 1 月 8 日,上海图书馆协会于江苏省教育会举行第二届年会;同年 9 月 26 日于上海俭德储蓄会举行第三届年会,由杜定友主持。1927 年,第四届年会在上海总商会举行,由王云五等主持,主要内容有修改会章、改选委员等。1929 年 1 月 7 日,第五届年会在上海清心中学举行,选举陈伯逵等为执行委员,并增设监察委员 3 人,选冯陈祖怡等人担任。1930 年召开第六届年会。之后会务停顿约两年,直到 1932 年 12 月,协会"始行复活",在上海市立图书馆举行第七届年会,改选杜定友等为常务委员,钱存训为文书。之后因为种种原因,直至 1935 年 7 月 28 日,才借中国国际图书馆举行第八届年会,到会者 40 余人。此次年会修正会章,修改委员设置,设常务委员 5 人,并在常务委员中推选出文书、会计。最终改选由杜定友、查修、黄警顽任常务委员,徐则骧为文书,李公朴为会计,林斯德、程伯群、靳鸿、陈伯逵等为委员。

1935 年 12 月 19 日,上海图书馆协会举行第八届执行委员会第二次常务会议,出席者有徐则骧、李公朴、杜定友等 8 人,讨论的问题有四项:一是拟设图书馆学图书馆以供会员参观;二是出版《一年来之上海图书馆》;三是举行本市各图书馆职员联欢会;四是将《儿童图书选择法》一书列入该会丛书。上海图书馆协会各委员"对于会务进展颇努力"④。1937 年初,个人会员增加至 120 余人。1937 年 3 月 1 日,上海图书馆协会在上海市中心区图书馆举行第九届年会,会员 100 余人到会。首先由查修主持并致辞,现场改选职员,林斯德、洪邈、杨希章、查修、吕绍虞、翁玄修、黄警顽、喻友信、宋秉钦、陈鸿飞当选为执行委员,过苏民、彭明江、

---

① 上海图书馆协会昨日开年会记[N].申报,1925 - 01 - 05(10).

② 上海图书馆协会开会[J].图书馆,1925(1):1.

③ 凌鸿勋.序言[J].图书馆,1925(1):5.

④ 上海图书馆协常会[J].图书展望,1936(5):57 - 58.

钱存训当选为监察委员①。

后因全面抗战爆发,上海图书馆协会会务停顿,此后直至1947年才有上海图书馆协会的音讯。

1947年2月2日,上海图书馆协会举行复员谈话会,议决组织复员筹备委员会,负责办理复员及筹备第十届年会事宜。2月9日,在上海八仙桥青年会举行首次复员会议,除通过《复员筹委会组织规则暨秘书处组织规则》外,还推举周连宽、黄维廉、林斯德、孙心磐、钱存训等为常委,并推选周连宽和黄维廉为筹委会正、副主席,林斯德为秘书主任②。

同年4月,《申报》刊载了《上海图书馆协会特设图书馆学讲习科》一文,称:"上海图书馆协会业已筹备成立。因鉴于上海尚无图书馆学专科之设立,特设图书馆学讲习科……市立图书馆馆长周连宽、圣约翰大学图书馆主任黄维廉……主讲。"③这是抗战胜利后会务中辍的上海图书馆协会再次筹备重整会务。但此后再无该会音讯。

上海图书馆协会的组织最初采用委员制,设立委员职位21个,委员中选举出委员长1人主持会务。1927年年会修改会章,规定委员人数为11人,再由委员中互推常务委员3人,设文书2人,会计、研究、宣传、调查各1人,交际2人。1929年增设监察委员3人,1935年将原来常务委员的3人增加至5人。

上海图书馆协会曾于1925年发行《图书馆》月刊,但是仅有创刊号一期。据文献记载,该协会还发行有《上海图书馆声》杂志,并曾设有图书馆学演讲会,先后由杜定友主讲多次,每届年会时邀请专家演讲④。

上海图书馆协会是目前有文献可考的民国时期各地方图书馆社团中活动较频繁者,"举办各种事业,对于图书馆之宣传与提倡,甚著成绩"⑤。

12. 江苏图书馆协会(1924年8月3日)

1913年,南京成为江苏省省会。1924年6月,南京图书馆协会成立两个月后,江苏图书馆协会也在机缘巧合和水到渠成中成立。

1924年,江苏省教育厅委托南京暑期学校⑥增设图书馆学程,并通令全省各省立学校及县教育行政机关派员听讲,有80余人参加此次图书馆学程。"鉴于吾国图书馆学术方在萌芽时代,既无旧法可循,而初法

---

① 上海图书馆协会举行第九届年会[J].图书展望,1937,2(3):6.

② 市图书馆协会昨开筹委会议[N].申报,1947-02-10(8).

③ 上海图书馆协会特设图书馆学讲习科[N].申报,1947-04-09(5).

④⑤ 上海图书馆协会史略[J].上海法租界纳税华人会会报,1937,2(9):138.

⑥ 由中华职业教育社、江苏省立第一中学、江苏省教育会于1924年3月组建。

又多未能适合国情,因此在办理时难免问题丛生。今得各县有志图书馆事业者聚于一堂,作短期研究,更应为永久之结合,决定组织江苏图书馆协会。"①1924 年 7 月 30 日,南京暑期学校图书馆学程中的学员开会讨论组织江苏图书馆协会的具体办法,并公推洪范五、施凤笙、芮逸夫 3 人为《江苏图书馆协会章程》的起草委员。8 月 3 日,南京国立东南大学孟芳图书馆召开了江苏图书馆协会成立会,会中通过《江苏图书馆协会会章》,并推举洪有丰为会长,施凤笙为副会长,朱家治为书记,芮逸夫、郑为钧、朱香晚、朱慰堂、陈家凤、姜镇淮等为干事②,通讯处及会所暂设于南京国立东南大学孟芳图书馆内。该会"以研究图书馆学术,促进图书馆事业,并谋各图书馆之协助互益为宗旨"③。为执行会务,该协会特设总务、研究、编辑、交际四部。

相关文献记载,该协会于 1924 年在南京出版有《江苏图书馆协会特刊》④⑤,但未见于世。

13. 济南图书馆协会(1924 年 12 月 16 日)

济南是齐鲁文化交汇之处,得千年儒家文化积淀深厚,藏书、读书之风盛行。1904 年济南开埠,1909 年山东图书馆开馆,受此影响,通俗图书馆、公立图书馆、机构附设图书馆等各类型图书馆纷纷建立。

1923 年,桂质柏作为我国首届图书馆学高等教育毕业生,经韦棣华介绍,进入齐鲁大学图书馆工作,任图书馆主任。各地方图书馆协会成立风起云涌之际,桂质柏积极行动,促成济南图书馆协会的成立。1924 年 12 月 16 日下午,济南图书馆协会成立大会在齐鲁大学召开。参会人员有来自济南本地的齐鲁大学、山东省立第一师范学校、山东省立第一中学、正谊中学、山东公立工业专门学校、山东省立女子师范学校等学校附设图书馆的代表,以及各通俗图书馆、山东省立图书馆代表共计 20 余人。会中公推齐鲁大学图书馆主任桂质柏为会议主席并报告开会宗旨,并当众讨论通过《济南图书馆协会简章》。随后选举协会职员,最终桂质柏当选为会长,张信庵当选为副会长,尹世铎、纪文岩当选为书记,许韶九、

①　江苏图书馆协会之组织[N].申报,1924 - 08 - 03(11).

②　江苏图书馆协会之组织[J].教育与人生,1924(43):553.

③　各市图书馆协会章程汇录:江苏图书馆协会章程[J].中华图书馆协会会报,1926,1(5):7 - 12.

④　谢灼华.中国图书史与中国图书馆史[M].武汉:武汉大学出版社,1985:340.

⑤　柯平,张怀涛,崔永斌.图书情报学文献检索[M].郑州:河南省图书馆学会,河南省图书馆,1988:264.

吴国栋、汪奎昌、牛得楚、邢鼎铭、王北辰、孙怀远、王岑生 8 人当选为干事。会中还议决于当月 20 日召开第一次会员大会①。但与当时众多的地方图书馆协会一样,此后济南图书馆协会是否继续开展活动并未见于报刊。

14. 广州图书馆协会(1925 年 4 月 2 日)

1923 年,中华教育改进社召开第二届年会时提出《组织各地方图书馆协会案》,并通函各地图书馆组织成立地方图书馆协会。1925 年,上海图书馆协会分函各地图书馆征询关于组织成立全国图书馆协会的意见,并请各地派代表赴沪参加成立会议。时任广东大学图书馆主任的吴康接函后,以广州尚未成立图书馆协会"殊非所以促进图书馆事业之道,而派遣代表事又不容稍缓"②为由,当即召集市内各图书馆馆长、馆员开筹备会议,于 3 月 29 日在广东大学图书馆召开"广东全省图书馆协会筹备会第一次会议",广东省立图书馆徐信符、岭南大学图书馆陈德芸、省教育会图书馆成晓勤,广东大学图书馆吴敬轩、渠春华、林卓夫、杨始开,广州市立第一通俗图书馆陈剑秋等 10 多人到会,会中议决《广州图书馆协会章程》9 条,并定于 4 月 2 日在广东大学图书馆开成立大会,选出出席中华图书馆协会代表。会后,筹备处致函广州市内各图书馆,邀请其入会。另有广东七十二行商报图书馆、番禺县立图书馆及广州中学、广州市立第一中学、执信中学、广州市师范学校、广州市女子师范学校、广州工商专科学校等学校的图书馆均致函筹备处,申请加入该会,以期"以后粤垣之图书馆事业将日见发达也"③。

4 月 2 日,广州图书馆协会成立大会暨第一次会员大会在广东大学图书馆举行,吴康主持会议,当场入会者有机关会员 6 个、个人会员 14 人。该会"以谋广州各图书馆间之协助利益及图书馆事业之发展为宗旨",设会长 1 人、副会长 1 人、书记 1 人、庶务 1 人,任期一年,可连任,每年一月的年会举行新职员选举。此次成立大会选出由吴康担任广州图书馆协会正会长,陈德芸任副会长,杨始开任书记。协会暂借广东大学图书馆为通信处,并无固定会址。此后不久,吴康赴法留学,该协会会员推举陈德芸暂代会长一职。

1926 年 5 月 30 日,广州图书馆协会第二次会员大会召开,同时改选第二届职员,推选时任广东省图书馆委员会委员的徐信符为正会长,陈德芸为副会长,陈延煊为书记。该协会计划刊行《广州图书馆协会年

---

① 图书馆协会成立[N].申报,1924 - 12 - 20(10).
②③ 星星.广州市筹设图书馆协会[N].申报,1925 - 04 - 13(11).

刊》，联合全省图书馆及同行通信，继续征集会员，并函请各省图书馆协会互通信息。但后因军阀混战，社会动荡，职员分散各处，会务停顿①。

1928 年，原广州图书馆协会中的旧职员重新召集广州各图书馆人员开会，决定筹备重组广州图书馆协会。同时重新征求 10 余个机关会员、30 余名个人会员，并改选职员，最终选举杜定友为广州图书馆协会会长，陈德芸为副会长，陈普炎为书记，陈延煊为庶务。

1928 年至 1929 年，广州图书馆协会"会务颇为发展"，所开展活动有：①组建广州图书馆及出版事业调查委员会，推选陈普炎、钱亚新、徐信符、谭卓垣、黎沛霖、汪树宗、王皎我为委员，调查广东图书馆业与出版业，拟编成《广东图书馆概况》，内容分藏书家、图书馆、出版界 3 部分，分别由陈德芸、陈普炎、钱亚新 3 人编撰②；②加入中华图书馆协会，成为其机关会员；③向教育行政机关申请立案；④介绍推荐图书馆学书目；⑤出版金敏甫的《中国（现代）图书馆概况》和《广州图书馆协会会刊》；⑥每两个月组织学术讲演一次。

《广州图书馆协会会刊》创刊号于 1929 年 4 月 14 日出版，为洋宣纸 16 开大小，双月刊，由钱亚新负责编辑。会长杜定友撰写发刊词："凡服务图书馆界者，自当集会研讨，以求图书馆学识之进益，力谋图书馆事业之发达，而对外尤有提倡与宣传之必要，爰有会刊之发行，借以通消息而供研究。"③会刊内容主要分为论著、研究、会务、消息四项，会刊的出版时间为召开会员大会之际。

根据杜定友的设想，会刊初期每期不少于 4 页，待日后人力财力宽裕再行扩充，而且拟将长篇论文或某一专题的讨论文章单独成书发行④。但杜定友关于《广州图书馆协会会刊》的美好设想并未按照预想进行，该刊仅发行 1 期，于 1930 年 6 月停刊。

因时局不靖，广州图书馆协会的会员招纳未能达到预期的数量。截至 1929 年，广州图书馆协会有机关会员 14 个、个人会员 25 人。

1931 年 4 月 21 日，广州图书馆协会再次召开会员大会，改选陈普炎、陈德芸、何多源、吴谨心、王皎我为委员。此次大会还对原会章进行了修改，同时选定广州大东书局二楼为会址，至此，广州图书馆协会有了

①　广东省立中山图书馆. 广东省立中山图书馆志［M］. 广州：广东教育出版社，2012：232.

②　广州图书馆协会近闻［J］. 中华图书馆协会会报，1929，4（6）：20.

③　杜定友. 发刊词［J］. 广州图书馆协会会刊，1929，1（1）：封面.

④　新书介绍：广州图书馆协会会刊（两月刊）［J］. 中华图书馆协会会报，1929，4（6）：23.

固定会址。当时,广州市党部规定凡民众团体(学术团体包括在内),均须向市党部立案。广州图书馆协会遂遵照法令,向市党部申请立案,并于 1932 年 4 月 9 日接市党部民众训练委员会二四三一号指令:"令广州市图书馆协会发起代表人吴谨心等。申请书一件,为申请组织广州市图书馆协会,请核发许可证由。申请书悉,所请业经提出本会第十七次常会决议照准,并改正名称等议在案,应予发给许可证书,并派包国光同志为该会指导员,仰即将会名改为'广州市图书馆公会',缮具领条,购备印花一分,来会具领许可证书,并商承指导员进行组织可也,此令。"广州图书馆协会接令后,再请市党部准予沿用"协会"名称,但 5 月 13 日接到民众训练委员会二五三八号指令称仍须改为"公会"。于是广州图书馆协会正式改为"广州市图书馆公会"①。

1934 年 2 月 12 日,广州市图书馆公会委员及广州市各图书馆在岭南大学图书馆开联席会议,会中议决借用市立中山图书馆为广州市图书馆公会会址,并委托陈德芸等再向市党部立案,陈德芸自称"年来该会工作,无甚进行"②。

1935 年刊载于《广州大学图书馆季刊》中的《广州图书馆协会章程》与 1925 年章程有不同,其中组织结构发生变化:"本会设董事五人,候补董事二人,由全体会员选举之,任期一年连选者得连任,于每年之第一次大会举行选举,董事中互选二人,为常务董事处理日常会务。"③

此后,与其他地方图书馆协会一样,广州图书馆协会因"地方多故,会员分散"会务工作停滞,复会无期。

15. 中华图书馆协会(1925 年 4 月 25 日)

中华图书馆协会的成立有多方面的原因,酝酿于北京高等师范学校图书馆讲习会与中华教育改进社的积极倡导,加之美国退还庚款与图书馆专家鲍士伟博士访华的契机,更为重要的是地方图书馆社团的陆续成立,使得越来越多的图书馆界、教育文化界人士认识到成立全国性图书馆社团的必要性和紧迫性,因此,北京、上海和武昌三地分别开始筹备成立全国图书馆社团④。

---

① ② 何多源.广州图书馆协会概况[J].广州大学图书馆季刊,1935,2(1):99–102.

③ 广州图书馆协会章程[J].广州大学图书馆季刊,1935,2(1):101–102.

④ 《申报》1925 年 4 月 23 日第 11 版刊载的《全国图书馆协会昨开筹备会》称北京、武昌两地已开始筹备组织全国图书馆协会,上海图书馆协会请到沪代表以书面提出讨论对此抱何种态度。但经笔者查阅各类文献尚未见有关武昌方面拟成立全国图书馆协会的报道和档案。

（1）酝酿与契机

1920 年，北京高等师范学校举行图书馆讲习会，戴志骞、沈祖荣、冯陈祖怡、程伯庐等都发表了关于成立全国图书馆协会的设想，如前文所述。可以说此次讲习会是全国图书馆协会成立的思想肇始。此后，关于成立全国图书馆协会的构想不断地被阐明和具体化，并被尝试付诸实践。

1922 年，中华教育改进社主任陶行知委托沈祖荣撰文《民国十年之图书馆》。文章提及要组织成立"全国图书馆研究会"①，理由是当时中国图书馆由于各自为政，孤立无助，像一盘散沙，毫无系统，因此不能发达。而究其原因在于未建立联络研究机关以谋协助互益。因此，组织全国图书馆研究会可以集思广益，交流经验，群策群力，改进中国图书馆事业。该文是目前公开发表最早的关于成立全国性图书馆社团的系统论述。

冯陈祖怡于 1923 年发表在《教育丛刊》上的《图书馆教育急宜发展之理由及其计划》中亦有关于组织全国图书馆协会的计划，其文称："我国正式教育方在萌芽，图书馆教育亦急宜发展"，原因在于图书馆教育可以普及教育增进文化，可以造就图书馆人才。为了"造就图书馆人才"，冯陈祖怡提出除了在高等师范及大学附设专修科、设专门学校（即单科大学）、遣派留学等外，还有组织协会："组织（图书馆）协会以通声气，发刊关于图书馆学科上之意见，以谋进步。"②此外，还有戴志骞等人都对图书馆协会的功能效用进行阐释，这些都是全国性图书馆协会成立的思想和舆论先锋。

1922 年，中华教育改进社会务会议中，戴志骞提《组织图书馆管理学会案》；同年的第一届年会通过了戴志骞的提案《请中华教育改进社组织图书馆教育研究委员会案》，并随即成立了中华教育改进社图书馆教育研究委员会，该委员会中聚集了当时图书馆界的诸多学者、从业人员和教育文化界人士，如前述各个地方图书馆协会的发起人、首任会长，袁同礼、杜定友、沈祖荣、韦棣华等都是其成员。非但人员队伍得以组建，该委员会还是全国图书馆协会成立的组织基础和预备机构。有学者称"图书馆教育研究委员会之设，既为日后中华图书馆协会之所由来"③，理由是该委员会聚集讨论，研究图书馆教育相关问题，无异于"全国图书

①　沈祖荣.民国十年之图书馆［J］.新教育,1922,5(4):783－797.

②　冯陈祖怡.图书馆教育急宜发展之理由及其计划［J］.教育丛刊,1923,3(6):4－9.

③　袁同礼.洪范五先生事略［G］//洪有丰.图书馆学论文集.台北:洪余庆,1968:10.

馆最初之集合,实为协会之始基也"①。《中华图书馆协会概况》也称"至于全国之总会,则发轫于民国十一年成立之中华教育改进社图书馆教育(研究)委员会"②。

退还庚子赔款问题的提出,是全国性图书馆协会成立的直接契机。中华教育改进社成立后设立了"赔款部",由蒋梦麟负责美国赔款相关事宜。蒋梦麟在给施肇基的说帖中,主张把美国退还的庚款充作"中美友谊基金",以供给国内13所国立高等学校建设图书馆、实验室、博物馆、体育馆、讲堂等③。时任武昌文华大学图书馆主任的韦棣华积极拜访黎元洪、颜惠庆、顾维钧等,主张将美国退还庚款的一部分用于开办公共图书馆④。

1923年8月,中华教育改进社第二次年会通过了戴志骞所提《组织各地图书馆协会案》,该案的通过和积极实施,使得北京、浙江、南阳、开封、天津、南京、上海等地的图书馆协会纷纷成立。这次年会中另一项极为重要的议案是《呈请中华教育改进社转请政府及美国政府以美国将要退还之庚子赔款三分之一作为扩充中国图书馆案》(文华大学图书科提案)。该案认为"图书馆为普及教育之利器","希望我国政府推广图书馆事业,现在已如泡影,绝无成为事实之可能。故吾人如欲发展中国图书馆事业,舍仰给予'美国退还赔款'外,并无第二捷径"。"今中华教育改进社既以改进中华教育为宗旨,理应以改进图书馆事业为前提……"⑤此提案还附有几点解决办法,其中一项为成立选举部、董事部以及中华图书馆委员会,委员会不仅要执行董事部议决案件,向董事部提出建议,还要"扶助中国图书馆协会组织及其发展"⑥。由此可见,中华教育改进社第二次年会中已经出现了成立全国性图书馆协会的设想和具体办法。

1924年,韦棣华借赴美游说美国政府之便,参加了美国图书馆协会第46届年会,会中演讲了"中国图书馆的发展现状"(Recent Library Development in China)一文,邀请美国图书馆协会派一位图书馆学专家到中国做图书馆事业方面的调查,以确保退还的庚款用于中国图书馆事

---

① 蒋复璁.序[G]//洪有丰撰图书馆学论文集,台北:洪余庆,1968:3.

② 中华图书馆协会执行委员会.中华图书馆协会概况[J].北平:中华图书馆协会事务所,1933:1.

③ 蒋梦麟.关于美国退还庚子赔款余数的用途[J].新教育,1923,6(4):563-569.

④ 严文郁.韦棣华女士与庚子赔款[J].传记文学,1917,18(5):13-16.

⑤⑥ 呈请中华教育改进社转请政府及美国政府以美国将要退还之庚子赔款三分之一作为扩充中国图书馆案[J].新教育,1923,7(2/3):304-307.

业,同时邀请该专家协助中国成立一个为中美双方认可的图书馆组织,且要使中国大部分有名的教育家加入此组织。韦棣华还前往美国华盛顿,拜访了82位参议员、420余位众议员,以期使美国庚款退还且用于中国的图书馆事业①。

在国内外的多方奔走下,1924年4月,美国众议院决定将庚款退还中国。消息传来,江苏省及安徽省水利会、中华道路建设协会等纷纷向外交部或美国大使馆请求拨款予以补助,以利实业发展②。由于前一次庚款用于中国的教育文化事业颇有成效,因此,国内的教育文化团体对于此次庚款的用途及管理方法也颇为关注。中国科学社、考古学会、中国地质学会等7个学术团体联合呈请北京政府及美国大使馆,"请其补助专门学术之研究"③,并召开联合会,一致提议将此次庚款用于科学研究,并成立基金委员会,其中的中国委员"应有相当额数以熟悉中国教育及学术事业并有相当成绩之教育家或学者充任"④。中国科学社更提出了庚款用于教育文化事业的具体范围,尤其是用于设立图书馆、博物馆等以普及知识方面之用⑤。

1924年9月18日,以保管、分配、使用美国退还庚款为主要工作内容的中华教育文化基金会成立,该会由北京政府派施肇基、顾维钧、黄炎培、蒋梦麟、周诒春、郭秉文、范源濂、颜惠庆、张伯苓、丁文江等10人与美国人保罗·孟禄(Paul Monroe)、约翰·杜威(John Dewey)等5人联合组成董事会。1925年,中华教育文化基金会决定将部分庚款用于"促进有永远性质之文化事业,如图书馆之类"⑥。

1925年,美国图书馆协会原会长、时任圣路易斯公共图书馆馆长的鲍士伟博士拟应中华教育改进社邀请,并代表美国图书馆协会以"冀于中国图书馆教育有些微改进及推广之贡献"⑦。

当时图书馆界已有多个地方图书馆协会成立,但由于缺乏统一的领

① 严文郁.韦棣华女士与庚子赔款[J].传记文学,1917,18(5):13 – 16.

② 杨翠华.中华教育文化基金会对科学的赞助[M].台北:"中研院"近代史研究所,1991:6.

③ 中国科学社等联合条呈北京政府及美使[N].民国日报,1924 – 07 – 02(19).

④ 致外交部函.使馆档[1924 – 6 – 23][M]//杨翠华.中华教育文化基金会对科学的赞助.台北:"中研院"近代史研究所,1991:7.

⑤ 中国科学社对庚款用途之宣言[J].科学,1925,9(8):868 – 871.

⑥ 中华教育文化基金董事会分配款项原则[J].中华图书馆协会会报,1925,1(2):13 – 14.

⑦ 鲍士伟.鲍士伟博士考察中国图书馆后之言论[J].朱家治,译.图书馆学季刊,1926,1(1)81 – 86.

导与组织协调,彼此之间缺少联系。中华教育文化基金会的成立以及庚款分配款项原则的出台,使得当时的图书馆人都意识到,中国的图书馆事业将因美国退还庚款和鲍士伟的到来而获得一次新的发展机会,因此成立一个能代为表达诉求、加强联络、协理庚款事宜的代表抑或"头领"已迫在眉睫。而已经成立的开封图书馆协会等,纷纷致函上海图书馆协会,称"美国退还庚款拟拨一部分作为扩充图书馆之用……组织全国图书馆协会刻不容缓"①。

(2)筹备与成立

中华图书馆协会的筹备最初由北京、上海两地分别进行。

1)北平图书馆协会的努力

北平图书馆协会成立后,其"发起人尚拟扩充范围,敦劝各地皆起而组织图书馆协会,将来联络各地协会,而成一全国图书馆协会"②。由此可以看出,成立后的北平图书馆协会已有发起组织全国性图书馆协会的想法。1924 年 4 月 20 日,北平图书馆协会召集会员在清华学校图书馆开会商讨成立全国图书馆协会事宜。同年 5 月 18 日,北平图书馆协会举行第二次常会时议决由书记致函各地图书馆从速组织图书馆协会,并称:"吾图书馆界同人当能奋发有为,将来全国图书馆联合会之成立,与夫全国图书馆事业之臻极峰,不劳屈指而可待矣。"③

"北平既有地方协会之组织,更进而有全国协会之发起,于十三年之冬有筹备中华图书馆协会委员会之设,起草章程,撰发宣言,获全国同志之赞同,乃于十四年四月举会于沪滨,旋于六月二日开中华图书馆协会正式成立会于北平"④,由此可见,北平图书馆协会于1924 年冬即成立有全国图书馆协会筹备委员会。

1925 年初,北平图书馆协会组建的全国图书馆协会筹备委员会邀请南京、江苏、上海、天津等地的图书馆协会一同发起全国图书馆协会。当时教育文化界热心人士以个人名义加入发起者有蔡元培、梁启超、黄炎培、张伯苓、熊希龄、颜惠庆、汪兆铭、袁希涛、丁文江、傅增湘、胡适、马叙伦、蒋梦麟、江庸、林长民、杨荫瑜、范源濂、易培基、周诒春、吴敬恒、于右任、曹云祥、严鹤龄、李煜瀛、蔡廷幹、邹鲁、王正廷、陶行知、张嘉森、陈宝

① 请上海图书馆协会筹备全国图书馆协会函[J].浙江公立图书馆年报,1925(10):9.
② 江篯.京图书馆协会进行计划[N].申报,1924 – 04 – 12(10).
③ 本会概略:要事简载[J].北京图书馆协会会刊,1924(1):22 – 28.
④ 韦.卷头语[J].北京图书馆协会会刊,1929(2):1.

泉、陈垣、余日章、汤尔和、张继、傅铜、董泽、张鸿烈、石瑛、高鲁、张黻卿、马君武、顾孟余、胡石青、沈兼士、张彭春、翁文灏、沈祖荣、杨杏佛、邓萃英、查良钊、胡饴毂、陈裕光、洪焜莲、韦棣华、卢锡荣、胡庆生共 56 人①。同年 3 月，北平图书馆协会拟定《全国图书馆协会草章》13 条，函请各省图书馆及各地图书馆协会共同讨论②。

此后，得知上海图书馆协会亦有组织全国图书馆协会的活动，北平图书馆协会立即致函上海图书馆协会：

> 前接贵会三月二十五日公函，敬悉一是。叨蒙如入敝会共作组织中华图书馆协会发起人，不胜欣感。江苏、南京、天津三图书馆协会亦与敝会协同担任发起。敝会之筹备中华图书馆协会委员会，除已将缘起及简章草案拟就外，已对此事开会四次，积极进行。国内热心教育文化事业、愿任发起者已有四十余人。敝会忝在首都，于接洽及对外方面觉较他地易于办理，故不敢不勉竭绵薄，以期全国图书馆界枢纽机关得早日实现。区区微衷，谅蒙鉴察。刻敝会与江苏、南京、天津三图书馆协会议定，于四月十二日在北京中央公园来今雨轩开发起人大会，推选筹备委员（筹备委员后再召集大会推选候补董事）。即希贵会推定代表一人襄助一切。该代表或亲身来京，或委他人代表，均听尊便。前者开封及杭州图书馆协会因未知敝会进行状况，故有请贵会担任组织之举，兹特请敝会之筹备中华图书馆协会委员会书记蒋慰堂先生前来面陈一切。③

后经蒋慰堂(即蒋复璁)赴沪协商未果后，袁同礼亲赴上海，经过几昼夜协商最终确定在上海召开成立大会，在北京举行成立仪式。具体经过详见上海方面。

1925 年 4 月 12 日，发起人在北平中央公园内的来今雨轩召开发起人大会，推举邓萃英为临时会议主席，袁同礼为临时会议书记，由高仁山报告筹备经过。会议推选北平图书馆协会会长袁同礼为筹备会临时干事，洪有丰、查良钊两人为筹备会书记，邓萃英、熊希龄、范源濂、查良钊、陈宝泉、洪焜莲、沈祖荣等 15 人为筹备委员。会议还明确北京、南京、江

①　中华图书馆协会执行委员会.中华图书馆协会概况[M].北平:中华图书馆协会事务所,1933:1-2.

②　组织中华图书馆协会之发起[N].申报,1925-03-20(10).

③　赵熊.清华图书馆旧时文档预整理报告[G]//林佳.探索　改革　奋进——纪念清华大学图书馆百年华诞论文集.北京:清华大学出版社,2013:615-624.

苏、上海、杭州、开封、济南、天津各图书馆协会的会长①。4月19日,第一次筹备会在北平师范大学乐育堂召开,会议正式推举熊希龄为筹备会主席,并推举候选董事,决定下次筹备会在上海召开②。

2)上海图书馆协会的努力

在北平图书馆协会方面积极筹划成立全国图书馆协会之际,上海图书馆协会也在为之谋划。

1925年2月,上海图书馆协会陆续接到山西、浙江、河南、江西等处图书馆来函:"查全国图书馆协会,东西各国皆成立已久。独吾国仅有少数之地方图书馆协会,而全国协会尚付阙如,殊为憾事。"③来函的各图书馆建议将全国图书馆协会的地点暂设上海,原因是地点适中,交通便利,并且可以利用欢迎鲍士伟博士之便一起组织成立全国协会,"由上海图书馆协会协同各省之协会负责办理",并建议"其经费即由庚子退款中拨出一部分"④。上海图书馆协会接函后"以此事关于全国图书馆之发展义不容辞,惟事属重要,亟应从长计议,以臻完备"⑤,特召集该协会委员讨论,并将讨论结果于3月11日通函各地图书馆征求意见:

> 迳启者　兹接开封、浙江等图书馆协会来函,拟推敝会筹备中华全国图书馆协会之组织,事关全国,敝会不敢草率从事,对于组织方法及开会地点日期,应否遵照开封协会提议,在上海举行,用特征求尊见,以便进行。如在上海开会,则拟于四月十六日至十八日举行,届时贵代表能否出席,请于四月三日以前赐知,以便斟酌办理,专此。顾颂公绥。⑥

随后陆续接到上海、金陵、青岛、苏州、开封、常熟、南通、安徽、山西、河南、江西等处图书馆先后复函赞成将全国图书馆协会设立在上海。3月28日,上海图书馆协会在上海总商会商业图书馆内举行第八次委员会,"讨论组织中华全国图书馆协会一切进行事宜"⑦。

1925年4月5日,上海图书馆协会又在上海总商会图书馆召集全体会员讨论组织全国图书馆协会事宜,"惟此事关系全国图书馆界前途至

---

①② 中华图书馆协会开发起人大会[N].申报,1925－04－16(11).

③ 请上海图书馆协会筹备全国图书馆协会函[J].浙江公立图书馆年报,1925(10):9.

④ 组织中华图书馆协会之发起[N].申报,1925－03－20(10).

⑤ 中华图书馆协会成立记[J].浙江公立图书馆年报,1925(10):69－70.

⑥ 组织中华图书馆协会之进行[N].申报,1925－03－24(11).

⑦ 上海图书馆协会今日开会[N].申报,1925－03－28(11).

深且巨,特请诸君出席发表意见,以资进行"①。此次会议讨论关于成立全国图书馆协会事宜达 4 小时之久,最终一致议决由上海图书馆协会先行组织全国图书馆协会筹备处,其具体设立地点及其他事项由全国各地图书馆代表公决,并定于 4 月 22 日为全国图书馆代表来沪列席开会日期,25 日召开全国图书馆协会成立大会。

会后,上海图书馆协会与上海徐家汇南洋大学积极联络,商定各地图书馆代表与会期间的膳宿问题由该校负责招待,并请南洋大学图书馆长王寅清等作为招待委员。

4 月 11 日,上海图书馆协会在《申报》发布《全国各图书馆公鉴》:

> 启者　敝会迭接各处图书馆来函,提议在沪开全国图书馆协会。兹经议决,定于四月二十二日至二十五日假上海南洋大学图书馆开会,并同时欢迎美国图书馆专家到沪。事关重要,届时请选派代表到会,共襄盛举,是盼。此颂公祺。②

4 月 12 日,上海图书馆协会又在青年会开会讨论筹备全国图书馆协会以及招待鲍士伟博士等事宜,会中议定全国图书馆协会筹备职员:马崇淦、陈友松、何宪琦、陈伯逵任编辑;程葆成、王寅清、周秉衡、沈滨掌任事务;朱少屏、黄警顽、王寅清、沈仲俊任招待;孙心磐、朱景祁任会计;潘仰尧、王恂如任文书。另外又议定鲍士伟博士接待筹备职员多人以及鲍士伟博士演讲地点等。

4 月 14 日,上海图书馆协会在《申报》继续刊登《全国各图书馆公鉴》并附全国图书馆协会开会办法六则,以方便全国代表报到接洽。

4 月 19 日,上海图书馆协会在上海总商会图书馆开会,继续商讨招待各地图书馆代表组织成立全国图书馆协会以及欢迎鲍士伟博士等事宜,会中议决招待全国图书馆代表程序。

在上海图书馆协会积极筹备全国图书馆协会之际,上海图书馆协会会长杜定友获悉北平也有组织全国图书馆协会的筹备组织后,立即以各地方图书馆协会代表到达上海的人数众多,以及为避免车马劳顿为由当即致电北平图书馆协会会长袁同礼,请其来上海商谈具体的成立事宜。袁同礼随即推举北平图书馆协会蒋复璁为代表赴沪。但因得知上海图书馆协会对于全国图书馆协会的组织筹备业已完成,并定于 4 月 22 日

---

① 　中华图书馆协会成立记[J].浙江公立图书馆年报,1925(10):69 - 70.
② 　全国各图书馆公鉴[N].申报,1925 - 04 - 11(1).

召开大会,故蒋复璁于 4 月 18 日返京报告袁同礼。杜定友再次致电邀请袁同礼赴沪商讨成立全国图书馆协会办法。4 月 21 日,袁同礼抵达上海,连夜与杜定友商讨北京、上海两地合并成立全国图书馆协会的具体办法,仍未果。

4 月 22 日,因全国图书馆代表 60 余人多已抵沪,因此于当日下午在徐家汇南洋大学图书馆举行全国图书馆协会会员谈话会。到会者有开封的何日章、李燕亭、张幼山,江西的陈宗鋆,青岛的陈立廷,南通的陈保之,浙江的徐蒙简,山东的尹世铎,山西的侯子文、韩宗道,安徽的胡达三、王杰,陕西的郗敬斋、高楼基,无锡的秦寿鲲,汕头的李春涛,四川的黄元吉,苏州的彭清鹏,上海的黄维廉、陈友松、程葆成、陈伯逵、苏建文、王永礼、沈仲俊、余仲谋、周秉衡、孙心磐、王恂如、杜定友、黄警顽、顾炳麟、潘圣一等。会议由杜定友主持,主要讨论组织全国图书馆协会事宜。会中袁同礼代表北京大学图书馆报告北平图书馆协会组织全国图书馆协会的经过详情。但因谈话会不能议决事项,故各地代表对于全国图书馆协会的组织办法、宗旨、名称、地点等问题"口头主张太多,意见颇不一致"[1],讨论甚久,均无结果。最终由程葆成提议改谈话会为筹备会,与会人员一致赞成,并公推杜定友为筹备会主席,议决事项有三:①由各地图书馆代表就全国图书馆协会的具体组织办法提出书面意见,交审查会审查后将结果交与大会公决;②仍由上海图书馆协会原有职员担任全国图书馆协会筹备会办事员,此外,另选出陈宗鋆、余仲谋为文书,张幼山、陈保之、韩宗道、彭云伯为编辑委员,陈宗鋆为议案审查委员会书记,何日章、李夔亭、王杰、侯子文、彭清鹏、郗敬斋为议案审查委员;③迟到代表中,每省推举一人为议案审查委员,为此钟福庆、袁同礼、潘环宇、钱国栋、朱家治增列为议案审查委员[2]。

因此次会议未能就成立全国图书馆协会的地点达成一致,且各地代表意见分散。杜定友坚持"俾一国之内,不致有两个协会同时成立"[3],积极奔走各方代表之间斡旋。最终才使得次日会议正常进行,经审查议案,最终议定关于全国图书馆协会者五案[4]:①全国图书馆协会定名为"中华图书馆协会",总事务所设北京,分事务所设上海,年会在各省区轮

① 组织全国图书馆协会代表会纪[N].申报,1925 - 04 - 24(11).
② 全国图书馆协会昨开筹备会[N].申报,1925 - 04 - 23(11).
③ 宋建成.中华图书馆协会[M].台北:台北育英社文化事业有限公司,1980:26.
④ 筹备图书馆协会代表会续志[N].申报,1925 - 04 - 25(12).

流召开;②机关会员以图书馆为单位,此外如个人会员、名誉会员、赞助会员等将来再议;③中华图书馆协会应设有董事部,董事由个人会员和名誉会员中选出,董事的职权为筹划经费、审查预决算、审定会员资格等;④董事部外另设执行部,开展具体会务工作;⑤推定《中华图书馆协会章程》起草委员 5 人为浙江、江西、北京、河南、上海 5 处的代表。

4 月 25 日上午,全国各地图书馆界代表在上海北四川路横滨桥广肇公学三楼召开大会,杜定友任大会主席。邓演存代表广肇公学致欢迎词,杜定友报告开会程序以及欢迎鲍士伟博士的时间地点,大会书记王恂如宣读前日议决案。会中各代表讨论了全国图书馆协会组织大纲,首先由起草委员陈宗銮宣读组织大纲草案,经与会代表逐条讨论修正通过。讨论完毕即由杜定友宣告"中华图书馆协会"成立。当天下午,中华图书馆协会成立大会正式召开,杜定友为大会主席,王恂如为书记,当时图书馆界、教育文化界众多知名人士到场。议定事项五项:①当日到会各代表为基本会员;②选举执行部正副部长暨董事,先推出何日章、袁同礼、杜定友为提名委员;③此次筹备会一切用费由中华图书馆协会负担;④随美国庚款委员会(即中华教育文化基金董事会)开会时举行成立仪式;⑤1926 年年会地点定在北京或武昌,时期定在暑假。至此,经历一波"多折"的中华图书馆协会正式成立。

成立大会中不仅通过了《中华图书馆协会组织大纲》《中华图书馆协会执行部细则》《中华图书馆协会总事务所办事简则》《中华图书馆协会委员会规程》,还发布了《中华图书馆协会缘起》,确定中华图书馆协会以"以研究图书馆学术,发展图书馆事业,并谋图书馆之协助"为宗旨,依组织大纲设执行部与董事部,推举戴志骞为执行部部长,杜定友、何日章为副部长,聘定徐鸿宝、钱稻孙、蒋复璁等 33 人为干事。

1925 年 5 月 18 日,中华图书馆协会以学术团体类社会组织的职能呈请北京政府京师警察厅转呈内务部立案,同年 6 月 4 日获批准①。中华图书馆协会原呈如下:

> 为报请备案事:窃同礼等前为研究图书馆学术,发展图书馆事业起见,曾联合各省图书馆同人,共同组织中华图书馆协会。业于四月二十五日在沪成立。当经大会通过组织大纲,选出职员,并经

---

① 南京国民政府成立后,中华图书馆协会于 1928 年 7 月依照学术团体前例向中华民国大学院申请立案。后行政院教育部成立,同年 12 月,中华图书馆协会又向该部重新申请立案,当月 14 日获批。

议决在北京设立总事务所,择日举行成立仪式。兹择定西单牌楼石虎胡同七号松坡图书馆为本会总事务所,并拟于六月二日假南河沿欧美同学会举行成立仪式。理合检中华图书馆协会缘起,及组织大纲,并董事部及执行部职员名单各一份,呈请鉴核,并乞转呈内务部备案,实为公便。谨呈京师警察厅总监。①

5月27日,中华图书馆协会在北京松坡图书馆内举行第一次董事部会议,由梁启超任会议临时主席,胡适为临时书记。会议决议除组织大纲中规定的部长1人外,添举1人任书记,另推选5人组成财政委员会。选举结果为梁启超任董事部部长,袁同礼为书记,推举名誉董事4人:章士钊、施肇基、鲍士伟、韦棣华,另推举名誉会员20人②。另推选出任期年限为一、二、三年的董事各5人。由颜惠庆、熊希龄、袁希涛、丁文江、胡适任财政委员会委员。

中华图书馆协会成立仪式举行之前,上海图书馆协会派南洋大学图书馆馆长王寅清为代表赴京参与。另上海广肇公学图书馆"以中华图书馆协会系在沪举行成立,在历史上颇有纪载之价值",特撰祝词如下:

中华图书馆协会前在敝馆决议成立,并选出董事暨执行部长,敝馆曷胜荣幸。今在京师举行成立式,用缀数言,借伸贺恍,猗欤协会,敬业乐群,沟通文化,福我莘莘,铜山洛钟,闻声斯应,辅助教育,日新月盛,曹仓邺架,充栋汗牛,通力合作,共济同舟,缔告经营,端赖贤哲,附骥观成,营幸曷竭。③

6月2日,中华图书馆协会借南河沿北京欧美同学会礼堂举行了成立仪式。颜惠庆主持大会,图书馆界与教育界代表一百多人参加,"都下名宿,悉皆莅止,济济一堂,极称盛典"④。会中,颜惠庆致辞,时任教育次长的吕健秋发表演说,大意为一切事业须先由社会提倡,官厅方能办好,希冀中华图书馆协会推动中国图书馆事业发扬光大。会中,美国图书馆界代表鲍士伟博士介绍了美国图书馆事业和图书馆学研究的情况,重申图书馆在发展社会文化事业中的重要作用,并称:"一协会之成立较之一人之生存尤为重要,盖一人之生存有限,而协会之生命无穷。今日

① 立案[J].中华图书馆协会会报,1925,1(1):6.
② 中华图书馆协会第一次董事会议[J].浙江公立图书馆年报,1925(10):85.
③ 上海图书馆协会派代表赴京参与中华图书馆协会成立式[N].申报,1925-06-02(11).
④ 本会成立仪式[J].中华图书馆协会会报,1925,1(1):8.

中华图书馆协会成立,至为可喜。在最古文化之国家,而图书馆协会成立尤为可喜。从事于图书馆事业者之责任,不惟有保藏书籍之责,而对于书之内容,且有指导之责。惟图书馆事业需通力合作,方为有效。事业有非一人所举办者,此人不能,另一人亦是无力,必和众人之力然后可以成就。此在美国,已有此阅历矣……许多人问我,图书馆协会第一步应做何事,第二步应做何事,我应之曰图书馆协会最重要之工作,为征集会员,不必限于专门学者,凡赞成热心此事业者,皆许其加入……"①中华图书馆协会董事部部长梁启超发表了《中华图书馆协会成立会演说辞》,韦棣华以《中美国际友谊之联络》为题发表演说,列举中美在美术、外交、商业、科学方面的交流互动情况,并称"新式图书馆为中美联络之工具",希望"中美两图书馆协会之感情日增,中美邦交日益进步"②,"深望中美两图书馆协会互相提携"③。

从中华图书馆协会的酝酿、筹备到正式成立的整个过程来看,其正如《申报》所说是"由各地方图书馆协会、各省区图书馆及各教育界名人共同发起"④。中华图书馆协会成立后,积极引领与敦促各地成立图书馆协会,在开展大量活动的同时,对图书馆事业整体推进。1949年中华人民共和国成立前夕,中华图书馆协会无形解散⑤。

中华图书馆协会在民国时期又有"中华全国图书馆协会"⑥和"中国图书馆联合会"⑦之称。

出于本书逻辑结构上的安排,有关中华图书馆协会以及其他各个图书馆社团的学术活动与图书馆事业活动在本书第四、五两章铺陈。

16. 苏州图书馆协会(1925年)

自北宋始,苏州开始成为江浙教育中心,好读之风渐盛,藏书文化因之愈烈,"其(藏书)人数之众多,藏书之丰富,居于全国之冠"⑧。清末西方列强入侵,苏州地区的藏书事业受到重创,但也促成了传统藏书楼向近代图书馆转变。1910年,愚斋图书馆开馆,为当时首家私人图书馆。

---

①②　中华图书馆协会在京开成立会[N].申报,1925 – 06 – 06(13).

③　本会成立仪式[J].中华图书馆协会会报,1925,1(1):8.

④　中华图书馆协会年会今日在京开幕[N].申报,1929 – 01 – 28(11).

⑤　陈源蒸,张树华,毕世栋.中国图书馆百年纪事(1840—2000)[M].北京:国家图书出版社,2004:39.

⑥　吟秋.全国图书馆年会花絮录[N].申报,1929 – 02 – 04(19).

⑦　中国学府被毁调查不下五十四所[N].申报,1938 – 12 – 15(9).

⑧　范凤书.私家藏书风景[M].石家庄:河北教育出版社,2006:63.

1914 年 9 月,江苏省立第二图书馆(苏州图书馆的前身)开馆。另有吴江县立图书馆、太仓县立图书馆等陆续开馆,图书馆事业欣欣向荣。1925 年苏州图书馆主任为彭清鹏,他曾任京师图书馆主任,而京师图书馆又分别为 1918 年北京图书馆联合会、1924 年北平图书馆协会的发起机构和机关会员,因此彭清鹏顺理成章地成为发起苏州图书馆协会的主力。

1925 年,由"苏地各图书馆所合组为研究图书馆学术之团体"的苏州图书馆协会"继中华全国图书馆协会而成立"①。《苏州图书馆协会简章》称该会"以协谋苏州各图书馆之发展及互助事业为宗旨",会员分甲乙两种,分别为团体会员和个人会员,设会长 1 人、副会长 1 人、书记 1 人、会计庶务 1 人,任期一年,开大会时选举之,连选得连任。会议分大会(每年一次)、常会(每季一次)、临时会三种,开会日期由正副会长商定,会址附设于苏州图书馆内②。成立之初,苏州图书馆协会会长为彭清鹏,副会长为黄星辉,书记为蒋怀若。

1929 年 8 月 17 日,苏州图书馆协会召开改组筹备会。同年冬,该协会重新改组,职员组织依照中华图书馆协会的先例,采用委员制,蒋镜寰被推选为执行委员。1930 年 1 月 22 日,苏州图书馆协会召开第一次执监会,蒋镜寰和杨永裳当选为常委,黄星辉和陈子彝当选为候补常委,选举结果呈报中华图书馆协会③。作为苏州图书馆协会职员的蒋镜寰"以为协会之使命,不外谋图书馆事业之改进与图书馆学术之研究,惟欲图改进,必加详细之调查,欲使研究,须有切实之讲演"④,为此同年 5 月,该协会函聘孔敏中做第一次讲演,题目为"现代图书馆事业及其服务者"。这是苏州图书馆协会最后见诸报端的时间,此后再未见任何音讯。

17. 杭州图书馆协会(1926 年 4 月 18 日)

浙江省会图书馆协会成立之后,因"主持人员星散,无形停顿……"⑤。而当地各图书馆又急需组织联络,因此,于一市之内组建一个联系紧密的图书馆协会成了杭州图书馆界的共识。

1926 年 4 月 18 日,浙江省会图书馆协会召开第二届年会,议决改浙江省会图书馆协会为"杭州图书馆协会"。杭州图书馆协会成立后,"对

---

①④　蒋镜寰.苏州图书馆协会讲演记[J].江苏省立苏州图书馆馆刊,1930(2):1-3.

②　各市图书馆协会章程汇录:苏州图书馆协会章程[J].中华图书馆协会会报,1926,1(5):7-12.

③　陈巍,叶瑞宝.蒋吟秋与江苏省立苏州图书馆[J].江苏图书馆学报,1984(4):58-60,65.

⑤　浙江省图书馆协会编印会刊[J].厦门图书馆声,1936,4(1/3):20.

于图书馆事业之进行,颇称努力"①。1927 年 4 月 11 日召开第三次年会,议决修正协会简章等事项。1928 年 4 月 23 日召开第四次年会,年会将会长制废除,改为委员会制,随即选出执行委员 7 人,由章箴、陈策云、杨立诚、徐凤超、刘荫吾、李剑农、裘仲曼担任,执行委员 7 人中再互选出杨立诚、章箴、刘荫吾 3 人为常务委员。选举完毕后随即召开执委会议,议决重印《杭州图书馆协会简章》、起草《杭州图书馆协会办事细则》、征求会员和请拨经费四项事宜。截至 1929 年 3 月,杭州图书馆协会共开常会 6 次、临时会 1 次②。

1929 年 7 月 8 日,杭州图书馆协会借浙江省立图书馆分馆召开年会,到会会员有杨立诚、章箴、马家骥等 20 余人。会议由杨立诚主持,余和笙做记录。首先由杨立诚报告一年来会务进行概况及经费收支情形;其次改选执行委员,杨立诚、章箴、马家骥、陆秀、陈独醒、陈策云、张龙图等 7 人当选,费景韩、裘仲曼、张英敏,余和笙为候补执行委员;最后讨论《筹备欢迎中华图书馆协会监察委员来杭开会并参观西湖博览会案》③。

此后,因该协会会长"杨(立诚)本职繁忙,其他执委又渐分散,不久会务即无形停顿"④。

18. 中央大学区图书馆联合会(1928 年 11 月 7 日)

1927 年 7 月,南京国民政府施行教育改革,训令江苏施行大学区制,所有江苏省内国立省立各大学、专门学校及中学、师范学校等均裁并或改组,大学区合并了东南大学、河海工科大学、上海商科大学、江苏法政大学、江苏医科大学、东南工业专门学校、苏州工业专门学校、上海商业专门学校、南京农业学校 9 所学校,合属"江苏大学区",1928 年 5 月又改名为"中央大学区"⑤。

1928 年 10 月 23 日,中央大学区扩充教育处召开了中央大学区扩充教育机关主任会议,会议提出多项有关图书馆间交换书籍、统一拟定图书分类法、编目大纲等方面的议案。其中由泰县图书馆提出的《全省县级图书馆、通俗馆分区组织研究会》⑥一案引发了与会人员的重视。会议结束后,中央大学区区立苏州图书馆借机集合各县代表讨论发起组织全

---

①③　杭州图书馆协会[J]. 中华图书馆协会会报,1929,5(1/2):56.

②　杭州图书馆协会成立及经过报告[J]. 图书馆学季刊,1929,3(1/2):274.

④　杭州市政协文史委. 杭州文史丛编:文化艺术卷[M]. 杭州:杭州出版社,2002:543.

⑤　朱庆葆,陈进金,孙若怡,等. 中华民国专题史:第十卷 教育的变革与发展[M]. 南京:南京大学出版社,2015:144.

⑥　中大区扩教会议关于图书馆之提议[J]. 中华图书馆协会会报,1928,4(2):24.

省图书馆联合会"以求互相联络而资研究"①。会议选出苏州图书馆蒋镜寰与吴县公立图书馆杨蓉裳为图书馆联合会各项规程起草委员,待草订规程后,再印发各县征集意见,以便下次大会集议,通信中心及会所由参会人员集体决定设立在苏州沧浪亭中央大学区区立苏州图书馆中②。1928年11月7日,中央大学区图书馆联合会正式成立,发起人将《中央大学区图书馆联合会简章》的草案送各县图书馆征求意见,并于12月9日通函各县图书馆通过③。该联合会成立后函报国立中央大学行政院备案,1928年12月24日,时任国立中央大学校长的张乃燕函复称:"为本大学区图书馆联合会备案事,并附送简章一份前来,兹经察核,尚无不合,应予备案,用特函复查照。"④

该会的组成上有两种说法,一种是"系集合江苏全省图书馆所组织"⑤,而不论公立私立与否,另一种是"全省之公共图书馆组织联合会"⑥,仅包括公立图书馆。《中央大学区图书馆联合会简章》第一条称"本会由中央大学区内各图书馆联合组织,定名为中央大学区图书馆联合会",第二条称"凡中央大学区内省县立各图书馆为当然会员,其他各图书馆及各学校图书馆,经在会二机关以上之介绍,亦得入会"⑦。第一条说明了该联合会的发起者是中央大学区内各图书馆;第二条则说明该会当然会员为省县立图书馆,即公共图书馆,但其他私立图书馆亦可经介绍为会员。由此印证了第一种说法。

1929年,中华图书馆协会拟于金陵大学召开第一次年会,该联合会积极参与并称其为"全国图书馆教育之大运动"⑧。中央大学区区立苏州图书馆代表联合会函告中华图书馆协会,申请加入为机关会员,随即得中华图书馆协会复函欢迎。该联合会推定蒋镜寰为中央大学区图书馆联合会代表,并提出议案及论文以备出席。1929年1月13日,蒋镜寰作为中央大学区图书馆联合会暨江苏省图书馆代表和顾树坤一起出席了在金陵大学召开的中华图书馆协会年会,大会通过了苏州图书馆的提

①⑥　中大区图书馆联合会[J].图书馆学季刊,1928,2(4):666.

②　中大区组织图书馆联合会[J].中华图书馆协会会报,1928,4(2):24-25.

③　中国人民政治协商会议,江苏省苏州市委员会,文史资料研究委员会.文史资料选辑:第12辑[G].北京:中国文史出版社,2009:133.

④　国立中央大学公函第一五二八号(函复本大学区图书馆联合会准予备案由)[J].国立中央大学教育行政周刊,1929(74):9.

⑤⑧　中央大学区图书馆联合会近讯[N].申报,1929-01-23(11).

⑦　中央大学区图书馆联合会简章[J].国立中央大学教育行政周刊,1929(74):14-15.

案三则,蒋镜寰在大会上宣读了《图书馆之使命及其实施》①的论文,该论文后被辑入《江苏省立苏州图书馆馆刊》发行全国,后又出版单行本。这是笔者目前收集到的资料中最后关于中央大学区图书馆联合会的信息。

19. 武汉图书馆协会(1928 年)

台湾地区相关图书馆年鉴记载武汉图书馆协会成立于 1928 年。《中国图书馆事业百年》记载该协会办公地点在湖北省图书馆内,而且"促进了图书馆学界的学术和信息交流,无疑对图书馆工作具有积极的促进作用"②。中华图书馆协会会员录中,武汉图书馆协会赫然在目。

1904 年,湖北省图书馆正式创立,为全国较早建立的省级公共图书馆之一。之后,劝业厂嚜蒙室图书馆(1905 年)、湖北省通俗图书馆(1927 年)、汉口民众图书馆(1926 年)、湖北省立图书馆(1935 年)、汉口市立图书馆(1946 年)以及各高等院校图书馆等陆续建立。而且作为中国图书馆学正规教育肇始的文华图书科也于 1920 年在武昌文华大学设立,按理说武昌、汉口乃至湖北省各地市的图书馆社团应是蓬勃发展的。吴稌年也称武昌为"新图书馆运动"时期的三个重镇之一③。然而无论是从笔者目前收集到的民国时期图书馆学各类期刊、报纸,还是其他图书馆学著作中都未见有关于武汉或汉口图书馆协会筹备及开展活动的零星资料,也不见有筹备湖北图书馆协会的讯息,其中缘由有待探究。

20. 太原图书馆协会(1929 年 5 月 29 日)

山西省"徒以明清以降,文化落后,远不及大河以南各省。至海通以还,交通发达,更形寞落矣。即就图书馆创设而言,恐各省再无较其后者。加以风气闭塞,见闻锢陋,及人才缺乏,政府社会之隔膜貌视,故祇呈静止停顿状态,而无飞突勇猛之进步……"④。

有鉴于此,山西省公立图书馆在接到中华图书馆协会来函促其成立地方图书馆协会后,于 1928 年 12 月 16 日,在山西省党部会议室召开太原图书馆协会筹备会第一次会议,出席者有山西省公立图书馆,第一、第二通俗图书馆,山西省党部图书馆及各学校图书馆代表共 17 人。会议

---

① 蒋镜寰. 中华图书馆协会年会纪要[J]. 江苏省立苏州图书馆馆刊,1929(1):1-6.

② 中国图书馆学会. 中国图书馆事业百年[M]北京:北京图书馆出版社,2004:96.

③ 吴稌年. 中国近代图书馆事业南京重镇的形成与特征[J]. 图书馆,2015(1):28-33,44.

④ 太原图书馆协会成立经过[J]. 中华图书馆协会会报,1929,4(6):13-16.

由殷守绪主持,聂光甫记录。会议讨论事项有三:①调查太原图书馆数目,决议由省党部图书馆、第一通俗图书馆及山西省公立图书馆负责调查;②在报端登太原图书馆协会启事及宣言,以便未加入的图书馆参加,决议由聂光甫、田玉汝起草;③调查结束后再召集第二次会议,决议仍由省党部图书馆、第一通俗图书馆及山西省公立图书馆负责召集①。

太原图书馆协会筹备会自成立以来,各项工作积极进行,很快于1929年5月29日在山西省公立图书馆内开正式成立大会。出席者有商业专科学校、法政专科学校、国民师范学校、省党部、第一师范学校、省立模范小学、省立一中、三晋中学、自新院、农矿厅、明原中学、成成中学、平民中学各图书馆,以及省立图书馆、第一通俗图书馆、第二通俗图书馆的代表等。成立大会由殷子承主持,王伯轩记录。首先由殷子承报告开会宗旨,其次宣读《太原图书馆协会缘起》《太原图书馆协会成立宣言》,并讨论《太原图书馆协会简章》,该简章被略加修改后,经大众一致通过。最后选出太原图书馆协会执行委员为省党部图书馆、商业专校图书馆、法政专校图书馆等②。《太原图书馆协会缘起》称山西省"同仁等鉴既往之已失,怀前途之重大,特于去年发起组织太原图书馆协会,于今年五月二十九日正式成立。本商榷攻错之意,冀收集思广益之效,群策群力,勇往直前,或有迈进先进各省图书馆之一日"③。《太原图书馆协会宣言》称:

> 各地图书馆之整顿扩充,风起云涌,盛极一时。或鸠工建筑,或访聘专才,或筹经费之扩充,或提高馆员之待遇,至于内部之积极改进,犹异地同声,孜孜不息……山西交通不便,风气闭塞,图书馆之创设,既落人后……又以素无联络,各自为政,不相协谋,攻错无由,观摩乏术,处此全国整顿扩充之时,需要至急之日,亟宜早谋解决之法。是应首谋图书馆之联络,共图改进,商榷馆政之改良,研究图书馆学之原理,应用专学,积极办理,使图书馆名声日高,效用日大……故欲办理完善之图书馆,为各县之模范,并与各省相媲美,非联络协助,不足以图改进。况国内各处多有图书馆协会之设,其进步之速,实非无因也。同人等服务典籍,夙夜忧惧,自维绵薄,任重堪虞,爰组织图书馆协会,联络同志,讨论商榷策力,冀收远效……④

---

① 图书馆协会开筹备会[J].来复,1928(520):8.

②③④ 太原图书馆协会成立经过[J].中华图书馆协会会报,1929,4(6):13-16.

《太原图书馆协会简章》规定该会"以研究图书馆学术,发展图书馆事业,并谋图书馆之协助互益为宗旨"①其所从事的工作范围有六项:"一、讨论及研究图书馆之管理方法及各种制度,并力求统一以期彼此资用便利;二、实行图书之互借及交换制度,其规则另定之;三、各图书馆交换互置图书目录于馆内,俾能介绍阅览;四、发刊协会月报,除专著研究及登载各馆之状况、计划、统计报告等外,并披载各馆月内一新添书籍,俾各馆省揭载及通告之繁,并收广博宣传之效;五、设立图书馆学校,或请求教育厅在师范学校附设图书馆专修科,及各班加授图书馆学科,并提倡图书馆讲习会,培养图书馆人才,俾谋改造图书馆事业;六、宣传图书馆知识,鼓吹图书馆事业,以期图书馆教育与学校教育同时并进。"②

太原图书馆协会的管理采用委员制,设执行委员 7 人,由大会公选出,任期一年,可以连选连任。其中再由执行委员互推常务委员 3 人,常务委员的主要工作有:开会时担任会议主席,编制预算及决算,执行全体大会或执行委员会议决事项,督饬其他职员,履行各自职责,办理该会交际编辑出版事项,拟订该会的发展行进计划。其余 4 位执行委员分担文书与事务工作,其中事务员办理该协会日常工作及一切其他杂事,文书一职主要管理文牍案卷、负责记录、誊写、校对及通知会员。

太原图书馆协会虽成立较晚,但相比中华图书馆协会成立前的其他地方性图书馆社团而言,其成立更为规范,形成了《太原图书馆协会缘起》《太原图书馆协会宣言》《太原图书馆协会简章》,并于成立会后在山西省教育厅太原市公安局市党部备案。

1929 年,太原图书馆协会依据其简章中的"实行图书之互借及交换制度"③,订立《太原各图书馆互借图书暂行规则》,规定加入该协会的各图书馆可互借图书④。

1929 年,太原图书馆协会在第一师范图书馆召开第一次例会,会议由聂光甫主持,贾金贵做记录,山西省公立图书馆等代表 20 余人到会,聂光甫报告该会立案经过情形,后讨论进行事项,其中除了议决聘请焦德溥、郭可偕为特别会员外,还议决"发刊协会日刊",以宣传该会进行状况等。第一次例会还请焦德溥做图书馆学术讲演,介绍图书馆的价值与改良社会的功效,以及图书馆对于学校与社会教育的补助等。此次讲演,除太原图书馆协会会员外,第一师范学校师生参加者约 300 余人,

---

①②③　太原图书馆协会成立经过[J].中华图书馆协会会报,1929,4(6):13 – 16.

④　太原各馆互借图书规则[J].中华图书馆协会会报,1929,5(1/2):53.

"济济一堂,颇极一时之盛"①。

后太原图书馆协会的会务因山西省党部的干涉而无形停顿,加之当时协会的实际负责人聂光甫同时任山西省公立图书馆图书部主任,忙于编撰《山西公立图书馆目录初编》,未能积极推进会务,但仍计划在完成目录编撰工作后再恢复协会会务工作②。

直至 1934 年 7 月 23 日,山西图书馆界人士为恢复协会工作在山西省教育会召开会员大会,到会者有各图书馆代表 30 余人,由聂光甫主持会议,李睿记录。会议首先报告开会宗旨,接着讨论目前协会开展的工作,并修正《太原图书馆协会简章》,改选李尚友、聂光甫、刘子钦、郝建梁、董登山、王俊文、李睿 7 人为执行委员,罗寿南、张汉直、焦芳泽 3 人为候补委员③。但此后再无该会音讯。

21. 福建图书馆协会(1929 年 9 月 17 日)

1929 年,中华图书馆协会第一次年会召开之际,全国有 16 个省的代表出席,其中福建图书馆界代表侯鸿鉴"有鉴于各省图书馆,均有协会,惟福建独无"④,因此特约福建代表开谈话会,来自福建各图书馆的代表"深知福建图书馆协会有亟待组织之必要"⑤,当即组织成立福建图书馆协会临时筹备会,推举侯鸿鉴、蒋希曾、余超、蔡寅清、谢源、沈孝祥 6 人为福建图书馆协会临时筹备员,并决定返闽后组织成立正式筹备处。

临时筹备员返闽后以"筹备福建图书馆协会借谋协助互益"⑥,"筹备事宜之不宜缓"⑦为由,电函福建各地图书馆,于 1929 年 2 月 26 日在福州东街福建公立图书馆开临时筹备会,到会者有福建公立图书馆馆长谢大祉、主任姚大霖,集美图书馆主任蒋希曾,建瓯图书馆馆长谢源,福建省教育厅秘书侯鸿鉴(由林泽薇代表)等人。此次会议起草了《福建图书馆协会简章草案》,发表《福建图书馆协会成立宣言》,推举谢大祉、姚大霖、侯鸿鉴、蒋希曾、谢源、林泽薇 6 人为正式筹备员,并设福建图书馆协会办公地点在福建省公立图书馆内。会议还议决八项具体的协会

---

① 图书馆协会第一次例会略志[J]. 来复,1929(560):7 - 8.

② 山西图书馆近讯[J]. 中华图书馆协会会报,1933,9(1):20.

③ 太原图书馆协会重整会务[J]. 中华图书馆协会会报,1934,9(5):21.

④ 侯鸿鉴. 报告赴京出席中华图书馆协会年会开会情形并条陈对于本省图书馆意见书[J]. 福建教育厅教育周刊,1929(17):34 - 35.

⑤ 福建图书馆协会开始筹备[N]. 申报,1929 - 03 - 08(11).

⑥ 为开筹备会请邀蒋教丰等出席由[J]. 福建图书馆协会会报,1930(创刊号):17.

⑦ 福建图书馆协会筹备处成立[J]. 厦大周刊,1929(197):15 - 16.

组织办法：①修改章程草案以备提交大会讨论通过；②议决设筹备处于福建公立图书馆内；③推选侯鸿鉴、姚大霖、谢大祉、林泽薇、蒋希曾、谢源为正式筹备员；④由各筹备员分别调查福建各地图书馆情形；⑤规定福建各地图书馆调查表及征求会员表格式；⑥预算筹备费，除征求会员会费外，请求教育厅指拨一次补助费；⑦调查事项限当年四月以前报告筹备处；⑧预定当年暑假前召开成立大会①。

本预定于 6 月前成立的福建图书馆协会，因"省（府）外各县图书馆，当未能一律参加入会，致迟迟未能开会"②。直至 9 月，闽北、闽西、闽中及闽南各县图书馆均加入才拟召开正式的成立会。

1929 年 9 月 16 日，正式筹备员开会通过《福建图书馆协会章程》，选举出常务委员 3 人：谢大祉、侯鸿鉴、姚大霖；执行委员 6 人：谢源、叶升、陈鼎谷、林泽薇、沈孝祥、郑章盛；候补委员 5 人：陈廷端、陈铣、李煜、许学钦、姚大钟；监察委员 3 人：龚履谦、朱涵、林淤；候补委员 3 人：周殿熏、李之华、吴孝枋。

9 月 17 日，福建图书馆协会正式成立，《福建图书馆协会成立宣言》称："自本年一月中华图书馆协会开年会于南京后，各省均设图书馆协会，以督促各省图书馆事业之进行。数月以来，山西、太原、浙江、杭州、江苏、上海等处图书馆协会先后成立，而吾闽则筹备半年，现以联合同志，征集会员，闽南闽北之同人，集会于福州省垣图书馆，宣告成立矣。"③成立大会中，福建省各地图书馆馆长出席者甚多，建瓯图书馆馆长谢源、建阳图书馆馆长朱涵、南平图书馆馆长龚履谦、蒲城图书馆馆长詹式赐均列席参加④。此外，还有个人会员 30 余人以及以团体名义入会者共 14 处代表参加此次成立大会。会中还有福建省教育厅厅长莅会训辞，并邀请国民党党部代表莅会监视各委员宣誓就职⑤。该协会会所暂设于福州东街福建省立图书馆。

福建图书馆协会"以研究图书馆学术，发展图书馆事业，与谋各图书馆之协助互益为宗旨"⑥。该协会不仅制定了《福建图书馆协会章程》，还制定了详细的《执行委员会办事细则》和《监察委员会办事细则》，使

①　福建图书馆协会已开始筹备[J].中华图书馆协会会报,1929,4(4):20－21.

②　闽北闽西各县图书馆消息[J].福建教育周刊,1929(32):27.

③　福建图书馆协会正式成立[J].图书馆学季刊,1929,3(3):470－471.

④　建瓯建阳南平图书馆馆长来省消息[J].福建教育周刊,1929(41):17.

⑤　福建图书馆协会之成立[J].福建教育周刊,1929(41):16.

⑥　福建图书馆协会正式成立[J].中华图书馆协会会报,1929,5(1/2):58－60.

执监两委行事有据可依。

1929 年,侯鸿鉴以"病骥"为名在《福建教育周刊》中提出福建图书馆协会的四项工作内容:①广征同志介绍入会;②各县设法推广图书馆;③介绍本会会员入中华图书馆协会;④预备提案于全国协会(中华图书馆协会),"既可以宣传吾闽对于图书馆之主张,又可以发表吾闽图书馆事业之成绩"①。

福建图书馆协会成立后除呈报福建省党部及教育厅立案,常务委员谢大祉还将该会章程、细则、会员表、委员履历等呈福建教育厅,请存转备案。《福建教育厅周刊》第 49 期刊载了教育厅厅长程时旌准予福建图书馆协会立案的批文②。

福建图书馆协会成立会后不久即行召开第一次执行委员会会议,通过要案五件:"1 呈请教育厅督促各县,在最短期间实现每县设立图书馆一处;2 协会刊物每三个月出一期;3 介绍名誉会员由本会具函敦聘;4 函致中华图书馆协会报告本会之经过;5 在福州市添举调查员一人等。"③随后,各项活动有序开展,福建图书馆协会还将相关表册等送至中华图书馆协会登记④。

但此后与其他众多图书馆协会一样,福建图书馆协会会务逐渐停滞。

1934 年 12 月 25 日,福建省图书馆协会相关工作人员趁福建省教育厅举行全省社教机关主任人员会议之际,召集其职员和会员在教育厅图书馆开会商讨重组福建图书馆协会事宜。会议推举王孝总任会议主持,姚大霖记录,议决事项两项:①推举厦门图书馆馆长余超、建瓯图书馆馆长谢源、福建省立图书馆馆长王孝总、福建省立图书馆主任姚大霖、乌山图书馆馆长萨士武 5 人为重组筹备员;②议定于 1935 年 1 月 28 日在西南路乌山图书馆开成立大会⑤。

1935 年 1 月 28 日,趁各县图书馆代表参加全省社教机关主任人员会议之际,福建图书馆协会重组筹备员于下午四时待社教会议闭幕之后在乌山图书馆开会员谈话会,到会者有省党部、教育厅、科学馆图书馆及

① 病骥.福建图书馆协会宣言[J].福建教育周刊,1929(41):1-2.

② 命令:福建教育厅批第□号(中华民国十八年十一月□日)原具人福建图书馆协会常务委员谢大祉呈一件送该会章程细则会员表委员履历表请存转备案由[J].福建教育周刊,1929(49):14.

③ 福州图书馆协会消息[J].福建教育周刊,1929(44):31-32.

④ 福建图书馆协会正式成立[J].图书馆学季刊,1929,3(3):470-471.

⑤ 福建图书馆协会集会讨论重组[J].厦门图书馆声,1935,3(1/2):10.

各学校图书馆等的代表 40 余人,会议决定修正《福建图书馆协会章程》,并重新办理会员登记,定期用通信方法改选职员,并推举姚大霖、余超、王孝总、谢源、萨士武 5 人为筹备员,负责办理相关事务。会后由筹备员通函各地会员,于 2 月 20 日以前填送登记表并缴纳会费,并定于 2 月 25 日举行选举会①但此后再无相关讯息。

22. 山东图书馆协会(1930 年 3 月 18 日)

桂质柏服务于齐鲁大学图书馆时曾参与 1924 年济南图书馆协会的发起和运行。1926 年初,桂质柏赴美国纽约哥伦比亚大学攻读硕士学位,济南图书馆协会会务遂无形停顿。

后济南图书馆界鉴于有继续组织图书馆协会的必要,1930 年 1 月 7 日、2 月 15 日,由齐鲁大学图书馆、民众教育馆及山东省立图书馆共同发起两次谈话会,召集济南各图书馆室、民教馆工作人员商讨成立山东图书馆协会事宜。最终由济南图书馆协会和山东各图书馆、民教馆等组成的山东图书馆协会于 3 月 18 日正式宣告成立②。成立大会在山东省立图书馆举行,到会会员 14 人,由王献唐主持会议并报告协会宗旨,讨论《山东图书馆协会简章》和《山东图书馆协会成立宣言》,简章和宣言经分别修正通过。会议还依据该简章第五条推定齐鲁大学图书馆、民众教育馆、省党部图书室、第二实验小学、第一师范学校、济南高级中学、第一乡村师范学校、第四实验小学、第五实验小学、民众教育学校和山东省立图书馆为执行委员,并推举山东省立图书馆、齐鲁大学图书馆、民众教育馆为常务委员,会址设在山东省立图书馆内③。

《山东图书馆协会简章》称其宗旨有三:①谋各图书馆间之协助互益;②研究图书馆学术;③促进全省图书馆事业。其办事范围有:讨论及研究图书馆的管理方法及各种规章制度;推行山东省图书馆间的图书互借及交换制度;指导各图书馆选择图书及促成图书馆与出版社关于购订图书的合作;调查山东省图书馆状况,以谋管理方法的改进;介绍图书馆人才就业;普及图书馆运动;从事其他关于图书馆及出版物的事业。《山东图书馆协会成立宣言》称:

> 欧美各国,胥有图书馆协会。近年以来,国内各省之组织协会者,亦有十数余起。山东在历史上为人文渊薮,对于文化之发展,学

---

① 闽图协谈话会[J].中华图书馆协会会报,1935,10(4):41.

② 山东图书馆协会成立经过[J].山东省立图书馆季刊,1931,1(1):81-83.

③ 山东图书馆协会成立[J].山东教育行政周报,1930(85):44.

术之推进,自不敢或落人后。前者齐鲁大学图书馆桂质柏先生,有鉴于此,曾有济南图书馆协会之组织;后以桂君离济,事遂中辍。同人等于服务之顷,深以吾国学术文字发展之方向,与欧美各国,情形特殊。其于图书馆学之原则原理,虽不无从同,而图书馆之编目庋藏,及一切管理方法,自难一一相仿。如何而能中外适合,斟酌尽善;事大任重,断非一手一足之烈,所能达到。嘤鸣求友,他山切磋,协会之组织,实不容缓。且如各图书馆间之利益交换,互助进行,不有组织,即无媒介沟通之场所;不有会合,即无知识交换之机会……(山东图书馆协会)草创之初,阙漏难免,目标既立,循序而前,敢以绵薄之所及,期为图书之芹献,大雅宏达,幸祈教之![1]

山东图书馆协会的成立虽有详细报道,但是截至目前却未见有开展活动的讯息。

23. 浙江第二学区图书馆协会(1930年5月)

1928年,南京国民政府施行大学区制后,作为浙江省教育行政管理机构的浙江大学将全省依照旧府属划分为11个省学区。浙江第二学区即浙江旧嘉兴府下属六县[2]。当时浙江省内各县市图书馆"规模狭小,成绩罕觏。其病固由于人才经济均感缺乏,而事业之不能相互联络,办法之不能共同研究,影响尤巨……"[3]。为此,1930年5月中旬,崇德县政府召集六县公立图书馆代表在嘉兴图书馆召开该学区教育行政人员联席会议,会议提出并当即成立了浙江第二学区图书馆协会。该协会成立时有机关会员8所:嘉兴、嘉善、海盐、崇德、平湖、桐乡各公立图书馆及浙江省立第二中学附属小学图书馆、嘉善县立中学图书馆。其成立宣言称:"惟吾国藏书事业虽已久远,而图书馆事业,则尚在萌芽,故管理人员、理论与技术,两俱缺乏,致进步困难,成绩不著,此非谋各图书馆之联络,共图改进不为功。"而"在此图书馆事业方在萌芽之时,欲求各县普遍设立协会,为事实所不可能",因此该协会是联合浙江第二学区六县而成立的,是当时国内地方性图书馆协会以学区组织之首创,为"全国之首轫"[4]。

浙江第二学区图书馆协会的工作内容有7项:①讨论及研究图书馆

① 山东图书馆协会成立经过[J].山东省立图书馆季刊,1931,1(1):81-83.

② 六县为嘉兴县、嘉善县、平湖县、桐乡县、海盐县、崇德县。

③ 浙江省政府一月份行政报告:浙江第二学区图书馆协会组织情形[J].浙江省政府行政报告,1931(1):22.

④ 浙江第二学区图书馆协会之成立[J].中华图书馆协会会报,1930,6(3):21-22.

的管理方法及各种制度并力求统一;②实行图书交换制度;③调查图书馆状况并谋求管理方法的改进;④轮流参观与研究;⑤发刊协会会报;⑥发刊本学区各图书馆总目录;⑦辅助其他关于图书馆事业的一切事项①。《浙江第二学区图书馆协会简章》规定全体会议每半年一次轮流在各县举行,执监委员会会议每三个月举行一次。

浙江第二学区图书馆协会因为只联合了浙江第二学区六县,结构紧密,联络便利,因此成立之后各项会务活动积极进行,颇有成效。该协会还曾提议将第二学区六县文庙余款充作图书馆基金,并就公有古物应送由图书馆保存陈列等事宜向浙江省政府提出请示,颇得嘉赏:"本省各教育机关缺乏联络机会,各自为政,驯致整个事业形成散漫失纪殊为可惜,兹第二学区有此集合团体共谋发展,各县市果能仿行集思广益,于社教前途良有裨益。"②

1931 年 4 月,浙江第二学区图书馆协会创办发行《浙江省第二学区图书馆协会季刊》③。虽名为"季刊",但第 2 期延搁至 1932 年 6 月才发行。编辑剖析其原因有三:一为撰稿人多为各图书馆工作人员,"应付日常事务,已觉忙碌,实无余暇以从事写作,征稿不易";二为"稿件既少,编辑部同人,学识有限亦少撰述,因以延搁";三为"各县印刷所,不能排印,须由外埠代印,往返校对,颇费手续……"④。这也是当时其他众多图书馆协会期刊未能按期发行的原因。该刊第三期名为《浙江第二学区各图书馆概况专号》,第四期改名为《浙江省第二学区图书馆协会会刊》,总共发行 4 期后停刊。

1931 年 6 月 8 日,浙江第二学区图书馆协会第三次全体大会在嘉兴县立图书馆举行,罗文梓主持会议,各股报告相应事宜。此次大会讨论通过《组织京沪路图书馆参观团案》《图书馆应联络推行各种民教事业案》⑤等 11 项议案。

---

① 浙江第二学区图书馆协会之成立[J].中华图书馆协会会报,1930,6(3):21–22.

② 浙江省政府一月份行政报告:浙江第二学区图书馆协会组织情形[J].浙江省政府行政报告,1931(1):22.

③ 民国时期浙江的学区图书馆协会在其发行的期刊、出版物以及当时的各类文件中有"浙江省第某学区图书馆协会""浙江省第某省学区图书馆协会"的叫法,本书统一称为"浙江第某学区图书馆协会",而当时的各类期刊、出版物及文件保留原称。

④ 晋三.编辑后记[J].浙江第二学区图书馆协会季刊.1932(2):16.

⑤ 浙江第二学区图书馆协会第三四届会员大会议决案[J].浙江第二学区图书馆协会季刊,1932(2):10–12.

同年 12 月 7 日,浙江第二学区图书馆协会召开第四次大会,方渊泉主持会议。此次会议是该协会召开的极为重要的一次会议,会议通过了不少重要且有前瞻性的议案,如《呈请教育厅令饬各师范学校一律加授图书馆学案》《各中心小学应于课外讲授图书馆利用法案》《本会每届常会应提出实际问题作为中心讨论题案》《各团体会员日常所用之簿籍表式应设法统一案》等。而且会议还议决通过了《呈请教育厅通令各学区社教辅导机关发起组织各学区协会促成全省图书馆协会》一案,会后呈请浙江省政府通令各学区社教辅导机关发起组织各区图书馆协会:

> 为建议呈请通令提倡事:窃属会自上年成立以来,各委员因集合讨论之机会,于图书馆办理上一切改良进行事宜,得力于集思广益者不少。因念本省各县市公私图书馆已成立者甚众,若使各学区内各自集合,组织协会,互相策勉进行,于各图书馆办理上获益必大。且各区既各有图书馆协会,即可促成全省图书馆协会,联合一致进行,以期社教事业充分发展。属会于第四届全体大会时一致主张上项建议,惟事关全省,为此恳请钧厅察核,准以通令各学区社教辅导机关发起组织各该区内图书馆协会,俾收共进互助之效。无任跂盼!①

教育厅据此发训令第二五一四号(1931 年 12 月 25 日),通令省立图书馆及第三至十一省区社教辅导机关、县立民众教育馆,要求各地方根据实际情形,并参照浙江第二学区图书馆协会简章设法组织学区图书馆协会,成立后报备教育厅等。教育厅在其公函中称:"经该学区协会努力促进全省图书馆事业,教育厅并拟通盘计划为有系统之组织,设法充实其内容,借以补助学校教育之不足,并增进民众智识程度提高社会文化。"②

1932 年 6 月 6 日,浙江第二学区图书馆协会在崇德县立民众教育馆举行第五次大会,以图书流通为中心议题,崇德民教馆图书部孙榆主持会议,以图书流通为中心问题,会中讨论通过议案多项,并选举执监委员,嘉兴图书馆、崇德民教馆图书部、海盐图书馆当选为执行委员,嘉善初中图书馆、嘉兴民教馆图书部当选为监察委员③。会中还讨论议题 12

---

① 通令各学区社教辅导机关发起组织各该区图书协会[J].浙江教育行政周刊,1931,3(18):3-4.

② 浙江省政府十二月份行政报告:第二学区图书馆协会建议案[J].1931(12):23.

③ 浙江省第二学区图书馆协会大会[J].中华图书馆协会会报,1932,7(6):36-37.

项,并定于当年 12 月在桐乡县立民众教育馆召开大会,并以"儿童阅览室布置问题"为中心议题①。

1934 年春,浙江第二学区图书馆协会组织职员和会员赴沪宁一带参观图书馆,以学习参考借鉴,参观报告发表于《浙江省第二学区图书馆协会季刊》②。

1934 年 5 月 13 日至 14 日,"为早日成立全省协会计"③,浙江第一、二学区图书馆协会在杭州举办联合会员大会。5 月 13 日,大会在浙江省立图书馆大礼堂举行开幕典礼,浙江省党部代表陆鲁一、教育厅秘书项定荣、省立图书馆馆长陈训慈及该馆职员、省民教馆图书馆、省党部图书馆、各学校图书馆、各市县立图书馆、各俱乐部图书馆代表共约 60 余人到会。陈训慈主持联合会并致辞称:"浙江之有图书馆协会,始于民国十三年之杭州图书馆协会。其事业初极发达,旋告停顿","而旧嘉属图书馆协会(即浙江第二学区图书馆协会)适于十九年成立。第一学区(旧杭属)图书馆协会,亦继于二十一年成立。两协会前此虽分别开会,但精神上时有联络,事业上之合作亦殊密切。此次之联合开会,实数年来结合之正式表现也。"后陆鲁一、项定荣致训词,省民众教育实验学校校长林本侨发表讲演。此次联合会还通过了议案 13 条,其中最为重要的议案为《设法敦促未成立区协会之各学区于本年度内迅予组织成立,以便省协会早日成立案》,该案议决通过,并提出三点具体执行办法:"(一)继续呈请教育厅通令各学区,限本年度内各区图书馆协会须组织成立;(二)由联合会名义,函请各学区社教辅导机关及各公立图书馆共同负责发起组织;(三)各学区组织时由省立图书馆派员指导。"该联合会在闭会时还发表闭会宣言,对于到会者提出三点殷切希望:"一曰谋(图书馆)事业之联络也;二曰促进全省图书馆协会之组织也;三曰求本省学术风气之复兴也。"④会后,两协会以联合会议的名义,除函请浙江省各学区社教辅导机关筹备学区图书馆协会外,还呈请教育厅重颁第二五一四号令,限期各学区成立图书馆协会。当时浙江第三、第六、第十等学区均着手筹备,"但各学区中有以山川阻隔交通未便,有以馆数无多联络不易之故"⑤,均未正式成立。

①　第二学区图书馆协会举行第五次大会[J].浙江省立图书馆月刊.1932,1(4):60-61.

②③⑤　雪昆.浙江省图书馆协会成立小史[J].浙江省图书馆协会会刊,1936(1):5-6.

④　浙两学区图书馆协会联合会[J].中华图书馆协会会报,1934,10(3):20-23.

同年 11 月 5 日,浙江第二学区图书馆协会在平湖县立第一民教馆召开第十次全体会议,到会者有嘉善、海盐、崇德、嘉兴、平湖各县立图书馆及民教馆代表。除报告会务并议决要案外,还推选执监委员,分配各执监委员职务等①。6 日,在嘉善县立图书馆举行执监会议,出席者有各县代表方渊、傅晋三、吴秉性等人,重要议决案有确定《浙江第二学区图书馆协会会刊》出版日期等②。

从 1930 年 5 月成立至 1934 年间,浙江第二学区图书馆协会陆续在所属各县图书馆、民教馆等召开十余次会议,通过重要议案多项,是当时地方图书馆协会中工作颇有成绩者。

1936 年 4 月 18 日,浙江第二学区图书馆协会在浙江省立图书馆举行大会,通过议案多件。19 日,又与浙江第一学区图书馆协会以及浙江各地图书馆界代表出席浙江图书馆协会成立大会。

浙江第二学区图书馆协会又有"旧嘉属图书馆协会""嘉区图书馆协会"之称。

24. 瑞安图书馆协会(1930 年 9 月 14 日)

1930 年 9 月 14 日,由李笠、洪彦亮、李翘、唐溥、张扬、周鸿文、陈谧、陈准、郑大任、曾约、胡经、王释、洪焕增、何选发起的瑞安图书馆协会在浙江省瑞安利济医院召开成立大会,筹备主任陈准主持此次大会并报告协会筹备经过情形。会议决议提案多件,公决通过《瑞安图书馆协会简章》与《瑞安图书馆协会成立宣言》,并当场选举出执行委员李笠、陈准、曾约、胡经、王释、洪焕增、唐溥 7 人,再从执行委员中选出李笠为瑞安图书馆协会正会长,胡经、王释为副会长,正、副会长组织常务委员办理日常事务。《瑞安图书馆协会缘起》称:

> 回顾我国从前公私图籍,高阁庋藏,以学术之公器供一二人之私秘者,不觉哑然自失矣,今虽渐以觉悟,图书馆之设立日繁,而事业在萌芽时期,苟非急起直追,则不足与先进各国抗衡;苟非善事扶植,又恐一蹶而不能进也。在正轨上谋图书馆事业之发展,其途有二,从事图书馆学之研究一也;联络图书馆界办事人员及研究人员之感情二也。前者所以求事业之改良,而免入歧路;后者所以求力量之雄厚与集中也。图书馆专科学校负第一途之使命,而不负第二途之使命;教育会及普通学术会社负第二途之使命,而不负第一途

---

① 浙江第二学区图书馆协会新讯[J]. 中华图书馆协会会报,1934,9(6):27 – 28.
② 浙嘉区图书馆协会开会[J]. 中华图书馆协会会报,1934,10(1):24 – 25.

之使命；图书馆协会则负第一途之一部分使命，而负第二途之完全使命者也。近数年来，国内图书馆界同人，有鉴于斯组织中华图书馆协会于北平，督促进行。其从事与学术方面者，有丛书之刊布，季刊之发行。其从事与情感方面者，有全国会员年会之盛况。惟事业发展之企图愈大，则提倡与指导之机关亦愈多而愈善；加以各地情形不同，求感情之周洽，与学术之普及，尤非就地设立分会不可为力。迩来沪杭诸处，既已后先成立规模宏阔之分会，足为国内矜式矣……不有研究与联络之机关，乌足以求发扬进展哉？同人等视地方之情形，体总会督促各省区设立分会之旨趣，组织瑞安图书馆协会，一方面从事图书馆学之研究，与图书馆之提倡；一方面设立图书部，对于新旧图籍，尽保管与征集之职责，以辅助本邑公私图书馆之不足。惟兹事体大，同人等力量绵薄，学识全剪陋。尚幸邦人君子加以精神或物质之助，俾得轻而易举，则地方文化前途有厚望焉。①

9月16日，瑞安图书馆协会召开第二次执委会议，下设事务部和图书部两个部门，并推定胡经为事务部主任，陈准为图书部主任，虽然分设两个部门，两执委分执两部，但两部门"互相勉励，共策进行"②。

瑞安图书馆协会发起成立后曾致函中华图书馆协会注册，并经瑞安县政府批准，因此曾得到该县政府补助经费。

1931年，瑞安图书馆协会依照《瑞安图书馆协会简章》的规定，选举新执行委员，先由执委会推定候选人，后由各会员公选，结果李笠、陈谧、王凝、胡经、曾约、陈准、张扬7人当选为第二届执行委员，执行委员中又互选出陈谧、胡经为常务委员。同年9月25日，新任执委与常务委员在该协会所在地（利济医院）就职③。

1933年，由于第二届执行委员会任期已满，应照章更选，因此瑞安图书馆协会召开会员大会，推定李笠、胡经、曾约、陈准、张宗顾、林庆云、孙芾士为本届执行委员，推定孙芾士为正会长，张宗顾为副会长，正副会长于9月4日到会就任，并宣读就职誓词。此次执委更选还致函中华图书馆协会备案④。

1937年，因前会长孙芾士故去，瑞安图书馆协会依照会章更选第六

---

①　瑞安图书馆协会成立[J].中华图书馆协会会报，1930，6（1）：38－39.

②　瑞安图书馆协会之职员[J].中华图书馆协会会报，1930，6（2）：24－25.

③　瑞安图书馆协会更选执委志闻[J].中华图书馆协会会报，1931，7（2）：19.

④　瑞安图书馆协会新职员[J].中华图书馆协会会报，1933，9（2）：39.

届执行委员。2月8日召开的会员大会选出李笠、李翘、陈谧、张宗顾、宋慈抱、陈准、林志甄7人为执行委员,执委会推定张宗顾和林志甄分别为正副会长。会议还拟定该年年度工作计划五项:"一、扩充藏书,以供公开阅览,将来成一模范之图书馆,分两项办法,发起征书及募金购置;二、聘请海内教育名人讲演图书馆学,如金陵大学刘衡如博士及张慕骞、俞颂明诸君,拟于暑期间举行;三、发印乡哲著述,借资表彰永嘉固有学术;四、举行藏书展览比赛,以鼓兴趣;五、拟办流动图书壁报,宣布图书消息,普及社会教育。"① 会后拟定的《瑞安图书馆协会征书启》刊载于《中华图书馆协会会报》。

25. 无锡图书馆协会(1930年11月)

民国时期受上海的辐射,无锡的商业、文化颇为繁盛。1913年(民国二年),无锡县立图书馆建成,1915年(民国四年)开馆,1917年(民国六年)设巡回文库。该馆曾于开馆当年编成馆藏书目,此后又陆续续编、补编数次,同时编印有《无锡县立图书馆乡贤部书目》《无锡县立图书馆善本书目》《无锡县立图书馆巡回文库书目》②等,对于地方文献的整理刊印也颇有成效。沈祖荣对于该馆工作颇为赞许:"(无锡县立图书馆)经侯君鸿鉴提倡,又有刘君书勋等热心办理,进步之速,一日千里,在我国图书馆中,成不多观,长此以往,不懈不怠,必更有起色。"③

关于无锡图书馆协会的成立时间,《中华图书馆协会会报》称其成立于1931年1月④,《无锡图书馆协会会报》⑤、《无锡县文史资料·第4辑》⑥和《无锡通史》⑦都写明无锡图书馆协会成立于1930年11月。本书以《无锡图书馆协会会报》所载时间为准。

1930年11月,无锡各公私立图书馆以及学校附设图书馆为互相联络往来切磋业务,在无锡县立图书馆召开无锡图书馆协会成立大会,出席成立大会者有:江苏民众教育学院徐旭,大公图书馆的荣培彦,国学专修学校的何葆恩,教育学院实验民众图书馆的姜和,无锡县立女子初中

① 瑞安图书馆协会发起征书[J].中华图书馆协会会报,1937,12(5):31-32.
② 政协无锡市梁溪区委员会.梁溪区文物古迹集[G].苏州:古吴轩出版社,2018:119.
③ 沈祖荣.民国十年之图书馆[J].新教育,1922,5(4):783-797.
④ 无锡图书馆协会成立[J].中华图书馆协会会报,1931,6(4):23-25.
⑤ 本会概况[J].无锡图书馆协会会报,1932(1):14-16.
⑥ 中国人民政治协商会议江苏省无锡县委员会文史资料研究委员会.无锡县文史资料:第4辑[G].无锡:无锡县文史资料委员会,1984:151.
⑦ 宗菊如,周解清.无锡通史[M].南京:江苏人民出版社,2003:428.

学校图书馆的袁锦韵、沈韵冰，泾滨图书馆的蒋英倩，无锡县立第一高小学校图书馆的高云鹤、邹邦俊，无锡县立第二高小学校图书馆的严钦允，天上市图书馆的陶衡常，无锡县立初中学校图书馆的张朴生，无锡县立图书馆的陈献可、范放等，无锡教育局的芮麟列席。此次大会原本为无锡图书馆协会筹备会，但因基本会员大多出席，为免除下次重新召集，遂将筹备会直接改为成立大会。大会由陈献可主持，范放记录。会议提出《无锡图书馆协会简章》，该简章经议决修正通过。会议还选举无锡县立图书馆、江苏省立民众教育学院图书馆、大公图书馆、无锡县立女子初中学校图书馆、无锡县立第一高小学校图书馆为执行委员，并议决下次大会于 1931 年 3 月在江苏省立民众教育学院举行。之后，执行委员会议决通过《无锡图书馆协会执行委员会办事细则》，并选出无锡县立第二高小学校图书馆和无锡县立初中学校图书馆两机构为候补执行委员，选出无锡县立女子初中学校图书馆负责事务股，教育学院实验民众图书馆负责研究股，无锡县立第一高小学校图书馆负责交际股。该协会成立后致函中华图书馆协会立案，并成为中华图书馆协会机关会员①。

《无锡图书馆协会成立》介绍该会成立缘由："无锡号称教育发达之县，学校而外，以言图书馆则合公立私立暨学校所附设不下十有余所，亦不可谓不盛。惟彼此之间，各自为政，少智识交换之机会，缺情感联络之组织，以故协助互益之效不克收获。同人有鉴于此，欲为无锡各图书馆扩一大范围，建一新纪元，爰拟组织地方图书馆协会，本集思广益之方，收相观而善之美。"②无锡图书馆协会以研究图书馆学术，促进图书馆事业，并谋各图书馆之协助互益为宗旨。

1931 年 5 月 3 日，无锡图书馆协会举行年会，出席会员中，机关会员有江苏省锡山高级中学、省立教育学院、省立实验小学、省立民众实验、无锡国学专修学校、私立大公图书馆、县立第一高等小学等各图书馆及县立图书馆等，个人会员有 16 人，教育局芮麟列席。此次大会由陈献可主持，范放做记录。会议首先由常务委员、研究股、交际股及会计报告半年内工作进展及经济概况。随后讨论议案多项，如《调查无锡作家及作品案》《征集无锡各馆书目编制图书总目案》《各图书馆交换复本杂志案》《各图书馆互借书籍案》《请中等学校于每年经费项下须照部令规定之最低限度为办理图书馆事业案》《请私立图书馆或私立藏书楼公开阅

①②　无锡图书馆协会成立[J].中华图书馆协会会报,1931,6(4):23－25.

览案》《由本会呈请教育部对于捐助图书馆书籍或经费者及私人创办之图书馆应予以褒奖案》《请县图书馆搜罗未付印之乡贤著作代为庋藏以便日后刊行案》《统一各图书馆分类案》《缴纳会费日期案》等。当日该协会还邀请广州国立中山大学庄泽宣博士演讲"阅读问题"。

1932 年 1 月，无锡图书馆协会于上海创办《无锡图书馆协会会报》，该会报共发行 4 期后于 1935 年 1 月停刊。

1932 年，无锡图书馆协会召开第二次年会，此次年会由陈献可主持，范放记录。陈献可首先报告该会"成立后之工作甚少，于各馆影响甚微，自后宜努力进行，点（定）不负设会之初衷"①，后由研究股和交际股分别报告进行事项，讨论事项 11 项，其中一项为修改会章，在原会章第三条会员项下，添加名誉会员一项，即规定凡于图书馆学术有所贡献或赞助者，由该会聘为名誉会员。另外原会章中的第七条改为第八条，新第七条改为选举项，规定凡该会会员皆有选举权及被选举权。会议还改选执行委员，陈然、徐旭、王绍曾、蒋侣、陆云鬷当选为执行委员，胡耐秋和邹邦俊当选为候补执行委员。此外，年会还通过了《无锡图书馆协会入会各馆互借书籍简章》7 条。

1933 年，无锡图书馆协会依据第二次年会所提《应否组织图书馆学术研究会案》以及第七次执行委员会的决议，计划组织图书馆学术研究会，以研究图书馆学术与事业及其他与图书馆学有关系的问题，但"再三思维，实无具体之妥善办法，若定期召集开会互相讨论，既无一定目标，于事实上亦多困难，且此种复杂之问题，亦决非口头所能申说"②，因此决定不成立图书馆学术研究会，而由研究股提出图书馆工作中的相关问题三则，请同人撰文加以研究讨论，再由研究股将研究结果汇合发表于下期会报。

1935 年 4 月 15 日，无锡图书馆协会第三次年会在无锡蠡园召开，出席机关会员有江苏省立教育学院、无锡县立图书馆、无锡师范学校等；个人会员有华晋吉、缪海岳等 15 人。此次年会由陈献可主持，王绍曾做记录，讨论通过重要议案 11 件：《经济不敷之图书馆可联合附近图书馆或合购书籍或交换书籍案》《建议全国协会呈请教育部通令各省市教育厅局各县教育局及各级学校成立图书馆，并派员考察各地图书馆事业之情形，促进其经费之独立及组织地方协会以资联络而谋发展案》《调查无锡

① 无锡图书馆协会第二次大会[J].中华图书馆协会会报,1933,8(4):26-27.

② 研究股重要启示[J].无锡图书馆协会会报,1933(3):44.

各图书馆之图书数量及各馆现状案》《建议本省省立图书馆组织暑期讲习所以灌输图书馆专门智识案》《各会员对于图书馆学术有专门研究及著作者可由本会代印作为本协会之丛书案》《建议本邑各学校筹设图书馆并请其加入协会案》《联合本县历史博物馆向本外埠各图书馆博物馆及各收藏家征集历史博物开文献展览会案》《本会联合社教机关联合会实施监狱教育案》《呈请县政府县教育局通令各区长及各乡中心小学校长筹募经费设立乡镇图书馆或阅书报处,以促进民众教育案》《向报馆接洽出版图书副刊以介绍书报并宣传图书馆事业案》《本会呈请教育局拨给当年补助经费案》。此次会议修改该协会简章第五条,将每年开大会两次改为每年开大会一次。会议依照会章改选执行委员,当选者为无锡县立图书馆、无锡国学专修学校图书馆、无锡积余高等学校图书馆、无锡师范学校图书馆、无锡教育学院图书馆五个机构,无锡匡村中学与无锡学术研究会图书馆当选候补执行委员。会议还议决下届开会地点在苏州省立图书馆。

1934 年,《无锡教育周刊》刊载了无锡社会教育团体,无锡图书馆协会位列其中,文章称该协会"由公私立图书馆暨学校附设图书馆联合组织而成"①,当时入会机关已有 18 所。时任执行委员 5 人,陈献可任会长,王绍曾负责研究股,莫仲夔负责交际股,蒋侣琴和陈岭梅负责事务股,候补执行委员为孙克明和陆云翥。会址设于崇安寺县立图书馆内。

1936 年 11 月 8 日,无锡图书馆协会在江苏省立教育学院图书馆召开第四次年会,会议由陈献可主持,王桐孙记录,通过议案共 7 件。其中一项为《请本会联合苏省各县图书馆协会呈请教育厅办理暑假图书馆学讲习会以训练服务人员案》,说明当时江苏省已有县级图书馆协会,但目前收集到的资料中未见有县级图书馆协会的报道和档案。此次会议还选出新执行委员和候补执行委员,已组织就绪的研究委员会由许国钧、陆云翥、廉建中、曹焕鳞、虞建青、孙萍初、张九如 7 人任研究委员②。

26. 安徽图书馆协会(1931 年 6 月 22 日)

"安徽之有图书馆,实以清光绪二十八年学务公所所主办之藏书楼

---

① 无锡社会教育团体[J].无锡教育周刊,1934(277/280):1.

② 无锡图书馆协会开会[J].中华图书馆协会会报,1936,12(3):32 – 33.

为嚆矢。"①后该藏书楼成为安徽省立图书馆的藏书基础。安徽省立图书馆先后经历吴传绮、胡翼谋两任馆长,但因"受安徽教育当局之忽视,加之馆长更迭频繁,事业一直未有大的发展"②。1930 年,安徽省教育厅督学陈东原出任馆长,该馆"遂得在全国图书馆中,崭然露其头角"③。

据《中华图书馆协会会报》所载,1931 年 6 月 22 日,安徽图书馆协会在安庆旧藩属安徽省立图书馆召开成立大会,到会者 54 人之多。会议公决通过《安徽图书馆协会会章》及《安徽图书馆协会成立宣言》。《安徽图书馆协会成立宣言》介绍其成立缘由:"文化无国界,图书馆亦无国界;文化不可以分割,图书馆亦不可以分割。互助协调,实为其今后发展之要素。故世界之图书馆界,有万国图书馆协会之组织;国内之图书馆界,有中华图书馆协会之组织;而各省市亦纷纷有其省市图书馆协会之组织矣。"④成立大会还明确了安徽图书馆协会成立的目的与宗旨在于:"研究图书馆学术,发展图书馆事业并谋图书馆之协助互益。"《安徽图书馆协会会章》规定其办事范围共有九项:"一、讨论及研究图书馆之管理方法及各种制度,并力求统一,以期彼此资用便利;二、实行图书之互借及交换制度,其规则另定之;三、各图书馆交换互置图书目录于馆内,俾能介绍阅览;四、发刊协会会报,除专著研究及登载各馆之状况、计划、统计报告等外,并披载各馆一切新添书籍,俾收广播宣传之效;五、宣传图书馆知识,鼓吹图书馆事业,以期图书馆教育同时并进;六、努力促进识字运动、民众教育及补习教育;七、扩充推进本省图书馆事业;八、发扬本省之学术文化;九、谋与国内外各图书馆协会之联络。"⑤

成立大会还选举出陈东原、刘华锦、刘会斌、叶宗高、杨翠华、苏琼、丁法三等 7 人为执行委员,赵介柏、赵筱梅为候补执行委员,杨起田、汪荫祖、胡延皋等 3 人为监察委员。会议议决通过了多起要案,如"建议安徽省教育厅通令各县规定社会教育经费务遵中央迭令,最低限度须在(整个教育经费中占比为)百分之十五至二十;建议教育厅通令整顿各县图书馆,其尚未设立图书馆者限期令其设立;建议教育厅关于县立图书馆负责人员应具有图书馆学识经验,并须呈请教育厅加委,方为合格;建议教育厅通令高级中学添设图书馆学选修功课"⑥。

① 安徽省立图书馆概况[J].厦门图书馆声,1936,4(1/3):16.
② 易向军.安徽省图书馆志[M].合肥:安徽美术出版社,2013:4.
③ 安徽省政府秘书处.一年来之安徽政治[M].安庆:安徽省政府秘书处,1933:194.
④⑤⑥ 安徽图书馆协会成立[J].中华图书馆协会会报,1931,6(6):24.

安徽图书馆协会成立后因执监委员分散各地,会务工作未能有效开展。因此,经执监委联合会议,决定于 1932 年 9 月 12 日在安庆安徽省立图书馆举行第二届年会,改选执监委员①。当日到会者有安徽省政府、安徽省党部、安徽省立图书馆、安徽省立第一民众教育馆、安徽大学及安徽省内各中学代表及个人会员共计 30 多人。经参会人员推选,陈东原为大会主席,吴景贤为记录员。陈东原首先报告安徽图书馆协会的成立历史,接着宣读第一届年会议决案,并叙述该协会的三种性质:"一为职业的结合,二为学术的结合,三为兴趣的结合。"②此后由安徽省政府代表许凝生、省党部代表邓朴如及会员多人相继演说。此次年会还议决 7 项议案:"一、追决第一届年会议决案,议决:从速执行;二、征求新会员案,议决:交执委会依照简章办理;三、呈请中华图书馆协会通令全国图书馆速组省协会案,议决:照案通过;四、编印《安徽图书馆协会概况案》,议决:通过;五、每年应请国内图书馆专家来皖演说案,议决:遇有机会,尽量聘请;六、第二届执监委员选出后,应于最短期间,速开执监联合会议,确定本会今后联络全省图书馆方案及其他进行事宜案,议决:通过;七、本会举行年会时,以在省会员三分之二以上人数出席为法定人数案,议决:通过。"③讨论完毕后,依照《安徽图书馆协会会章》改选执监委员,选出执行委员 7 人:陈东原、高正方、邓朴如、叶宗高、金步鳌、霍怀恕、赵介柏;监察委员 3 人:吴景贤、刘华锦、胡延皋;候补执行委员 3 人:赵筱梅、杨翠华、蒋元卿。

第二届年会结束后,安徽图书馆协会根据执行议决案第三案,当即致函中华图书馆协会,呈请函促各省组织图书馆协会:

　　　　呈为请予通知各省图书馆界:速行组织图书馆协会事,窃查我国图书馆事业,尚在萌芽时期,而图书馆学术之研究,图书馆人才之造就,尤刻不容缓。钧会声闻远播,领导有方,全国图书馆界莫不奉为迷途之明灯,事业之枢纽,稗益文化,实非浅鲜。惟我国幅员广大,警醒匪易,钧会独任其艰,容有难周之处。倘各省均能组织协会,则上承钧会之宏猷,下促属内的进展,通力合作,其收效或宏且速也。查各省图书馆界自钧会成立后,纷纷设立协会者固属甚多,而尚付缺无者亦复不少,因之砥砺无从,联络乏术,殊属遗憾。本会二届年会时曾决议呈请钧会通知各省图书馆界,凡尚未组织协会者

---

① 安徽图书馆协会开年会[J].中华图书馆协会会报,1932,8(1/2):50.

②③ 安徽图书馆协会第二届年会纪事[J].中华图书馆协会会报,1932,8(3):19－20.

从速成立,已成立者亦应加紧工作,积极联络,庶乎成效可见,发展可期也。所有(以)请予通知各省从速组织协会缘由,理合呈请钧会裁夺施行,实为公便。①

中华图书馆协会接函后当即发通函于各地方图书馆,"各省市地方应自行组织图书馆协会,以促进图书馆事业之发达……惟年来国难方殷,各团体多停止活动,其边远之地尚未成立协会者尚多……通函尚未成立协会之省市立图书馆从速组织……"②,并请已成立者从速将其发展状况汇报于中华图书馆协会。

安徽图书馆协会成立之初,各项工作积极进行,但之后会务工作无形停顿。

27. 金陵大学图书馆学会(1931年)

金陵大学自五四运动以后就有学生自治组织的设立,志同道合的同学为了"砥砺品德,研究学术,陶冶服务精神,练习自治能力而谋德智体群四育之发展"③发起组织了一些学生社团。1913年,美国图书馆学家克乃文出任金陵大学图书馆馆长,并在该校开设了图书馆学课程,"是中国最早的图书馆学教学活动"④。1927年,金陵大学添设图书馆学系。该系成立后,自编教材,并于当年开设16门课程。当时金陵大学已由中国人接办,加之时局较稳,学校各项工作步入正轨,给学术研究创造了良好的环境和氛围,因此以学术研究为主的学生社团在金陵大学内兴起。

1930年春,金陵大学文理科根据1929年国民政府颁布的《大学组织法》分为文、理两院,图书馆学系归属于文学院。金陵大学图书馆学系不仅汇集了一批学贯中西、博通古今的图书馆学家,如刘国钧、李小缘、洪有丰、万国鼎等著名图书馆学家都在此任教,还将现代西方图书馆学与中国的目录学相结合,在人才培养、课程设置、教材编撰和学术研究等各个方面都取得了丰硕成果。《中华图书馆协会会报》盛赞"金陵大学图书馆学系,在今日图书馆界中,颇占相当地位,在中国各大学中,除文华专科外,设立图书馆学系,可称仅见……当今中国图书馆界人材与学术,

① 呈请中华图书馆协会函促各省组织图书馆协会建议书[J].学风(安庆),1932,2(8):62.

② 函各省组织图书馆协会[J].中华图书馆协会会报,1932,8(3):15.

③ 私立金陵大学学生团体规则[G]//南京大学高教研究所校史编写组.金陵大学史料集.南京:南京大学出版社,1989:144.

④ 齐诚,马楠.外国传教士与中国近代图书馆事业[M]北京:光明日报出版社,2016:143.

两形贫乏之时,该校图书馆学系之贡献,实属重大"①。

据顾烨青考证,金陵大学图书馆学会成立于 1931 年,但具体成立日期不详。1931 年《中华图书馆协会会报》第 7 卷第 3 期刊载了金陵大学图书馆学会的消息,文称:"现该校又有添办图书馆专修科之新计划,将来发展,实未可量。该系同学有鉴于此,特于上学期,组织图书馆学会",选举彭耀南、钱存训、周德洪、毕慕康、高小夫 5 人为执行委员,并邀请刘国钧、李小缘、万国鼎、陈长伟、曹祖彬 5 位先生为学会顾问,并议决本学期工作内容:①征求会员;②出版刊物;③学术讲演;④参观各大图书馆;⑤建议学校当局扩充图书馆学系;⑥工作及实习;⑦会务进行等项②。

据《金陵大学校刊》刊载,1934 年 11 月 16 日,金陵大学图书馆学会在北大楼会客室召开正式的成立大会,会议选举出胡绍声负责该学会总务,余文豪负责研究工作,贾逢源负责学会日常事务。时任金陵大学图书馆馆长的刘国钧从我国图书馆人才的社会需求、图书馆学的内涵及意义以及该学会今后开展的事务工作等三个方面做了发言③。从《金陵大学校刊》用"正式的成立大会"一词,以及当年《金陵大学校刊》第 141 号中刊录的在校备案学生社团表中,并未有图书馆学会的名称④可以推测,1934 年 11 月 16 日前,金陵大学图书馆学会虽开展相关活动,但并未正式注册为该校学生社团。

该学会成立后开展活动较多,如举行学术演讲,在《图书馆学季刊》上开设专栏"讨论撮要",参观位于南京的中央党部、外交部、铁道部三机关图书馆等⑤。

1935 年初,金陵大学图书馆学会在召开的第一次大会中改选干事,由胡绍声任总务,余文豪任研究,张忠祥任干事。会议还决定本学期每半月举行学术演讲一次,《图书馆学季刊》上开设的"讨论撮要"仍继续编辑。此外,会议还议定将聘请该校图书馆馆长刘国钧为学会顾问,同时聘请图书馆中文编目部曹祖彬、西文编目部汪兆荣和周克英、流通部陈长伟为该学会的指导⑥。此后该学会多次邀请国内图书馆界知名学者开展学术演讲,如 1935 年 6 月邀请朱家治演讲"开架式图书馆之效率问

---

①② 图书馆学会消息[J].中华图书馆协会会报,1931,7(3):51.

③　图书馆学会成立[N].金陵大学校刊,1934 – 11 – 20(2).

④　在校备案学生社团表[N].金陵大学校刊,1937 – 04 – 12(1).

⑤　图书馆学会参观三机关图书馆[N].金陵大学校刊,1931 – 11 – 27(1).

⑥　图书馆学会聘请顾问及指导敦请名人演讲产生新干事[N].金陵大学校刊,1935 – 03 – 04(4).

题",朱家治围绕开架式图书馆的意义与原则,以及开架式图书馆的具体设施与利弊等方面进行了演讲①。由于开展工作颇为丰富,且注重实际问题的解决,该图书馆学会在金陵大学各社团中声誉极高:"图书馆学会乃本校各学会中最重实际主义之研究团体,成立时间虽不过久,但工作极为实际。如上学期曾举行多次学术演讲,并主编图书馆学季刊之时论撮要一栏,研究空气,极为浓厚。"②1939 年形成的《本季学生社团一览(二十八年春)》中仍有图书馆学会的名称③,说明此时该学会仍开展活动。

在 1943 年 4 月出版的《五年来之金陵大学文学院》一书记载:

> 图书馆学,本系训练专门技术人员之学科,除讲课外,并着重学生课外活动与实地习练,30 年秋即成立图书馆学会,除本科学生为当然会员外,图书馆职员及对图书馆学有兴趣者,均得参加。每次开会均请有专家讲演,听者莫不兴奋。该会又为求学理与实行打成一片,更倡集体工作,如成都市出版情形调查及本城图书馆考察,分别写作报告,此外会员又辑华西坝各图书馆所藏目录之目录,刻整理中。④

但自此以后,在目前收集到的各种报刊、档案中均未见金陵大学图书馆学会的讯息。

28. 天津市图书馆学会(1931 年)

据目前的资料,1930 年天津市立师范学校开设图书馆学讲习班,由南开大学图书馆主任陆华深任讲师,班内共有学员 16 人,大多为天津市各通俗图书馆工作人员⑤。该讲习班在当时"为津市唯一图书馆学之研究组织"⑥。同年 11 月 15 日,陆华深带领讲习班学员前往北平参观北平第一图书馆、国立清华大学图书馆等。

1931 年,天津市属各图书馆工作人员以及部分市立师范图书馆学讲

---

① 本学期末次学术演讲[N].金陵大学校刊,1935 – 06 – 19(4).

② 图书馆学会大会纪要:新干事产生双十节远足清凉山[N].金陵大学校刊,1935 – 10 – 07(3).

③ 本季学生社团一览[G]//南大百年实录编辑组.南大百年实录中卷:金陵大学史料选.南京:南京大学出版社,2002:217.

④ 金陵大学.五年来之金陵大学文学院[M].南京:金陵大学,1943:9.

⑤ 天津师范学校图书馆讲习班莅馆参观[J].图书馆,1930(增刊116):1.

⑥ 津师校图书馆讲习班至平参观[J].中华图书馆协会会报,1930,6(3):17.

习班的毕业生发起组织筹备天津市图书馆学会,推选出萧纲、崔文奎、杨传勋、林凤春、段复生5人任筹备委员,起草《天津市图书馆学会组织简章》,并将发起理由呈报天津市党部,请其派员指导组织。其呈文如下:

> 查凡百事业之发展贵有群策群力之合谋,教育文化之前进尤赖集思广益之鞭策。现代文明各国,社会团体林立,学术结社蜂涌,而其对社会国家之贡献且均百倍于政府,要皆职是之故。我国自五四运动以来,智识界亦猛感学术结社之需要,是故民八之后,学会文社潮起云涌,出版讲演风靡全国,今之史家皆认为中国之欧洲文艺复兴期,实亦颇多相类之点。但而时各种文化社团,非因时代变迁已烟消云散,即以目的不纯致体溃神失,于是近数年来,国内目标伟大、工作努力之学术文化社团,几有衰颓不振之感,论者率多叹为隐忧。兹幸革命过程变演已将终了,政府纲纪行见凛肃,全国破坏既告结束,建设自当开始,文化为立国之本,教育乃民族之母,今中央已宣布注重教育之政策,凡为国民傥能不奋然兴起,中求所贡献,同人等服务津市图书馆教育事业,向感大家联络进行之必要,近从图书馆学讲习班终课,尤觉同志设会研究之急需,爰于毕业师生共同聚餐之日,决定发起组织"天津市图书馆学会",以期追随全国各市是学同业之后。惟同人等既乏团体事业经验,尤缺现时结社常识,谨将发起理由具书说明如上,切盼贵党部迅即派员与以指导,俾便早日组织成立,不胜感荷之至。①

但由于资料缺乏,该学会成立与否尚未得知。

29. 浙江第一学区图书馆协会(1932年5月22日)

浙江第二学区图书馆成立后于各项图书馆事业积极进行,受此影响,浙江第一学区各图书馆"鉴于图书馆事业之进展有赖于互助与合作"②,于1932年5月筹备组织浙江第一学区图书馆协会。5月22日,成立大会暨第一次大会在外西湖浙江省立图书馆总馆举行,到会者有第一学区各公私图书馆及各机关、学校、民教馆图书部代表22人。浙江省教育厅科长张任天以个人名义参会。当日上午先开筹备会,由陈训慈为临时主持人致辞,后由刘澡报告浙江第一学区图书馆协会筹备经过,省图书馆代表致欢迎词,张任天、刘搏六、宓福云、陈独醒先后发表演说,随

---

①　天津图书馆学会之筹备[J].中华图书馆协会会报,1931,6(4):11-12.

②　浙第一学区图书馆协会成立[J].中华图书馆协会会报,1932,7(6):33-36.

后讨论修正了《浙江省第一学区图书馆协会简章》9 条。下午举行成立大会，仍推举陈训慈为主持人，李洁非做记录。会议选举出陈训慈、胡斗文、陈独醒、潘淦鎏、宓福云为执行委员，刘澡、童暄樵、唐缉齐为监察委员，《浙江省第一学区图书馆协会成立宣言》与《浙江省第一学区图书馆协会简章》当众宣读通过。至此，浙江第一学区图书馆协会正式成立。《浙江省第一学区图书馆协会成立宣言》称："自中华图书馆协会成立，于今七年，各省图书馆团体亦颇多组织"[①]，可见该协会的成立与中华图书馆协会七年来的引导与影响不无关系。此外宣言还称该会主要的努力方向有三："一曰互策业务之改善，以增阅览之效率；二曰从事学术之研究，以尽服务之效能；三曰尽力提倡读书，以期实现学术救国之效。"[②]另外宣言还提出了创设浙江图书馆协会的期望："异时如薄有成就，更得本省各地方之赞同，容当进谋全省之联络。"[③]

该协会确定其宗旨为"谋本学区各图书馆之联络与互相助及事业上之发达与改进"，因此拟开展的主要活动有：①研究图书馆之管理及设施方法；②商榷图书之征集与交换；③调查各地图书馆状况及新旧刊物；④轮流参观；⑤发行刊物；⑥辅助其他关于本学区图书馆事业之一切事项。在组织方面，该协会设执行委员 5 人、监察委员 3 人。执行委员分常务、调查、研究等职务，由各执行委员互推担任，必要时可设立各种特务委员。

1932 年 11 月 12 日，浙江第一学区图书馆协会在之江大学举行第二次大会，陈训慈对该会提出三点希望：希望由该会引导图书馆员树立使命感；希望由该会引发社会各界对图书馆的重视；希望该会的联络合作促进图书馆员的发奋与社会各界的扶翼。此次会议议决通过的《执监委员会细则》规定该协会的会员图书馆间可以通过公函互相借书，以增进各图书馆间之效率及合作精神[④]。

1933 年 6 月 18 日，第三次大会在鼓楼私立浙江流通图书馆举行，讨论中心为"学校图书馆改进问题"，出席者 50 余人，"……前来人数虽不多，但集各种图书馆人员于一堂，实不易得，亦开历次大会，未有之盛"[⑤]。会议通过了《浙江省立第一学区图书馆协会执监会细则》并修改章程。

①②③　浙第一学区图书馆协会成立[J].中华图书馆协会会报,1932,7(6):33-36.

④　浙江省第一学区图书馆协会第二次大会纪[J].浙江省立图书馆月刊,1932,1(9):93-105.

⑤　浙江第一学区图书馆协会开会纪盛[J].中华图书馆协会会报,1933,8(6):26-27.

1933 年 8 月,浙江第一学区图书馆协会在海宁举行"图书馆簿籍表卡展览会"①,最终形成了《图书馆簿籍表卡审查报告》,报告确定浙江省一般图书馆适用的"图书馆应用表卡"19 种②,供省内各馆采用。

1933 年 10 月 8 日至 9 日,浙江第一学区图书馆协会在海宁县民教馆举行第四次大会,为了"有切实之商榷"③,特以"民教馆图书部改进问题"为议题中心,特请中央政治学校图书馆主任洪范五和浙江大学图书馆主任沈学植讲演图书馆问题。此次大会还举行图书馆簿籍表卡展览。此次大会通过提案多项,如《各民教馆应组织读书会案》《请规定民教馆图书费比率案》《供给民众图书馆适用之簿籍表卡格式案》《吸引民校毕业生阅览及利用图书馆训练文盲阅览案》等。除有关民教馆图书部问题以外,还通过《建议教育厅准各学校酌征图书费以资扩充案》。会后,该协会出版《浙江省第一学区图书馆协会第四次大会纪》。

1934 年 5 月 13、14 日,浙江第一学区图书馆协会与第二学区图书馆协会在浙江省立图书馆大礼堂举行联合会员大会,在本书"浙江第二学区图书馆协会"部分有详细记述。5 月 13 日,浙江第一学区图书馆协会趁与第二学区图书馆协会联合举行大会之便利,改选职员。最终陈豪楚、潘淦鎏、省立图书馆、省立民教馆图书馆、杭县县立图书馆当选为执行委员,王勤垍与私立浙江流通图书馆为候补执行委员;省党部图书馆、杭州高中图书馆、教育厅图书馆当选为监察委员;张寅仲、罗锦澄为候补监察委员④。

浙江第一学区图书馆协会于 1934 年 4 月开始编印《浙江第一学区图书馆协会会刊》,该刊预设为不定期刊,但只发行了 1 期。创刊号中刊有《浙江第一学区图书馆协会小史》和《杭县各图书馆联合会之经过与现在》等文章。

从成立到 1934 年 10 月,浙江第一学区图书馆协会在学区各图书馆、民教馆等地共举行执监委员会联席会议十一次⑤,报告会务进行情况,议决相应议案并提出具体的实施办法,征求会员,积极努力进行各项活动。

---

① 雪昆. 浙江省图书馆协会成立小史[J]. 浙江省图书馆协会会刊,1936(1):5 - 6.
② 浙江第一学区图书馆协会审定图书馆应用表卡[J]. 浙江第一学区图书馆协会会刊,1934(1):23 - 34.
③ 第四次图书馆协会[J]. 浙江民众教育,1933,2(1):39.
④ 浙一学区图书馆协会新职员[J]. 中华图书馆协会会报,1934,9(6):23.
⑤ 浙第一学区图书馆协会执监会议[J]. 中华图书馆协会会报,1934,9(5):28.

1935 年 4 月 28 日,浙江第一学区图书馆协会第六次大会在临安玲珑山举行。出席会员有省立图书馆与教育厅代表陈训慈、省立图书馆代表陈豪楚、省党部图书馆与省党部代表孙铭等 20 余人。此次大会以"图书之庋藏与整理"①为中心议题,会后许振东将讨论意见汇总撰写成《图书之典藏》一书,该书由浙江省立图书馆出版。此次大会还通过了将执行委员会改称"理事会"并定员 9 人的议案,同时《浙江第一学区图书馆协会简章》中的相应文字交理事会修正通过。此外,浙江省立图书馆、省立民众教育馆、中央航空学校图书馆连署提出的《本会应联络本省图书馆界发起组织全省图书馆协会》一案,当场一致通过。会议议决由浙江第一学区图书馆协会联合该省其他图书馆协会、省立图书馆及各学区主要图书馆发起组织浙江图书馆协会,并拟定由理事会负责办理②。

同年 6 月,为执行大会议决案,浙江第一学区图书馆协会分函全省各主要图书馆征求意见,复函赞同并愿列名发起者有:公立图书馆有省立图书馆、籀园图书馆及杭县、嘉兴、嘉善等数十所县立图书馆;民众教育馆有省立民众教育馆及嘉兴、吴兴、绍兴等县立民众教育馆;学校图书馆有中央航空学校、之江文理学院、省立高级中学等图书馆;机关图书馆有建设厅、省党部等图书馆;图书馆协会有浙江第二学区图书馆协会、瑞安图书馆协会等。

1935 年 6 月 8 日,浙江第一学区图书馆协会理事会在杭州建设厅图书馆举行当年第一次会议,出席者有陈豪楚、潘淦鎏、孙铭、陈训慈等。会议由陈训慈主持,许振东记录。除报告会务工作外,此次会议还议决修正《浙江省第一学区图书馆协会简章》,并通过了《浙江省第一学区图书馆协会理事会细则(1935 年 6 月订)》,该细则规定设理事 9 人,候补理事 3 人,其中推选主任理事 1 人为主席,其余 8 人分别负责总务、调查、研究、编辑等各事项③。会议还对各个理事的具体职务进行分配:陈训慈为主任理事,胡承枢、孙铭任总务,潘淦鎏、朱国英任研究,陈豪楚、潘树藩任编辑,洪庚生、徐祖同任调查。会议还通过了《浙江第一学区图书馆协会杂志交换部暂行办法》。此外,此次会议还通过了《组织全省图书馆协会如何进行案》,预定于 1936 年 4 月趁部分代表参加浙江省辅导会议之便举行浙江图书馆协会成立大会,并推定全省图书馆协会发起方

---

① 陈训慈.弁言[C]//许振东.图书之典藏[M].杭州:浙江省立图书馆,1935:2.
② 浙一区图协大会[J].中华图书馆协会会报,1935,10(5):37-39.
③ 浙一学区图协理事会[J].中华图书馆协会会报,1935,10(6):26-27.

5 类：①协会：第一、二学区图书馆协会、瑞安图书馆协会及杭县图书馆联合会；②公共图书馆：浙江省立图书馆及各县市图书馆；③民教馆图书馆：浙江省立民教馆及代用机关民教馆；④学校图书馆：浙江大学、浙江艺术专科学校、浙江航空学校、浙江高级中学；⑤机关图书馆：建设厅、省党部、教育厅。由浙江第一学区图书馆协会去函征求同意。

同年 7 月，由浙江第一学区图书馆协会呈教育厅的《本会杂志交换部暂行办法》得到时任教育厅厅长许绍棣的批复，称该办法"大致尚无不合，准予备案，仰即知照"①。

1936 年 4 月 18 日，浙江第一、二学区图书馆协会在浙江省立图书馆分别举行大会，通过议案多件。19 日，两会职员会员又出席浙江图书馆协会成立大会②。

30. 江西省会图书馆协会（1932 年 11 月 14 日）

1929 年，中华图书馆协会第一次年会召开之际，江西省图书馆界颇为关注，时任江西省立图书馆主任的欧阳祖经代表该馆参会，并特向江西省政府请假并请予旅费补助。会中，欧阳祖经提交了《规定全国图书馆系统及应如何联络案》（未议），希望由中华图书馆协会规定中国图书馆系统，使国立、省立、市立、县立各图书馆成一系统，各图书馆互相联络，观摩研究并改进③。会后，欧阳祖经撰写《参与中华图书馆协会第一次年会报告》，详述此次年会召开过程，将中华图书馆协会的盛况传递到江西图书馆界。之后欧阳祖经因与主管厅长意见相左，被罢免了江西省立图书馆主任的职务④，由杨立诚接手该馆。

杨立诚任江西省立图书馆馆长后，积极推动各项业务，也秉承了欧阳祖经关于成立江西省会图书馆协会的理念。江西省会图书馆协会于1932 年 11 月 14 日在南昌市教育会开成立大会，到会者有党务整理委员会代表俞百庆、省政府代表徐庆誉以及各团体代表及新闻记者联合会代表等暨会员共百余人。大会由杨立诚主持并报告开会宗旨，筹备委员蔡全篪报告筹备经过，随后来宾徐庆誉、俞百庆、萧叔炯等相继致辞。会议讨论通过了《江西省会图书馆协会简章》，确定该会"以研究图书馆学

---

①　浙江省教育厅指令：教字第六二四七号（二十四年七月十七日）[J].浙江省政府公报，1935（2396）：15.

②　浙江第一二学区图书馆协会举行大会[J].图书展望，1936，1（7）：80.

③　规定全国图书馆系统及应如何联络案[R]//中华图书馆协会执行委员会.中华图书馆协会第一次年会报告.北平：中华图书馆协会事务所，1929：231.

④　江西省立图书馆之近况[J].中华图书馆协会会报，1931，7（3）：54－55.

术,发展图书馆事业,并谋各图书馆之联络与互助为宗旨"①。该会设执行委员7人,互推3人为常务委员,其余4人分任总务、推广、研究、编辑等职务;设监察委员5人,由大会选举提出。会址暂设江西省立图书馆。之后投票选举执监委员,结果杨立诚、蔡全簏、龙庆忠、傅仁世、陈长明、陈瑞斋、汪以正7人当选为执行委员,李少干、帅道琼、王修甲3人为候补执行委员,刘郁文、李家腾、杨昭悊、王习澄、陈作琛5人当选为监察委员,尹炎农、吴子方等为候补监察委员。

成立大会中杨立诚还宣读了《江西省会图书馆协会成立宣言》,宣言称:"民国十四年并成立中华图书馆协会,以为推进事业之枢纽;十八年在南京开全国图书馆代表大会,嗣后有上海、浙江、安徽等各省市图书馆协会,先后继起,精神团结,固已各有相当成绩,贡献社会矣……同人等为互通声气,发展事业计,于是组织省会图书馆协会,集合公众之精神,团结公众之力量,以发挥图书馆之使命,并以极便利之方法,积极推广于各县市乡村以读书识字为号召,而减少国内之文盲,以救济失学为要图,而激励青年之志气,以专门研究为至善而造就真实之人才,必如此方见图书馆教育之伟大,是则同人所负之责任,而所以共勉努力者也。然而闭门造车未易合辙,集思广益更赖群贤,同人自维识谫力绵所望于当世君子,幸惠临而督教之。"②由此可见,江西省会图书馆协会的成立不仅受中华图书馆协会的引导与影响,也受到各地图书馆协会相继成立的激励。但此后再无该会开展会务的讯息。

31. 杭县图书馆联合会(1933年9月10日)

浙江省立图书馆发起组织浙江第一、第二学区图书馆协会之际,杭县各图书馆几乎全体加入。当时浙江省教育厅颁发的《修正浙江省县市图书馆暂行规程》第七条规定:"县市立图书馆,除直接办理图书馆业务外,并负辅导全县市境内图书馆及其他图书馆事业之责。③"杭县县立图书馆由此开始辅导全县内图书馆业务,并于1933年9月10日发起组织杭县图书馆联合会,"冀为辅导全县各图书馆之中心力量"④。加入该联合会的团体除县立各图书馆及民教馆图书部外,还有区图书馆及私立图书馆四所。该会于成立大会兼开首次会议,会议提出议案十余件,每件

---

① 本市成立图书馆协会[J].江西教育行政旬刊,1932,3(9):4-5.
② 江西图书馆协会开成立大会[J].中华图书馆协会会报,1932,8(3):20-21.
③ 修正浙江省县市图书馆暂行规程[J].浙江省政府公报,1932(1483):2-5.
④ 杭州图书馆联合会现状[J].中华图书馆协会会报,1934,10(1):28.

议案都经长时间的讨论,通过的议案均有详细的推行办法,《拟编科学图书书目案》《组织民众及塾师读书会案》①等较有现实意义,通过的议案均有详细的推行办法。同年 12 月 27 日,第二次会议召开,通过了《小学高级生时事测验》的议案,并派专人负责办理。1934 年 3 月 4 日,该联合会在花园岗小学举行第三次会议,此次会议拟商讨两项事宜:"一、扩大学校图书馆之数量,拟具办法请教育当局限令四级以上之小学,必须成立儿童图书馆并加入本会;二、统一民众读物范围,将先从草拟科学图书书目着手,依次汇订社会科学史及文学等类书目,以应全县各图书馆标准书目之需求。"②统一民众读物范围"其意不仅在清除腐旧之封建的民间文献,而渐谋积极的扩张民众知识之领域,以树立正常的合乎新时代潮流的民众学术之基础……"③。

32. 四川图书馆协会(1934 年 3 月 13 日)

《新编四川概览》记载,"民国九年(1920 年)四川大学图书馆、基督教成都青年会图书馆、成都市立图书馆、学友互助社第一图书馆联合发出'四川省图书馆协会筹备会启事'"④。《四川省志·文化艺术志》⑤中的记载更将日期具体到 1920 年 7 月 25 日。但由于两书均未提供资料来源,有关当时四川省图书馆协会的具体情况尚无法查考。

1925 年中华图书馆协会成立后,接到安徽图书馆协会来函称当时地方图书馆协会"尚付缺无者亦复不少,因之砥砺无从,联络乏术,殊属遗憾",因此呈请中华图书馆协会通知各省图书馆界,"凡尚未组织协会者从速成立,已成立者亦应加紧工作,积极联络,庶乎成效可见,发展可期也"⑥。中华图书馆协会复函"贵会呈请通知各省图书馆界速行组织图书馆协会等情,业经提交在平执行委员会议,咸认为事属可行,当即决定通知各省图书馆从速成立协会……"⑦并函促各省组织成立图书馆协会。

1932 年 6 月底,重庆青年会图书馆主任蒋扶摇致函中华图书馆协会称:"现在青年图书馆已以余力办一图书馆学讲习会。六月底结束时,在青年会办图书馆工程展览会,同日成立四川图书馆协会筹备会。川中较

①③　洪鋆.杭县图书馆联合会之经过与现在[J].浙江第一学区图书馆协会会刊,1934(1):22.

②　杭州图书馆联合会现状[J].中华图书馆协会会报,1934,10(1):28.

④　王治国.新编四川概览[M].成都:四川科学技术出版社,1999:342.

⑤　四川省地方志编纂委员会.四川省志:文化艺术志[M].成都:四川人民出版社,2000:565.

⑥　呈请中华图书馆协会函促各省组织图书馆协会建议书[J].学风(安庆),1932,2(8):62.

⑦　中华图书馆协会据本会呈请通知各省速筹图书馆协会[J].学风(安庆),1932,2(9):83.

为重要之公共与学校图书馆均加入。初步工作,除每周集同志研究外,并分配经验较富之同志赴各图书馆认真指导并拟于秋季举行图书馆运动周。"①后来重庆方面成立四川图书馆协会一事再无下文,原因未可而知。

同年7月,成都市立图书馆及学友互助社第一图书馆"鉴于吾川图书馆事业,过于落后,兼以图书馆界向无团结之组织",特会同青年会图书馆、四川大学图书馆,组织发起四川图书馆协会,并发出宣言,征求各地图书馆参加②。

8月,中华图书馆协会"鉴于川省图书馆事业之进行,有一日千里之势"③,"四川近年颇注意于建设,凡道路市街公园图书馆多有可观者,借此调查知其优劣之处何在,可以借镜,或补助也"④,因此特派中华图书馆协会监察委员暨武昌文华大学图书馆教授毛坤来四川考察图书馆事业。毛坤于8月23日经调查万县、重庆、泸州、叙府、自流井、资州、资阳、简州等重要城市图书馆后抵达成都,毛坤此行目的除了调查以外还在于"使本省各图书馆及各图书馆馆员与协会(中华图书馆协会)间各发生密切之关系"并使"协会(中华图书馆协会)将随时尽量辅助各图书馆事业之发展"⑤。毛坤在《调查四川图书馆报告》中重点提出四川图书馆协会之组织问题:"余此次调查,协会(中华图书馆协会)特以促成各地之图书馆协会为嘱,故随在视察之时,遇见其馆长或馆员,均极力为之解说,希望共同努力组织发起图书馆协会。而成都市立图书馆、青年会图书馆、四川大学图书馆及学友互助社图书馆等四馆,早已感觉组织协会之必要,业已登报通告,发起组织四川图书馆协会矣。会员当以学校为多,惜在暑假中,须候九月开学后,方能陆续登记,余未能观其成也。"⑥"重庆图书馆协会,经蒋君(蒋扶摇)等发起,亦正在进行组织之中。惟学校会员居多,甫经开学,事务纷繁,至迟须到冬间方可望成功也。"毛坤在该文结尾还称:"关于组织协会,现宜努力促成各重要城市之图书馆协会,成都者曰成都图书馆协会,重庆者曰重庆图书馆协会,一时尚难组织协会者之城市,可加入就近城市之图书馆协会。最初不必即成立四川全省图书馆协会,深恐成效未著,而纠纷先起也。"⑦由毛坤所言

---

①　蜀中图书馆运动[J].中华图书馆协会会报,1932,7(6):37.

②　四川图书馆协会欢迎各地图书馆参加[N].新新新闻,1932-07-03(9).

③⑤　中华图书馆协会派员来川调查日昨抵省[N].新新新闻,1932-08-24(9).

④⑥⑦　毛坤.调查四川省图书馆报告[J].中华图书馆协会会报,1932,8(3):1-6.

可以看出,重庆、成都方面都有成立"四川省图书馆协会"的意向,但似乎又有"纠纷"。此后直至 1934 年再无组织四川图书馆协会之消息。

1934 年 2 月 27 日,四川省中山图书馆馆长陈福鸿邀请成都市图书馆、华西大学图书馆、中城图书馆等在少城将军街中山图书馆开筹备会,共同组织发起成都图书馆联合会,以"互相团结,以健全组织,而普益民众",四川图书馆、市立通俗图书馆、中城图书馆等均派员参加①。

1934 年 3 月 4 日,筹备人员再次在成都少城公园成都市立图书馆召集省内大中小学图书馆负责人等开筹备会议,会议成立筹备委员会,选定筹备负责人为金豹庐等。当月 13 日,中华图书馆协会四川分会成立大会在成都市立图书馆召开,市立图书馆代表曾孝谷、中山图书馆代表张幼全、青年会图书馆代表艾俊之、华西大学图书馆代表邓光禄、成都国益图书馆代表李古香,以及四川大学图书馆、国民党川西北防区二十九军特别党部、警备部及省内各学校图书馆与各报社代表 30 余人参加成立大会。开会伊始,首先由陈范畴主持并报告成都市立图书馆接中华图书馆协会命令组织中华图书馆协会四川分会的经过情形,陈铁堪做记录。成立大会议决将该会定名为"中华全国图书馆协会四川分会",会址暂设成都市立图书馆;推选金豹庐任该会正会长,曾孝谷、陈福洪任副会长,推选金豹庐、李大庸、张余素、叶有书、陈福洪、勾靖亚、刘毅文、陈铁堪、向敦厚 9 人为执行委员,推选邓光禄、张幼荃、欧阳辑光 3 人为监察委员。该会设经济、文书、宣传、交际、组织五股(部),会议公推成都市立图书馆负责经济股工作,苟靖原、梁器藏负责组织股工作,新新新闻报馆与国民日报社、正确社、欧阳辑光负责宣传股工作,邓光禄、黄尚余负责交际股工作②。

成立大会还通过了《中华图书馆协会四川分会成立宣言》,宣言称:"一国之文明视乎一国人民读书与识字之多寡为断,一国人民读书与识字之多寡,视乎一国之图书馆设备若何为断……直至今日,交通大开,国于世界,各以文化相见,而我国自首都以至各省都会,未尝有一伟大完善之图书馆与博物院与画院者,此其为国家之奇耻大辱……","然能使多一人提倡,助一分文化,尽一分责任,有一分利益。此中华图书馆协会与四川分会之所由起也。盖中华图书馆协会,应安徽图书馆协会之请求,请予通知各省图书馆,速行须知图书馆协会,而尤厚望于吾蜀也。吾蜀

---

① 本市图书馆组织联合会昨召开筹备会[N].新新新闻,1934－03－01(9).

② 四川图书馆协会成立[J].中华图书馆协会会报,1934,9(5):31－32.

虽僻处偏隅,而文化向来不后于人……今者四川图书馆同志诸人,联合各学校同志,组织斯会成立,以期促进吾川文化,意至善也。协者合也,有通力合作之意。书曰:协和万邦。口为传播文明之利器,启智利群,裨益实大,由各省联合后,渐推及于各县。由各县联合后,渐推及于全省。由全省联合后,渐推及于各省。由各省逐渐推于全国。进而渐推及于全世界图书馆,不分国界。图书馆即世界学,必与世界图书馆联合,始达协会之目的也。"①

1934 年 3 月 22 日,该会以"中华图书馆协会四川分会"名义在成都市立图书馆举行各执监委员就职仪式。届时,善后督署、建设厅、民政厅、公安局、警备部、通志局、高等法院、人民团体指导委员会、商务印书馆青年会的各方代表 60 余人以及该会全体会员共百余人到会,李大庸主持并报告该会成立意义及此后应努力的方向,各执监委员宣誓就职,向仙侨监誓训词,誓词大意为该会成立后应努力做的三项工作:一为充实各图书馆藏书量;二为辅助各中小学校图书馆发展;三为应向读者做介绍馆藏图书并开展阅读指导工作②。

4 月 6 日,该会召开全体执监委员谈话会,会议主持人金豹庐除报告征求会员事宜外,还声明当届执监委员为临时人员,待新会员加入后将公开选举正式执监委员,"以期推动会务,整理全川图书事业"③。为了广泛吸纳会员,该协会还致函中华图书馆协会代为征求会员,效果明显,入会者踊跃。为办事方便,该会将办事处移至少城公园事务所④,并决定召开新会员欢迎会并公选正式执监委员。

4 月 22 日,该会在大光明影院召开欢迎新会员大会,并改选正式的执监委员,新旧会员共 400 余人到场,除主席致辞、会员演说外,四川"五老七贤"中的方鹤斋亦到会演说⑤。

该会成立之初定名为"中华图书馆协会四川分会",但因与中华图书馆协会组织不符,中华图书馆协会特发快函请其按照各地方图书馆协会之例改名为"四川图书馆协会",以归一致。

1936 年 5 月,华西大学图书馆邓光禄等为"联络各图书馆人员,推进

---

① 四川图书馆协会成立[J].中华图书馆协会会报,1934,9(5):31 - 32.

② 图书馆协会川分会各委昨日就职到各机关法团代表数十人向仙侨监督[N].新新新闻,1934 - 03 - 23(9).

③ 图书馆协会昨召谈话会再聘干事襄助[N].新新新闻,1934 - 04 - 07(9).

④ 图书馆协会选正式职员[N].新新新闻,1934 - 04 - 10(10).

⑤ 图书馆协会改选执监委方鹤齐到会演说[N].新新新闻(特刊),1934 - 04 - 23(9).

图书事业起见",拟发起组织四川图书馆协会,各项筹备工作积极进行,并拟定会址在少城公园侧成都市立图书馆①。前述四川图书馆协会已于1934年成立,而两年之后又有组织四川图书馆协会的倡议,由此可见,该协会会务停滞已久。

1937年6月,成都本地报纸《新新新闻》载文:"此间中华图书馆协会四川分会,民国二十二年(应为民国二十三年)成立,颇极一时之盛,中国时局关系,以致工作停顿,现时局安平,工作亟应恢复"②。当月27日,成都图书馆界相关人士在春熙路青年会召开四川图书馆协会改选筹备会,并征求会员,曾孝谷、杨夕荃以及该会执监委员会委员陈子犹等40余人到会。会议公推李大庸为会议临时主席,王泽安做记录。李大庸首先报告四川图书馆协会成立经过与今后计划,并提出征求会员,得到与会人员一致赞成。最终公推陈子犹为四川图书馆协会筹备主任,张幼荃、邹克宜为副主任;向敦厚为交际股主任;陈子成为总务股主任,涂季广、张翰屏为副主任;张余辛为文书股主任,王泽安为副主任;胡翰之为宣传股主任,陈范畴为宣传股副主任。然而十天以后"七七事变"爆发,日本开始全面侵华,中国进入全民族抗战的阶段,四川图书馆协会的筹备工作也未能继续。

33. 南宁图书馆协会(1935年)

1935年,徐旭在其《民众图书馆学》一书中列举当时各地"已成立图书馆协会者"18个,其中南宁图书馆协会赫然在目,但不像其他图书馆协会列出其成立年月,而是注明"在筹备中"③。但南宁图书馆协会此后再未见诸报端。

事实上南宁的图书馆事业由来已久。早在1890年,设立于蔚南书院内的南宁图书局就建立了一座藏书楼,该藏书楼的书籍虽不外借,但可以公开阅览④,已经具有了公共图书馆的影子。1916年,南宁省立第一中学图书馆成立;1924年南宁图书馆筹设(筹备初期称为"兴化图书馆"),1934年正式成立,书籍可公开阅览。彼时,省内还有省立普通图书馆,广西大学图书馆,西江学院图书馆,省立第一师范学校图书馆,省立第一女子师范学校图书馆,省立第一、二中学图书馆,省立第九中学图

①　邓光禄等组织图书馆协会会址设市立图书馆[N].新新新闻,1936-05-17(10).

②　图书馆协会昨开筹备会推各股正副主任[N].新新新闻,1937-06-28(10).

③　徐旭.民众图书馆学[M].上海:世界书局,1935:52.

④　南宁市文化局,南宁市博物馆.南宁旧事[M].南宁:广西民族出版社,2009:218.

书馆,教育厅图书馆,县教育会通俗图书馆等各种类型的图书馆①。可以说民国时期广西省的图书馆事业虽不算发达,但亦非落后,该省未有图书馆社团活动的景象,令人费解。

34. 浙江图书馆协会②(1936 年 4 月 19 日)

"浙省图书馆间之联络,始于民国十三年杭州图书馆协会之组织,是会虽不久中断。而近年又有第一第二两学区图书馆协会之努力进行,杭州及各属之图书馆事业,亦日渐发达……"③。1930、1932 年浙江第二、第一学区图书馆协会的相继成立,对于其所属学区的图书馆事业产生了极大的促进作用,成立一个能联络全省图书馆、推进全省图书馆事业的协会成了两学区图书馆协会的共同目标。1933 年 5 月,浙江第一、二学区图书馆协会在杭州举行联席会议,会中"有促成各学区协会之组织,借以产生全省图书馆协会之提议"④。但随后各学区仅有第三、第六和第十学区着手筹备图书馆协会,其他学区或"山川阻隔交通未便",或"馆数无多联络不易",均未成立。因此,浙江第一、二学区图书馆协会预计先成立各学区图书馆协会,再成立省图书馆协会的计划遥遥无期。"而全省协会又有迫切成立之必要"⑤,为此两学区图书馆协会改变策略,决定直接成立全省图书馆协会。

1935 年,浙江第一、二学区图书馆协会"与若干县立图书馆,会同发起扩大联络,筹设全省协会……"⑥,"各项事务开展急速"⑦。首先草拟《浙江省图书馆协会成立宣言》及相关规章制度,并由胡承枢、唐缉齐、陈豪楚 3 人起草《浙江省图书馆协会工作大纲》,主要内容有两点:一是团体会员分等级缴费;二是研究事项分为普通图书馆组、学校图书馆组、机关图书馆组。此外,浙江第一学区图书馆协会还函请浙江省各教育辅导机构代为征求会员,并定于次年 4 月召开浙江图书馆协会成立大会。

1936 年 4 月 7 日,发起筹备浙江图书馆协会的各图书馆召开筹备会,浙江省立图书馆、中央航空学校图书馆、省党部图书馆、杭县县立图书馆、省立民众教育馆等派代表参加,并拟定简章草案及宣言各一份。会后呈请浙江省党部发给浙江图书馆协会许可证,并决定 4 月 19 日召

---

① 杨家骆.图书年鉴(1933 年事)[M].北平:中国图书大辞典编辑馆,1933:362.

② 为行文统一,本书统一称为"浙江图书馆协会",而当时的各类期刊、出版物及文件保留原称.

③⑥ 浙图书馆协会成立[N].申报,1936 – 05 – 13(15).

④⑤ 雪昆.浙江省图书馆协会成立小史[J].浙江省图书馆协会会刊,1936(1):5 – 6.

⑦ 第一学区积极筹备图书馆协会[J].浙江省立图书馆馆刊,1935,4(6):3 – 4.

开成立大会,分函通知各馆。

1936 年 4 月 19 日,经过多年酝酿,由浙江第一、二学区图书馆协会等 31 个团体及相关人士发起筹备①的浙江图书馆协会成立会于樱花时节在浙江省立图书馆召开。到会者有浙江省立图书馆陈训慈、陈豪楚,省党部图书馆孙铭,财政厅图书馆王鼎元,中央航空学校图书馆潘树藩,之江大学图书馆潘淦鎏,浙江大学图书馆沈学植、陆修梗以及嘉兴县立图书馆、绍兴县立图书馆、杭县县立图书馆、海盐县立图书馆、嘉善县立图书馆、吴兴县立图书馆、籀园图书馆、省立宁波民教馆、永嘉民教馆、金华民教馆、鄞县民教馆、嘉兴民教馆、绍兴民教馆、衢县民教馆、丽水民教馆、杭州高中图书馆、省立医专图书馆、杭州师范图书馆等馆的代表以及个人会员共 110 余人②。浙江省立图书馆馆长陈训慈主持成立大会并致开会辞:"希望协会成立以后,能致力于共同研讨图书馆设施方法,各馆间实行互助合作,并推进学术研究风气。"③筹委会委员陈豪楚作为代表报告协会筹备经过,随后省党部代表、教育厅代表致辞。成立会当日下午浙江图书馆协会第一次大会举行,推定陈训慈、查梦秋、裘克谦、潘淦鎏、孙铭 5 人为主席团,讨论并通过了《浙江省图书馆协会简章》,选出陈训慈、潘树藩、裘克谦、孙铭、童暄樵、查梦秋、潘淦鎏、王文莱、孙孟晋等 9 人当选为第一届理事,胡斗文、陈豪楚、王沧进、李从之、刘孟壬 5 人为候补理事。此后还议决要案多起,如《呈请教育厅通令各县市政府增加并保障所属各图书馆经费案》《本省各图书馆预算之编配,应规定合理之项目及比率案》《建议本省中等以上各校图书馆专设图书室管理员并增进经费与设备案》《规定各图书馆服务人员资格及待遇标准,以促进图书馆事业案》《呈请教育厅就本省师范学校及民教实校添设图书馆学程案》《建议各县市图书馆民教馆酌设地方文献陈列室随时征集文献资料案》《本省中等以上学校图书馆应与当地公共图书馆切实合作案》等,共有 17 项议案经讨论决议。

会后,相关议决案分别展开实施,《中等以上学校图书馆应与当地公共图书馆切实合作案》已由浙江图书馆协会函请浙江省各地图书馆注意。《呈请通令各县市政府增加并保障各图书馆经费案》由教育厅函复应准照行,通令各县市政府遵办。其他议案进行状况也积极披露于各类

---

①　浙江省图书馆志编纂委员会.浙江省图书馆志[M].北京:中国书籍出版社,1994:368.

②　浙图书馆协会成立[N].申报,1936 – 05 – 13(15).

③　浙江省图书馆协会成立[J].图书展望,1936,1(7):79 – 80.

期刊。浙江省图书馆协会还印发《全省图书馆概览》一书,分送各图书馆,并募集基金汇寄中华图书馆协会①。浙江图书馆协会还出版有《浙江省图书馆协会会刊》,该会刊于 1936、1937 和 1949 年各发行 1 期。

浙江图书馆协会首届理事王文莱写有《对于本会及会员的希望》一文,希望该协会能成为"一领导全省图书馆事业的机关"。王文莱还称当时浙江省各图书馆中很多因为经费关系,不能延请专门人员管理,导致图书馆事业的发展受到限制,"期间诚也有不少设施很完善的,但多各自为政,不相问闻,偏僻各县之图书馆,虽具改进热忱,终以观摩无由,馆务无由改进……而全省图书馆协会的组织,正是解决上列困难问题的一个好机构"②。

1936 年 5 月 2 日,浙江图书馆协会在省党部图书馆召开第一次理事会议,陈训慈主持,其他到会人员有孙延钊、裴克谦、查梦秋、潘淦鎏、潘树藩、陈训慈、王文莱、童暄樵、孙铭 9 人。《申报》③以及《学觚》④称此次理事会议讨论"多有关于全省图书馆之改进与合作",但从《浙江省民众教育辅导半月刊》中对于此次会议的具体议决事项的介绍可以看出,此次会议是以处理会务及分配各理事职务为主,讨论事项有 7 项:"一、订定理事会细则八条;二、各理事分担职务,推定陈训慈、潘淦鎏、孙铭三人为常务理事,总务股由王文莱、李从之、陈训慈担任,研究股由潘藩、李梦秋、胡承枢、王沧进、潘淦鎏担任,编纂股由孙延钊、裴克谦、陈豪楚、孙铭担任,调查股由童暄樵、刘孟壬担任;三、聘请会员许振东任文牍;四、确定陆修栋等四十二人为普通会员;五、扩大征求会员除杭州外,请本省各社教辅导机关代为征求;六、讨论大会交办事项二十件,分别决议处理办法,着手进行;七、确定下届理事会议的时间地点等。"⑤但笔者在目前收集到的资料中未见《浙江省图书馆协会理事会细则》。

1937 年《参绶年刊》刊登了《浙江省图书馆协会简章》,称该会"以研究图书馆学术,发展本省图书馆事业,并谋推进本省之学术文化为宗旨"⑥。该协会开展的事业活动主要有 6 项:①研究图书馆之学术及实际

---

① 全省图书馆协会近讯[J].浙江教育,1936,1(10):227-228.

② 王文莱.对于本会及会员的希望[J].浙江省图书馆协会会刊,1936(1):31-33.

③ 浙图书馆协会成立[N].申报,1936-05-13(15).

④ 浙省图书馆协会成立[J].学觚,1936,1(5):15-16.

⑤ 省图书馆协会举行理事会[J].浙江省民众教育辅导半月刊,1936,2(15):57-58.

⑥ 浙江省图书馆协会简章[J].参绶年刊,1937(1):1-2.

设施方法;②协助本省图书馆之改进及扩充;③办理图书馆之互借及交换;④编纂刊物及参考资料;⑤举行各种活动以促进社会读书研究风气;⑥倡导本省学术文献之保存与阐扬。在组织方面,该协会设理事 9 人、候补理事 5 人,分别由大会选举组成理事会,任期一年,理事会成员可连选连任。该协会理事分任总务、研究、调查、编辑、宣传、交际等职务,并推定常务理事 3 人,掌理日常事务,遇必要时设立特种委员会。1949 年 4 月 15 日,该协会出版最后一期手抄油印本的《浙江省图书馆协会会刊》,刊载该会第一至三次理事会会议记录,以及《浙江省图书馆协会简史》,并统计当时有机关会员 88 个、个人会员 51 人①。据目前资料可证,该会是中华人民共和国成立前夕仍开展活动的少数几个图书馆社团之一。

35. 浙江第三学区图书馆协会(1936 年 5 月)

《浙江省图书馆志》②记载,1936 年 5 月,湖州地区各县图书馆成立第三学区图书馆协会,会址在吴兴县图书馆内,常务理事为方觉。《中国图书馆百年纪事(1840—2000)》同样称 1936 年 5 月,浙江省第三学区(湖州地区)图书馆协会成立③。民国时期湖州下属六县分别是:吴兴、长兴、德清、武康、安吉、孝丰。吴兴县县立民众教育馆下设民众图书馆,1934 年因旅沪士绅章容初捐款因而独立为吴兴县立图书馆,该馆曾于当年开始开办普通成人读书会、儿童读书会,每周邀请会员讲演,编写民族英雄故事,创办刊物等④,馆务活动颇为积极。但《湖州市文化艺术志》《民国时期湖州教育史》《湖州简史:1911—1949》等地方史志中均未见有浙江第三学区图书馆协会的讯息。

36. 浙江第十学区图书馆协会(1937 年 4 月 20 日)

1937 年 6 月 30 日出版的《参绥年刊》(创刊号)刊载了《浙江第十学区图书馆协会简章草案》,草案称浙江省第十省学区图书馆协会的宗旨在于"谋本省学区各图书馆之联络与互助及事业上发展改进",所从事的事业有六项:"一、研究图书馆之管理及设施方法;二、实行图书馆交换;三、调查各地图书馆状况及新旧刊物;四、轮流参观;五、发行刊物;六、辅

①　本会会员录[J].浙江省图书馆协会会刊,1949(3):5-8.

②　浙江省图书馆志编纂委员会.浙江省图书馆志[M].北京:中国书籍出版社,1994:134.

③　陈源蒸,张树华,毕世栋.中国图书馆百年纪事:1840—2000[M].北京:北京图书馆出版社,2004:69.

④　吴县图书馆二十四年概况[J].中华图书馆协会会报,1936,11(5):24.

助其他关于图书事业之一切事项。"①其会员分为三类:团体会员、个人会员和赞助会员。该协会设执行委员 3 人、监察委员 2 人,由会员大会选出,任期一年。执行委员分常务、调查、研究等职务,由各执行委员互推担任。遇必要时,设立各种特务委员。草案还规定该协会会议分为会员大会、执监委员会和临时会,其中:会员大会,每半年举行一次,轮流在第十学区各县市举行,其日期地点于上届大会时决定;执监委员会,每三个月举行一次;临时会,遇必要时,经执行委员会议决或团体会员二分之一以上提出请求,即可召开②。

但尚未发现该协会有开展活动的记录。

37. 金陵大学图书馆学座谈会(1940 年)

1937 年全面抗战爆发,金陵大学迁至成都。"鉴于中国图书馆专科人才之缺乏,遂有设立图书馆专修科之计划,借以培养(图书馆)管理、编目人才"③,1940 年该校向教育部申请在文学院设立图书馆学专修科,当年 3 月获教育部批准。该图书馆学专修科的成立"为中国图书馆事业前途之进步"④。当年暑期,金陵大学图书馆学专修科开始招生,为再次成立图书馆学研究组织奠定了人才基础。

1940 年 10 月,由金陵大学图书馆全体职员、图书馆学系以及图书馆学专修科同学共同组织发起的金陵大学文学院图书馆学座谈会成立⑤。该座谈会在刘国钧、陈长伟、曹祖彬三位先生家中轮流召开,"每隔一二周,举行一次,冀收集思广益之效,经短时间之筹备,先后已开会五次",五次讨论的议题分别是:"一、营业目录之参考价值;二、如何使读者还书迅速;三、剪裁工作之方法与功用;四、小册管理及功用;五、开架式及闭架式之利弊。"每次先由主讲人"作详细精密之讲解,继由会员交换意见、理由经验,均有讨论报告"⑥。从文中所用"会员"一词可以看出,座谈会应该有一定的规程,如会员标准和入会要求。但目前除《中华图书馆协会会报》外未有关于该座谈会的其他资料。

38. 延安图书馆协会(1941 年 7 月 13 日)

1937 年后,得益于中国共产党对图书馆事业的重视,陕甘宁边区的图书出版事业发展迅速,各类型图书馆纷纷建立,图书馆业务工作蓬勃

---

①② 浙江省第十省学区图书馆协会简章草案[J].参绥年刊,1937(1):3-4.

③④ 成都金陵大学筹设图书馆专修科[J].中华图书馆协会会报,1940,14(6):11.

⑤ 黄雪婷.曹祖彬图书馆生涯考察[J].大学图书馆学报,2017,35(2):124-127,123.

⑥ 金陵大学图书馆学座谈会成立[J].中华图书馆协会会报,1941,15(3/4):16-17.

开展。1941 年 7 月 13 日,延安图书馆协会正式成立,会址设在延安文化沟的中山图书馆内,这是中国共产党领导下的第一个图书馆学术组织,标志着边区图书馆事业发展到一个新的阶段①。该协会以"加强延安各图书馆之联系及改善图书馆工作"为目标,共召开两次年会。第一次大会于 1941 年 8 月 31 日召开,讨论事项围绕边区图书馆普通参考书流通办法和图书分类问题展开,最终议决议案两项:一是由延安图书馆协会调查延安各机关、学校图书馆的藏书量;二是了解边区各图书馆的情况和问题,由延安图书馆协会深入各馆帮助其提高工作质量,并统一各馆分类编目方法。第二次大会于 1942 年 2 月 8 日召开,最终议决四项提案:①适当分配新到图书到各馆;②编制延安图书总目;③出版《延安图书馆协会会刊》;④帮助延安地区各图书馆员进行业务学习。第二次年会还选出高戈等 5 位同志为新任理事②。

延安图书馆协会陆续开展了大量的工作,在调查方面,委托延安图书馆协会会员对延安各级各类图书馆藏书进行全面的调查统计,统计结果是:截至 1941 年,延安各机关学校团体的藏书约有 18 万册左右;在馆际协作方面,延安图书馆协会在调查各馆藏书的基础上,开展了馆际协作、馆际互借和资料交换等工作,例如各图书馆将藏书目录提供给延安图书馆协会,该协会再与各图书馆联系;延安图书馆协会还负责统一分配与处理大后方和其他解放区赠送的图书、交换资料等;在图书募集方面,1941 年,延安图书馆协会发起募集图书活动,倡议称:"为了迎接即将开幕的第二届边区参议会,将文化粮食普遍地散播到各县、乡、区,以便扩大边区的文化事业,供给各县、乡、区的干部学习参考资料,在市图书馆协会暨中山图书馆等特发起边区各县募集图书万册活动。"最终"这次募书运动为图书馆搜集了一大批为革命工作所需的图书资料"③。在业务学习方面,延安图书馆协会还组织各图书馆开展学习与研究,并提供图书馆工作辅导等。延安图书馆协会所开展的种种活动,既凝聚了边区图书馆事业发展的力量,又提升了边区图书馆工作的整体水平,促进了边区图书馆事业与学术研究的向前发展。

39. 成都图书馆协会(1942 年)

私立武昌文华图书馆学专科学校是民国时期国内唯一的图书馆学专科学校,该校毕业的同学绝大多数服务于全国各大学图书馆、图书室

① 陈林.试论延安图书馆协会[J].党史研究与教学,2000(4):36 - 41.
②③ 桑健.图书馆学概论[M].沈阳:辽宁人民出版社,1985:99.

与各省立图书馆。全面抗战爆发后,该校迁移到重庆继续开办,毕业生曾在成都发起组织了文华图书馆学专科学校成都同学会。1942 年,该会20 余人在春熙路青年会召开三十一年度年会,除改选该年度职员选举华西大学图书馆主任邓光禄为该会主席外,还议决发起组织成都图书馆协会,以加强和推进本市图书馆工作①。但未有后续讯息。

40. 中国图书馆学社(1945 年 3 月 30 日)

1941 年 8 月 25 日,国立社会教育学院在重庆璧山开学,并设有图书博物馆学系(以下简称"图博系")②,是"我国历史上第一个集图书馆学博物馆学为一体的教学机构,也是第一个国有公办的四年制图书馆学高等教育机构"③。图博系"以培养图书馆、博物馆高级人才为宗旨,教学、科研、实践三者结合,学术性学科与技术性学科并重"④。先后有汪长炳、严文郁、钱亚新、徐家麟、杨家骆、岳良木、顾颉刚、黄元福、鲁润玖、蓝乾章、熊毓文、顾家杰、李芳馥、周连宽等国内图书馆学界、档案学界以及文化界知名专家任教⑤。1945 年 3 月 30 日,该校师生发起成立了中国图书馆学社,成员以国立社会教育学院图博系教授及在校学生、部分图书馆界学者为主。该学社以"研究图书馆学术,发展图书馆事业为宗旨"。毛世锟在该学社创办的《图书馆学报》(创刊号)中撰文《领导国内图书馆事业的两个会社》,阐释中国图书馆学社成立缘由:"学术研究,赖于分工;事业推动,系乎群力……中国图书馆学术之建立,中国图书馆事业之推动,实至刻不容缓,中华图书馆协会经二十年之努力,虽功绩昭著,然此项事业艰巨,究非独力所能竣工,兹有中国图书馆学社乃应运而生,共襄伟业,实堪称幸事。"⑥该社设理事会与监事会,其中理事会下特设编辑出版委员会,拟订计划陆续编印各种丛书,发行刊物,"冀以激发本界之研究,共同建立中国图书馆学术,唤起各界之注意,协力推动中国图书馆事业"⑦。该学社有社员百余人,经费以社员社费与捐助费为主,理事为汪长炳、严文郁、徐家麟等。中国图书馆学社于 1945 年 6 月 30

---

① 蓉图书馆协会正发起筹备[N].新新新闻,1942 - 04 - 07(8).

② 因课程主要偏重于图书馆学,1949 年国立社会教育学院的"图书博物馆学系"改名为"图书馆学系"。

③ 顾烨青.民国时期图书馆学会考略[J].山东图书馆学刊,2009(6):19 - 23,27.

④ 重庆市文化局.重庆文化艺术志[M].重庆:西南师范大学出版社,2000:94.

⑤ 顾烨青.苏州大学图书馆学专业的历史溯源及其在中国图书馆学教育史上的地位和影响[D].苏州:苏州大学,2005:14 - 17.

⑥⑦ 毛世锟.领导国内图书馆事业的两个会社[J].图书馆学报,1945:70.

日编辑出版了《图书馆学报》(创刊号),该刊旨在"给图书界供给一个图书馆学术研究发表的园地"①。中国图书馆学社虽冠以"中国"二字,但是据目前收集到的资料,并未开展全国性的学术研究活动。国立社会教育学院在抗战胜利后东迁苏州,有关该学社的讯息也未再见。

41. 兰州图书馆协会(1945年4月8日)

甘肃作为古代丝绸之路的重镇,历经千年中外文明融合积淀,形成了独具特色的河西文化。但清末以后,因地处偏隅,未能广泛与西方先进文明接触,因此文化与教育事业较落后于沿海城市。清末,甘肃省县立图书馆先行一步,永昌、天水、平凉、张掖等地多以书院藏书楼为基础开设图书馆。1917年,甘肃省公立图书馆开馆,此后学校图书馆等各类型图书馆纷纷涌现。

"九一八事变"后,开发西北的社会舆论高涨。"开发西北必须从提高西北文化水准着手,提高西北文化水准又必须从充实西北图书教育做起……"②有鉴于此,国立西北图书馆、国立西北师范学院、国立甘肃学院、甘肃科学教育馆、甘肃省立兰州图书馆五机关,为谋求兰州市各图书馆、图书室在图书馆事业上的相互协助与联系,拟联合发起组织兰州图书馆协会。

1945年1月23日,五所发起机关于《西北文化》联合发布《发起组织兰州图书馆协会缘起》,文章称:"图书馆为保存文献阐扬文化之机关,亦即研究学术、推广知识之场所,其在教育事业上既占重要之地位,故为学校教育与社会教育所不可缺少之机构,此图书馆事业之所以亟需提倡者也。兰州居西北之中心,为重要之基地。自抗战以来,文化教育机关逐渐增多,学术专门人才日益荟萃,图书之庋藏既富,学者之需求日多……兹为发展本市图书馆事业之起见,特联合发起组织兰州图书馆协会,借谋本市图书馆室在事业上之协助与联系……"③该缘起后还附兰州图书馆协会宗旨、事业、会员种类等。该协会"以研究图书馆学术、发展图书馆事业,并谋兰州市图书馆之协助","以联系本市各图书馆室共同推进图书教育为其事业范围,必要时并设置各专门委员会以推行本会举办之各项专门事业"为宗旨。该会会员有机关会员和个人会员两种:①凡兰州市图书馆或附设有图书馆、图书室之团体为该协会机关会员;②

---

① 王绿萍.四川报刊五十年集成(1897—1949)[M].成都:四川大学出版社,2011:750.

② 以文.向兰州市图书馆协会进一言[J].西北文化,1945(22):1.

③ 芝.发起组织兰州图书馆协会缘起[J].西北文化,1945(10):1.

凡图书馆员或热心图书馆事业的人士,为该协会个人会员。此外,凡在图书馆学术或事业上有特别成绩的人士,由该会推荐为名誉会员。《发起组织兰州图书馆协会缘起》经刊登传播后,兰州市各文化机关及热心图书馆事业人士对于该会的组织成立颇为赞同,自愿加入该协会的机关会员就有 30 余个、个人会员有 80 余人①。

1945 年 4 月 8 日,兰州图书馆协会在社会部兰州社会服务处举行成立大会,全体会员均出席参加,会场气氛异常热烈。开会结束前,全体会员票选出时任兰州国立图书馆馆长的刘国钧为理事长,刘国钧、袁翰青、刘子亚、陈大白、何日章、李端撰、孙钰等为理事,郑安仑、赵浩生、何锡瑕等为候补理事,黎锦熙、郭维屏、李蒸等为监事,何景为候补监事②。

同年 5 月 8 日,兰州图书馆协会在省立兰州图书馆举行第一次理监事联席会议,议决要案七项:①协会会址设立于兰州图书馆;②推选刘国钧、袁翰青、刘子亚为常务理事;③继续征求机关及个人会员;④编制兰州市联合图书目录;⑤编印兰州图书馆协会丛书;⑥举办图书馆学讲座;⑦出版定期刊物。然而同年 7 月,《西北日报》公布国立西北图书馆奉令停止阅览,办理结束事宜。因此,以西北图书馆为依托的兰州图书馆协会刚刚起步就停止工作。虽然次年国立西北图书馆复馆,但兰州图书馆协会未能复会。

42. 广东图书馆协会(1947 年 3 月 30 日)

广东图书馆社团奠基于 1922 年杜定友主持的广东图书馆管理员养成所下设的图书馆研究会,发展于应图书馆社团之风兴起的广州图书馆协会,后因会员分散,战火纷乱未能持续推进会务而中辍。1945 年抗战胜利后,百废待兴,广东图书馆界积极行动。

1946 年,广东省图书馆界在杜定友的倡导下,发起组织广东图书馆协会。同年 11 月 16 日,经广东省社会处批准,并指定杜定友与广东省立图书馆总务部主任张世泰,中山大学图书馆职员何恩泽、黄慕龄,广州市立图书馆馆长朱倓,文化学院图书馆主任李漱六、法商学院教授兼图书馆主任黄润科等为筹备委员,广东省立图书馆干事李遂权兼任该协会干事,暂定会址为广州文德路广东省立图书馆内。

经半年多的组织筹备,广东图书馆协会于 1947 年 3 月 30 日在广州市立中山图书馆举行成立大会,选出杜定友、黄慕龄、张世泰、何恩泽、涂

---

① 兰州市图书馆协会成立[J].中华图书馆协会会报,1945,19(1/3)7.

② 兰州市图书馆协会成立[J].西北文化,1945(21):1.

祝颜、冯爱忧、黄润科、梁家勉、何家荣、霍陶然、李遂权、朱俟、黄福銮、甄松年、刘汝麟为理事，徐信符、陈德芸、伍时本、蔡光聆、李文象为监事。该协会成立之初有团体会员 19 个、永久会员 10 人、普通会员 77 人。该会设有常务理事 5 人、监事 5 人、总务 3 人、研究 3 人、福利 5 人、辅导 5 人。经杜定友倡议，该协会特制"图书馆人员服务纪念章"，分为服务十年、五年、三年 3 种，以表彰业界人员，并成立审查委员会进行资格审查，在广东图书馆协会成立大会上将纪念章分赠徐信符、陈德芸、张世泰、梁家勉、涂祝颜、朱俟等 48 人。

该协会成立后"为普及图书馆学术知识起见"①，自 1947 年 4 月 13 日起，每逢星期日在广州市立中山图书馆举行图书馆学公开学术演讲，任社会各界听讲。

1947 年，为培养图书馆管理人才，发展广东省图书馆事业，广东图书馆协会利用暑假举办为期 12 周的图书馆学进修班，前后共有学员 40 余人。杜定友担任班主任，张世泰任总务主任，何恩泽任教务主任，朱俟任训导主任，授课教师有杜定友、张世泰、何恩泽、朱俟和冯爱琼，均来自广东省立图书馆和广州市立图书馆。讲授学科有"图书馆学概论""图书馆行政""书志学""图书征集法""图书分类法""图书编目法""检字法""图书参考法""图书馆推广事业"等②。该协会还在广东省立图书馆成立图书馆学研究专室，以推进图书馆学术研究③。广东图书馆协会还组织成立了图书馆观摩团，通过分批参观的方式，了解广东省立图书馆的复馆情况。次年 3 月 29 日，该观摩团在广东省立图书馆举行了参观检讨会，向广东各图书馆提出意见和建议，其中涉及图书馆房舍及内部布局、阅览室座位数量、职员工作分配及工作阅历、工作表册设备是否完备，以及图书、杂志、报纸数量等④。从广东图书馆协会对被观摩图书馆所提意见和建议来看，广东图书馆协会实际上充当了当时广东图书馆行业领导者的角色。

1948 年 3 月，广东图书馆协会在广东省立图书馆召开第二次会员大会，同时改组职员。1949 年 3 月起，广东图书馆协会不再隶属省政府社会处，改属省政府民政厅管辖。1949 年 5 月，广东图书馆协会召开第三

① 粤省图书馆协会成立［J］.中华图书馆协会会报,1947,21(1/2):19.

②③ 广东省立中山图书馆.百年润泽:广东省立中山图书馆成立一百周年［M］.广州:广东人民出版社,2014:89.

④ 广东图书馆协会图书馆观摩团对本校图书馆之观想［J］.广东国民大学导报,1948(改版第 1 号):1.

周年会员大会,再次改选职员。截至同年6月,广东图书馆协会共有团体会员25个、个人会员127人。中华人民共和国成立前夕,广东图书馆协会停止会务并解散。①

43. 重庆图书馆协会(1947年10月18日)

1932年,毛坤奉中华图书馆协会执行委员长袁同礼委派,前往四川考察图书馆界情形,并将考察结果形成《调查四川省图书馆报告》一文,文章称:"重庆图书馆协会,经蒋君(蒋扶摇)等发起,亦正在进行组织之中。惟学校会员居多,甫经开学,事务纷繁,至迟须到冬间方可望成功也。"②但此后再无成立重庆图书馆协会的消息。全面抗战爆发以来,全国图书馆事业受到重创,各地成立图书馆社团的步伐减缓。

抗战胜利后,国民政府决定筹建国立罗斯福图书馆,时任国立社会教育学院图博系教授的严文郁被委任为秘书长,负责筹建工作。严文郁毕业于武昌华中大学图书科,从事图书馆工作多年,并参与1924年北平图书馆协会以及中国图书馆学社等图书馆社团的组织成立工作,深知图书馆社团对于图书馆事业的推动作用,再加之其曾在德国柏林大学图书馆工作③,对于德国图书馆界的协作活动颇为推崇:

> 德国图书馆与图书馆间和出版界的合作精神,亦颇令人佩服。图书馆与图书馆间的合作方法,就是他们联合全国八九百个图书馆,组成一图书馆协会,此协会将各图书馆所藏之书,编成总目录一册,如有人借书,即可投函于该会,该会即可代读者问各图书馆询向此书,必至索得后才可卸责。图书馆与出版界合作的方法,就是各出版业者,组成一全国出版界联合会,如有新出版物,此会即选送一二部于图书馆协会。图书馆协会非特对全德国之出版物网罗搜集,即其他各国以德文印刷之书籍,该会亦尽量设法搜罗……我们由这里得到的教训……从图书馆与图书馆间说,应当通力合作,以期图书馆之功用,完全实现;从图书馆与出版界说,更应彼此互相呼应。④

---

① 广东省立中山图书馆.广东省立中山图书馆志[M].广州:广东教育出版社,2012:233.
② 毛坤.调查四川省图书馆报告[J].中华图书馆协会会报1932,8(3):1-6.
③ 四川省政协文史资料委员会.四川文史资料集粹:第6卷 社会民情编及其它[G].成都:四川人民出版社,1996:782.
④ 刘子钦.严文郁讲德国图书馆事业之现势[J].武昌文华图书科季刊,1933,5(3/4):505-507.

1947 年，重庆市图书馆界"为提倡研究图书馆学术，促进本市图书馆事业之发展，从而推广社会教育起见"①，加之为接待来渝考察教会大学图书馆战后复员情况的美国专家沙本生（Charles B. Shaw）等，由国立罗斯福图书馆筹委会、国立重庆大学图书馆、重庆市立图书馆以及美国新闻处图书馆等 30 余个团体发起组织重庆图书馆协会。4 月 19 日，发起人会议在国立罗斯福图书馆举行，全体发起人 40 余人均到会，商讨组织筹备重庆图书馆协会事宜。严文郁在《中国图书馆发展史——自清末至抗战胜利》中称重庆图书馆协会在此次筹备会中"随即成立"，并选举严文郁等为执行委员②。

1947 年 5 月，应美国图书馆协会的邀请，严文郁赴美考察，并为国立罗斯福图书馆以及中国图书馆界争取海外援助。

重庆图书馆协会于 1947 年 10 月 18 日在国立罗斯福图书馆儿童阅览室召开成立大会，会议修正通过了《重庆市图书馆协会章程》，选举理监事人员，严文郁（缺席）当选为理事长，杜钢百、刘希武、杨作平、马万里 4 人为常务理事，汤美道、毛宗荫、林筱圃、李永增、王玉卓、钟发骏、赵景云、骆继驹、孙一心、方振亚 10 人为理事，王世芳为常务监事，陈铎、赵继生、程仲琦、游天爵 4 人为监事③。

《重庆市图书馆协会一年来工作概要》记载，该会多次邀请图书馆界及文化教育界人士发表学术演说，以介绍先进的图书馆思想，宣扬先进文化。此外还有编制重庆各图书馆联合目录的工作④。

1948 年 2 月，重庆图书馆协会召开的第二届理监事会议中议定在《世界日报》中开设《图书副刊》⑤，专门刊载该协会的活动信息。据有关学者考证，1948 年《图书副刊》出版 9 期，每期于每月 1 日及 15 日在《世界日报》教育版刊出⑥。

此外，《重庆市市中区志》记载，重庆市图书馆协会有团体会员 11 个

---

① 重庆市社会局严文郁关于准予筹组重庆市图书馆协会的呈［A］. 重庆市档案馆藏：0060 - 0011 - 00064，1947 - 05 - 05.

② 严文郁. 中国图书馆发展史——自清末至抗战胜利［M］. 新竹：枫城出版社，1983：228.

③ 重庆市图书馆协会关于报送会章草案、职员名册及准予备案、核发登记证书上重庆市社会局的呈：附职员略历册、章程草案［A］. 重庆市档案馆藏：0060 - 0011 - 00064，1947 - 10 - 30.

④ 重庆市图书馆协会一年来工作概要［A］. 重庆市档案馆藏：0115 - 0001 - 00006，1948.

⑤ 重庆市图书馆协会第二届理监事联席会议记录［A］. 重庆市档案馆藏：0115 - 0001 - 00008，1948 - 02 - 21.

⑥ 黎飞. 民国最后的图书馆协会：重庆市图书馆协会研究［J］. 图书馆建设，2021（1）：13 - 21.

单位、个人会员约 100 人①。

二、日本人在中国所建图书馆社团及伪满图书馆社团

在目前收集到的资料中,1912—1949 年,日本人在中国所建图书馆社团及伪满图书馆社团先后有("满铁")奉天图书馆研究会、台湾图书馆协会、"满铁"图书馆业务研究会、(伪满)奉天省图书馆联合研究会、(伪满)"满洲"图书馆协会和(伪满)新京地区图书馆事业联合会 6 个。这些图书馆社团由日本人和伪满管理运营,利用图书馆社团对当地的图书馆进行控制,再利用图书馆对中国进行文化掠夺、思想侵蚀和情报收集,为殖民侵略服务,是日本侵华战争的产物,给中国的图书资源造成了巨大的损失。

1.("满铁")奉天图书馆研究会(1916 年)

1905 年 9 月,日本和俄国在美国签订了《朴次茅斯和约》,该合约第六条规定日本从俄国手中取得经营中国东清铁路南部线的长春至旅顺口间的铁道以及其他支线的权利。1906 年,作为日本经营"大陆政策"的主力公司的"南满洲"铁道株式会社(以下简称"满铁")正式在大连运营。"满铁"在其管辖的铁路沿线的附属地设置了 31 个图书馆或分馆,不仅为"满铁"日本职员普及文化,更多的是以图书馆作为宣传"满铁""文化设施线"的机构②。

为了使各图书馆员掌握图书流通的方法,"满铁"学务课于 1916 年在奉天组织召集相关会议,讨论各图书馆间开展馆际互借与图书流通事宜。同年 9 月奉天图书馆研究会成立,研究探讨有关"满铁"图书馆业务,同时推行图书馆业务的发展,还发行了《"南满洲"图书馆员会杂志》,1916 年 4 月发行第 1 期,1917 年 11 月发行第 4 期③。

2. 台湾图书馆协会(1927 年 12 月 12 日)

《马关条约》签订以后,台湾进入日本殖民统治时期。1927 年 12 月 12 日至 13 日,台湾总督府图书馆馆长山中樵在总督府会议室举行会议,讨论如何振兴台湾图书馆事业,会议议决设立台湾图书馆协会,并使其加入日本图书馆协会,推举文教局长石黑英彦为会长、社会课长坂口主

---

① 重庆市渝中区人民政府地方志编纂委员会. 重庆市市中区志[M]. 重庆:重庆出版社,1989:625.

② "南满"铁道株式会社."满铁"图书馆业务研究会年报第三辑[M].[出版地不详]:[出版单位不详],1937:65.

③ 冷绣锦."满铁"图书馆研究[M]. 沈阳:辽宁人民出版社,2011:88.

税为副会长。该协会制定有《台湾图书馆协会规则》，其成立宗旨"为开展有关图书馆、图书的调查研究和促进相关事业的进步发达"①，此外还刊行会报、举办研究会、展览会、演讲等，事务所设在台湾总督府图书馆。1928 年 5 月 7 日，该协会在台湾总督府图书馆举行图书修复讲习会；1932 年 1 月 11 日至 17 日该协会举行第一回台湾图书馆周，与台湾教育会共同宣导读书和图书馆利用，当时台北帝国大学校长币原坦到场并发表演讲。1933 年，该协会举行第二回台湾图书馆周。1935 年，该协会编制出版了《推荐认定儿童读物目录》。

3. "满铁"图书馆业务研究会（1929 年）

《"满铁"图书馆研究》记载，随着馆际合作与交流的日益频繁，一些以馆际合作为主的图书馆社团陆续出现，例如：1924 年在鞍山图书馆举行了由辽阳、鞍山、大石桥、营口、瓦房店等地的图书馆馆长参加的会议，会议成立了辽南图书馆协会，制定了图书馆间交流与合作、改善业务的规约；1927 年 2 月，由铁岭以北各图书馆馆长参加的会议在长春召开，会议设立了图书馆学研究会，并制定规约。有学者称，这些联合会议是"'满铁'图书馆业务研究会的雏形"②。

1929 年，"满铁"图书馆业务研究会成立，制定了《"满铁"图书馆业务研究会会则》。"满铁"学务课课长任该会最高领导，管理该会会务报告等。下设会长和副会长，分别由大连图书馆馆长和奉天图书馆馆长兼任。该会设置委员会与部会，委员会每年召开五次会议，研究图书馆各项事务，只有馆长一级可以参加委员会。部会每年召开四次，下设管理部、运用部和目录部。各图书馆员只能参加部会，充满鲜明的等级意味。委员会及部会开会前须经"满铁"会社学务课课长许可，事后要报告详细经过。1935 年，该会创办《"满铁"图书馆业务研究会年报》（日文），共出版 3 辑。1937 年，"满铁"图书馆部分并入"满洲"图书馆，"满铁"图书馆业务研究会就此解散，《"满铁"图书馆业务研究会年报》（日文）也因此停刊。"满铁"图书馆业务研究会是建立在"满铁"所属图书馆基础上的一个规模最大、持续时间较长的组织③。

4. （伪满）奉天省图书馆联合研究会（1939 年 7 月 21 日）

1939 年 7 月 21 日，（伪满）奉天省图书馆联合研究会举行成立仪

---

① 李玉瑾. 典藏台湾记忆——2011—2012 馆藏台湾学研究书展专辑［M］. 新北："中央图书馆"新北分馆，2012：87.

②③ 董惠敏. 伪满图书馆学会组织及其刊物概述［J］. 图书馆学研究，1982（1）：116 - 119，115，122.

式,到会者有奉天各市县街图书馆馆长及民众教育馆馆长约30余人,伪满中央民生部派代表参与并训示,会议推举伪满民生厅厅长马冠标任会长,奉天市立潘阳图书馆馆长片冈宪三和日本的八幡町图书馆馆长并上正义为副会长,并于翌日开首次委员会。有学者称,八幡町图书馆通过(伪满)奉天省图书馆联合研究会控制着奉天省各市县图书馆①。(伪满)奉天省图书馆联合研究会于1941年创办了《奉天省图书馆联合研究会年报》,仅于1941、1942年出版2辑。

5.(伪满)"满洲"图书馆协会(1939年12月20日)

《沈阳图书馆通信》1939年第9期刊登了《"满洲图书馆协会"设立消息》一文,称:"近闻朝野名流志士以及文化界之巨子有鉴于社会教育服务者之责任重大,为图书馆彼此互相联络,共同研究达成本来之使命起见,发起设立'满洲图书馆协会'以期促进图书馆及民众教育馆事业之普及发达,并定于康德六年(1939年)十二月二十日(水)午前十时假新京民生部讲堂开创立总会。"②该会成立之初由伪满中央民生部管辖,后改由伪满文教部管辖。该会成立当年即创办了《学丛》(中文、日文),至1941年太平洋战争爆发共出版1卷3期。

6.(伪满)新京地区图书馆事业联合会(1943年11月)

1943年11月中下旬,"新京特别市"③"吉林省""四平省"的图书馆、民众教育馆、民众读书厅等联合设立"新京地区图书馆事业联合会"。而此联合会成立前后,"南满地区"(奉天省)、"北满地区"(滨江省)等"亦各闻设联合会云"④。

第二节　图书馆社团的类型

一、图书馆社团的时间段分布

民国时期出现的43个图书馆社团由于各种原因,成立时间不一,存续时间不一。按照程焕文对中国图书馆事业百年历史的8个阶段划分,

---

① 田宝林.沈阳解放前的公共图书馆[J].图书馆学刊,1987(4):58-60.
② "满洲图书馆协会"设立消息[J].沈阳图书馆通信,1939(9):9.
③ 新京,即长春。1932年,伪满洲国成立,改长春为"新京"。翌年,规定"新京"为特别市。下文的"吉林省"等均为伪满行政区划,特此说明。
④ 图书馆事业联合会新京地区将诞生[J].教化通信,1943(51):8.

这些图书馆社团出现于新图书馆运动时期、近代图书馆兴盛时期和近代图书馆衰落时期,详见表 2 – 3:

表 2 – 3　民国时期图书馆社团成立时间分布表

近代图书馆事业发展阶段	时间	图书馆社团数量
新图书馆运动时期	1912—1925 年	16 个
近代图书馆兴盛时期	1926 年—1937 年 7 月	20 个
近代图书馆衰落时期	1937 年 7 月—1948 年	7 个

注:此表的时间根据程焕文所著的《百年沧桑　世纪华章——20 世纪中国图书馆事业回顾与展望》(《图书馆建设》,2005 年第一期)中的时间段划分,本书略有调整,使时间的界限更明确。

从表 2 – 3 中可以看出,民国时期图书馆社团的出现符合近代图书馆事业发展的阶段特征。

新图书馆运动时期,以近代图书馆体系的基本确立,各类型图书馆的普遍设立,"公平、开放"的理念深入人心,图书馆管理的科学化以及图书馆学研究的提升与人才培养为特征,图书馆事业的快速发展使得建立图书馆、图书馆员间的联合组织,开展协同合作与交流的意愿与必要性更为强烈。相应的,图书馆社团也在这一时期得到了非常快速的发展,先后有 16 个图书馆社团成立,图书馆、图书馆员之间构架起了交流与合作的平台,凝聚了团结互助的精神。其中中华图书馆协会的成立成为新图书馆运动的高潮①。

近代图书馆兴盛时期,以图书馆体系日趋完善、图书馆的类型和服务更趋多样化、管理制度更加规范和标准、图书馆学教育广泛开展、图书馆学学术研究勃兴为特征。而且在前期图书馆社团的带动下,这一时期的图书馆社团如雨后春笋般出现,开展了大量的图书馆事业建设活动,与政府及其他社会组织之间频繁往来,成为图书馆、图书馆员与社会交往互动、表达诉求的通道。

近代图书馆衰落时期,以图书馆、图书馆学教育机构遭受极大破坏,图书馆员流离失所,图书馆学研究环境破坏殆尽,图书馆事业停滞不前为特征。全面抗战爆发前,全国共有 36 个社团陆续成立或拟成立,而全面抗战爆发至中华人民共和国成立前共成立 7 个社团。图书馆事业的生存环境遭到严重损坏,覆巢之下图书馆社团焉能完卵?

---

① 程焕文.百年沧桑　世纪华章——20 世纪中国图书馆事业回顾与展望[J].图书馆建设,2004(6):1 – 8.

从民国时期图书馆社团的成立可以看出,近代图书馆事业的发展推动了图书馆社团的设立,同时图书馆社团的设立本身又是图书馆事业向前发展的表征。国家政局的稳定对于图书馆社团的成立与发展影响巨大。

二、图书馆社团的层级性分布

民国时期的图书馆社团按照覆盖的地理范围可以分为地方性图书馆社团和全国性图书馆社团。其中地方性图书馆社团共有 41 个,名称上体现出全国性的图书馆社团有中华图书馆协会和中国图书馆学社。另外,按照行政层级又可以将地方性图书馆社团划分为省级、市级、县级和学区图书馆社团,此外还有一些组织附设的图书馆社团。详见表 2 – 4:

表 2 – 4 民国时期图书馆社团层级分布表

图书馆社团类别	图书馆社团名称
全国性图书馆社团	中华图书馆协会
	中国图书馆学社
省级图书馆社团	浙江省会图书馆协会
	江苏图书馆协会
	福建图书馆协会
	山东图书馆协会
	安徽图书馆协会
	江西省会图书馆协会
	四川图书馆协会
	浙江图书馆协会
	广东图书馆协会
市级图书馆社团	北京图书馆联合会
	北平图书馆协会
	开封图书馆协会
	天津图书馆协会
	南京图书馆协会
	上海图书馆协会
	济南图书馆协会
	广州图书馆协会
	苏州图书馆协会
	杭州图书馆协会

图书馆社团类别	图书馆社团名称
市级图书馆社团	武汉图书馆协会
	太原图书馆协会
	天津市图书馆学会
	南宁图书馆协会
	延安图书馆协会
	成都图书馆协会
	兰州图书馆协会
	重庆图书馆协会
学区图书馆社团	中央大学区图书馆联合会
	浙江第二学区图书馆协会
	浙江第一学区图书馆协会
	浙江第三学区图书馆协会
	浙江第十学区图书馆协会
县级图书馆社团	南阳图书馆协会
	瑞安图书馆协会
	无锡图书馆协会
	杭县图书馆联合会
其他组织附设图书馆社团	北京高等师范学校图书馆员研究所
	广东图书馆管理员养成所图书馆研究会
	中华教育改进社图书馆教育研究委员会
	金陵大学图书馆学会
	金陵大学图书馆学座谈会

从表 2-4 可以看出,地方性图书馆社团中,以市级图书馆社团数量最多,有 18 个,其中绝大部分都设立在省会城市。其次是省级图书馆社团,有 9 个。学区图书馆有 5 个,各种教育机构附设的图书馆社团有 5 个,县级图书馆社团有 4 个。

市级图书馆社团数量最多的原因在于一市之中各类型图书馆之间较为熟络,组建的图书馆社团的职员也都分布于一市之内,便于召开例会,也便于以市为范围开展馆际互借和业务协作,而免去舟车劳顿之苦,有利于社团会务工作推进。

省级图书馆社团多被视为一省图书馆界的"首领",利用其影响力有利于约束和规范本省各类图书馆的业务工作。但省级图书馆社团组建较市级不易。首先,当时的国民党政府对社团的压制政策而对于冠以"省级"之名的群众性组织横加干涉、强力控制;其次,省市级各大型图书馆之中难以平衡各方力量选出图书馆社团的负责人;再次,省级图书馆社团必然要兼顾本省行政层级当中市级和县级的图书馆工作,其工作所涉及的图书馆的数量多、地理分布散、业务工作水平高低差别大。当时这些因素对于一个群众性组织来说,无疑非常具有挑战性。

大学区图书馆社团是民国时期施行大学区制的产物。1927年4月,南京国民政府建立,开始推行教育改革,同年6月,国民党教育行政委员会废除之前中央政府设教育部、各省设教育厅的教育行政制度,而仿照法国教育行政制度,设立隶属国民政府的中华民国大学院为全国最高学术教育机关,地方试行大学区。1928年,通过的《大学区组织条例》规定全国各地按教育、经济、交通等状况划分为若干个大学区,每区设大学1所,各大学设校长1人负责大学区内一切学术和教育行政事务。当时共设立中央、浙江和北平三个大学区。学区图书馆社团正是在当时大学区制度的背景下产生的。中央大学区图书馆联合会和浙江第一、二、三、十图书馆协会的组建都源于联合的各图书馆在行政权属上归于同一个大学区,地理位置相近,联络便利,具有行政联系和地缘的双重便利性,有利于会务往来和工作推进。

县级图书馆社团数量最少,仅有4个,南阳图书馆协会仅有成立信息,未见有开展活动的影像。无锡图书馆协会虽为县级图书馆社团,然而根据文献记载,该会会员众多,且有江苏省立民众教育学院、国学专修学校等机构参加,且订立有《无锡图书馆协会简章》《无锡图书馆协会执行委员会办事细则》,公布有《无锡图书馆协会缘起》,出版会刊,数次召开会议,积极推进会务工作,由此可见无论是省级、市级还是县级图书馆社团,会务发展主要取决于社团职员的工作积极性和主动性。

本书之所以没有对民国时期图书馆社团进行地域分布分析,是因为民国时期的地理区划经过数次变更,而且还有一些临时性的大学区设立,不便于将图书馆社团进行地域归类。但从图书馆社团的成立地点可以看出,当时的图书馆社团分布极不平衡。西藏、新疆等地区不遑多论,但就连陕西省都从未有图书馆社团成立的音讯。然而1909年成立的陕西省图书馆是中国最早建立的公立图书馆之一。1912年后,陕西省图书馆进入快速发展期,"馆舍不断扩大,藏书逐渐丰富,制度日渐完善,图书馆的社会影响逐步增强"①。1927、1931 和 1937 年,陕西省图书馆三次改名,先后增设平民教育委员会、平民阅览室等,成为陕西省最具影响力的图书馆。1947 年前后,南京国民政府拟在西安筹备组建国立西安图书馆,并召开了筹备会议,虽直到中华人民共和国成立前国立西安图书馆都未能建成,但至少说明陕西是图书馆事业颇有积淀的省份,不应没有图书馆社团。这个疑问以待后人解开。

三、图书馆社团的业缘性分布

从图书馆社团成立宗旨与主要职能来看,民国时期的图书馆社团按照业缘划分可以分为图书馆行业协会与图书馆学会两大类。详见表 2 - 5:

表 2 - 5　民国时期图书馆社团业缘分布表

图书馆社团类别	图书馆社团名称
行业性社团	北京图书馆联合会
	北平图书馆协会
	浙江省会图书馆协会
	南阳图书馆协会
	开封图书馆协会
	天津图书馆协会
	南京图书馆协会
	上海图书馆协会
	江苏图书馆协会
	济南图书馆协会
	广州图书馆协会
	中华图书馆协会
	苏州图书馆协会
	杭州图书馆协会
	中央大学区图书馆联合会
	武汉图书馆协会
	太原图书馆协会

---

① 胥文哲. 21 世纪中国城市图书馆丛书:西安图书馆[M]. 天津:天津大学出版社,2017: 65.

续表

图书馆社团类别	图书馆社团名称
行业性社团	福建图书馆协会
	山东图书馆协会
	浙江第二学区图书馆协会
	瑞安图书馆协会
	无锡图书馆协会
	安徽图书馆协会
	浙江第一学区图书馆协会
	江西省会图书馆协会
	杭县图书馆联合会
	四川图书馆协会
	南宁图书馆协会
	浙江图书馆协会
	浙江第三学区图书馆协会
	浙江第十学区图书馆协会
	延安图书馆协会
	成都图书馆协会
	兰州图书馆协会
	广东图书馆协会
	重庆图书馆协会
学术性社团	北京高等师范学校图书馆员研究所
	广东图书馆管理员养成所图书馆研究会
	中华教育改进社图书馆教育研究委员会
	金陵大学图书馆学会
	天津市图书馆学会
	金陵大学图书馆学座谈会
	中国图书馆学社

　　单从数量上来看,当时的图书馆行业性社团远远多于学术性社团。这反映出当时绝大多数的图书馆业务工作还普遍处于藏书管理的体系化、读者服务的规范化、馆际合作的调试化、行业职能的初塑化阶段,尚未过渡到需要以理论研究指导和提升业务水平的更高级阶段,因此这一时期急需图书馆行业协会来帮助图书馆科学规范其基本业务工作,实现

馆际合作,发挥行业效能,进而为图书馆、图书馆人争取更宽广的生存发展空间。从各个图书馆社团开展的具体活动来看,行业性社团主要负有交流、合作、协调与沟通的职能,也兼有开展图书馆学术研究活动的职能,例如邀请图书馆学专家发表图书馆学讲演,出版协会会刊、会报,刊登图书馆学学术论文等。而图书馆学会的功能则较为单一,以开展图书馆学学术研究、学术讲演,出版图书馆学刊物与著作为主要工作内容,少有开展其他活动的报道。

第三节　图书馆社团产生的意义

民国时期图书馆社团的出现,既是中国千年书籍史演进的必然结果,也是中国近代图书馆事业发展的最终产物,其意义主要有四点:

1. 图书馆社团的出现,是中国图书馆事业与学术发展到一定阶段的必然选择

民国时期图书馆社团的出现是当时社会发展、思想解放以及图书馆事业与学术发展共同作用的结果,是中国图书馆事业与学术发展到一定阶段的必然选择,是图书馆人表达集体诉求和参与社会管理的途径与手段。尤其是全国性图书馆社团——中华图书馆协会的成立是中国图书馆人引领图书馆事业迈向科学、有序的发展道路的共同选择,标志着中国的图书馆事业进入有组织、有导向的自觉研究新阶段。浙江公立图书馆称中华图书馆协会的成立是"吾国图书馆史上空前之盛举"。天津市市立通俗图书馆称:"中华图书馆协会为促进我国图书馆教育之唯一文化团体,不特能赞助图书馆事业之发展、图书馆学术之研究,且能予图书馆馆员本身上不少便利,所以我国各图书馆暨各图书馆职员,以及热心图书馆事业者莫不踊跃参加……谋与全国图书馆站在一条战线上,努力合作,此举当有不少之裨益。"①现代学者也都认为中华图书馆协会的成立意义重大。沈占云认为,中华图书馆协会的成立是一个标志性事件,标志着近代中国图书馆学事业进入一个空前的繁荣时期②。持同样观点

---

① 宝林.本市七处图书馆加入中华图书馆协会[J].天津市市立通俗图书馆月刊,1934(2):9.

② 沈占云.中华图书馆协会成立的背景因素、历史意义之考察[J].图书馆,2006(1):24－26.

的还有廖铭德,他认为中华图书馆协会的成立标志着中国近代新图书馆运动由自发步入自觉时代,表明近代中国图书馆人在多年的图书馆普及推广中致力于探索出一条适合中国图书馆事业发展的新道路①。

2. 图书馆社团的出现,增强了图书馆从业人员的职业自信和工作动力

民国时期的图书馆社团是图书馆界从业人员及热心人士共同发起组织、参与管理的群众性组织。民国时期社会动荡,民不聊生。在当时救亡与启蒙的大潮下,民众教育、大众教育被视为启发民智,使民众摆脱蒙昧的渠道和手段,图书馆作为教育主体之一受到社会的广泛重视。但要实现"要给全社会的民众,人人有书读"②的理想何其渺茫。独行艰难,众行至久至远。图书馆社团的出现,首先让五湖四海怀有共同职业理想和信念的图书馆从业人员汇集到一起,百江入海,有了一个可以畅所欲言、提出疑难、寻求帮助的渠道,使图书馆从业人员之间的联系更为紧密。而且他们的职业理想在经过图书馆社团提炼为活动宗旨后更为集中、清晰和易于实践,这无疑更加坚定了图书馆从业人员的信心和决心,使其信念坚不可摧,也为他们后续投身于图书馆工作和图书馆学术研究注入了动力。其次,图书馆社团所建立的沟通渠道、举办的年会和创办的期刊等,成为图书馆从业人员学习交流、求职就业的重要平台。民国时期图书馆事业处在初创期,诸多问题繁杂无序,尚无定论,图书馆从业人员莫衷一是、无所适从,而且各馆情况复杂,分类编目等方法纵然习得也不可一概而论,"应用专学以管理之(图书馆)者,盖犹鲜例"③。加之当时信息阻塞,图书馆人员求职就业信息无一集中发布之所。因此,图书馆社团的出现极大地迎合了图书馆从业人员急需交流、探讨图书馆具体管理办法以及求职就业的需求。图书馆从业人员通过书信往来、参与年会、在图书馆社团主办的期刊上发布求职就业信息等,不仅习得具体的图书馆管理知识和技能,择取百家之长为我所用,而且更便于在战乱中及时获取就业信息,而不至于转为其他行业使图书馆事业无以为继。最后,图书馆社团的群众性、民主性和自治性使得基层的图书馆从业人员具有了通过选举参与社团管理的权力,这无疑会增强图书馆从业人员作为社会参与者和社会构建者的荣誉感,激发他们的职业动力。

---

① 廖铭德.新图书馆运动的新纪元——中华图书馆协会第一次年会及其《宣言》的历史意义[J].图书情报工作,2010,54(7):136 – 139.

② 陈独醒.图书为什么要流通[M].杭州:私立浙江流通图书馆宣传部,1932:9 – 10.

③ 全国图书馆协会成立宣言[J].图书馆,1925 年(创刊号):107 – 108.

3. 图书馆社团的出现,打破了被视为保存"故纸堆"的图书馆旧有形象

我国千年封建社会中的官家或私家藏书向来秘不外宣。经历了清末藏书楼藏书的散佚风潮后,大批古籍流向民间,为图书馆的设立提供了物质基础。虽然民国中期公平开放的公共图书馆业已建立,但不少民众仍视其为衙门重地或保存"故纸堆"的场所而不越雷池①。"……至于其他一般人,上而官吏及商家,下而贩夫走卒,以致妇女儿童等,他们绝不感有图书馆之必要。"②但是群众性图书馆社团,作为当时众多新兴社团的一分子,代表着民主和科学,意味着亲民和进步。更重要的是一批代表着先进文化的革命家、教育家、文化学者加入图书馆社团中来,这无疑使图书馆社团获得了更为良好的社会形象。因此,图书馆社团的主体:图书馆、图书馆从业者以及其他教育文化人员与机构,也打破了自身延续数千年来的"官方的""神秘的""禁闭的"形象,开始更易于被大众接受。尤其是中华图书馆协会的成立,不仅有众多教育文化界名人担任发起人,而且有梁启超、鲍士伟博士等在成立会中发表演说辞,受到了社会各界的广泛关注。当时约二十余家报纸、期刊争相报道,一方面说明中华图书馆协会的成立被当时众多的图书馆从业人员乃至教育文化界视为众望所归,另一方面也说明当时的媒体将中华图书馆协会的成立视为中国图书馆事业进入新的发展阶段的重要标志,中国图书馆事业向着当时更为先进的、科学的图书馆事业方向前进。

4. 图书馆社团的出现,营造了图书馆事业良性发展的环境

清末,社会的职业化、群体化和阶层化趋势明显,这为后来的结社风潮奠定了基础。其后,各类立宪团体、同业公会以及地方自治组织等如雨后春笋蓬勃兴起。据统计,在辛亥革命之前,商会类、教育类的社会团体有2000余个③,而且一些以保护行业及其从业者利益为目标的同业公会开始发挥作用。可以说,图书馆社团是在当时同业公会发展到较成熟阶段出现的,不仅呼应了当时的社会结社风潮,而且满足了图书馆从业人员急需一个行业自治组织来促进图书馆事业发展以及保护图书馆人切身利益的需求。图书馆社团的出现,意味着图书馆从业人员不再是单打独斗、孤立无援,而是有组织、有章程、有目标地开展各项活动,而且要

---

① 太憨生. 无知盦丛抄[J]. 励进,1932(9):11 - 12.

② 梁启超. 中华图书馆协会成立会演说辞[J]. 中华图书馆协会会报,1925,1(1):9 - 12.

③ 俞可平,等. 中国公民社会的制度环境[M]. 北京:北京大学出版社,2006:169.

以图书馆从业人员的自身发展、切身利益为重。图书馆从业人员与政府之间的往来从过去压倒性的局面变为双方力量的动态平衡。政府需要图书馆社团来充当其与图书馆、图书馆从业人员之间沟通交流的纽带，同时，又将其视为实施管理职能的工具，且后者的作用远大于前者。因此，政府无法无视图书馆社团提出的行业诉求以及发展策略，也无法将图书馆事业的发展视为若有似无之物，需要做出调整和一定程度的妥协。这样一来，通过图书馆社团向政府施以的压力和影响，就为图书馆事业的发展创造了相对良好的空间和环境。这从中华图书馆协会成立后数次将年会议案提请政府施行可以见得。此外，众多社会名流的加入，也使得图书馆社团提升了其社会影响力和社会形象，也可以进一步为图书馆事业创造良好的发展环境与大众舆论支持。

此外，图书馆社团的成立不仅对图书馆行业意义重大，在当时启发和激励了其他一些文化社团的成立，例如 1935 年成立的博物馆协会，在其《组织中国博物馆协会缘起》中称："吾国文化上之建设，图书馆方面规模粗有可观，而于博物馆之设施，尚在萌芽……"①该协会的发起人中，图书馆社团的袁同礼、程时煃、叶恭绰、陈垣等赫然在目。由此可见，图书馆社团在当时教育文化领域的影响力和榜样示范作用是巨大的。

---

① 组织中国博物馆协会缘起[J].中国博物馆协会会报,1935,1(1):1－2.

第三章 图书馆社团的管理与运行
——以中华图书馆协会为例

近代结社风潮的出现,为图书馆社团的管理与组织构建提供了最好的榜样,陆续成立的图书馆社团逐步建立了较为完善的管理制度和组织构架,为其会务工作的正常开展奠定了基础。按照一般程序,正式成立的图书馆社团都应有相应的规章制度,但目前笔者仅收集到 29 个图书馆社团的简章及相关制度,详见表 3 - 1。

表 3 - 1 民国时期图书馆社团规章制度表

序号	社团名称	社团规章制度
1	北京图书馆联合会	《北京图书馆协会会章》及附则 6 条
2	北平图书馆协会	《北京图书馆协会章程》《北平图书馆协会简章》
3	浙江省会图书馆协会	《浙江省会图书馆协会简章》
4	开封图书馆协会	《开封图书馆协会简章》
5	天津图书馆协会	《天津图书馆协会简章》
6	南京图书馆协会	《南京图书馆协会章程》
7	上海图书馆协会	《上海图书馆协会简章》
8	江苏图书馆协会	《江苏图书馆协会会章》
9	济南图书馆协会	《济南图书馆协会简章》
10	广州图书馆协会	《广州图书馆协会章程》
11	中华图书馆协会	《中华图书馆协会组织大纲》《中华图书馆协会执行部细则》《中华图书馆协会总事务所办事简则》《中华图书馆协会委员会规程》
12	苏州图书馆协会	《苏州图书馆协会简章》
13	杭州图书馆协会	《杭州图书馆协会简章》
14	中央大学区图书馆联合会	《中央大学区图书馆联合会简章》

续表

序号	社团名称	社团规章制度
15	太原图书馆协会	《太原图书馆协会简章》
16	福建图书馆协会	《福建图书馆协会章程》《执行委员会办事细则》《监察委员会办事细则》
17	山东图书馆协会	《山东图书馆协会简章》
18	浙江第二学区图书馆协会	《浙江第二学区图书馆协会简章》
19	瑞安图书馆协会	《瑞安图书馆协会简章》
20	无锡图书馆协会	《无锡图书馆协会简章》《无锡图书馆协会执行委员会办事细则》
21	安徽图书馆协会	《安徽图书馆协会会章》
22	天津图书馆学会	《天津市图书馆学会组织简章》
23	浙江第一学区图书馆协会	《浙江省第一学区图书馆协会简章》《浙江省立第一学区图书馆协会执监会细则》《浙江省第一学区图书馆协会理事会细则(1935年6月订)》
24	江西省会图书馆协会	《江西省会图书馆协会简章》
25	浙江图书馆协会	《浙江省图书馆协会简章》
26	浙江第十学区图书馆协会	《浙江省第十学区图书馆协会简章》
27	兰州图书馆协会	《兰州图书馆协会简章》
28	重庆图书馆协会	《重庆市图书馆协会章程》

注:由于一些图书馆社团数次修改简章,社团名称亦有变动,表格仅以社团成立时首次拟定的简章名称为准。

通过对这些图书馆社团制定的规章制度的逐一阅读,笔者发现民国时期图书馆社团所制定的简章或组织大纲相差无几。如北平图书馆协会在成立后,将其简章发往各地图书馆以供参考组建地方图书馆社团,之后天津图书馆协会成立,其简章"亦与本会(北平图书馆协会)者大同小异云"[①],南京图书馆协会的简章与北平图书馆协会简章"微有出入"[②]。规章制度的大同小异纵然与当时图书馆社团的目标及开展的业务活动大概一致有很大关系,但省、市、县级图书馆社团规章制度的高度相同也从一个侧面反映出当时图书馆社团尚处在起步阶段,对于自身的使命以及当地图书馆事业的发展程度尚无清晰的认识。

本章将着重考察民国时期图书馆社团内部的管理制度、组织构架、

---

①② 本会概略:要事简载[J].北京图书馆协会会刊,1924(1):22-28.

职会员、经费收支以及年会开展情况,以揭示这一时期图书馆社团的管理运行与其目标、宗旨之间的关系和效果。从民国时期 43 个图书馆社团中选出最具有代表性的社团——中华图书馆协会作为个案研究的对象,原因是研究民国时期的图书馆社团就不可避开当时唯一的全国性图书馆行业协会,它是折射当时众多图书馆社团的一面镜子,而且因为是作为全国性的图书馆协会,中华图书馆协会也能更加集中、鲜明、彻底地反映出时代与社会所带来的影响。

第一节 中华图书馆协会的制度建设

中华图书馆协会的成立大会通过了《中华图书馆协会组织大纲》(以下简称《1925 年组织大纲》)、《中华图书馆协会执行部细则》(以下简称《执行部细则》)、《中华图书馆协会总事务所办事简则》(以下简称《总事务所办事简则》)、《中华图书馆协会委员会规程》(以下简称《委员会规程》)等,初步完成了制度建设。这些管理制度构建起了中华图书馆协会的管理、运行系统,在一定程度上保证了其各项会务工作的开展。

中华图书馆协会《1925 年组织大纲》规定其"以研究图书馆学术,发展图书馆事业,并谋图书馆之协助"为成立宗旨,大纲还规定了其会员类型与入会条件、董事与执行两部及其各自职责,经费来源、职员选举方法与会议召开等事宜。从整体上来说,该组织大纲内容较为完备,基本涵盖了中华图书馆协会日常运行活动。中华图书馆协会在后续运行中又根据现实情况不断修正组织大纲,1929、1937 和 1944 年,中华图书馆协会三次修正了《中华图书馆协会组织大纲》。而且《中华图书馆协会组织大纲》被认定为中华图书馆协会的最高准则,它是中华图书馆协会开展会务、制定发展策略的纲领和指南。从内容设置来说,该组织大纲较为科学,兼具实用性与前瞻性。而且对各部门的职责权限均有详细规定,权责分界较为明确,有利于具体工作的展开。

《执行部细则》和《总事务所办事简则》则是具体的行动指导,规定了执行部和总事务所的具体活动展开方法,具有务实、开放的特点,例如《总事务所办事简则》要求总事务所每次开会不得超过 2 个小时。再如《执行部细则》及《委员会规程》对执行部和委员会施以极大的自主权。

中华图书馆协会各项规章制度的建立,表明中华图书馆协会基本具备了近代社会组织的基本特征。

第二节　中华图书馆协会的组织构架

一、决策、执行、监督与权力部门

中华图书馆协会的组织构架基本围绕成立之初制定的各项规章制度进行构建与调整。

1. 董事部—监察委员会—监事会

中华图书馆协会成立之初设有董事部,《1925 年组织大纲》规定董事部设部长 1 人,由董事互选决定,设董事 15 人,由会员公选决定;董事任期为 3 年,每年改选三分之一;改选之际,由董事部依照实选人数的 2 倍推举候选董事,再经会员从中公选决定,但也可以于候选董事之外选举出董事。董事部的职权有:制订会务工作计划、筹募经费、核定预算与决算、审定会员及名誉董事资格、推举候选董事、规定其他重要事项。

从董事部的职权范围可知,董事部是中华图书馆协会的日常领导与决策机构。从成立之初至第一次年会前,董事部部长为梁启超。但从目前收集到的资料来看,梁启超虽连任 4 年,但并未从事中华图书馆协会的日常具体管理工作。被选为首任执行部部长的戴志骞因不在国内而由袁同礼代职。成立次年起,袁同礼被正式推选为执行部部长,实质上承担了中华图书馆协会具体工作的执行与组织等工作。

1929 年的第一次年会中,中华图书馆协会重新修改了其组织大纲(以下简称《1929 年组织大纲》),并对其组织结构做了重大修正,将执行部改为"执行委员会",董事部改为"监察委员会"①②。年会还制定了《中华图书馆协会监察委员会章程》③,规定监察委员会设公选的监察委员 9 人、主席 1 人、常任书记 1 人(掌理并保管记录文件及杂物事项)、会计 1 人(掌理出纳及簿记事项),且监察委员不得兼任执行委员。监察委员的任期改选等与前董事会基本相同。监察委员会每年至少开会 3 次,以委员出席三分之二以上为法定人数,因事不能出席者需函托会员为其代表。监察委员会的职权有:"督促执行委员会执行议案;执行事件有与

---

① 张树华,张久珍. 20 世纪以来中国的图书馆事业[M].北京:北京大学出版社,2008:88.

② 中国图书馆学会.百年大势——历久弥新[M].北京:科学出版社,2004:26.

③ 中华图书馆协会监察委员会章程[J].中华图书馆协会会报,1930,5(4):11-12.

大会议案抵触者,得提出纠正;审查预算决算"①;纠正执行委员会的议案,须监察委员会4人以上提出,经监察委员三分之二以上通过方可提交;执行委员会因实际困难,确实无法执行议案时,须由执行委员会说明理由,并提交监察委员会复议,复议结果认为必须依据监察委员会纠正案执行时,执行委员会不得再行提出复议。此外,监察委员会也同样有监督机制:监察委员会如有违法事项,得由大会会员20人以上联署提出议案,经会员三分之二以上认为违法者,可解散监察委员会并改组。

　　1937年1月,因当时其他学术团体的监察委员会多用"监事会"之名,中华图书馆协会随此风潮将其监察委员会更名为"监事会"②,同时对其组织大纲进行了些微修改,是为《1937年组织大纲》。

　　中华图书馆协会成立后,依据组织大纲每年进行职员改选。1937年"七七事变"爆发后,中华图书馆协会会务基本停顿,职员改选也被迫暂停。1938年至1941年间,中华图书馆协会因"各项组织均依战前旧贯,因各部门配备尚属周至齐全,能与活动适应,故迄今并无更动"③。1943年,中华图书馆协会理监事联席会议决议理监事人员继上届续任。1944年5月,中华图书馆协会举行了第六次年会,会议中对《1937年组织大纲》进行修改,并最终通过了《1944年组织大纲》④。新大纲规定,监事会的监事9人由出席年会的会员公选出,不可与理事兼任。此外,会议还选举出了候选监事18人。同年11月,通过通讯选举选出新任监事9人。之后,中华图书馆协会再未进行过职员改选。

　　从成立之初的董事部,到监察委员会,再到应风潮而更名的监事会,中华图书馆协会决策领导部门的演进似乎与一般组织的缓慢、渐进的发展方式不同,尤其是从董事部到监察委员会,两者的职责与功能发生了完全的改变,从以决策为主转变为以监督为主,对执行部门增加了监督、核查甚至弹劾的职能,这一转变可以极大地避免执行部门工作怠惰、贪

---

① 中华图书馆协会执行委员会.中华图书馆协会概况[M].北平:中华图书馆协会事务所,1933:11.

② 执监委会改称理监事会[J].中华图书馆协会会报,1937,12(4):13.

③ 中华图书馆协会民国二十八年至三十年会务简报[G]//中国第二历史档案馆.中华民国史档案资料汇编:第五辑　第二编教育(二).南京:江苏古籍出版社,1997:721－725.

④ 宋建成所著的《中华图书馆协会》第123页称"惜受时间所限组织大纲未能予修正完成",但据《中华图书馆协会会报》第18卷第4期刊载的组织大纲之首注明的"经教育部与社会部备案",该次年会是最终完成了组织大纲修正的。

污腐败,避免领导者的一意孤行所可能导致的不良后果。这一转变还意味着中华图书馆协会作为群众性组织在内部组织与管理上的成熟,开始向着法制化的道路迈进。同时,作为监督部门的监察委员会(监事会)又受到来自会员大会的监督,可由会员大会提出解散或撤销。层层监督机制的构建,不仅是中华图书馆协会正常开展工作且取得实效的重要保证,更为重要的是,通过监督之监督,最终使中华图书馆协会真正成为全国各地各类图书馆、图书馆人的代表,成为他们表达社会诉求的咽喉。而这也是当时民主、民生、民权的三民主义之于中华图书馆协会的深刻影响。

2. 执行部—执行委员会—理事会

《1925年组织大纲》规定执行部是中华图书馆协会的具体工作执行部门,规定执行部设正部长1人、副部长2人、干事若干。执行部的主要职权有:拟订执行部工作计划、编制预算及决算、执行董事部议决事项、组织各委员会。

《1929年组织大纲》将执行部改为"执行委员会",增加了"执行委员会设常务委员五人,由执行委员互选之"的规定。在职权方面,还增加了"推举常务委员及候选执行委员"一项[①]。此外,中华图书馆协会还在1929年年会中制定了《中华图书馆协会执行委员会细则》,该细则规定:由常务委员主持会务工作,常务委员互选1人为中华图书馆协会主席,执行一切事项;设常任书记1人,掌理并保管记录文件及杂物事项;会计1人,掌理出纳及簿记事项。此外,该细则还规定执行委员会负有组织各专门委员会之责;在日常工作方面,要求执行委员会每年至少开会2次,并且以三分之二以上出席为法定人数;执行委员会每3个月向监察委员会做一次报告,或在《中华图书馆协会会报》上发布相关文章,陈述会务进行状况和有关报告情形。

需要指出的一点是,中华图书馆协会执行部成立之初聘有干事33名,除部分为图书馆界学者与工作者外,还有不少教育文化界的知名人士。但此后,无论是中华图书馆协会的职员表、会务报告还是其他相关资料中都没有出现这些干事的具体工作事宜等情况。由此推断,执行部干事或由于分散各地,或各就其职,大多数都未能专职从事执行部指派的工作。这也说明中华图书馆协会在成立之初对于其工作人员的组织调配存在不甚合理且控制力不足的缺陷。因此,《1929年组织大纲》删

---

① 中华图书馆协会组织大纲[J].中华图书馆协会会报,1929,4(4):4-5.

除了有关聘任干事的条款。

1937 年 1 月,中华图书馆协会执行委员会更名为"理事会"。全面抗战爆发后直至 1944 年前,中华图书馆协会会务受到极大影响,都未按照组织大纲改选理事,仅在 1943 年决议该年度理事会职员由上届连任。

1944 年 5 月,中华图书馆协会第六次年会修订通过了《1944 年组织大纲》。其中"组织"一章规定,理事会的 15 人由会员公选之,不可与监事兼任,理事任期改为三年,理事会设常务理事 5 人,由理事投票选出,再从常务理事中推出理事长、书记、会计各 1 人。常务理事任期为一年,理事、常务理事及监事可连选连任一次。"选举"一章规定理事由出席年会的机关会员及个人会员投票选出,由监事会推选出候选理事 30 人。同年 11 月,根据新修订的组织大纲,中华图书馆协会会员在监事会推举的候选理事中选出新任理事。之后,理事会职员再未变动,直至中华图书馆协会于中华人民共和国成立前夕无形解散。

从执行部到执行委员会,再到理事会,中华图书馆协会执行部门的名称虽经变更,但其基本职责不变,负责中华图书馆协会日常工作的推进以及向决策(监督)部门报告。

3. 全体会员(通讯选举)—参加年会会员(当场选举)

《1925 年组织大纲》规定,董事、执行部部长与副部长均"需由机关会员及个人会员通讯选举得之,且以得票最多者当选",董事部部长由董事互选决定,执行部干事则由执行部部长聘定。该组织大纲中"附则"规定若对组织大纲进行修改,需经董事过半数或会员 20 人以上提议,大会出席会员三分之二以上通过,方可修改。

从选举与聘定中华图书馆协会职员以及修改组织大纲的具体办法可以看出,中华图书馆协会的最高权力归属为全体会员,最高权力机关为会员代表大会。也正因为此,中华图书馆协会在成立之初对于其会员的入会条件较为严格,以保证最高权力机关的相对权威性与专业性。但现实的情况却是,由于未能建立行之有效的确保会员行使选举权利、参与会务管理的机制,加之会员分散于全国各地,以及中华图书馆协会对会员较为松散的管理方式,会员对中华图书馆协会的管理与参与较少,多仅有知情权[1],少有参与权和决策权。这一问题表现为中华图书馆协会历次年会到会会员数量以及职员选举的选票与实际会员总数相差悬

---

[1] 会员的知情权主要是指中华图书馆协会通过定期邮寄《中华图书馆协会会报》来告知会员有关会务的进行情况。

殊。更为重要的是,中华图书馆协会并未按照组织大纲的规定,一年举行一次年会,因此在年会未召开的年份,是以董事部(监察委员会、监事会)为权力部门的。

之后,虽经几次组织大纲修改,但中华图书馆协会的职员选举基本上都按照《1925年组织大纲》中的基本原则进行,虽然选票较之会员数量过少,但值得肯定的一点是,中华图书馆协会并未放弃这种选举方式,通过掌握选举权,中华图书馆协会会员行使了其管理职权,表达了图书馆人的职业呼声与诉求。

针对这一现实问题,在1944年的第六次年会中,中华图书馆协会对《1937年组织大纲》中的"组织"和"选举"进行了修改。修改后的"组织"一章规定,理事会的15人以及监事会的9人由出席年会会员公选得出。"选举"一章规定理事及监事由出席年会的机关会员及个人会员投票选出。这样一来,中华图书馆协会正式确立最高权力归属为参加年会的会员。

通讯选举纵然能收集普遍性意见,其结果更具代表性与权威性,但此种方式的弊病也不少:因交通、通讯等原因,往往会员选票或遗失不见,或晚于最终期限而成为废票,而且票选方式可能会因透明度低而发生徇私舞弊的问题。而出席年会会员的当场选举、当场唱票,不仅可以避免丢票、漏票,而且更具透明性与公正性。

从全体会员到参加年会的会员,从通讯选举到年会中当场选举,中华图书馆协会对于其权力部门及权力行使方式的调整不仅反映出中华图书馆协会始终视会员为其生存、发展之根本,将自身的发展方向置于会员手中,而且还体现出了中华图书馆协会这一群众性组织在制度化、规范化方面的进步。

二、总事务所

总事务所是中华图书馆协会会员大会的常设机构,由执行部设立,向执行部报告,是执行部的具体办事机构。《总事务所简则》主要针对总事务所的具体工作制定。该简则规定:总事务所设书记1人掌记录缮写及保管文卷簿册;总事务所暂不分股,由部长指派各干事分担事务;每月第二及第四个星期日各开常会一次,遇必要时,由部长决定召开临时会议,开会前两日,执行部部长整理议题并通知各个干事,干事所提议案,应至少提前4天寄交部长;各次会议均由部长主持,由书记记录列席、缺席人名及议决事项;干事所办事项,应写成简明报告,待开常会时提交部长;每次开会不得超过 2 个小时;干事因故不能列席者,需委托其他干事作为代表。

《执行部细则》规定:"设总事务所于北京,分事务所于上海",如一地方图书馆的事务增加,执行部部长可酌情考虑,增设临时分事务所或分事务所,但实际上中华图书馆协会只在上海一处设立过分事务所。1929 年年会中,孙心磐提《添设分事务所三处案》,该案称:"本会成立已历四年,未曾集会一次,致会务绝少进展。本届年会能照章成会,但远道代表未能时常来总会会议,势必隔膜。倘能多设分事务所,总事务所有事可与分事务所接洽,再由分事务所就近与各图书馆接洽,较为便利。"因此提议解决办法:"除原有分事务所一处在上海外,如总会移南京后,北平、武昌、广州三处,应设有分事务所(总事务所为中央,东西南北四部有分事务所),各分事务所委员由该地推选五人,料理一切事务。公费则由总事务所酌拨若干。"[1]但此次大会最终通过了《事务所仍在北平,不再添设分事务所案》,因此此后再无设分事务所的提议。此外,《执行部细则》还规定"编制总决算与预决算,编制会员总名录,征收会费与总出纳的工作"由总事务所办理。

成立之初,中华图书馆协会总事务所设于松坡图书馆内,聘于震寰为干事,承担总事务所的具体工作。1927 年 3 月,总事务所迁往北平北海公园北京图书馆内;1928 年,北京图书馆更名为"北平北海图书馆";1929 年,该馆与前身为京师图书馆(1912 年成立)的北平图书馆合并为国立北平图书馆,中华图书馆协会一直附设于该馆内。1937 年 11 月,国民政府在长沙成立临时大学,由国立北京大学、国立清华大学和私立南开大学联合组建。因三校图书于仓促间未能及时运出,因此与国立北平图书馆商议合作,成立临时大学图书馆。次年 3 月,临时大学图书馆迁至昆明迤西会馆工学院内。因中华图书馆协会职员向来由国立北平图书馆职员兼任,可以算是其总事务所也迁至长沙。7 月,中华图书馆协会总事务所又迁往昆明国立西南联合大学图书馆内办公[2]。1943 年 8 月,总事务所常务干事胡英因事辞职。同年 9 月,中华图书馆协会总事务所迁至重庆,在沙坪坝国立北平图书馆内办公。几月之内,干事一职几经数人轮转。直到 11 月,才又聘定李之璋为总事务所干事。1946 年,中华

---

① 未付讨论议案[R]//中华图书馆协会执行委员会. 中华图书馆协会第一次年会报告. 北平:中华图书馆协会事务所,1929:31.

② 本会呈报中央党部会务进行概况[J]. 中华图书馆协会会报,1938,13(3):15－16.

图书馆协会聘于震寰为常务干事,主持中华图书馆协会日常事务,各方有关会务的函件也由于震寰接洽。1947年,中华图书馆协会总事务所由国立北平图书馆迁至南京国立中央图书馆内,会务工作由该馆派员协理。

总事务所不仅负责中华图书馆协会日常工作,还先后兼管该会《中华图书馆协会会报》《中华图书馆协会概况》等各类出版物的编辑出版事宜。

三、委员会

《1925年组织大纲》规定执行部负有组织各个委员会的职权,各委员作为执行部的下属机构向执行部报告。

执行部制定的《委员会规程》明确各委员会设立的目的是"为共同研究学术或处理特别问题"①。组织方面,由执行部聘请委员会委员,各委员会设主任与副主任各一人,由委员会委员选举得出,另设书记一人,由委员会主任推举(各委员会的第一届主任、副主任及书记由执行部直接聘定)。委员会的职责有4项:关于该门学术或该种问题之处理事项;关于该门学术或该种问题议案之审查事项;关于董事部部长或执行部部长交议或委托事项;关于本委员会建议事项。而委员会履行其职务的具体方法,可自行决定,而且为工作方便起见可设分委员会。《委员会规程》未规定各委员会会议召开的频次,只规定委员会会议由书记与主任共同商讨召集,须随时与执行部部长接洽进行中的事项,并于某项问题研究完毕后,将具体报告交执行部执行。在经费方面,委员会的经费应由各会主任交预算至执行部部长,执行部部长向董事部提出核定。如所需经费超出本会预算,须由董事部协同委员会共筹以作补充。《委员会规程》对于委员会的职责规定较为详细、全面,保证了委员会各项工作有据可循。

成立之初,中华图书馆协会拟设委员会13个:分类委员会、编目委员会、索引委员会、目录委员会、国际目录分委员会、政府出版物委员会、交换图书委员会、专门名词审查委员会、儿童图书馆委员会、乡村图书馆委员会、出版委员会、图书馆建筑委员会以及图书馆教育委员会②。后经执行部与董事部共同议定,设图书馆教育委员会、分类委员会、编目委员

---

① 中华图书馆协会委员会规程[J].中华图书馆协会会报,1925,1(2):3.
② 中华图书馆协会之进行[N].申报,1925-05-29(11).

会、索引委员会、出版委员会共 5 个委员会用于相关工作的开展。出版委员会下设编辑部与发行部，其中发行部在 1926 年将《图书馆学季刊》委托由南京书店发行后自行解散，编辑部照旧，并聘请各地方图书馆协会会长为编辑。1925 年 6 月 2 日，中华图书馆协会董事部还推举颜惠庆、熊希龄、丁文江、胡适、袁希涛 5 人组织成立了财政委员会，以筹划中华图书馆协会基金，但后因时局影响，未能开展相关工作。1927 年 6 月，中华图书馆协会重组编目委员会，任命李小缘为主任，章篯为副主任，沈祖荣、查修、蒋复璁、爨汝僖、施廷镛、王文山为委员。

1929 年第一次年会之后，中华图书馆协会为执行年会议案及共同研究学术起见，特增设检字、编纂、建筑、宋元善本调查及版片调查委员会并聘任新委员。基于其创办的《中华图书馆协会会报》和《图书馆学季刊》（以下简称"两刊"）都已形成了较为稳定的出版发行渠道与程序，编辑部分设为《中华图书馆协会会报》编辑部与《图书馆学季刊》编辑部，分别负责两刊的稿件征集、统编等事项。

1932 年，中华图书馆协会执行委员会在该年度第一次会议中决议改组委员会，原因是虽然当时各委员会实际工作"著有成绩者固属不少"，但"迄无成绩报告者亦居多数，推其原因或无计划，或无经费，故中途常有停顿"，因此"亟应改组以便进行"①。全体执行委员会将各委员会重新改组，要求以主任与书记在同一地点为原则。其各委员会委员，由主席推荐后，再由执行委员会函聘。此外，为使各委员会切实开展工作，经商讨，最终议决三点：一是各委员会由主任先将一年内的具体计划函告执行委员会，二是每年六月编制工作报告，三是各委员会可预支 30 元为经费，如费用过大，可陈明执行委员会酌量增加。经过改组后的中华图书馆协会新委员会有：分类委员会、编目委员会、索引委员会、检字委员会、图书馆教育委员会、建筑委员会、编纂委员会、版片调查委员会以及《图书馆学季刊》编辑部。宋元善本调查委员会归并于版片调查委员会。《中华图书馆协会会报》的编辑由事务所专人负责，不再设专门的编辑部。1933 年，中华图书馆协会新增两个委员会：图书馆经费标准委员会、审定杜威分类法关于中国编目委员会。

1936 年，各委员会"实际工作，著有成绩者，固属甚多，但无成绩报

---

① 本年度第一次执行委员会议决案[J]. 中华图书馆协会会报,1932,8(3):13－15.

告者尚复不少"，原因同前在于"或无计划，或无经费，均陷于停顿状态"①。为此中华图书馆协会再一次对各委员会进行改组，并仍以委员会主任与书记在同一地点为原则，各委员会委员由主任推荐，请全体执行委员通过，再由委员会发函正式聘用。

中华图书馆协会的具体事务的推行有赖于这些专门委员会。委员会的增减变化，一方面说明中华图书馆协会的工作重心在不断发生变化，另一方面也反映出当时图书馆实际工作中的问题、图书馆事业的发展走向与图书馆学术研究热点与趋向的变化。

中华图书馆协会各委员会的名称反映了其所负责的事项和承担的任务。从各个委员会的发展过程来看，虽然分类、编目、索引、检字、图书馆教育这5个委员会较为稳定，但其他诸如宋元善本调查委员会、版片调查委员会、编纂委员会等的设立与撤销，在一定程度上来说较为随意，这一点从这些委员会存在时间较短、具体工作成果较少等方面可见一斑。此外，委员会主任、书记及委员的变更，也反映了当时图书馆界对于图书馆事业某方面期望的变化。

四、通讯处、办事处

1938年，中华图书馆协会为办事便利起见，设通讯处于重庆国立中央大学图书馆内②。同年，又在金陵大学图书馆（成都）、广西省政府图书馆（桂林）、贵州省立图书馆（贵阳）、浙江省立图书馆（永康）、震旦大学图书馆（上海）、香港大学冯平山图书馆（香港）、国立西北联合大学图书馆（城固）、国立湖南大学图书馆（长沙）、国立中央图书馆（重庆）等处设立14个通讯处③。1944年，蒋复璁在理监事联席会议中指出"以前曾由理事会之决议通知在渝设立通讯处，惟迄未办理"④，可见重庆通讯处并未展开工作。此外，中华图书馆协会在呈社会部的会务简报中称："各项组织均依战前旧贯，因各部门配备尚属周至齐全，能与活动适应，故迄今并无更动。只（民国）二十八年间因使迅速接受征募外国图书之关系，曾将香港办事处之组织予以临时扩大，（民国）二十九年间复增委海外人

---

① 中华图书馆协会执行委员会. 中华图书馆协会第十一年度报告[J]. 中华图书馆协会会报,1936,11(6):21-23.

②③ 本理事会通讯处之设立[J]. 中华图书馆协会会报,1938,13(3):16.

④ 本会在渝理监事联席会议纪录[J]. 中华图书馆协会会报,1942,16(5/6):16-17.

员,分设驻欧及驻美通讯处。"①由此可见,中华图书馆协会曾在香港设有办事处,并在国内外多地设有通讯处。然而《中华图书馆协会会报》中有关通讯处与办事处的报道少之又少,说明中华图书馆协会的这两个下属组织真正开展的活动并不多。

从中华图书馆协会内部组织结构的整体演变来看,可大致将其分为两个阶段:第一个阶段是 1925—1929 年年会之前,这一时期中华图书馆协会的组织架构较为单一,但基本上满足了中华图书馆协会日常运行所需。第二个阶段是 1929 年年会之后,因为监察委员会的设置,中华图书馆协会在组织结构方面的规范化进一步加强。

成立之初,董事部与执行部之间的关系仅限于董事对执行部核定预决算以及执行部执行董事部的既定政策。其他无论是执行部的职员聘定还是日常工作的完成情况,董事部都没有掌控和监督检查的权利。经《1929 年组织大纲》对于两个部门职责权限的重大调整,完全改变了执行部门游离于决策部门控制之外的状况,决策部门增加了监察与弹劾执行部门的权力,加强了对执行事项的约束力与控制力,使得中华图书馆协会内部管理更为科学、规范,也使整个组织工作的顺利进行得到了更大程度的保障。从中华图书馆协会组织结构的整体发展演变过程可以看出,中华图书馆协会的组织结构是一步步趋于科学化、合理化的。而且组织结构的完善在一定程度上确实增强了中华图书馆协会的领导和管理效力,增强了中华图书馆协会对于其会员以及事务工作的控制和协调能力,反过来又提高了中华图书馆协会的运转效率,形成了一种良性循环。

第三节　中华图书馆协会的职员与会员

一、中华图书馆协会的职员

由相关资料可知②,中华图书馆协会存续的 24 年中,除了第一年度是由袁同礼代戴志骞之职,第九年度(1934 年 2 月—1935 年 1 月)执行

---

① 中华图书馆协会民国二十八年至三十年会务简报[G]//中国第二历史档案馆.中华民国史档案资料汇编:第五辑　第二编　教育(二).南京:江苏古籍出版社,1997:721 – 725.

② 中华图书馆协会执行委员会.中华图书馆协会概况[M].北平:中华图书馆协会事务所,1933:47 – 52.

委员会主席为刘国钧①外,其他年度都由袁同礼担任执行部门领导一职。有学者认为,学会的核心人物若长期占据会长一职,学会会务的开展取决于少数人的意志,势必会使学会的发展模式逐渐走向僵化②。但笔者认为,中华图书馆协会的领导者是通过会员票选的方式当选的,而且根据历次组织大纲,其领导者的任期是1—3年,仍由会员意愿来推选。此外,当时利用社团领袖的威望来获取政府及国内外各界支持,以及组织和团结会员的例子不在少数。而且若领导层频繁更迭,那么现实情形就会是待其较为熟悉本职工作不久,即要筹备下任选举之事,于中华图书馆协会工作目标的实现无益。"研究图书馆学术,发展图书馆事业",绝非三年五年便可实现,必须有长时间的谋划与执行。况且组织决策也极有可能带有领导个人想法,人人不同,此年如此,那年那般,协会的发展方向与策略一年一变,于现实工作有害无益。

中华图书馆协会的职员可以说是"铁打的营盘铁打的兵",往往在数人之间轮换。原因正如许纪霖所言:"对现代知识分子来说,在群体网络的建构中,学缘的因素其实要比地缘因素更为重要,相同的学校,一样的师承,类似的知识背景,同样的留学经历,往往成为知识分子相互认同的基础之一。"③中华图书馆协会职员中,同在美国纽约州立图书馆学校学习过的有袁同礼、戴志骞、沈祖荣、洪有丰、李小缘,另外刘国钧、杜定友等人也皆有海外留学经历。这些具有相近的学历背景和工作经历的人成为中华图书馆协会中稳固的职员组成。

然而,在中华图书馆协会的发展过程中,对于既定目标的追求与实现往往受制于现实情况,而未能获得完满结果,这一点在其工作报告中屡见不鲜:1929年年会中,沈祖荣代表董事部报告工作,自称"先须道歉",原因是自董事部成立以来,因时局与种种原因未能常开会议,"致对于会中无若何之贡献"④。会中执行部部长袁同礼亦称:"此半年中会务进行成绩甚鲜,此所深以为罪者也。"⑤出版委员会主任刘国钧亦对该委

---

① 1934年2月,袁同礼出国访问,由刘国钧代职。

② 房正.中国工程师学会研究(1912—1950)[D].上海:复旦大学,2011:84.

③ 许纪霖.近代中国知识分子的公共交往(1895—1949)[M].上海:上海人民出版社,2007:152.

④ 中华图书馆协会执行委员会.中华图书馆协会第一次年会报告[R].北平:中华图书馆协会事务所,1929:15.

⑤ 中华图书馆协会执行委员会.中华图书馆协会第一次年会报告[R].北平:中华图书馆协会事务所,1929:16.

员会的工作不甚满意："自（民国）十五年九月至于现在，因时局变换，各种事业皆受其影响，以致进行困难……就本委员会过去二年之经验而论，深感各事麇集一身之苦。捉襟见肘，自不待言。"①

　　中华图书馆协会会务工作的最大障碍除了经费问题外，另一个内部性因素就是其职员的非专职性与分散性。例如，当时中华图书馆协会总事务所设于国立北平图书馆内，并由该馆派员兼任若干职务，虽然于经费负担上较为减轻，但"实际工作，似嫌感觉泄驰"②。再如当时出版委员会主任刘国钧任职于南京，《图书馆学季刊》编辑部设在南京金陵大学内，其编辑由金陵大学职员兼任，与远在北平的中华图书馆协会总事务所联系颇费周折。为解决这一问题，1930 年 10 月，刘国钧连同《图书馆学季刊》编辑部迁至北平，暂时解决了编辑部与总事务所之间的联系不便问题。然而，中华图书馆协会职员往往身兼双职甚至数职并分散于全国各地，对于会务工作的正常开展仍有很大的影响。1933 年年会中，徐家璧、邓衍林等人提出了《规定本会事务所职员应为专任职务以增进会务效率案》，请由执行委员会酌办，但该案并未获得有效实施。该次年会中，刘国钧也提议其出版委员会应设置专员司理发行事宜，"俾各种书报之发行，得集中于一处，不至有散漫贻误之虞。兼可管理其他用品之售卖。庶营业方面，得以发展而鼓励会员之著作"③。然而，中华图书馆协会职员的专职化与集中化始终未能实现，也始终影响其正常工作。1936 年，《新北辰》报道："（中华图书馆协会）本年新任执行委员，多散居各省市，召开执委会议，大非易事……"④中华图书馆协会职员的非专职性与地域分散性并不能归咎于中华图书馆协会本身的管理能力，而是与当时图书馆学专业教育培养出的人才数量不多，从事图书馆实际工作的人才缺口较大有很大关系。

二、中华图书馆协会的会员

　　中华图书馆协会作为民间性群众组织，是由一群具有相同的目标或工作背景的人自愿聚合而成的。从一定程度上来说，表达会员的意愿与

①③　中华图书馆协会执行委员会.中华图书馆协会第一次年会报告[R].北平:中华图书馆协会事务所,1929:20.

②　中华图书馆协会执行委员会.中华图书馆协会第二次年会报告[R].北平:中华图书馆协会事务所,1933:90.

④　中华图书馆协会本届年会预报[J].新北辰,1936,2(6):622-624.

诉求是中华图书馆协会成立的使命与宗旨之一。因此,中华图书馆协会安身立命之根本就在于其会员,没有会员,中华图书馆协会就没有存在的意义。而反之,就组织与个体之间的关系来说,研究中华图书馆协会就不可避免地需要对其会员进行研究,因为会员是构成中华图书馆协会完整活动画面的重要部分。

1. 会员类型与数量

有关中华图书馆协会的会员数量,有学者称其"在京会员最多时达300 余人,其中常住总会会员达 10 余人。所属分会①共有 200 余处,会员约万人,以东三省最多,黄河流域次之,长江各省又次之。"②在中华图书馆协会 1938 年呈国民党中央党部的会务进行概况中有这样一段话:"全国图书馆及服务或赞助图书馆事业者均□为会员。"③

据此可知,中华图书馆协会的"会员"有两种含义:一为广义的,凡当时国内图书馆、图书馆工作人员以及赞助图书馆事业者均为会员;一为狭义的,指经入会程序与手续,在中华图书馆协会总事务所明确登记在案的图书馆、教育文化机构与赞助图书馆事业的人士。前述"会员约万人"应是取其广义会员之义。本书中除了特殊说明外,"中华图书馆协会会员"一词均采用狭义之义,即为登记在案的会员,除特殊说明外,"会员"包括机关(团体)会员、个人会员、名誉会员与赞助(永久)会员。

从整个会员体系来看,机关会员与个人会员无疑是核心,他们具有数量上的优势,也同时握有选举与被选举权,因而对于协会的发展方向具有决定性作用。名誉会员对于协会的发展起着辅助作用,一方面,中华图书馆协会借名誉会员的名望与社会影响力提高自身声誉与社会地位,另一方面,可直接从名誉会员处获得经济或政治上的支持。中华图书馆协会成立不久即由董事部决定:"为奖进图书馆学术起见,对有特殊贡献者,均推为名誉会员。"④

据统计,中华图书馆协会的中国名誉会员有:蔡元培、罗振玉、戴传贤、蒋梦麟、张元济、叶恭绰、施肇基、陈垣、王树枏、叶德辉、李盛铎、胡适、徐世昌、严修、王国维、徐乃昌、陶湘、傅增湘、叶楚伧、董康、张相文、

---

① 此处的"分会"应指"机关会员"。

② 丁守和,劳允兴.北京文化综览[M].北京:北京师范学院出版社,1990:391 – 392.

③ 本会呈报中央党部会务进行概况[J].中华图书馆协会会报,1938,13(3):15 – 16.

④ 会务纪要:名誉会员[J].中华图书馆协会会报,1925,1(3):21.

刘承幹、欧阳渐、卢靖、蒋汝藻、柯劭忞、张钧衡、朱孝臧、杨杏佛。这些名誉会员或为社会名宿，或为学界大家，但相同点是都具有很大的社会影响力。中华图书馆协会的外国名誉会员有：十进分类法发明者麦维尔·杜威(Melvil Dewey)、美国国会图书馆馆长赫伯特·普特南(Herbert Putnam)、普林斯顿大学图书馆馆长欧内斯特·库欣·理查德森(Ernecst Cushing Richardson)、约翰·克勒拉图书馆馆长克莱门特·W. 安德鲁斯(Clement W. Andrews)、纽约州立图书馆馆长詹姆斯·怀尔(James I. Wyer)、纽约市公共图书馆馆长埃德温·哈特菲尔德·安德生(Edwin Hatfield Anderson)、纽瓦克公共图书馆馆长约翰·科顿·达纳(John Cotton Dana)、密歇根大学图书馆馆长威廉·华纳·毕少博(William Warner Bishop)、波士顿公共图书馆馆长查尔斯·F. 贝尔登(Charles F. D. Belden)、美国图书馆协会执行秘书卡尔·H. 米兰(Carl H. Milam)等。

赞助(永久)会员是会费的重要来源。这类会员较名誉会员数量更多，据笔者统计有60余位，其中不仅有中华图书馆协会职员，如袁同礼、李小缘、桂质柏、蒋复璁等人，还有若干同时是中华图书馆协会的名誉会员，如傅增湘、胡适等。其余则主要由图书馆界、教育文化界人士组成。《中华图书馆协会会报》先后刊载过的赞助(永久)会员有：李宛文、于震寰、周云裳、刘华锦、蓝乾章、夏泽兰、张正鹄、任宗炎、胡英、杨长治、颜斗南、宋友英、彭道真、李之璋、王云五、李小缘、蒋复璁、陈本林、杨家骆、杨达贤、梁慕秦、焦宗德、戴志骞、尹华中、汪长炳、钱亚新、岳良木、皮高品、罗家鹤、陈得零、张有岁、程岩德、王铭悌、孙德安、桂质柏、田荣卿、周望、饶斌、孙雁征、张从吾、李雪、蔡声洪、程其奋、鲍益清、薛志泽、黄致祥、萧子德、黄慕筠、李景新、赵建勋、赵质文、裘开明、钱存训、严文郁、顾家杰、徐家璧、童世纲、左坚、谷子深、陆华深、万斯年、张遵俭、袁同礼、张全新、傅增湘、胡适、莫余敏卿、沈祖荣、陈配德、徐安百、顾斗南、陈鉴时、汤生洪、周昌溶等。

中华图书馆协会名誉会员与赞助(永久)会员没有选举与被选举权，这确保了中华图书馆协会的发展方向不会受到外界非专业人士的影响。

根据笔者对《中华图书馆协会会报》中刊载的三次会员录(1926、1935、1947 年)以及历年年度报告中会员数量等材料的统计，得到表 3 - 2：

表3-2 中华图书馆协会各类会员数量统计表

年度①	机关会员数量(个)	个人会员数量(个)	名誉会员数量(个)	总数(个)
1925 年	126	198	33	357
1926 年	129	202	33	364
1927 年	132	217	31	380
1928 年	129	190	31	350
1929 年	162	269	37	468
1930 年	173	273	35	481
1931 年	239	417	33	689
1932 年	233	402	32	667
1933 年	258	452	30	740
1934 年	277	482	27	786
1935 年	276	522	27	825
1936 年	288	536	26	850
1936 年	299	599	—	—
1937 年	299	573	26	898
1939 年	—	—	—	360
1940 年	101	280	23	404
1941 年	104	298	22	424
1943 年	142	417	18	577
1944 年	157	535	18	710
1947 年	—	606	—	—
1949 年	157	553	18	728

①因中华图书馆协会档案以及相关资料的缺失,此处的"年度"指提及会员人数的年度报告、通讯等资料的发表年代。

从表3-2可以看出,1925年至1937年,中华图书馆协会会员从成立之初的357名,迅速增加至898名。会员的快速增加不仅说明中华图书馆协会社会影响力的增强以及图书馆人对该协会在发展图书馆事业方面所起作用的普遍认可,更反映出当时图书馆事业的蓬勃发展之势,图书馆学教育获得长足发展,图书馆从业人员激增,热心赞助图书馆事业者甚多。

另外,《抄中华图书馆协会执行委员会报告第一次年会决议案呈》

（1929 年）称："本会现有机关会员三百余名,个人会员六百余名,较之成立初年,约增加四倍之谱。"①而宋建成所著《中华图书馆协会》中的 1929 年中华图书馆协会会员总数一栏为空缺,仅注明当年名誉会员数量为 37 名。因资料缺乏,笔者无法对该年度的会员数量加以考证,但从第二年,即 1930 年的会员总数为 481 名来推测,该呈请中总计 900 余名的会员总数应为夸大。

社会政治环境的巨大变化,对于会员分布甚广且为群众性质的中华图书馆协会影响巨大。全面抗战爆发后,会员或流离避乱于各地,或者参军入伍伤亡,与中华图书馆协会之间的联系大多被割断。同时,中华图书馆协会会员与当时大多数中国人的命运一样,在社会的巨变中以努力生存为第一要义,因此作为某一群众性组织成员的身份与角色退居次要,甚至无关紧要。而中华图书馆协会总事务所亦因避乱而四处迁徙,会员登记与统计一度中断。直至 1940 年,《中华图书馆协会会报》中才再次出现会员数量的统计:"现会员中除百分之四五供职其他机关外,其余仍继续服务于各地图书馆,以谋后方文化事业之发展,计现有会员三百六十余人。"②但据 1941 年中华图书馆协会的当年年度报告,当时有登记在案的会员共计 424 名,会员数量不及战前的一半,且其中 16 人在国外,而"此系战后继续登记之数,实较战前差额甚巨,故知尚未办理登记手续者尤不在少"③。

2. 入会要求与征集登记

中华图书馆协会对于其会员的入会要求随组织大纲的修改而发生了三次变化:

《1925 年组织大纲》规定会员分为机关会员、个人会员、赞助会员与名誉会员四类。机关会员须以图书馆为单位;个人会员要求是图书馆员或热心于图书馆事业者;赞助会员与名誉会员则无任何限制。入会要求为:"机关会员与个人会员须由中华图书馆协会会员二人以上介绍,经董事会审定通过者即可成为会员;赞助会员为捐助中华图书馆协会经费伍

---

① 抄中华图书馆协会执行委员会报告第一次年会决议案呈［G］//中国第二历史档案馆.中华民国史档案资料汇编:第五辑　第一编　文化(二).南京:江苏古籍出版社,1994:811－823.

② 本会呈请教部续予经费补助［J］.中华图书馆协会会报,1940,14(5):10－12.

③ 中华图书馆协会民国二十八年至三十年会务简报［G］//中国第二历史档案馆.中华民国史档案资料汇编:第五辑　第二编　教育(二)［G］.南京:江苏古籍出版社,1997:721－725.

佰元以上者;名誉会员为凡对于图书馆学术或事业上有特别成绩者。此外,该组织大纲还规定,中华图书馆协会所有发起人均当然为基本会员。"①《1925 年组织大纲》中机关、个人会员入会需经已有会员二人以上介绍的要求在当时的社会环境下来看,不可谓不高,但这一规定的优点在于,可以通过介绍人来保证其所介绍的会员确实来源可信,便利管理。

1928 年,《中华图书馆协会会报》上刊载了《美国图书馆协会会员已逾一万人》的消息,该篇作者认为美国图书馆协会会员的增加表明美国国民众"对于图书馆之信仰,实首屈一指"②。受美国图书馆协会广纳会员理念的影响,中华图书馆协会开始考虑降低会员要求,加之拟通过广纳会员来增加经费收入,因此《1929 年组织大纲》对于机关会员不再限定于图书馆,而是扩大为"以图书馆或教育文化机关为单位,各地图书馆协会为当然机关会员"③。会员的入会方式也较前次组织大纲有了变化,由"须经会员二人以上介绍,经董事会审定通过"改为由"会员一人之介绍,经执行委员会通过"。中华图书馆协会会员的入会门槛开始降低。

1935 年,中华图书馆协会发表了《中华图书馆协会募集基金办法》,办法规定:"一次交会费百元者为赞助会员。代募基金伍佰元者或同时介绍永久会员十人者,亦得为赞助会员。""一次交会费伍拾元者为永久会员。代募基金二百伍拾元,或同时介绍永久会员五人者,亦得为永久会员。"④机关会员一次性交会费一百元者为永久会员。

《1937 年组织大纲》对于会员入会限制进一步放宽:"凡会员入会时须由本会会员一人之介绍,经理事会通过,得为本会会员。"仅从字面看,该条与之前的入会要求并无差别,但是该条还附注有:"机关会员入会不能觅得介绍者,得填具机关会员调查表径函理事会,请求审查通过。个人会员入会不能觅得介绍者,得先填具入会志愿书及调查表,随时向本会事务所商给办法。"⑤即是说,从此,中华图书馆协会机关会员与个人会员的入会可以不需任何介绍人。

《1944 年组织大纲》虽与《1937 年组织大纲》中的规定大致相同,成为会员者需由会员一人作为介绍人,但该条后备注为:"会员入会不能觅

① 本会启事二[J]. 中华图书馆协会会报,1925,1(1):2.
② 美国图书馆协会会员已逾一万人[J]. 中华图书馆协会会报,1928,3(4):23.
③ 中华图书馆协会组织大纲[J]. 中华图书馆协会会报,1929,4(4):4-5.
④ 中华图书馆协会募集基金办法[J]. 中华图书馆协会会报,1935,10(4):1.
⑤ 中华图书馆协会组织大纲[J]. 中华图书馆协会会报,1937,12(4):54.

得介绍者,得填具会员调查表径向本会申请。"①这表明,会员入会不仅可以无介绍人,而且其程序也更为简便。

中华图书馆协会对其会员入会要求的一步步降低以及入会手续的简化,对于自身发展无疑起到了积极的作用:高高在上的,由知名人士组建、领导的中华图书馆协会走出了"知识分子""特殊群体"的光环,大量普通图书馆人、热心图书馆事业的人士的加入,让中华图书馆协会最为本质的"平民化"得以体现。

与此同时,中华图书馆协会也积极吸纳会员,以壮大其规模和影响力。

成立之初,中华图书馆协会会员入会基本上遵循前两次组织大纲中的规定,主要依靠已有会员介绍。此种办法在当时已有会员较少、交通、通讯不便的情况下,使得会员人数增加较为缓慢。因此,1929 年开始,中华图书馆协会转变会员管理策略,开始广纳会员,一方面以发展图书馆事业为计,另一方面拟通过增加会员会费来维持并推动各项工作。

1932 年,中华图书馆协会在《中华图书馆协会会报》上发出了《征求会员》的通函,称其目的在于"谋全国图书馆事业之发展,与夫图书馆事业标准之提高,及如何使全国民众对于图书馆有真确之认识及了解"②,为实现此目的特征求会员。此外,中华图书馆协会还数次在《中华图书馆协会会报》上广告其会员所受种种优待,并谓其会员"仍间接辅助为全国图书馆谋利益之总机关"③,以期用以实际利益和精神激励来吸引会员入会。除会报外,中华图书馆协会还请其他图书馆学期刊代为刊布征求会员信息,如《厦门图书馆声》称中华图书馆协会"为扩展会务,并便会员入会起见",特函请该馆广为征求会员,"尤以机关会员为最所欢迎……尚未入会者,请速及时参加,俾我国图书馆事业,得以蒸蒸日上,不愧为文明古国……"④

全面抗战爆发后,因会员急剧流失,会费亦大量减少,中华图书馆协会工作开展受到影响。1941 年,中华图书馆协会再次发出征求新会员的"广告",称其"宗旨在研究图书馆学术,发展图书馆事业,并谋图书馆间之协助,故亟盼全国同志均能入会,俾得集思广益,而图共策共进……贵馆同仁中如尚有未入本会者,务请全体延致,尤所欢迎"⑤。

---

① 中华图书馆协会组织大纲(经教育部及社会部备案)[J]. 中华图书馆协会会报,1944,18(4):20 – 21.

②③ 征求会员[J]. 中华图书馆协会会报,1932,7(5):19.

④ 中华图书馆协会征求会员[J]. 厦门图书馆声,1935,3(3/4):10.

⑤ 征求新会员[J]. 中华图书馆协会会报,1941,15(3/4):10.

由于中华图书馆协会本身是群众性的自发团体,入会与退会自由,对于其会员也不负有行政管理职责,因此会员变化较为频繁。而且其会员有团体也有个人,分散国内各地,乃至国外各处,因此,会员的管理较地方性的组织更为困难。为了及时了解会员近况,方便管理与加强会员之间的联络,为其工作的计划与展开做人员上的储备与利用,中华图书馆协会利用其《中华图书馆协会会报》所具有的传播优势,进行会员调查。

1925 年,中华图书馆协会广发会员调查表,用以编制会员录。次年3 月,《中华图书馆协会会报》详细公布当时中华图书馆协会会员工作单位与通信地址,一来可以使社会各界明了其会员的工作现状,二来也可为会员之间的通讯往来提供桥梁。

随着新入会会员的增多,已有会员职务变化、地址多有变迁,之前的会员录已不符合现实的情形。因此,1931 年,中华图书馆协会再次发出了编制新会员录的通知。同年 12 月,中华图书馆协会要求会员函复各自的任职所在及通信地址,以使新会员录"以备各处检索之用……机关会员之调查表,更为种种统计之根据"①。次年 6 月,中华图书馆协会第二次会员录刊载于《中华图书馆协会会报》②。

全面抗战爆发后,中华图书馆协会总事务所为避战乱几经迁徙,疲于自顾,会员的登记与管理也无暇顾及。1941 年,中华图书馆协会总事务所地处西南昆明,相对较为稳定,因此力争使各项工作正常运行。因"本会各会员,一年以来,人事职务甚有变迁,馆址住所亦多移动,亟待详加清查,俾便联络通讯"③,为便利会员联络通讯,寄发刊物及编制会员录,中华图书馆协会再次发起了会员登记。

除了通过编制名录来掌握会员近况,以便管理与联络之外,中华图书馆协会还在《中华图书馆协会会报》中专设"会员消息"一栏披露会员近况:"本报刊载会员消息,特注重于个人会员,或职任之迁转,或寓所之更移,或近从事于某项研究著述,以及其他种种,皆乐露布,以资联络。"④

根据笔者对现有资料的考察后发现,中华图书馆协会与其会员的互动主要有三种方式:会员征集、登记与近况披露。此外,还有一些学者将其论文在两刊中刊载,或将其著作交中华图书馆协会代为出版,但这些

① 新会员录之编制[J].中华图书馆协会会报,1931,6(5):23.

② 中华图书馆协会会员录 1931 年 6 月[J].中华图书馆协会会报,1932,7(6):9-25.

③ 举行会员总登记[J].中华图书馆协会会报,1941,15(3/4):10.

④ 会员简讯[J].中华图书馆协会会报,1934,9(5):17-18.

会员的行为不具有普遍性。另外,因为年会总共举行 8 次,且参会人员较之会员总数较少,因此年会也算不上是中华图书馆协会与其会员互动的主要方式。当然,还有职员选举,与年会一样,参与其中的会员数量也是很少的。因此可以说,中华图书馆协会主要是通过会员征集、登记与近况披露来实现其会员管理的职能,然而这样的管理方式显然过于松散,这从大多数会员欠缴会费的情形可见一斑。

3. 会员福利与优待

中华图书馆协会会员享有其组织大纲①所规定的选举与被选举权,以及获赠《中华图书馆协会会报》《中华图书馆协会会员录》以及优惠购买《图书馆学季刊》②等的待遇。各机关会员所需书籍杂志或其他愿意交换复本需在《中华图书馆协会会报》中刊登广告者,中华图书馆协会一律不收广告费,凡会员购买中华图书馆协会出版物者一律九折。除此之外,中华图书馆协会会员还可获有开展学术研究与推进事业发展方面的帮助:"会员如有关于图书馆行政上任何疑难问题,均可通讯咨询,会中当尽力指导,不收任何手续费。"③

《图书月报》为国立中央图书馆于 1941 年创办,其"论著消息极为精致丰富,尤以新书月讯一栏,对于全国各图书馆采访上甚为方便"④,因此中华图书馆协会特函请中央图书馆对于其会员长期订阅者予以对折或六折便宜。

中华图书馆协会还借助《中华图书馆协会会报》这一信息集散地的广泛影响力,为其会员刊登寻聘信息,例如:"兹有某君曾在图书馆界服务多年,经验宏富,学品俱优,愿在图书馆担任职务,有欲聘者请迳函本会总事务所以便接洽。"⑤1941 年后,出于规范管理及提高办事效率考虑,中华图书馆协会要求"凡需才者,请开具:职务、待遇、资格、性别、年龄及需要何项保证,能否发给到职用资,有无聘约期限等项"。待聘者则须开具"姓名、年籍、性别、资历、著作、专长技能、希望待遇,及能出何项保证(如学校、业师或其他项保证)、愿到之地方省份,如不发用资能否到

---

① 中华图书馆协会历次《组织大纲》对于会员的选举与被选举权基本一致。

② 发行之初,《图书馆学季刊》对于中华图书馆协会会员半价优惠,从第二卷起为七折优惠,从 1932 年起均为免费赠送。

③ 征求会员[J]. 中华图书馆协会会报,1932,7(5):19.

④ 本会函请中央图书馆优待会员订阅图书月报[J]. 中华图书馆协会会报,1941,16(1/2):13.

⑤ 待聘[J]. 中华图书馆协会会报,1925,1(4):22.

职等项"①。

从上述资料似乎可以得出这样的结论:中华图书馆协会在吸引会员方面的优势略显薄弱,仅仅是提供信息或一定的经济优惠等。但上述"优待"促使笔者加以考察并付诸笔墨的原因是为了说明,中华图书馆协会作为一个行业协会的重要功能之一就是充当会员与政府及其他组织之间的桥梁与纽带,通过宏观性的运作来达到促进本行业整体发展的目标:建立行业发展空间,保护与扩大图书馆、图书馆人权益,争取行业性政策与经费支持。而真正惠及会员个体的也主要是图书馆事业的整体发展,图书馆及图书馆员社会地位以及社会保障的提高等不可量化的形式。本书第五章将对此问题进行详细论述。

第四节　中华图书馆协会的经费收支

中华图书馆协会的收入有以下几个渠道:①会员会费;②政府补助费;③组织或个人捐款;④出版物销售及出版物的广告费;⑤银行存款利息;⑥其他不固定收入。《1925 年组织大纲》规定以会员会费、官厅补助费与捐助费为其主要资金来源,因此本书也仅对于这三项做详细介绍,其他项做简要梳理。

由于民国时期的货币政策多变,从 1914 年颁布的《国币条例》,到 1935 年的法币改革,再到 1948 年发行金圆券,三十多年间货币符号几经变革,因此本书无法将中华图书馆协会在此阶段的各类收支做对比统计,并统一货币符号,只能从《中华图书馆协会会报》等资料中了解中华图书馆协会各年的收支情况,以考察中华图书馆协会的运行。

一、经费组成

1. 会员会费

《1925 年组织大纲》规定机关会员的年会费为 5 元、个人会员为 2 元,赞助会员需一次性捐助 500 元以上,名誉会员不需缴纳会费。《1929 年组织大纲》中有机关会员与个人会员需缴纳年会会费数量不变的规定,"赞助会员"改称为"永久会员",并规定个人会员只需一次性缴纳 25 元即可成为永久会员。这类会费的降低很显然是拟通过降低收费门槛而广收永久会员,进而增加会费收入。

---

① 本会代为介绍职业[J]. 中华图书馆协会会报,1941,15(3/4):10.

表3-3 中华图书馆协会历年年收支表(1925—1948年)

(单位:元)

年度	收入						支出		
	政府补助费	会员会费	组织或个人捐款	出版品销售、广告费、年会收入及银行利息等	上年度转入	收入合计	出版印刷装订费	办公费、购置费、薪俸费及杂费等	支出合计
1925年4月—1927年5月	5000.00	841.47	450.00	62.24	0.00	6353.71	890.73	886.92	1777.65
1927年6月—1928年6月		207.00		408.69	3676.06	4291.75	949.90	157.64	1107.54
1928年7月—1929年6月	3730.00	702.00		4766.70	3184.21	12382.91	1213.25	4348.32	5561.57
1929年9月—1930年6月	3500.00	343.00	350.00	397.33	3091.34	7681.67	1804.76	774.32	2579.08
1930年7月—1931年6月		620.00		529.44	5102.59	6252.03	907.52	636.57	1544.09
1931年7月—1932年6月		509.00		887.78	4707.94	6104.72	1760.19	667.06	2427.25
1932年7月—1933年6月	2700.00	1114.00		529.56	3677.47	8021.03	2676.03	1156.27	3832.30
1933年7月—1934年6月		1338.00	872.55	762.85	4188.73	7162.13	2859.85	1478.14	4337.99
1934年7月—1935年6月	700.00	1090.00		406.67	2824.13	5020.80	1150.48	2728.08	3878.56
1935年7月—1936年6月	2800.00	1117.00		302.84	1742.24	5962.08	1841.50	1287.94	3129.44
1938年第四次年会临时收入	450.00	107.00	150.00			707.00			0

续表

年度	收入						支出		
	政府补助费	会员会费	组织或个人捐款	出版品销售广告费、年会收入及银行利息等	上年度转入	收入合计	出版印刷装订费	办公费、购置费、薪俸费及杂费等	支出合计
1939 年 7 月—1940 年 12 月	1900.00	507.00		140.76	190.09	2737.85	862.42	523.21	1385.63
1941 年 1 月—1941 年 12 月	1600.00	551.00		60.87	1352.22	3564.09	1380.50	608.55	1989.05
1942 年 1 月—1942 年 12 月	2600.00	920.56	580.00	54.51	1575.05	5730.12	3500.00	356.53	3856.53
1943 年 1 月—1943 年 12 月	4800.00	1722.00	7809.51	15.40	1873.58	16220.49	7426.46	7268.00	14 694.46
1944 年 1 月—1944 年 12 月	8100.00	22 502.00	36 800.00	614.52	1526.03	69 542.55	24 465.82	23 131.4	47 597.22
1947 年 3 月—1948 月 5 月	15 567 000.00	2 270 000.00	2 270 000.00①	3 020 431.79	7 443 846.90	28 301 278.69	13 324 229.92	10 997 739.25	24 321 969.10

注：该表资料来源于《中华图书馆协会》《中华图书馆协会会报》《中华图书馆协会概况》《中华图书馆协会第一、二次年会报告》中华图书馆协会各年度报告等，其中部分年度的收支信息有缺失。

① 原文中两项收入合并计算。

　　1935 年,中华图书馆协会发布《中华图书馆协会募集基金办法》①,办法规定一次交会费 100 元的机关会员可成为赞助会员,代表筹募基金 500 元者或同时介绍永久会员 10 人者,可成为赞助会员。一次交会费 50 元的个人会员可成为永久会员,代表筹募基金 250 元或同时介绍永久会员 5 人者,可成为永久会员。同时,该办法后还附有《中华图书馆协会永久会员分期缴费办法》,"兹为图书馆在职人员,及目录学家入会便利起见",对于永久会员会费,规定可以分两次至十次于两个月至十个月间按月连续付清后,不再按年缴纳会费。而且缴纳时间也非常灵活:"缴费次数及月份由会员任意配定。"②但如果分期缴纳永久会员会费逾期,则改为普通捐款或年度会费。《1937 年组织大纲》中对该募集基金办法加以明文规定。

　　1943 年 12 月 8 日,中华图书馆协会在重庆召开理事会,主要就下届年会的若干问题进行研讨,会议议决会员会费涨为每年 20 元,机关会员会费涨为每年 200 元,凡民众教育馆、县立图书馆、中等以下学校图书馆得缴每年会费 100 元。永久会员每年会费涨为 200 元,凡已缴 50 元(个人会员)、100 元(机关会员)者则"请惠予捐助以达此数"③。会员会费的提高与当时法币贬值、通货膨胀有关,也反映出中华图书馆协会的经费窘况。

　　1945 年抗战胜利,原本以为国定民安可大力发展图书馆事业的中华图书馆协会,却遇到了内战不断、物价飞涨的窘困局面。前次理事会中商定的会员会费仍无法满足通货膨胀所带来的邮费以及中华图书馆协会运行费用的增加。因此,1945 年 10 月 23 日,理事会以"本会现行会费,系(民国)三十二年十二月改订,颇不敷目前需要",遂决定从当年起修改会费,个人会员会费为 200 元(国币),永久会员为 4000 元(国币),机关会员为 2000 元(国币)。要求当年未缴费的会员一律按新规定缴纳,已缴费者,则仍"请惠予捐助"④。1947 年 5 月 24 日,中华图书馆协会留南京理监事联席会议再次对会员会费进行修改:个人会员为每年 1 万元,机关会员分为甲乙两种——甲种每年 5 万元,乙种每年 3 万元,等级由机关会员自行认定。除会费外,协会还呼吁会员踊跃捐助。此外,会议还决定暂停接受永久会员会费⑤。

---

① 中华图书馆协会募集基金办法[J].中华图书馆协会会报,1935,10(4):1.
② 中华图书馆协会永久会员分期缴费办法[J].中华图书馆协会会报,1935,10(4):封面后.
③ 本会理事会决议事项[J].中华图书馆协会会报,1943,18(2):18.
④ 本会理事会报告及决议事项[J].中华图书馆协会会报,1945,19(4/5/6):12-13.
⑤ 留京理监事联席会议[J].中华图书馆协会会报,1948,21(3/4):5-6.

　　以上是中华图书馆协会对于会员会费的规定变化。从历史的角度看,会员会费的变化是中华图书馆为了适应各个阶段而做出的改变。

　　中华图书馆协会成立之初,由于会员分散全国各地,况时逢北伐战乱,会费的缴纳不无困难,因此此项收入不甚稳定。直至北伐结束后,会费一项才逐渐走向正轨,逐年随会员的增加而相应增加。从中华图书馆协会成立之初到最终解散,单从会费数字来看虽几经涨跌,但受当时货币政策与通货膨胀等因素的影响,其涨幅并不大。而且即便数次催缴会费,因当时交通梗阻,战乱频繁,欠缴者甚多,真正缴纳会费的会员数量不到全部会员的一半,1935 年中华图书馆协会的《中华图书馆协会第十年年度会务报告(1934 年 7 月—1935 年 6 月)》甚至称,虽然该年中华图书馆协会会员总数已达 825 名,但个人会员"(民国)二十四年度会费已缴讫者一四二名当(个人会员)全数四分之一强"①。

　　为了收缴会费,1935 年 5 月,经执行委员会议决,中华图书馆协会制定了《催缴年度会费办法》,并委请分布于南京、上海、安庆、武昌、广州、太原等 14 市的热心会务的会员介绍会员入会及代收会费,所征求会员也开始侧重于机关会员。据中华图书馆协会统计,"按本会二十五年度旧有及新增会员总数,计机关会员二九九处,个人会员五九九人,与已缴会费者相较,其未能按期缴纳者,两者竟均逾半数之上,直接影响本会之收入,间接影响本会应行举办之事业,再进一步言之,于推进全国图书馆事业上亦不无影响也。今后凡我会员,务希均能按期缴纳,以利进行,共图本界事业之发展,至为盼祷。"②

　　因永久会员需缴纳会费数量较大,一次缴清较为困难,中华图书馆协会还制定了《永久会员分期缴费办法》,规定可分两次至十次,于两个月至十个月间付清。

　　几经努力,会费缴纳情况逐渐好转。1938 年,中华图书馆协会总事务所在昆明恢复工作以来,首次出现了缴纳会费"颇为踊跃"③的现象。《中华图书馆协会会报》也将该年度缴纳会费的会员名与缴费数额一一公布。虽人数少,款额低,然而相比该年登记在案的会员来说仍有很大比例的提高。

---

① 中华图书馆协会第十年度会务报告(1934 年 7 月—1935 年 6 月)[J]. 中华图书馆协会会报,1935,10(6):3 - 7.

② 本会消息:二十五年度会费总收入[J]. 中华图书馆协会会报,1937,12(5):13.

③ 会费[J]. 中华图书馆协会会报,1938,13(3):19 - 20.

　　然而即便缴纳"踊跃",会费仍无法保证中华图书馆协会的正常运行。1941 年,中华图书馆协会在《中华图书馆协会会报》上发出《请会员缴纳会费》的通知,称"本会本身收支端赖会费维持"①,故请会员尽快缴纳。1944 年 3 月,中华图书馆协会再次催缴会费:"本会经费来源,系以会员会费为主要收入。抗战以还,交通梗阻,多数会员均未缴纳会费"②,因此请各方会员补缴会费。

　　次年,中华图书馆协会再发缴费通知:

　　　　查本会机关及个人会员未缴纳本年度会费者尚不乏人。近以物价高涨,邮费增加,而印刷费用较年初增涨两倍有奇(余),本会经费开支颇感拮据,特此通启周知,凡欠缴会费各会员即祈迅赐缴纳以利会务推行,无任企盼。③

　　1948 年,正值通货膨胀,金圆券滥行之际,中华图书馆协会于 5 月发出《本会催缴会费启事(1948 年 5 月 30 日)》:

　　　　会员公鉴:本会会务进行,端赖会费维持。查现在个人会员会费每年仅一万元,机关会员会费每年五万元或三万元,由会员量力认定,为数至微,无论以之印刷刊物,即以支付往来邮费,尚感不足,务乞早日完缴,并于会费之外尽力乐捐,以利会务。惠款收到后,除由经手者填具收据外,并在会报揭登,用资征信。④

　　然而即便中华图书馆协会数次声称其运行"端赖会费"并竭力催缴,但会员会费在年度总收入中的占比为 4% —32% 不等,非常不稳定。这一方面表明中华图书馆协会作为群众性组织对于其会员的管理与控制力较弱,另一方面也反映出恶劣的社会环境严重阻碍群众性组织的正常运行。

　　2. 政府补助费

　　中华图书馆协会成立以后,陆续收到来自政府方面的补助费⑤。

---

① 请会员缴纳会费[J]. 中华图书馆协会会报,1941,15(3/4):11.

② 会费之缴纳[J]. 中华图书馆协会会报,1944,18(3):15.

③ 本会启事[J]. 中华图书馆协会会报,1945,19(1/2/3):14.

④ 本会催缴会费启事(1948 年 5 月 30 日)[J]. 中华图书馆协会会报,1948,21(3/4):封面后.

⑤ 此处对于政府补助费的统计以中华图书馆协会当年收到的来自政府的各类费用为准,而不论其名义为"补助"或"捐款"。

1925 年 7 月,中华图书馆协会全体董事以"经费支绌,故原定各种计划,未得实行"①为由,上呈公函于北京政府,请予补助:

> 呈为请予补助用彰文化恭呈仰祈钧鉴事:窃查近今教育趋势,多利赖于图书馆,而民族文化,亦即于是觇之。启超等顾国籍之亟待董理,新学之尚须研寻,以为非力谋图书馆教育之发展,不可与列邦争数千年文化之威权,所关深巨,孰则逾是;用萃集全国公私立二百余图书馆及国中研究斯学之人,组织中华图书馆协会,业于本年四月成立。拟先从分类、编目、索引及教育四端着手。惟寒儒奋力,终不易于经营,国家右文,宁有吝夫嘉惠:合无仰恳 执政顾念国学,特予殊施,俾所策划,早得观成,士林幸甚,为此敬呈伏候训示施行
>
> 谨呈
>
> 临时执政
>
> 中华图书馆协会董事:梁启超、袁同礼、颜惠庆、蔡元培、范源濂、熊希龄、胡适、袁希涛、洪有丰、丁文江、王正廷、沈祖荣、钟福庆、陶知行、余日章
>
> 中华民国十四年七月六日

8 月,北京政府秘书处回函(第 1639 号)②:

> 迳启者:前奉 执政发下中华图书馆协会董事梁启超等呈请补助图书馆文一件;当经函交财政部查酌办理去后;兹准复称:查中华图书馆协会成立,提倡文化,嘉惠士林,政府自可量予赞助,既奉执政批财政部酌应即由本部筹拨五千元,借资补助,函复查照等因,相应函达查照;此致
>
> 中华图书馆协会梁董事启超
>
> 中华民国十四年八月七日

1925 年 4 月至 1927 年 5 月,中华图书馆协会获政府补助 5000 元,而此间中华图书馆协会的总收入为 6354 元,可见中华图书馆协会的起步阶段在政府经费支持方面获益良多。

中华图书馆协会开办的第一次年会也得到了政府在资金方面的大力支持:教育部转呈行政院准予拨给补助费 1000 元,此外,还有国民党

---

①② 会务纪要[J].中华图书馆协会会报,1925,1(2):10－11.

中央党部、内政部、外交部、铁道部、工商部、卫生部、江苏省政府予以经费资助,共计 2730 元。1929 年,中华图书馆协会派其会员参加在罗马举行的第一次国际图书馆大会及国际图书馆展览会,亦获得行政部与教育部的共同资助 2300 元。

由于第一次年会的成功举办与中华图书馆协会自身社会影响力的逐渐增强,从 1929 年起,国民党中央党部分批补助中华图书馆协会 1200 元(1929 年)、2700 元(1932 年)、700 元(1934 年)、2800 元(1935 年)。全面抗战爆发后,国民党中央党部于当年 9 月停发补助。

中华图书馆协会在昆明恢复工作后,因当时收入只有会员会费一项,而入不敷出,遂于 1939 年呈请国民党中央执行委员会宣传部(以下简称"宣传部")恢复每月的补助,称该会:"本中央抗战……之旨,积极协助各图书馆之复兴与发展。工作繁重,亟需巨款,始可一一办理……钧部本提倡文化之旨,赐以扶持,将每月之补助费,予以恢复。俾能推进文化,积极复兴。"①后宣传部因"本部目前经费异常困难,碍难按月津贴"②,决定一次补助 100 元。

因未获得政府稳定的经费支持,加之欠缴会费者众多,中华图书馆协会会务工作受极大影响。1939 年 3 月,中华图书馆协会再次呈请教育部准予每月补助 200 元。后教育部批准从当年 5 月起至 12 月间,予以每月补助 100 元,每三个月领取一次③。此次补助期满之后,中华图书馆协会"因经费困难,恳请增加补助"④,但未见教育部回复。

1941 年 3 月,"近因经费竭蹶,对于各项事业之推动,不无影响,而物价日昂,益感需款愈殷",中华图书馆协会再次呈请宣传部予以恢复补助。7 月,宣传部准予从当月开始每月补助 100 元。数量虽少,然而中华图书馆协会亦称此项补助"对于本会开支上不无小补也"⑤。受到获宣传部续补的鼓励,中华图书馆协会再次向教育部请予增加补助,但"因社教经费支绌"而未获批准⑥。1943 年起,宣传部停止补助,转由社会部补助每月 200 元。但 1944 年,社会部奉谕紧缩,停发补助⑦。当年,中华图书馆协会仅从教育部获每月补助 400 元。1945 年,中华图书馆协会以物

---

①②　本会呈请中央执行委员会宣传部恢复每月补助费[J].中华图书馆协会会报,1939,13(5):13.

③　教育部准于补助本会经费每月一百元[J].中华图书馆协会会报,1939,14(1):11.

④　本会呈请教部续予经费补助[J].中华图书馆协会会报,1940,14(5):10.

⑤⑥　中央宣传部准予恢复拨给本会补助费[J].中华图书馆协会会报,1941,15(6):6.

⑦　社会部本年停发本会补助费[J].中华图书馆协会会报,1944,18(4):16.

价高涨运转困难为由请予增加补助,获准每月补助1000元①。1947年3月至1948年5月,教育部接连补发1946、1947、1948年年度经费及印刷费,并补助沙本生、查尔斯·白朗(Charles Brown)、韦纳·克莱普(Verner Clapp)招待费②。

1944年,时任中华图书馆协会理事长的袁同礼在《中华图书馆协会之过去现在与将来》中指出:"本会之工作,非有中央及地方政府之补助无法推进。"③确实,来自政府的经费支持使得中华图书馆协会经费困难的问题得到一定程度的缓解,然而无论是国民党中央党部、教育部,还是宣传部等政府部门,其施于中华图书馆协会的补助费存在数额不等、时间不定的特点,例如,中华图书馆协会第三(1927年6月至1928年6月)、六(1930年7月至1931年6月)、七(1931年7月至1932年6月)、九(1933年7月至1934年6月)年度,均未获得任何政府补助。而其他各年份中,获补助最多者为1925年4月至1927年5月④,获政府补助占到了总收入的78.7%,最少者为1944年度,所占总收入的比例不到11.6%。从补助的次数来看,即使是其中对中华图书馆协会施以补助最多的教育部,在中华图书馆协会存续的24年间也仅下发补助11次。再从获得补助的方式来看,这些补助多由中华图书馆协会不懈的呈请得来,从成立之初中华图书馆协会就不断向教育部、社会部等请予补助。1948年,中华图书馆协会理事会的决议事项中仍旧有"常年经费自明年起除呈教育部增加补助费外,并应呈请社会部与宣传部予以补助"⑤一项,这说明从始至终中华图书馆协会都未获得政府部门足够的重视,因此,才有中华图书馆协会的屡呈屡请。而屡屡申请补助也极大地分散了中华图书馆协会的主要工作精力,1944年后中华图书馆协会进入了发展的低潮期,此为原因之一。

此外,从发放补助的部门来看,有国民党中央党部、宣传部、教育部、社会部、行政院、内政部等。1928年,中华民国大学院改称为"教育部",并于同年12月11日公布《教育部组织法》,规定教育部为全国学术、文

---

① 教育部补助本会每月千元[J].中华图书馆协会会报,1945,19(1/2/3):12.

② 留京理监事联席会议[J].中华图书馆协会会报,1948,21(3/4):5-6.

③ 袁同礼.中华图书馆协会之过去现在与将来[J].中华图书馆协会会报,1944,18(4):2-3.

④ 中华图书馆协会总收支对照表(1925年4月至1927年5月)[J].中华图书馆协会会报,1927,3(2):5-6.

⑤ 本会理事会报告及决议事项[J].中华图书馆协会会报,1945,19(4/5/6):12-13.

化及教育行政事务的最高机关,其下设的社会教育司仍为管理图书馆的专门机构。中华图书馆协会在教育部立案,理应归教育部社会教育司管理。国民党中央社会部编的《全国性特种社团一览(1941 年 3 月 3 日)》,将当时全国性的社团分为:国际文化、自然科学、医药及体育卫生、政法、经济建设、学术教育文化、边疆、艺术、宗教、慈善、公益、抗战救国以及其他共计 14 大类,其中中华图书馆协会属于其中的"学术教育文化"类(此类下共有 34 个学术团体),属于社会部的管理对象之一。这说明中华图书馆协会存在双重领导,但仍时时陷入经费窘困,得不到教育部及社会部的稳定的资金支持,反映出当时政府各部门的管理混乱,以及对中华图书馆协会未能予以应有的重视。

3. 组织与个人捐款

宋建成称中华图书馆协会经费来源"以捐助为着(著)……大凡协会推动活动,就十分依赖捐助"①。中华图书馆协会自身也承认"本会经费困难,向承各文化机关惠赐捐助,得维持业务于不坠"②。除了前述政府补助外,来自社会其他组织与个人的捐助成了中华图书馆协会收入的又一主要来源。

1925 年,中华图书馆协会与中华职业教育社等合办的图书馆学暑期学校开班,获清华学校与松坡图书馆共同捐助 300 元;1929 年第一次年会召开前,亦收到中央大学、北平大学、清华大学、燕京大学的捐助合计 300 元;当年,中华图书馆协会派代表参加国际图书馆大会及国际图书馆展览会,中央大学、东北大学、北海图书馆等各捐款 100 元,清华大学捐款 50 元。

1937 年 4 月,中华图书馆协会参加中国学术团体联合会建筑联合会所,分摊得建筑费 1600 元,"查本会历年收入,仅供维持之用,不得已乃以募捐办法筹集之"③,因此决定在该年会会费之外增加"建筑捐":机关会员至少 5 元,个人会员至少 1 元。截至当年 6 月底,共收各方捐款 1827 元④。但后因"七七事变"爆发,建筑联合会所一事也即停顿。1938 年 11 月,中华图书馆协会举办第四次年会,国民党中央党部、国立中央图书馆、国立北平图书馆、交通部图书馆、重庆大学图书馆、中央大学图书馆、文华图书馆学专科学校、金陵大学图书馆共捐款 500 元⑤。1939

①　宋建成.中华图书馆协会[M].台北:台北育英社文化事业有限公司,1980:45.

②　续收捐款[J].中华图书馆协会会报,1944,18(3):14.

③④　本会筹募会所建筑费[J].中华图书馆协会会报,1937,12(5):15.

⑤　本会第四次年会临时费收支清册[J].中华图书馆协会会报,1939,13(4):15.

年年会召开之际,当时中华图书馆协会总事务所设于国立西南联合大学图书馆内,因此收到该馆的特别捐款 50 元①。

1942 年中华图书馆协会召开第五次年会之际,国立中央图书馆、文华图书馆学专科学校向其捐款共计 500 元②。1944 年,国立西北图书馆以及云南大学、西南联合大学、复旦大学、华西协和大学、金陵大学、武汉大学的图书馆为中华图书馆协会捐款共计 4800 元③。同年,鉴于中华图书馆协会"调查国内图书馆之损失及各馆之概况,以经费困难不能积极进行⋯⋯而此项事业与我国文化复兴之重要",国际学术资料供应会决定补助中华图书馆协会 5 万元,指定专作调查之用④。

此外,中华图书馆协会在运行过程中,也不断受到国立北平图书馆的资助:1927 年 3 月,中华图书馆协会总事务所迁至北平北海图书馆内,事务所书记月薪也从该馆经费下支出,会计及其他事务员亦由该馆职员兼任,且不取分文报酬,事务所用文具、纸墨等仍多由其捐助。1939 年 8 月起,国立北平图书馆每月补助中华图书馆协会 100 美元,专门用于中华图书馆协会职员薪水、书箱运费及编印目录的费用⑤。

来自各个组织机构的捐款总数虽然不多,但确实对于减轻中华图书馆协会在经费方面的压力起到了一定作用。这些组织,以各类图书馆、图书馆学校和大学为主,这表明中华图书馆协会在图书馆界、教育界的影响力与作用得到了认可,另一方面也显示出图书馆界与教育界一荣共荣,一衣带水的紧密关系,这是中华图书馆协会获得教育机构捐助的重要原因之一。

除了组织捐助以外,个人捐助也是中华图书馆协会的收入之一。中华图书馆协会成立之时,得颜惠庆、梁启超、范源濂等人的个人捐款合计 150 元。其他个人捐款中,多数为中华图书馆协会职员,例如袁同礼、刘国钧、沈祖荣等也都曾数次捐款,以助会务进行。另外,第一次年会中袁同礼发言称:"本会蔡孑民先生奖助之力为多,不但精神帮助,尤为费用资助⋯⋯杨(杨杏佛)亦奖助本会出力之人。"⑥另外,在个人捐款中数额较大者还有胡英(1930—1943 年间兼职于中华图书馆协会),他于 1943、

① 会费[J].中华图书馆协会会报,1939,13(6):13.

② 本会第五次年会临行收支清册[J].中华图书馆协会会报,1942,16(5/6):19.

③ 续收捐款[J].中华图书馆协会会报,1944,18(3):14.

④ 国际学术资料供应会捐助本会[J].中华图书馆协会会报,1944,18(3):14.

⑤ 北平图书馆补助本会经费[J].中华图书馆协会会报,1939,14(2/3):11.

⑥ 中华图书馆协会年会开幕详记[N].申报,1929-01-30(12).

1944 年两次分别捐助中华图书馆协会 2000 元。1948 年,胡英再次捐助国币 10 000 元,并代其友人捐款。中华图书馆协会特将捐款人姓名及数额刊载于《中华图书馆协会会报》,对此热忱捐助"至深铭感,谨此声谢"①。从数量上看,来自个人的捐款在中华图书馆协会总收入中似乎可以忽略不计,但《中华图书馆协会会报》依然将这类捐款一一详为刊载,而不论数量多寡②。由此可见,中华图书馆协会在经费管理方面较为谨慎,而经费收支的透明在某种程度上可以增强其社会公信力,更有利于工作的开展。

4. 其他收入

除了会员会费、政府补助以及捐款外,中华图书馆协会的收入还有出版物销售及广告费一项。因为《中华图书馆协会会报》是免费赠阅的性质,往往在发放到各图书馆、教育文化机构后广受欢迎,屡屡成为绝版,而该刊并无销售费的进账,仅有少量广告费。另据笔者统计,《图书馆学季刊》每期印刷约百份,但往往因时局不稳而未悉数销售完毕,在中华图书馆协会总事务所尚有余存。与《中华图书馆协会会报》相同的是,《图书馆学季刊》也通过刊登广告来增加收入,但实际上根据中华图书馆协会的历年年度报告可知,该刊的广告收入少之又少。从 1927 年起,中华图书馆协会陆续出版了 60 多种书籍,但所得收入在其全部收入中占的比例仍旧很小。此外,中华图书馆协会在某些年份还有其他临时性收入,例如:1930 年度有回收出版委员会印刷费 107 元,1933 年度有监察委员会退还余款、第二次年会余款及国立北平图书馆与图书展览会售券补助费共计 1073 元,等等。另外中华图书馆协会还有银行存款利息等项,但因数量过少几乎可以忽略不计。

二、经费窘境与应对

从整体收入可以看出,中华图书馆协会的日常运行全靠政府补助、会员会费以及社会各方的捐款,除去应算作其正常经营与管理所得的会员会费以外,中华图书馆协会尚处于无法"自立"的窘境。据教育部统计,中华图书馆协会"(民国)二十年度收入计 1395.8 元,支出 2427.25 元"③,入不敷出是当时的群众性团体普遍存在的问题。第一次年会中,

---

① 胡英先生捐助本会[J].中华图书馆协会会报,1945,19(4/5/6):14.

② 据笔者粗查,有捐款两角者,亦在中华图书馆协会刊于《会报》的致谢之列。

③ 教育部.第一次中国教育年鉴[M].上海:开明书店,1934:1148.

袁同礼报告会务工作称:"(中华图书馆)协会以前经费不充,未能自立,专倚北海图书馆,实行揩油主义。"①

中华图书馆协会的各项事业活动也屡受经费制约:1926年,戴志骞致刘国钧的信中称:"中华图书馆协会以近来时局未靖,会中经济不宽,本年年会决拟取消暑期图书馆学校。"②1929年年会前,中华图书馆协会待出版的丛书稿件有十余种,"一俟经费充足,即可陆续付印",而当时中华图书馆协会无专项出版经费,"非设法筹措难期发展"③。此外,第二次年会与第一次年会相隔四年,袁同礼认为困难之处有三,其第一处即为"经费不敷"。另外,中华图书馆协会呈请政府各部予以经费补助的历次报告中无不称其会务工作受制于经费不足,而无法有效进行。

为了摆脱财务窘境,1929年年会中,出版委员会主任刘国钧建议通过广销出版物,如《图书馆学季刊》等来增加收入:"若此外(订阅外)能多销一份,即协会本身可轻一份之负担。夫每人购阅一部,所费无几,而本会出版事业受赐实多。"④杜定友等人提议《改征本会机关会员会费案》与《本会应筹募大规模基金以进行各项事业案》,之后两案合并修正为《本会基金案》,但之后不知何故该案被撤销。

1932年,中华图书馆协会以"向无永久基金,致会务不能充分发展"为由,提出了建立基金会的建议,并要求"筹划之策,须简而易行,力收实效"。具体办法是:"自本年度起多征求永久会员,此项会员会费,概充作基金,不作别用,另组基金保管委员会保管之。"⑤另有《征求赞助会员案》,决议赞助会员不分国籍,会费定为50元,此项会费亦全数充作基金;《机关永久会员会费明确规定案》决议机关永久会员会费暂定为100元,1933年起施行⑥。

1933年中华图书馆协会年会后召开会务会议,指出经费过少是导致

① 吟秋.全国图书馆年会花絮录[N].申报,1929-02-04(19).

② 赵熊.清华图书馆旧时文档预整理报告[C]//林佳.探索 改革 奋进——纪念清华大学图书馆百年华诞论文集.北京:清华大学出版社,2013:622.

③ 中华图书馆协会执行委员会.中华图书馆协会第一次年会报告[R].北平:中华图书馆协会事务所,1929:21.

④ 中华图书馆协会执行委员会.中华图书馆协会第一次年会报告[R].北平:中华图书馆协会事务所,1929:22.

⑤ 本年度第一次执行委员会议决案[J].中华图书馆协会会报,1932,8(3):13-15.

⑥ 协会一年来各方工作及将来计划[N].申报,1933-08-24(16).

会务不能发展的原因之一,因此,会议议决《中华图书馆协会募集基金办法》,主要内容有七项:①由中华图书馆协会的机关会员和个人会员按照各自收入多寡募集基金;②设立募集基金委员会,请社会各界热心图书馆事业人士任委员;③函请中央及地方行政机关予以补助;④待募集金额达到一定数量时再向中英庚款董事会和中美庚款基金会申请补助;⑤中华图书馆协会设立基金保管委员会,专门负责募集基金保管事项;⑥在《中华图书馆协会会报》与北平、上海各大报纸公布捐款名单及数额;⑦制定《基金保管委员会细则》①。

为执行此项议案,1934 年,中华图书馆协会在《中华图书馆协会会报》第9 卷第4 期中发出了《中华图书馆协会募集基金启》:

> 敬启者　本会自民国十四年春季成立,联合全国图书馆同仁互通情愫,借资观摩,九载以来,颇著成效。于是各地方协会亦竞起组织,会务日繁,会员日增,其效用乃益宏大。历年发行会报及图书馆学季刊,并各种书目及索引,以供同志之参考,然此固未尽本会之能事,他若培植人才,广事研究,应办之事尚多,率以限于资力,愧无建树,而基本经费亦尚无着,迄今犹附设于北平图书馆中,未能应时进展,斯亦为海内人士所深惜也。前本会举行年会,咸以本会为全国图书馆事业之枢纽,亟应积极发展,广募基金,俾无经费竭蹶之虑,而会务幸得日起有功。②

随后,中华图书馆协会根据《中华图书馆协会募集基金办法》组建募集基金委员会,蒋梦麟等70 人为委员,另外还组建基金保管委员会,选戴志骞为主席,洪范五、刘国钧、周诒春、王文山为委员③。

然而,募集基金事宜并未像该委员会成立之初想象的那般集腋成裘、覆箦为山④。除了起步阶段略有进展,获得一定数额的捐助外⑤,之后数年,该委员会都形同虚设,而募集基金事宜也基本停顿。

从"中华图书馆协会历年收支表"(1925—1948 年)(见表 3 - 3)可以看出,虽然中华图书馆协会年收入比支出略有结余,但数额之少,足见中华图书馆协会捉襟见肘之窘况。经费不足大大掣肘了中华图书馆协会的正常运行,而为争取经费所做的工作也在一定程度上消耗了中华图

---

①　中华图书馆协会年会[N].申报,1933 - 08 - 31(16).

②　中华图书馆协会募集基金启[J].中华图书馆协会会报,1934,10(2):封面后.

③④　中华图书馆协会第九年度报告[J].中华图书馆协会会报,1934,10(1):1 - 6.

⑤　截至1934 年6 月,募集基金委员会共收到287 元。

书馆协会在实现既定目标中的精力,由目前的资料可知,中华图书馆协会仅争取会务经费而致教育部、国民党中央党部等部门的呈请就不少于十数次。与当时性质、职能相似,但昙花一现的诸多群众性社团相比,中华图书馆协会运行了 24 年之久,在某种程度上确有其维持运行之道,但中华图书馆协会始终都因经费问题未能完全"独立",这就为中华人民共和国成立前夕该协会的分裂与解散埋下了伏笔。

第五节　中华图书馆协会的八次年会

《1925 年组织大纲》规定中华图书馆协会每年开年会一次,在各省区轮流举行,具体地点及会期由前一年年会决定,遇必要时可开临时会①。1937 年,中华图书馆协会理事长袁同礼以"耗用金钱精力时间过多,亦非所宜"②为由,提议将年会改为每两年一次。但实际上,中华图书馆协会从成立到最后无形解散的 24 年中,仅召开过八次年会,分别是在 1929 年(南京)、1933 年(北平)、1936 年(青岛)、1938 年(重庆)、1942 年(重庆)、1944 年(重庆)、1945 年(重庆)、1947 年(南京)。

一、第一次年会(1929 年 1 月　南京)

按照《1925 年组织大纲》,应每年召开年会一次,但"惟年来因国内纷扰,诸多不便,未克举行"③。中华图书馆协会第一次年会的召开比预期的 1926 年推迟了 3 年。对此,中华图书馆协会对于年会的延迟做出说明:"本会成立,已及三年,因受时局影响,未得召集年会……"④由于当时军阀混战,时局动荡,兼经费匮乏等诸多因素,中华图书馆协会的会务工作受到极不利影响。1928 年中华图书馆协会才拟定在南京举办第一次年会,执行部致函南京图书馆协会,望其担任一切筹备事宜。但南京图书馆协会称其"不敢冒昧担任",并列举两点原因婉拒:第一,因为是首次年会,所以应有一定的学术价值,参会论文的征集、评审需要一定时间。而除了年会以外,还需要举行分组会议、各委员会会议等,绝非短期

---

① 中华图书馆协会组织大纲[J].中华图书馆协会会报,1925,1(1):3 - 4.

② 年会两年举行一次[J].中华图书馆协会会报,1937,12(6):13.

③ 中华图书馆协会年会预志[N].申报,1928 - 12 - 13(12).

④ 本会年会展至明年一月举行[J].中华图书馆协会会报,1928,4(2):23.

所能就绪。再加上需要催促各地会员赴会、接洽交通膳宿等事,事项多且手续烦琐,而当时距拟定的会期只有一个月,无论如何也来不及;第二,当时南京各项费用均照前增加数倍,参会人员的膳宿招待与游览,论文及会议相关材料的印刷费用巨大,而且南京图书馆协会无筹划征募经费的能力①。收到南京图书馆协会复函后,中华图书馆协会决议将年会会期推后。

虽然 1928 年未能举行年会,但当年中华图书馆协会成立了年会筹备会,聘请蔡元培为年会主席,戴志骞、刘国钧、李小缘、柳诒徵、章桐为常务委员,戴志骞为筹备会主席,刘国钧为书记,1928 年 12 月 1 日至 1929 年 1 月 20 日共举行筹备会四次②、谈话会一次③。会前,《申报》等媒体对中华图书馆协会首次年会也颇为关注,报道到会人数"百五十余人",提交议案数量"二百余件",并"已柬请党国要人届时到会"④。

1929 年 1 月 28 日至 2 月 1 日,中华图书馆协会第一次年会在南京金陵大学召开,"各处赴会者,颇为踊跃"⑤,来自 15 个省份的会员及来宾约 200 余人出席。国民政府也派内政部杜曜箕,教育部朱经农、陈剑修,工商部杨铎军,外交部黄仲苏,卫生部余梦庄,中央大学俞凤岐、巢仲觉参加,德国图书馆协会亦派代表莱斯米博士(Reismuller) 参会,"名宿毕集,济济一堂,允称盛会"⑥。

大会主席蔡元培因事未到,托戴志骞代为主持并致开会辞。会中戴志骞宣读了《中华图书馆协会第一次年会宣言》(以下简称《第一次年会宣言》)。《第一次年会宣言》⑦指出"近世图书馆功在致用,其鹄的在使国族无男女老稚以逮聋瞽喑哑,读书机会一切均等",并阐明不同图书馆设立的目的在于使各类民众得"各惬所愿之机会":使刚受教育或已经受到教育的民众,有继续阅读和研究的机会,因此有学校图书馆;使略受教育的民众,有使用图书来发展其知识技能的机会,因此有公立图书馆;使专门学者和残疾人士有满足其特殊需求的机会,因此有特殊图书馆。而

---

① 本会年会展至明年一月举行[J]. 中华图书馆协会会报,1928,4(2):23.

② 宋建成所著《中华图书馆协会》(第 64 页)中称其筹备会为三次,应为误。

③ 本会筹备会之进行[J]. 中华图书馆协会会报,1928,4(3):22 - 24.

④ 图书馆协会之年会[N]. 申报,1929 - 01 - 28(4).

⑤ 中华图书馆协会年会今日在京开幕[N]. 申报,1929 - 01 - 28(11).

⑥ 中华图书馆协会第一次年会纪事[J]. 中华图书馆协会会报,1929,4(4):5 - 14.

⑦ 中华图书馆协会执行委员会. 中华图书馆协会第一次年会宣言[R]//中华图书馆协会第一次年会报告. 北平:中华图书馆协会事务所,1929:1 - 2.

且较之于学校教育,图书馆更有其独特作用:"学校者,有限制之教育也,图书馆者,无限制之教育也,学校者,被动之教育也,图书馆者,自动之教育也;以云普及,以云孟晋,则图书馆之地位,恶得抑置于一切学校之下?"图书馆要达到无限制的主动教育,"非一朝一夕、一手一足"所能实现的,而中华图书馆协会亦"识短力薄",因此,恳请社会各界的协助,宣传图书馆的功用及其重要性。而对图书馆学人自身来说,则要锐意进取,学习并创造图书馆专门知识,培育图书馆学人才;图书馆工作,则要以效率为先导,从推行最为便利的方法开始,使民众从图书馆中获得实在的利益。"吸集异域之新知,推寻吾族之国宝,学校仔肩殆犹不若图书馆",而据《总理遗训》,应先行恢复民族精神,而"精神所寓,匪图则书"①。

《第一次年会宣言》阐明了第一次年会召开的目的在于,既求教各类图书馆管理方法于方家,又要集合众之力发展中国的图书馆事业。"若何使汗牛充栋之藏,一一悉以科学方式理董规恢,使适今日之用。闭门造车,未易合辙,集思广益,更非群策群力不为功矣。"②

此次年会共分 3 种会议,分别是会务会、讲演会和分组讨论会。讨论会"关图书馆实际改进上至为重要"③,因此又分成图书馆行政组、编纂组、图书馆教育组、建筑组、分类编目组和索引检字组共 6 个组,与会人员被要求各自加入一个或数个组进行讨论,经讨论提交的议案以该组别分类。首次年会之前,根据实际考察,最终确定以保障图书馆经费与推广图书馆民众教育之功用作为中华图书馆协会今后工作的主要内容④,因此,在开会期间有诸多有关此两项的讨论。

该次年会的分组讨论会上共提出议案 167 项,议决 88 项。议决的 88 项包括:图书馆行政组 60 项、编纂组 14 项、图书馆教育组 5 项、建筑组 4 项、分类编目组 4 项、索引检字组 1 项。此外,有关中华图书馆协会会务方面的提案亦有 16 项,主要集中在会所迁移与修改组织大纲两大内容上。大会最终对《1925 年组织大纲》进行了修改,并议决中华图书馆协会总事务所仍设北平,暂不迁移。

---

①② 中华图书馆协会执行委员会.中华图书馆协会第一次年会宣言[R]//中华图书馆协会第一次年会报告.北平:中华图书馆协会事务所,1929:1 – 2.

③④ 中华图书馆协会第一次年会纪事[J].中华图书馆协会会报,1929,4(4):5 – 14.

表 3 - 4 中华图书馆协会第一次年会议决案一览表

组别	序号	议决案名称
图书馆行政组	1	由本会呈请教育部从速筹办中央图书馆案
	2	呈请国民政府防止古籍流出国境并明令全国各海关禁止出口案
	3	本会调查登记国内外公私所藏善本书籍编制目录以便筹谋影印案
	4	调查及登记全国公私板片编制目录案
	5	请协会通告全国各大图书馆搜集有清一代官书及满蒙回藏文字书籍案
	6	请各大图书馆搜集金石拓片遇必要时得设立金石部以资保存案
	7	呈请政府组织中央档案局案
	8	由本会呈请国民政府通令全国各机关凡新旧印刷公布之出版品(统计公报书籍案牍图书表文件)按照现入本会之图书馆一律颁送一份俾众公阅案
	9	图书馆内刊行掌故丛书及先哲遗著案
	10	各省市县图书馆应尽力收藏乡贤著作案
	11	图书馆内添设历史博物部案
	12	呈请国民政府通令全国立法机关应设立法参考图书馆案
	13	呈请教育部集中全国及国际交换图书事业案
	14	请国立中央研究院咨交通部对于国外寄赠国内学术团体之出版品由该院代为转寄者一律免纳邮费并请该院援各国先例代国内学术团体寄运出版品于国外案
	15	各图书馆交换复本案
	16	各图书馆互借书籍法案
	17	请建议国民政府减轻图书馆寄书邮费案
	18	呈请教育部实行去年全国教育会议关于图书馆方面之各种议决案
	19	出版物须分洋装平装两种装订发行案
	20	通知书业于新出图书统一标页数法及附加索引案
	21	函出版界以后发行翻译书请以原文附载原本作者书名版次年代发行所等项案
	22	请中华图书馆协会劝各报馆宽留夹缝以便装订案
	23	请中华图书馆协会规定杂志形式大小劝出版机关一律采用以便储藏案

续表

组别	序号	议决案名称
图书馆行政组	24	呈请教育部令各教育机关关于教育书报及其他刊物一律廉价出售以广阅读案
	25	呈请教育部令各书坊凡有图书馆正式函件及图章一律优待出售案
	26	采用"圕"新字案
	27	呈请教育部通令各出版处以后出版图书要加印国语罗马字书名及国语罗马字著者姓氏案
	28	请教育部颁布设立图书馆标准法令案
	29	请厉行出版法案
	30	由本会呈请教育部通令各省大学及教育厅聘请图书馆专家指导各该省图书馆一切进行事宜案
	31	请各图书馆编辑周年报告案
	32	请教育部对于假借图书馆及文化事业名义实行文化侵略之外人予以注意以防盗卖文物案
	33	图书馆协会得请全国图书馆对于雇佣职员应聘有图书馆学识及宏富经验者至于职员之位置务须有确实保障并须予与优良待遇案
	34	图书馆应多用女职员案
	35	呈请教育部通令各省市县应设民众图书馆案
	36	呈请政府将庙宇改设通俗图书馆案
	37	呈请教育部通令全国各教育行政机关厉行设立公共图书馆案
	38	请各公共图书馆充分购置平民常识图书并以相当宣传简便方法俾资普及阅览案
	39	设立乡村图书馆以为乡村社会之中心案
	40	请各图书馆设立流通借书部以求普及案
	41	呈请教育部规定每年图书馆运动周日期通令各大学区各省教育厅同时举行以推广图书事业案
	42	请教育部规定学校图书馆行政独立案
	43	呈请教育部各大学区各省教育厅各特别市应于每年经常费中规定百分之二十为办理图书馆事业费并通令全国各学校于每年经常费中规定百分之二十为购书费案
	44	国立大学图书馆购书分配案
	45	请中华图书馆协会倡设一完美之中等学校图书馆于首都以为全国中等学校之模范案

组别	序号	议决案名称
图书馆行政组	46	请教育部通令各大学区各省教育厅训令各小学校设立儿童图书馆遇必要时得联合数校共同组织案
	47	请全国社团及行政机关设立专科图书馆案
	48	各图书馆应广置佛书以宣扬东方文化案
	49	呈请教育部对于捐助图书馆书籍或经费者及私人创办之图书馆应予褒奖案
	50	各省官书局应由各省立图书馆接管并在各该馆内附设印行所案
	51	书店不应号称"图书馆"案
	52	军营内应设立军人图书馆案
	53	各图书馆均须注重搜集关于实业军事及革命史实之书籍
	54	广设实业图书馆案
	55	学校图书馆应酌量公开以便民众案
	56	图书馆应注意宣传事业案
	57	各省立县立图书馆应设巡回文库案
	58	请拨中华教育文化基金影印四库全书各省区指定一图书馆陈列以广流传而维国粹案
	59	图书馆购置图书宜加选择以正人心案
	60	请协会通告全国各图书馆注重自然科学书籍案
编纂组	1	每年编辑全国图书馆年鉴案
	2	本会应编刊新旧图书馆学丛书案
	3	订定中国图书馆学术语案
	4	编制中国图书志案
	5	编制累积式中国出版图书目录案
	6	编纂古书索引案
	7	编制各种图书馆选书书目案
	8	请由本会编制全国地志目录案
	9	本会应调查全国学术机关以供全国图书馆参考案
	10	本会应详细调查全国定期刊物案
	11	编制中文杂志索引案
	12	编制中华人名大字典案
	13	请由本会编译海外现存中国古逸典籍录及域外研究中国学术论列中国问题著作目录案
	14	本会应筹办短期图书馆刊物以资通讯案

续表

组别	序号	议决案名称
图书馆教育组	1	训练图书馆专门人才案
	2	请中华图书馆协会在每暑假期内组织图书馆学暑期学校案
	3	中学或师范学校课程中加图书馆学每周一二小时案
	4	各种各级学校应有有步骤的图书馆使用法指导案
	5	由中华图书馆协会拟定图书馆学课程请教育部核定施行案
建筑组	1	请协会组织建筑委员会研究计划图书馆建筑案
	2	本会应指导特约图书公司制造图书馆应用物品案
	3	本协会应请专门家研究中文书籍排架法并定平排直排之标准容量及架之深浅案
	4	请国民政府财政部对于各图书馆呈请图书馆用品应予免税应予免费执照案
分类编目组	1	由协会编制标准分类法案
	2	由协会编订中文编目条例案
	3	中籍应采用协同编纂法案
	4	组织标题编纂委员会案
索引检字组	1	设立检字委员会研究完善之汉字排检法案

注：中华图书馆协会历次年会议案资料来源于《中华图书馆协会第一次年会报告》《中华图书馆协会第二次年会报告》《中华图书馆协会会报》中刊载的各次年会详情。另外，宋建成所著的《中华图书馆协会》中的议案名称与数量多与这些资料不同，应是将参考案、保留案等误作通过案。

1929年1月30日，图书馆教育行政组开会，由袁同礼任主席，讨论流通图书馆和通讯图书馆的设立与推广问题，与会代表宋青萍、黄警顽、陈独醒争论最久，最终一致通过并请全国图书馆增设流通借书部，以期普及民众文化。31日，各地代表徐韫知、黄警顽、杜定友、冯陈祖怡、徐庭齐等20余人在国立中央大学梅庵招待德国图书馆代表莱斯米，接洽中德出版品交换的具体办法，会议由蔡元培任主席、戴志骞任副主席①。

中华图书馆协会的首次年会受到了社会各界的重视，时人皆给予较高的评价。蒋镜寰称："时值严寒雨雪交作，而远地会员亦均如期到会，

不稍减其热忱。"而且由于此次年会参会人员多且颇多教育界名人,因此"气象之盛,实可与政府召集之全国教育会议相颉颃","此次集全国图书馆同志于一堂,作全国图书馆之大运动,诚开中国学术界之新纪元也"①。时任厦门图书馆馆长的余超称:"(民国)十八年一月,开第一次年会于庄严灿烂之首都,不佞曾参加会议,时正冰冷雪飞,帘寒瓦冻,而男女来宾会友数百人,聚会一堂,其热热的讨论研究,几不觉皮皱肤裂……"②参会人员陈训慈亦称赞:"年会在积雪严寒中举行,而讨论参观,精神十分贯注,为协会留良好之纪念。"③

而首次年会亦对中华图书馆协会内部工作产生积极的影响:"查本届会议自闭幕以后,逐日晚间或举行学术演讲,或开会务会议,即公宴时亦兼有学术之报告、之演说,日日皆至深夜始息。此种精神,难能可贵。"④

首次年会的成功举办,使中华图书馆协会开始进入具有一定社会影响力的发展新阶段。

同年7月,中华图书馆协会将第一次年会的主要文件编成《中华图书馆协会第一次年会报告》整体出版。该报告封面由钱玄同用隶书题"中华图书馆协会第一次年会报告",左侧有"疑古玄同题"及"疑古玄同"方形阴文墨印一枚。报告第一页为孙中山像,其下有《总理遗嘱》全文。该报告的内容有:编辑例言、第一次年会宣言、会序、开幕大会纪事、会议记录(第一次会议——职员报告、讨论会所迁移案;第二次会议——修改会章;第三次会议——选举职员)、分组会议纪要(图书馆行政组、编纂组、图书馆教育组、图书馆建筑组、分类编目组、索引检字组)、议决案汇录(通过案、参考案、保留案、未议各案)、年会筹备及经过报告、出席人员一览表。值得一提的是其中的《出席人员一览表》(实际上出席人员仅限于会员),中华图书馆协会不仅详列会员姓名、字号、性别、籍贯、工作单位及通信地址,还以会员类别(个人会员与机关会员)、性别、籍贯、工作单位类型、单位地理分布对会员进行分类统计,手段之多样颇具现代统计学意味。

"此次年会为推进国内图书馆建设之开始,所讨论各专门问题,又为当今图书馆界所亟须解决者,可供研究之资料。"⑤中华图书馆协会首次

---

① 蒋镜寰.中华图书馆协会年会纪要[J].江苏省立苏州图书馆刊,1929(1):1-6.

② 余少文.对中华图书馆协会第三次年会的希望[J].厦门图书馆声,1936,3(10/11/12):5.

③ 陈训慈.祝中华图书馆协会二届年会[J].浙江省立图书馆刊,1933,2(4):5-9.

④ 中华图书馆协会年会余音[N].申报,1929-02-04(11).

⑤ 庚午级参加中华图书馆协会年会[J].武昌文华图书科季刊,1929,1(2):237.

年会对于当时各类图书馆学问题的讨论,通过会员运用于实际工作以及各类议案的积极推行,对于当时图书馆事业发展的各个方面都起到了积极作用。

二、第二次年会(1933 年 8 月　北平)

中华图书馆协会第二次年会原本定于 1930 年 4 月在杭州浙江省立图书馆建筑落成时召开,后因该工程延期而不得不将年会相应延期①。1933 年又定于当年 4 月 3 日至 6 日在北平开会,"因当时平津局势严重"②,各地会员未能出席,临时通知延期。

"民众教育之实施,在今日中国应实为急务,除各地方设立之民众教育机关外,其促进有力者厥为图书馆。缘图书馆之设,在国内有相当之历史,民众之认识已深,以之推广民众教育,所收效果必大。"③有鉴于此,经中华图书馆协会年会筹备委员会几次会议讨论最终决定第二次年会在北平清华大学举行,主题以"图书馆经费及民众教育"为范围④,招待事项全由清华大学负责,中华图书馆协会总事务所及燕京大学图书馆分担文书、庶务、会计、各组及注册组事务⑤。

会前,时任浙江省立图书馆馆长的陈训慈撰长篇文章——《祝中华图书馆协会二届年会》,希望中华图书馆协会第二次年会能注重实际工作,转移社会观念。陈训慈还建议中华图书馆协会通过此次年会,号召全国图书馆界应注意两件事:一为提高学术研究,"此尤协会所应登高一呼,诏示各图书馆,竭共力以赴之者也"。二为促成民族复兴,"今后复兴之大道,固当多方并进,而在疗愚益智增厚民力之教育事业中,图书馆更应起而负此重荷。办理图书馆者要当存此深刻之意识,方可益懔其使命之重大"⑥。

汲取了上次年会的经验教训,中华图书馆协会于 1933 年 8 月 18 日出版了《中华图书馆协会第二次年会指南》,该指南主要为参会人员提供乘车、报道、会务等方面的指导。该指南还附有年会工作人员表,详列筹备委员、主席团、各组职员(文书组、庶务组、会计组、招待组、注册组、议

---

① 中华图书馆协会年会延期举行[J].中华图书馆协会会报,1933,8(5):18.
② 中华图书馆协会举行二次年会[J].云南民众教育,1933,1(2):80 – 81.
③ 促进各图书馆馆务[J].中华图书馆协会会报,1933,9(3):18.
④ 图书馆协会第二次年会[N].申报,1933 – 07 – 18(16).
⑤ 第二次年会之筹备[J].中华图书馆协会会报,1933,9(1):12 – 15.
⑥ 陈训慈.祝中华图书馆协会二届年会[J].浙江省立图书馆馆刊,1933,2(4):5 – 9.

案组、论文组）、分组会议职员（图书馆行政组、图书馆经费组、图书馆教育组、分类编目组、索引检字组、民众教育组）名字及其职务，以便参会人员提前知晓会议详情。最后,指南还对 8 月 27 日至 9 月 1 日具体的会务安排情况进行详细说明。从第二次年会事先发行年会指南来看,中华图书馆协会在组织、协作、运筹、斡旋会务各方面的能力有很大的增强,而且受其自身作为全国性图书馆协会的职责与使命感的驱使,其在会务组织方面的考虑也更趋于周全。

此外,"由于此次年会费用甚繁",北平市政府及中华教育文化基金会各捐助百元"襄助盛举,以为首倡导"①,北京大学、国立北平师范大学、地质调查所等均有多寡不等的捐助。

1933 年 8 月 28 日至 31 日,中华图书馆协会第二次年会在北平清华大学礼堂举行开幕典礼。各省市图书馆及政府代表等共约 200 余人出席会议。北平大学校长蒋梦麟、清华大学校长梅贻琦等莅会致辞②。北平大学代表樊际昌、北平市党部代表庞镜塘和社会局局长蔡元也出席了此次年会③。

大会主席袁同礼首先致开会辞,指出从第一次年会到第二次年会召开间隔四年可见举行年会"殊非易事",其原因有三点:一是经费不敷,二是时局不靖,三是推行第一次年会议案需要时日。袁同礼报告了四年间国内图书馆事业"甚有进展"的方面:图书馆建筑、民众图书馆的数量与质量都有很大提高,"惟经费方面不能使人满意"。而存在的问题有各地图书馆发展不均衡等。"……然此非图书馆人员本身上所能解决,端赖地方政府之援助。"对于此次年会的主要议题,袁同礼认为,民众教育馆与民众图书馆数量虽增多,"但挂空牌匾者亦不鲜,质之改善甚有需要"④,因此,会议应对此类问题加以研讨。

会中发表的《中华图书馆协会第二次年会开幕宣言》指出当前图书馆人的使命:"我国家经历无量之天灾与人祸,神州大陆几有沦胥之叹……吾辈执掌近代知识之宝库,典守先民之遗藏者,丁兹时会,尤应以知识之明灯,出有众于幽暗。"而当前,社会各界的支持,尤其经费是图书

---

①② 北平各机关对本届图书馆协会年会之欢迎:最后联合举行盛大之茶会[J].湖北教育月刊,1933(1):208-209.

③ 本校出席图书馆年会代表消息:中华图书馆协会年会在北平举行[J].暨南校刊,1933(74):12-13.

④ 袁同礼先生开会辞[R]//中华图书馆协会执行委员会.中华图书馆协会第二次年会报告.北平:中华图书馆协会事务所,1933:9-10.

馆事业发展的最关键环节:"唯今日外患不足畏,天灾不足忧,困穷不足虑,所可慨者,自戕其生,以即于危殆耳。譬如植树,方其萌芽抽条,欣欣向荣,而灌溉不时,风飚横来,园丁心力,瞬付东流,图书馆事业亦然。"而图书馆经费的稳定"有望于政府当局及社会人士之维持与赞助","经费既定既安,图书馆事业始足以言发皇张大,始足以从事于大多数国民民智之启迪,而为国家奠磐石之安"。宣言最后重申图书馆对于社会的重要作用:"我国家之危急,至于今日而极矣。拯救之道,经纬万端,而吾辈所举,则其基础中之基础,先锋中之先锋。"①

该次年会前中华图书馆协会要求会员所提议案"应注重实际问题,以便施行"②,因此年会中通过的议决案数量也较前次精简不少,共有30项:图书馆行政组 11 项、分类编目组 4 项、经费组 4 项、图书馆教育组 5项、民众教育组 6 项。

表 3-5　中华图书馆协会第二次年会议决案一览表

组别	序号	议决案名称
图书馆行政组	1	呈请教育部于图书馆规程中规定省立图书馆应负辅导该省各图书馆之责任案
	2	酌量公开学校图书馆俾学校图书馆与社会合成一气补助成人的教育案
	3	国内各馆馆员得互相交换以资观摩案
	4	图书馆应扩大宣传方法借谋事业之发展案
	5	请本会建议各省市县公共图书馆附设流动图书部案
	6	建议当局传抄及影印孤本秘籍以广流传案
	7	建议教育部此次选印四库全书应以发扬文化为原则在书店赠本内提出若干部分赠各省市立重要图书馆暨国立各大学图书馆案
	8	由本会通知全国公私立图书馆尽量搜罗方志舆图以保文献案
	9	通函各县市应设立儿童图书馆并规定各图书馆附设儿童阅览室案
	10	请协会呈请教育部通令各省市县教育行政机关应聘请图书馆专家指导各中小学图书馆一切进行事宜案
	11	监狱附设小图书馆案

---

① 中华图书馆协会第二次年会开幕宣言[R].中华图书馆协会第二次年会报告.北平:中华图书馆协会事务所,1933:1-2.

② 第二、三两次执行委员会议议决案[J].中华图书馆协会会报,1933,8(4):17-18.

续表

组别	序号	议决案名称
分类编目组	1	审定杜威十进分类法关于中国历史地理语言文学金石字画等项之分类细目案
	2	请全国各图书馆于卡片目录外应酌量情形增编书本目录以便编制联合目录案
	3	由本会建议书业联合会编制出版物联合目录案
	4	请协会根据上次会议从速规定分类编目标题及排字法标准案
经费组	1	拟定各级图书馆经费标准请教育部列入图书馆规程案
	2	向中英庚款董事会请速拨款建设中央图书馆并请中美庚款董事会补助各省图书馆经费案
	3	请中央拨棉麦借款美金一百万扩充全国图书馆事业案
	4	呈请教部规定补助私立图书馆临时及经常费案
图书馆教育组	1	请协会建议行政院及教育部指拨的款于北平设立图书馆学专科学校案
	2	再请教育部令国立大学添设图书馆学专科案
	3	请本会函请各省市图书馆人才经费设备充足者附设图书馆学讲习所以培育人才案
	4	函请各省教育厅每年考选学生二名分送国内图书馆学学校肄业其学膳宿费由教育费中指拨案
	5	由本会函请图书馆学校应注重语言案
民众教育组	1	由本会通函全国各图书馆注重民众教育事业案
	2	为推广民众教育拟请本会组织民众教育委员会案
	3	呈请教育部通令各省市县在乡村区域从速广设民众图书馆案
	4	建议中央通令各省于各宗祠内附设民众图书馆案
	5	县市图书馆与民众教育馆应并行设立分工合作案
	6	编制通俗图书目录案

该次年会不只有开幕宣言,会毕时还有《闭幕宣言》。《闭幕宣言》①指出希望到会同人今后努力达成两个目标:一是提高图书馆工作效率,因为图书馆图书的流通比起图书数量的增加更为重要,目前图书馆经费有限,因此在图书选购、编藏,以及吸引读者、阅读指导等方面都需要同

---

① 中华图书馆协会第二次年会闭幕宣言[J].中华图书馆协会会报,1933,9(2):封面后.

人深思熟虑、身体力行;二是通过图书馆推动中国学术文化发展,在此大地失陷、国之浩劫之时,图书馆作为供给研究资料的中心,其使命高尚,而且图书馆应与学校教育相辅相成,与各学术团体携手合作,必然能使民智大开、学术日昌。与该次年会的开幕宣言相同的是,《闭幕宣言》再次强调了政府在图书馆事业发展中的作用,此举一是因为中华图书馆协会首次年会议案多得益于政府推广且获得一定效果,二是因为中华图书馆协会自身发展,尤其是经费方面得政府颇多帮助,三是因为国家机器在推进图书馆事业整体发展中的作用无疑是最强、最快的,是中华图书馆协会未来开展工作所必须借助的重要力量。

由于此次年会声势浩大,北京市政府及各学校机关共同议定于年会闭幕当日(8 月 31 日)下午举行一场盛大的欢迎茶会,地点在外交人楼①,北平市政府、中华教育文化基金会、国立北京大学、国立北平师范大学、北平故宫博物院、古物陈列所、理事博物馆、国立北平研究院、国立北平图书馆、实业部地质调查所、社会调查所、静生生物调查所、中法大学、燕京大学、中国营造学社、中国大辞典编纂处、北平图书馆协会及中华文化经济协会等各机关均派重要职员出席招待茶会,"跻跻跄跄,盛极一时"②。

同年 10 月 22 日,中华图书馆协会将第二次年会的主要成果编成《中华图书馆协会第二次年会报告》,与前次年会报告体例大同小异。

三、第三次年会(1936 年 7 月　青岛)

1935 年,适逢中华图书馆协会成立十周年,多有会员主张在该年举行第三次年会,并扩大举行,以资庆祝。因前一年袁同礼赴欧美考察图书馆情况,有拟邀请美国图书馆专家来华考察指导并出席年会的意向。于是中华图书馆协会与当时密歇根大学的图书馆馆长毕少博及耶鲁大学图书馆馆长安德鲁·基奥(Andrew Keogh)联络,并商妥两位于 1935 年秋季来华并参加中华图书馆协会第三次年会。然而,因时局不靖,两位专家未能如约来华。中华图书馆协会遂决定于次年举行年会③。1936 年,中华图书馆协会召开了年会筹备会,决定与中国博物馆协会年会共

---

① 原文如此。

② 北平各机关对本届图书馆协会年会之欢迎:最后联合举行盛大之茶会[J].湖北教育月刊,1933(1):208－209.

③ 年会之筹议[J].中华图书馆协会会报,1935,10(5):21－23.

同举行,推选年会主席团成员为叶恭绰、袁同礼、马衡、沈兼士、沈祖荣、柳诒徵6人,设图书馆行政组、分类编目索引组、民众教育组三个讨论小组。此外还就会员注册办法、工作人员、年会经费以及其他相关事项进行商议。筹备会还议定,凡非中华图书馆协会会员愿参加年会者,可临时加入协会为会员,并且享受与正式会员同等待遇①。

时任中华图书馆协会干事的李文裿写成《写在本届年会之前》一文刊载于《中华图书馆协会会报》,他指出前两次年会通过的议决案中,需中华图书馆协会通函各方执行的已尽周知;需要政府拨款协助推行的议案不过数起,其余大部分应切实推行的议案,责任在于图书馆界同人。而前两次年会中所提议案存在过于理想化且不易施行、不合实际的问题②。因此此次年会应更加注重考虑议案的实用性与推行的可行性及其效果。对此,中华图书馆协会也在会前发表声明,称此次年会应"注意实际问题之商讨,一般提案过于理想者不必提出,以期节省讨论时间"③。

时任厦门市立图书馆馆长的余少文撰文《对中华图书馆协会第三次年会的希望》,对中华图书馆协会第三次年会提出了两个希望:一望年会议决案"有从速实现的效率",因第一、二次年会耗繁甚众,而"施行效率,究难实现",因此希望此次年会的议案讨论中能"择其言必可行者付议,俾免空耗时间,议必实现为率,以收会议效果";二望中华图书馆协会与各地方图书馆协会有联络团结的精神,具体而言就是促成各省至少成立一个分会④。

李文裿与余少文对于中华图书馆协会第三次年会的希望从一个侧面反映出了前两届年会存在的问题:一是议案中有过于理想化而不切实际、不易施行者;二是议决案的推行效果不甚理想。

1936年7月20日至24日在青岛山东大学礼堂内,中华图书馆协会第三次年会与中国博物馆协会年会联合举办,图书馆界及博物馆界约150余人参会。叶恭绰任大会主席,时任青岛市市长的沈鸿烈、山东大学校长林济青、青岛市教育局局长雷法章等出席并致辞。

该次年会中,共提出议案65项:一般类5项、人事类3项、经费类3项、购书类7项、图书馆教育类5项、民众教育类6项、推广事业类10项、

---

① 第三次年会之筹备[J].中华图书馆协会会报,1936,11(6):25-26.

②③ 李文裿.写在本届年会之前[J].中华图书馆协会会报,1936,11(6):1.

④ 余少文.对中华图书馆协会第三次年会的希望[J].厦门图书馆声,1936,3(10/11/12):5.

分类法类 6 项、编印各种书目类 7 项、目录排检及索引类 2 项,另有其他类
4 项以及关于教育部交议的 7 项。

表 3-6　中华图书馆协会第三次年会议决案一览表

类别	序号	议案名称
一般类	1	请本会建议教育部,就法规中明定各省市至少应设一所省立图书馆,不得随意改组,并分函各省市政府与以保障助其发展案
	2	拟请本会组织委员会从速审定图书馆学名词术语公布备用案
	3	拟请本会函请教育当局及各大学,于所属各重要图书馆,拨款建筑地下室或其他适当方法以防意外事变案
	4	本会宜设立儿童图书馆事业咨询委员会案
	5	拟请本会规定各类图书馆应用表格标准样式,以供各馆参考案
人事类	1	请教育部保障图书馆服务人员,并令饬订颁待遇标准案
	2	各图书馆主要职员,应援用专门技术人员案
	3	请确定图书馆经费与职员人数之比例案
经费类	1	由本会呈请中央通令各省市县,确定并保障各馆经费案
	2	本会应设法请求各庚款委员会,拨款补助各省市县立公私图书馆事业案
	3	由本会呈请教育部拨款补助各省市县优良公私立图书馆案
购书类	1	拟请教育部对于图书馆向书店购买享受九折之规定,予以变更减低,并函请各书业公会维持优待图书馆购书办法案
	2	图书馆向各书局函购书志往往发生脱缺情事,请通函各书局及邮政当局注意寄递案
	3	请函交通部邮务司转知各地邮局关于无法投递之刊物,于一定时日后移赠当地图书馆案
	4	由本会函请各出版界对于刊物图书应刊印书名页(或版权页),目次及索引案
	5	为增进各图书馆购书效率及便利阅览起见,拟请协会编制全国图书馆联合目录,并通知各馆推广馆际互借案
	6	请本会代向各报馆交涉,每次另印质料优良之报纸若干份,并于每月抄汇寄各图书馆案
	7	请本会于最近期间筹办消费合作社,经营订购图书承办图书馆用品等业务,以谋便利而资撙节案

续表

类别	序号	议案名称
图书馆教育类	1	呈请教育部明令中等以上学校增设图书馆学课程案
	2	请各省教育当局办理图书馆学暑期讲习会,并请以训练图书馆服务人员案
	3	为图书馆员谋进修机会请厘订方案案
	4	武昌文华图书馆学专科学校增设图书馆学函授部案
	5	呈请教育部在每届英庚款及清华留美公费生名额内,列入图书馆学一科俾资深造案
民众教育类	1	请各图书馆推进非常时期教育及国难教育事业以期唤起民众共同御侮案
	2	县市图书馆举办推广事业,以期发展城市与乡村民众教育案
	3	呈请教育部令各省市县及公立小学及未经设儿童图书馆者应从速设立或附设儿童图书馆案
	4	由协会函请各省市教育当局令各民众图书馆于其经费内抽出百分之五,专在附近茶园中办理借书处,以资推广民众教育案
	5	请中央划定专款补助各省特制汽车图书馆,利用公路提高内地民智水准案
	6	呈请教育部通令全国各教育机关民众教育馆及图书馆增设流通图书馆及巡回书车案
推广事业类	1	呈请教育部组织图书馆设计委员会或添设专员案
	2	呈请教育部令各县内设立县图书馆及乡村图书馆案
	3	函司法行政部设立监狱图书馆,并以之为中心实施监犯教育案
	4	函请中国全国各地公私立图书馆增设舆图部案
	5	函请各公私立图书馆及藏书家尽量公开所藏图书,以广阅览借便研究案
	6	请协会规定全国读书运动周日期,以资宣传而鼓励读书风气案
	7	请各图书馆应设阅览指导员以增进读者效率案
	8	由本会拟定普通图书馆最低标准书目案
	9	函请各图书馆所藏复本图书互相交换流通案
	10	呈请教育部严禁古书出国盗卖私借等事并设法迁移至适中安全地点案

续表

类别	序号	议案名称
分类法类	1	各省立图书馆划一图书分类法案
	2	本会应从速编定图书分类法俾全国图书馆的图书分类有一定标准案
	3	请协会规定政府机关出版品分类标准，以便各图书馆有所遵循案
	4	各图书馆应统一图书分类法案
	5	请拟定儿童图书分类法以备全国儿童图书馆采用案
	6	请制定图书分类统一办法案
编印各种书目类	1	呈请教育部筹拨经费，刊印全国图书馆联合目录案
	2	发刊全国出版物编目汇刊案
	3	应编全国图书馆善本联合书目案
	4	请教育部明令各大书店每年编制出版联合目录案
	5	请本会设法编印出版月刊及中国图书年鉴案
	6	请协会负责印行全国图书馆藏书簿式联合目录案
	7	请由协会编辑关于编目时所用最基本之参著书籍案
目录排检及索引类	1	规定统一索引检字法案
	2	提议函请各地图书馆采用音韵编目索引法，以济闻名未见，或忘记字形写法者之穷案
其他提案	1	由各省省立图书馆调查各该省区内关于有清一代之著述，汇为目录案
	2	请教育部令国立编译馆设一委员会，审定外国人名地名之标准译名以资统一案
	3	请协会会同中国博物馆协会呈请中央设法于庚款中拨款一百万元，以建设中央档案库案
	4	请协会组织编辑委员会负责编印《中国图书版本辞典》以资利用案

　　会中，时任中华图书馆协会图书馆教育委员会主任的沈祖荣对该委员会三年来的工作情况做了报告，称因各委员散处各地，且工作繁忙，加之时局不稳，故各项工作未能积极进行。上次年会后，该委员会虽努力推进各项议案，函请各方加以配合但收效欠佳。如中华图书馆协会与武昌文华图书馆学专科学校合办的免费生招考"尚觉满意"，"虽一时未能造就多人，然行之以渐，持之以恒，将来定有美满之结果也"。此外，沈祖

荣还提出该委员会的办事原则:"必须于人材及时间两方面兼筹并顾,以便集中人材于一定时间内,作一件事业,始能有明效可观。不然计划理想方面虽多,未必能实行也。"①

此外,教育部因中华图书馆协会"系我国图书馆学专家组织而成,过去各地图书馆之普设,贡献甚多",又悉闻中华图书馆协会欲召开第三次年会,"以为如此良机,不可多得",特将改进图书馆行政要点七则交中华图书馆协会此次年会讨论商议:"一、县立图书馆至少限度应备图书之标准;二、县立民众教育馆阅览部应备图书标准;三、县立图书馆工作标准;四、县立图书馆全县巡展图书办法;五、各县木刻古版保存办法;六、县立图书馆阅览部分类编目标准;七、省立图书馆辅导及推进全省图书馆教育工作办法。"②中华图书馆协会在年会前将此七则要点分寄各图书馆及地方图书馆协会征求意见③,会上将回复意见当众宣读以供与会人员讨论。

第三届年会闭会之后,李文裿再次撰文《写在第三次年会之后》,详述年会经过与议案,认为此次年会"假海山之胜景,抒修禊之襟怀,诚盛举也"④。

四、第四次年会(1938 年 11 月　重庆)

中国教育学术团体联合办事处成立于 1937 年春,由中国教育学会约集中华儿童教育社、中华职业教育社、中国社会教育社等共同设置联合机关于南京,全面抗战爆发后于同年冬天由南京迁往重庆。1938 年 9 月,中华图书馆协会加入其中⑤。当年,因会员分散全国各地,加之战乱导致交通不便,难以召集,中华图书馆协会决定与中国教育学术团体联合办事处举行联合年会。10 月,中华图书馆协会推举蒋复璁、沈祖荣,后又加选洪范五共 3 人为代表,参加联合年会筹备委员会⑥。10 月 9 日至 11 月 20 日,联合年会筹备委员会共开会 7 次,议决年会时间、地点、

① 中华图书馆协会第三次年会图书馆教育委员会报告[J]. 中华图书馆协会会报,1936,12(2):1-2.
② 教部委本会拟具改进图书馆行政要点[J]. 中华图书馆协会会报,1936,12(1):18.
③ 教部社教司提交年会议案议决具覆[J]. 中华图书馆协会会报,1936,12(2):21-24.
④ 李文裿.写在第三届年会之后[J]. 中华图书馆协会会报,1936,12(1):1-5.
⑤ 中国教育学术团体联合办事处成立经过及现状[J]. 教育通讯周刊,1938(36):4.
⑥ 本会第四次年会筹备及经过报告[J]. 中华图书馆协会会报,1939,13(4):13-15.

各组人员以及议题——"抗战建国中之各种教育实施问题"。① 会后,中华图书馆协会又单独召开分会讨论筹备事宜,并以中华图书馆协会的名义将《抗战建国时期中之图书馆》一文发表于该联合会创办的《建国教育(季刊)》②。

1938 年 11 月 27 日至 30 日,中华图书馆协会第四次年会与中国教育学术团体联合办事处联合年会一同举办,地点为重庆新市区川东联立师范学校礼堂。此次年会共有 12 个学术团体参加:中华图书馆协会、中国教育学会、中华儿童教育社、中华职业教育社、中国教育电影协会、中国社会教育社、中国卫生教责社、中华健康教育研究会、中国心理卫生协会、中国测验学会、中国民生教育协会、中华体育学会。中华图书馆协会到会会员 82 人,其中机关会员 21 个、个人会员 61 人。大会开幕后,张伯苓致开会辞,汪兆铭、陈立夫、吴稚晖、张群等人相继致辞或发表演说。沈祖荣代表中华图书馆协会做会务报告。大会另分成 5 组分别进行讨论:第一组为教育学术、行政及测验;第二组为体育、卫生、心理卫生及健康;第三组为社会教育、图书馆及电影;第四组为儿童教育及家庭教育;第五组为民生教育及职业教育。中华图书馆协会会员参加了第三组的讨论。此次年会中,中华图书馆协会共议决提案 16 项③(见表 3 - 7)。其中,前 8 项为联合年会中集体通过的有关图书馆事业的议案,第 9 项至第 16 项为联合年会交中华图书馆协会单独讨论的议案。

表 3 - 7　中华图书馆协会第四次年会议决案一览表

序号	议决案名称
1	全国各文化机关征购图书应集中办理案
2	分区编制联合目录案
3	请教育部咨军事委员会政治部设立专门机关办理军营图书馆及战区内公私书藏之安全事项案
4	设立难童及难民图书阅览室案
5	请开办西南及西北各省图书馆服务人员讲习会案

① 联合筹备之重要事项[J].中华图书馆协会会报,1939,13(4):13 - 15.
② 本会在渝会员之协助[J].中华图书馆协会会报,1939,13(4):13 - 15.
③ 宋建成著的《中华图书馆协会》(第 116 页)以及《百年大势——历久弥新》(第 28 页)中称中华图书馆协会此次年会通过议案 10 件,应为误。

续表

序号	议决案名称
6	请筹设文化机关及图书馆旧书复本交换处案
7	拟请建议中央拨款补助内地各省普设县市乡镇图书馆案
8	请教育部筹设国立图书馆专科学校在未成立前先于各师范学院添设图书馆学系并指定目录学及参考书使用法为大学一年级必修课程案
9	在西南及西北主要县市成立中小学巡回文库以提高一般教育水准案
10	请协会负责编订标准抗战书目案
11	以国产材料代制抗战期中所缺乏图书馆用品案
12	抗战时期中图书馆藏书方法应行改革案
13	请中央党部令饬各省市县党部追认地方图书馆协会案
14	在西南及西北各主要市成立图书馆站,教育农民灌输民族意识,发扬抗敌情结案
15	参阅中教学联年会有关图书馆事业决案
16	请中央党部令饬各省市县党部追认地方图书馆协会案

资料来源:中国教育学术团体联合年会有关图书馆事业议决案记录[J].中华图书馆协会会报,1939,13(4):9-10.

该次年会中议决的中华图书馆协会会务工作还涉及推选洪范五、蒋复璁、沈祖荣为加入中国教育学术团体联合办事处的代表,改选理事及监事三分之一延期至会员总登记完毕后举行,拟定中华图书馆协会在抗战期间的工作计划,发动会员以增强抗战力量等事项。

年会最后一日,中华图书馆协会到会会员专门在重庆成都饭店召开了中华图书馆协会议案及图书馆技术讨论会以及会务会,并在当日下午举行会员联谊会,"一以联络会员间之情谊,一以聆闻来宾中对于图书馆事业之意见"[1],该会由沈祖荣主持,毛坤、蒋复璁、张伯苓、黄次咸、陈礼江等人参加。

五、第五次年会(1942 年 2 月　重庆)

1942 年 1 月,中华图书馆协会接中国教育学术团体联合办事处有关于 2 月初在重庆召开第二次联合年会的通知,遂于 2 月 7 日召集在渝理监事召开联席会议,由蒋复璁任会议主席,毛坤、沈祖荣、汪长炳、岳良

---

① 本会第四次年会会员联谊会纪事[J].中华图书馆协会会报,1939,13(4):13.

木、洪范五（陈训慈代）、陈训慈出席。该次会议共商讨 4 项议案：

表 3-8　中华图书馆协会第五次年会前理监事联席会议议案表

序号	议案名称
1	协会原定出席代表五人,就中洪范五、陈东原、刘国钧三人不能出席,应如何递补案
2	为谋增进会员交谊,可否举行联谊会案
3	为与各方接洽联络便利起见,应否在渝设置本会办事处案
4	本会经费支绌,会报印刷费困难,应如何筹集案

最终,与会人员对此 4 项提案议决如下:第一项提案议决不另推派代表出席,由会员自由参加,届时出席此次联席会议的理监事应全体参加。第二项提案决议于 2 月 9 日举行会员联谊会。第三项提案,陈训慈认为为便利开展中华图书馆协会工作起见,应在重庆设立办事处,并且设在国立中央图书馆内为宜,而蒋复璁则认为"以前曾由理事会之决议通知在渝设立通讯处,惟迄未办理……文华图书馆学专校,人材鼎盛,谅能兼顾"[①],因此中华图书馆协会通讯处应设在该校位于重庆曾家岩的求精中学内。后沈祖荣提出应设立于国立中央图书馆内,该项提案最终交由年会会员大会决定。关于第四项提案,会议当即议决两点,一是由中华图书馆协会函呈国民党中央党部秘书处及宣传部特予补助,二是召开年会时由与会会员随意乐捐补助,另由中华图书馆协会通知向全体会员募捐。

1942 年 2 月 8 日至 9 日,联合年会在重庆国立中央图书馆开幕,教育学术界代表约 200 人参加。因当时抗战局势紧张,开会时间决定仓促,未能通知到的会员人数众多,且会前决定不派代表而由会员自由参加[②],因此中华图书馆协会方参会人数大为减少,仅有机关会员 6 个、个人会员 34 人,理事长袁同礼也因故未能出席。会中,黄炎培致开会辞,王雪艇、陈立夫发表演说。中华图书馆协会于当日下午召开会员临时谈话会,由沈祖荣主持,与会代表当场决定募捐补助中华图书馆协会会费。陈训慈等人在会中发表演说称:"本人对于中华图书馆协会,素抱热烈之期望,认为今后协会工作,应努力促使政府当局及社会人士对图书馆事

①②　本会在渝理监事联席会议纪录[J].中华图书馆协会会报,1942,16(5/6):16-17.

业之重要,作更深切之了解。"①蒋复璁称:"本次年会,忽促举行,敝意以为除对于一般会务实当督导,俾使如常进行,丝毫不必有所变更……"②蒋复璁另就前联席会议提出的 4 项提案及议决办法报告与会代表。关于前日理监事联席会议中有关在重庆设立办事处的提案并未得到统一结果。此外,临时谈话会还通过姜文锦的临时动议,推选沈祖荣、陈训慈、蒋复璁筹备组织陪都区图书馆员联谊会,并由沈祖荣负责召集。

六、第六次年会(1944 年 5 月　重庆)

1943 年 12 月,中华图书馆协会在重庆召开理事会,推选出第六次年会的筹备委员会主任蒋复璁,委员戴志骞、沈祖荣、王文山等 15 人,并议定该次年会讨论的问题有二:一是战后图书馆复员计划,二是战后图书馆所需人才培养计划。此外,该次年会还明确提出:"以关于上项两问题范围以内者为限,应特予注重具体计划,避免不切实际之文字。"③

1944 年 5 月 5 日至 6 日,中国教育学术团体第三次联合年会在重庆国立中央图书馆举行。参加者有中国教育学会、中华职业教育社等 12 个团体。中华图书馆协会亦按照惯例将此次联合年会作为其第六次年会。此次联合年会讨论中心问题为:中国战后教育建设及世界教育改造与国际之文化合作,所得结论提供政府参考④。此次年会,有包括袁同礼、蒋复璁及沈祖荣等共计 65 人到会,另有文华图书馆学专科学校学生 23 人参加此次年会。袁同礼任大会主席并致开会辞,指出此次年会的旨趣有二:一是集思广益,二是联络感情以精诚团结,克服当前困难⑤。

1943 年,中华图书馆协会为筹划战后全国图书馆复兴计划起见,编制了《全国图书馆复兴计划意见调查表》⑥,分发全国各地图书馆,之后陆续回收 30 多份。该次年会的讨论与最终通过的议案也多与此调查表结果有关,具体议案见表 3 - 9。

---

① 本会第五次年会会员谈话会纪录[J].中华图书馆协会会报,1942,16(5/6):16 - 17.

② 本会第五次年会会员联谊会纪录[J].中华图书馆协会会报,1942,16(5/6):17 - 18.

③ 本会理事会决议事项[J].中华图书馆协会会报,1943,18(2):18.

④ 教育团体年会[J].图书月刊,1945,3(5/6):63.

⑤ 中华图书馆协会第六次年会第一次会议纪录[J].中华图书馆协会会报,1944,18(4):6 - 9.

⑥ 本会征求全国图书馆复员计划[J].中华图书馆协会会报,1943,18(2):20 - 21.

表 3 - 9　中华图书馆协会第六次年会议决案一览表

序号	议决案名称
1	关于抗战期间全国图书文物损失责成敌人赔偿,本会应如何准备案
2	充实中小学图书馆设备案
3	大学图书馆应直隶校长以利实施案
4	充实原有训练图书馆人员机构积极培养人才以应战后复兴之需要案,及培养战后图书馆需用人才案
5	增加各省市县图书馆图书经费案
6	呈请教育部修改图书馆工作人员待遇规程,提高待遇,以增进其效能案
7	省立图书馆采编组应分为采购编目两组案
8	政府视察教育人员应多注意图书馆事业以促进其发展案
9	确定图书馆节案(每年 11 月 11 日)
10	成立各地方图书馆协会之设立或恢复,以加强联系推进事业案

由于前三项提案"关系重大",经中华图书馆协会理事会商议决定提交年会大会讨论,"俾引起更广大之注意,而利推行"①,大会对此三项提案无异通过。

此次年会中一项重要的提案是对《1937 年组织大纲》进行修改,案由有三:一是为使该会会员对于会务能积极参加;二是为使该会理监事会组织加强,以利会务推进;三是为使该会组织大纲适应非常时期的需要②。该案一经提出就引起了激烈讨论。徐家麟认为《1937 年组织大纲》在抗战期间有"诸多不适宜之处",如当前的"会费"一项就与该组织大纲不符——《1937 年组织大纲》规定,机关会员每年缴纳会费 5 元,个人会员每年缴纳会费 2 元,永久会员一次性缴纳会费 25 元。而当时征收的会员会费远远超过该规定。汪长炳、严文郁、岳良木、陆华深主张立刻修改组织大纲。蒋复璁则反驳称因法币跌价而增加会费是"一时权衡之措施"。还有部分会员认为"组织大纲是本会的根本大法,修改应当特别慎重,不可草率将事",况且当时到会人员仅占全体会员的十二分之

---

① 中华图书馆协会第六次年会第二次会议纪录[J].中华图书馆协会会报,1944,18(4): 9 - 11.

② 中华图书馆协会第六次年会第一次会议纪录[J].中华图书馆协会会报,1944,18(4): 6 - 9.

一,"我们似乎不应该以少数人漠视大多数人的权利"①。几经讨论,最终赞成由年会出席会员修改者占多数,大会主席决定午后继续讨论具体的修改事宜,但因有 22 位会员退席,加之参加开幕会的文华图书馆学专科学校学生全部未出席,午后的会议最终因留会者人数过少而未进行。

次日,在袁同礼的主持下会议继续进行,决定仍由留会的 24 人对修改组织大纲事宜进行讨论。但仍有持不同观点者:陈训慈认为,虽然大纲确应修改,但此次年会出席人员过少不能代表各地会员,例如过去热心中华图书馆协会会务的大学图书馆及各省立图书馆等,因此修改会章应"特别审慎",而且"应组织一委员会,先拟草案,再征求各地会员同意,以昭慎重"。在对"选举"一章进行修改时,陈训慈又数次力陈此观点:"本会理监事确应改选,惟改选方式,应加慎重,本会过去改选,均系采用通讯选举法,以求普遍,是为本会传统精神……如由出席少数会员改选理监事,而将不出席年会会员之选举权予以剥夺,殊不妥当,似应照原办法用通讯方式,由各地会员普遍选举。"②汪应文则表示,应仿照一般立法程序,由大会推定若干人组织委员会修改,再提大会通过。最后,汪应文的提议得到大多数人赞成而通过。此外,还有会员表示仅需修改大纲部分内容,也有会员认为应逐条修改。

最终,大会对《1937 年组织大纲》中的"组织""选举""事务所"三个部分进行了修改,通过了新的《1944 年组织大纲》,并推选出新任理监事候选人名单。据参会的沈宝环回忆:"年会的气氛和青岛年会完全相反,协会有严重分裂倾向……这次年会不欢而散。"③而沈宝环也于这次年会学到一个教训:一个组织如果要达到精诚团结合作无间的目的,必须要做到"党外无党,党内无派"的程度。沈宝环的"党内无派"反映出中华图书馆协会内部出现了意见不合的情形,甚至可能形成了不同的"派别",可以说此次年会使得中华图书馆协会内部的分裂倾向暴露无遗。

---

① 中华图书馆协会第六次年会第一次会议纪录[J].中华图书馆协会会报,1944,18(4):6-9.

② 中华图书馆协会第六次年会第二次会议纪录[J].中华图书馆协会会报,1944,18(4):9-11.

③ 沈宝环.沈序[M]//严文郁.中国图书馆发展史——自清末至抗战胜利.新竹:枫城出版社,1983:9-19.

七、第七次年会（1945 年 8 月　重庆）

1945 年，接中国教育学术团体联合办事处通知将于当年 8 月召开下一届联合年会后，中华图书馆协会于 6 月 20 日召开理事会议，商讨参加联合年会办法，最终议决推选全体理监事代表中华图书馆协会出席，并通知会员自由参加，不再另组织年会，会员若有提案直接寄往联合年会筹备处。

8 月 18 日至 19 日，中国教育学术团体联合年会在重庆北碚儿童福利社举行，主要讨论战后实施计划教育与复原问题。中华图书馆协会与其他 13 个团体共同出席此次联合年会，共计到会 300 余人。会中陈礼江、李清悚先后致辞并报告大会筹备经过，此次大会收到提案 85 件、论文 29 篇。最终通过重要议案 80 余件。第二天上午，各团体分别举行年会，并议定次年 8 月"于鄱阳、南京、台湾三地中视当时情形，择一地举行"①。然而，关于此次联合年会的相关报道中只出现了中华图书馆协会的名字，未介绍出席代表名称，也未见有关图书馆事业方面的提案名称。

八、第八次年会（1947 年 10 月　南京）

1947 年 3 月，中国教育学术团体联合会举行各代表联席会议，王文山、陈东原和于震寰 3 人代表中华图书馆协会出席。会议推举郝更生、王文山等人负责筹划经费、联合会会所与会址等事项。同年 10 月 26 日至 27 日，中国教育学术团体联合会第五届联合年会在南京香铺营公余联欢社召开，中华图书馆协会、中国教育学会、中华儿童教育社等 17 个团体共同派员参加，并从中选举出马客谈、李清悚、郝更生、张伯苓、吴研因、程时奎、程其保、陈礼江、章柳泉、常道直等 19 人为主席团②。联合会理事长兼常务理事张伯苓因事无法出席，因此请常务监事朱经农主持此次大会。大会议案以"民主与教育"为讨论中心。中华图书馆协会按照年会筹备会的规定，推举蒋复璁、刘国钧、柳诒徵、李小缘、陈东原、顾天枢、于震寰、陈训慈、汪长炳、洪范五、王文山、杨长治为代表参会，并参与了"社会教育与电化教育提案组"的会议。会中，中华图书馆协会代表所提《增加地方图书馆经费》及《西文图书杂志进口应请政府特于便利》二

---

① 林. 教育团体第四届联合年会[J]. 科学,1946,28(4):207－208.

② 教育学术团体年会 今晨在京举行开幕仪式 民主与教育为讨论中心[N]. 申报,1947－10－26(6).

案经大会讨论通过①。

此次联合年会之后,中华图书馆协会在京理事认为中国教育学术团体联合会成立之初的主要目的在于举行联合年会,俾各团体的会员均可出席参加,此种办法在交通不便之时,确有必要。但此次年会,出席者仅限于少数人,与该会原意大有出入,故主张不再继续参加该会②。此后,中华图书馆协会年会再未见诸报端。

出于文章结构及逻辑性等方面的考虑,本书第四、五两章专论中华图书馆协会以及其他图书馆社团对于图书馆事业与学术研究的作用与影响,为了避免内容上的重复,不就年会具体效果做分析,此处仅对年会的作用做简要评价。

九、中华图书馆协会年会评价

田洪都曾言:"图书馆协会年会即联络各省市协会图书馆及馆员,并研究图书事业之改进,以谋共同平均发展。"③中华图书馆协会的年会聚集了来自全国各地不同地域、不同教育和文化背景的图书馆职员代表,他们带着各自所在地图书馆事业的发展状况与问题,向着一个共同的目标走到一起来。此外,中华图书馆协会在当时的地方图书馆社团和图书馆中被视为领导者,是连接与其他图书馆社团、图书馆和其他社会组织之间的纽带。第一次年会中,江西省立图书馆提出《规定全国图书馆系统及应如何联络案》,理由是:"我国图书馆事业日渐发达,惟各图书馆因无系统关系,各个独立精神,未免散漫,窃谓此种社会教育机关倘以国立、省立、市立、县立各图书馆成一系统,若学制然,庶足唤起全国注意共谋发展。而各图书馆又当互为联络,观摩研究,以资改进而便团结。"④虽然该案未议,但实际上中华图书馆协会已经充当了全国图书馆系统枢纽的作用。浙江省行政学会图书馆就曾"为谋与国内各大图书馆取得联系,以便馆务之发展起见",加入中华图书馆协会,并称中华图书馆协会

---

① 中华图书馆协会出席中国教育学术团体联合会五届年会[J].图书展望,1947(5):33-34.

② 参加中国教育学术团体联合会第五届年会[J].中华图书馆协会会报,1948,21(3/4):5.

③ 中华图书馆协会第二次年会通过改进全国图书事业要案[N].申报,1933-09-03(20).

④ 规定全国图书馆系统及应如何联络案[R]//中华图书馆协会第一次年会报告.北平:中华图书馆协会事务所,1929:231.

为"我国唯一之图书馆事业共同组织"①。因此,也只有中华图书馆协会的年会才能使得全国省、市、县的图书馆人聚集到一起。通过召开年会,来自全国各地的图书馆人沟通各自所在地图书馆事业发展状况,在交流中发现问题与不足,再通过讨论提出相应的解决办法,学习其他图书馆的先进理念与技术,革新与改善所在图书馆的各项工作。而且年会的一个重要作用是促进图书馆、图书馆人之间的团结,年会的讨论、参观与游览等活动,使来自不同地区的图书馆人之间相互增进了解,消除隔膜,图书馆人在增进发展图书馆事业的信心的同时,也提升了使命感与责任感,而且共同的任务与使命更促使图书馆人之间团结一致。

中华图书馆协会成立之初,中华教育改进社干事陶行知致函中华图书馆协会,称其为"我国图书馆运动之中枢"②,但依笔者看来,成立之初的中华图书馆协会属于名义上的"中枢",其在全国图书馆、图书馆员以及地方图书馆协会中的实际认可度仍显不足,首次年会之前其会员数量增加缓慢是为证明之一。然而通过各次年会的成功举行,尤其是第一次年会到会会员有个人会员 109 人、机关会员 70 个③,另有教育界、文化界知名学者及政府代表参会,反映出中华图书馆协会的号召力以及影响力的增强。在一定意义上说,第一次年会的成功举办,使中华图书馆协会作为当时中国图书馆事业中枢组织的地位正式得到社会的普遍认可。第二次年会召开时,《申报》派记者跟随采访,称"中华图书馆协会第二次年会系全国图书馆专家之总集会,对于教育文化有极大之贡献"④。而且第二次年会后,图书馆界对于中华图书馆协会的引领地位高度认同:"中华图书馆协会二次年会之后,协会领导图书馆进步之精神,正充溢全国……"⑤同时,图书馆作为一种"活的"教育机关,对于社会发展、科学进步的积极作用,也通过文化教育界知名人士出席年会而得到广泛宣传,进而使图书馆的社会地位和社会形象得到极大提升。

---

① 加入中华图书馆协会[J].浙江省地方行政学会会员通讯,1940(4):2.

② 美国费城世界博览会与我国图书馆出品[J].中华图书馆协会会报,1926,1(5):22 - 23.

③ 宋建成著的中华图书馆协会(第 67 页)中称到会的个人会员为 113 人、机关会员为 62 个。此处数据来源以《中华图书馆协会第一次年会报告》为准。

④ 中华图书馆协会年会[N].申报,1933 - 08 - 31(16).

⑤ 浙江省第一学区图书馆协会.浙江省第一学区图书馆协会第四次大会纪[M].杭州:浙江省第一学区图书馆协会,1933:3.

第四章　图书馆社团的学术成果
与学术研究活动

　　1925—1936 年间是中国近代图书馆学的形成和发展时期,这一时段划分已经成为学界的普遍共识①。而中华图书馆协会的成立也被认为是标志着中国近代图书馆学研究由自发步入自觉②,原因在于其成立后创办了两种著名的图书馆学期刊,并引导其机关会员陆续开办大批图书馆学期刊,出版了一系列图书馆学与目录学书籍,有组织地开展了有关图书馆事业的各项调查研究活动。根据目前收集到的资料,存续于民国时期的 40 多个图书馆社团中,先后有 11 个图书馆社团创办了 13 种期刊,发行图书馆学、目录学等各类出版物上百部,形成图书馆界相关调查与统计报告百余份。这些图书馆社团是民国时期图书馆学术研究的中流砥柱。

第一节　图书馆社团的学术成果

一、创办图书馆社团刊物

　　创办期刊是民国时期的各类社团公开会务、联络会员、表达社会诉求、传播学术观点的主要渠道和方式。民国时期图书馆社团共创办了 13 种刊物(见表 4 - 1)。

　　我国第一个由图书馆社团创办的期刊是北平图书馆协会创办的《北京图书馆协会会刊》,该刊创办于 1924 年 8 月,是我国首个由图书馆协

---

① 程焕文.图书馆精神[M].北京:北京图书馆出版社,2007:146.

② 刘文科,吴秀玲.西学东渐对中国近代图书馆学嬗变的影响[J].新世纪图书馆,2011 (4):7 - 10.

会创办的期刊。"故中国之有图书馆协会,图书馆协会之有刊物,皆北平为之创业。"①1928 年 12 月随着北平图书馆协会的更名,该刊相应更名为《北平图书馆协会会刊》。该刊共发行 5 期,于 1933 年 5 月停刊。

表 4－1　民国时期图书馆社团创办期刊表

序号	社团名称	创办刊物名称	创停刊日期	发行期数	发刊词
1	北平图书馆协会	《北京图书馆协会会刊》	1924 年 8 月—1933 年 5 月	5 期	《发刊辞》
2	江苏图书馆协会	《江苏图书馆协会特刊》	1924 年	1 期	—
3	上海图书馆协会	《图书馆杂志》/《图书馆》	1925 年 6 月 1 日(仅有创刊号)	1 期	杜定友撰《上海图书馆协会图书馆杂志——发刊趣旨》
4	上海图书馆协会	《上海图书馆协会会报》	1929 年 9 月—1930 年 3/4 月合刊	7 期	陈伯逵撰《发刊大意》
5	中华图书馆协会	《中华图书馆协会会报》	1925 年 6 月 30 日—1948 年 5 月 31 日(1937 年 7 月—1938 年 6 月停刊一年)	21 卷,102 期(两三期合并刊行的算作一期)	—
6	中华图书馆协会	《图书馆学季刊》	1926 年 3 月—1937 年 6 月	11 卷 42 期	《发刊辞》
7	广州图书馆协会	《广州图书馆协会会刊》	1929 年 4 月 14 日—1930 年 6 月 15 日	3 期	杜定友撰《发刊词》
8	福建图书馆协会	《福建图书馆协会会报》	1930 年 9 月(仅有创刊号)	1 期	侯鸿鉴撰《创刊辞》

---

① 韦.卷头语[J].北京图书馆协会会刊,1929(2):1.

续表

序号	社团名称	创办刊物名称	创停刊日期	发行期数	发刊词
9	浙江第二学区图书馆协会	《浙江第二学区图书馆协会季刊》	1931年4月—1934年1月	4期	许雪昆撰《发刊词》
10	无锡图书馆协会	《无锡图书馆协会会刊》	1932年1月—1935年1月1日	4期	编者撰《发刊词》
11	浙江第一学区图书馆协会	《浙江第一学区图书馆协会会刊》	1934年4月—1934年11月	1期	《弁言》
12	浙江图书馆协会	《浙江省图书馆协会会刊》	1936年5月—1937年4月	3期	—
13	中国图书馆学社	《图书馆学报》	1945年6月30日(仅有创刊号)	1期	《发刊词》

1.《中华图书馆协会会报》

由中华图书馆协会创办的《中华图书馆协会会报》是民国时期出版发行时间最长的图书馆类期刊,从1925年6月30日到1948年5月31日,总共发行21卷,102期(两三期合并刊行的算作一期)。

1925年6月30日,"以为(中华图书馆协会)传达消息之用,并兼为全国图书馆事业之通讯机关"①的《中华图书馆协会会报》出版了创刊号。1925年7月25日,《中华图书馆协会会报》在北京政府京师警察厅获出版执照,9月5日在北平邮务管理局立案挂号为新闻纸类②。创办之初,《中华图书馆协会会报》由执行部部长袁同礼任主编③,1941年改由刘国钧任主编④。《中华图书馆协会会报》属赠送性质,每期印行千份赠予中华图书馆协会会员与国内图书馆、各报馆与通讯社,以及"欧美日

①② 中华图书馆协会第一周年报告[J].中华图书馆协会会报,1926,2(1):3-5.

③ 中华图书馆协会执行委员会.中华图书馆协会第一次年会报告[R].北平:中华图书馆协会事务所,1929:20.

④ 会报改由刘国钧博士主编兼发行[J].中华图书馆协会会报,1941,15(3/4):10.

本各处"①。后教育部出版品国际交换局成立,中华图书馆协会将《中华图书馆协会会报》与英国、美国、法国、德国、比利时、西班牙、捷克、苏联、日本进行交换,"以促进图书馆事业之推广"②。创刊之初其编辑部与中华图书馆协会总事务所一起设于南京,发行至第 12 卷第 6 期(1937 年 6 月 30 日)时,因"七七事变"停刊。1938 年 7 月《中华图书馆协会会报》在昆明复刊,1942—1945 年间在重庆发行,抗战胜利后编辑部迁至南京继续出版。1948 年 5 月 31 日,《中华图书馆协会会报》在发行了第 21 卷 3/4 合期后停刊。由于发行时间跨度为民国时期图书馆学期刊中最长,且载文数量多,《中华图书馆协会会报》成为图书馆学研究的重要史料来源,因此被誉为是民国时期最重要的三种图书馆学期刊之一③。《中华图书馆协会会报》本身作为一种大众媒体,既是信息传播的物质载体,同时又是聚集、复制、扩散和放大社会舆论的工具。它通过及时、大范围的信息扩散,使图书馆界相关讯息达及社会大众,从而引导社会舆论方向,推动图书馆事业乃至相关事业的发展。从《中华图书馆协会会报》自身所载信息以及出版时间跨度来看,它无愧于是"一部民国时期图书馆事业的发展史"④。

2.《图书馆学季刊》

《图书馆学季刊》也由中华图书馆协会创办,而且是中国历史上第一种图书馆学学术性期刊。于 1926 年 3 月创刊,1937 年因"七七事变"停刊,《图书馆学季刊》历经 12 年,共出版 11 卷 42 期,由图书馆界著名学者刘国钧任编辑主任,中华图书馆协会出版委员会编辑部全权负责各项编辑事宜,创刊之初由中华图书馆协会发行部负责发行,后因"经费无多,独立担任力有未逮"⑤,特委托南京书店发行,但后因时局等因素于第 2 卷第 3 期起恢复由中华图书馆协会自行出版。

《图书馆学季刊》初定每年 1、4、7、10 月出版,后"去冬(1925 年)各地忽起战事……以致邮件濡滞,稿件不得如期到齐,迨付印后手民又赶

---

① ② 　中华图书馆协会第一周年报告[J].中华图书馆协会会报,1926,2(1):3-5.

③ 　另外两种期刊分别是《图书馆学季刊》和《文华图书馆学专科学校季刊》。程焕文.百年沧桑　世纪华章——20 世纪中国图书馆事业回顾与展望(续)[J].图书馆建设,2005(1):16.

④ 　范凡.民国时期图书馆学著作出版与学术传承[D].北京:北京大学,2008:216.

⑤ 　中华图书馆协会出版委员会第一周年报告[J].中华图书馆协会会报,1926,2(2):10-11.

印不及,屡屡延误"①,因此决定之后每年 3、6、9、12 月出版。而事实上《图书馆学季刊》也并未严格按"季"出版,例如第 3 卷第 1、2 期,第 4 卷第 3、4 期,第 5 卷第 3、4 期,第 9 卷第 3、4 期为两期合刊,1927 年只出版了一期,与 1928 年两年合出了一卷。

由于资料缺乏,对《图书馆学季刊》各期的销量,笔者目前尚无确实数据。据南京书店统计,其创刊号除销往国内各地外,由日本方面订购 12 份(全年),英、美亦有 4、5 份,而《图书馆学季刊》的价值,"颇可于此觇之"②。此外,《图书馆学季刊》还常年寄赠中华图书馆协会董事、名誉会员及国外各大图书馆与各图书馆社团。据统计,第 1 期的赠送量达 180 余册,且不包括寄赠作者及国内报馆、出版社等。从第 2 期起,中华图书馆协会执行部提议将《图书馆学季刊》赠送机关会员,而 1927 年计有机关会员 132 个③,因此需额外赠送 100 余册。此外,《图书馆学季刊》第 1、2 期载文分别为 36 篇、45 篇,其中非编辑部发文且有作者署名的分别为 21 篇、38 篇,据此可推算,《图书馆学季刊》前两期单是赠送量就至少分别是二三百份以上。此外,因《图书馆学季刊》对于中华图书馆协会个人会员优惠出售,故"订阅者,甚形踊跃"④。

同为中华图书馆协会所创办,同是中华图书馆协会的喉舌,但与《中华图书馆协会会报》不同的是,《图书馆学季刊》所发出的是"学术"之声——学术取向、学术胸怀与学术精神,表达的是中华图书馆协会以及所有图书馆人的取向、胸怀与精神。《图书馆学季刊》是我国图书馆学发展史上的浓墨重彩的一笔,它是民国时期图书馆学研究风气与实践水平的最集中体现,它引领着当时的图书馆学朝着自由、开放的方向发展,是当之无愧的"我国历史上第一种图书馆学权威期刊"⑤。

中华图书馆协会创办的《中华图书馆协会会报》与《图书馆学季刊》中刊载了大量图书馆学学术论文,倡导开展图书馆学理论研究,介绍当时图书馆界新知、新著。虽然一些地方图书馆协会创办的期刊,存续时间普遍较短,如《图书馆杂志》《图书馆学报》等只发行一期,《广州图书

---

① 本刊特别启事[J].图书馆学季刊,1926,1(1):前页 2.

②④ 中华图书馆协会出版委员会第一周年报告[J].中华图书馆协会会报,1926,2(2): 10 – 11.

③ 中华图书馆协会第二周年报告[J].中华图书馆协会会报,1927,3(2):3.

⑤ 叶继元,徐雁.与其临渊羡鱼不如退而结网——回眸南京大学在欧美图书馆学中国本土化过程中的独特贡献[C]//南京大学百年学术精品:图书馆学卷.南京:南京大学出版社,2002:9.

馆协会会刊》与《上海图书馆协会会刊》仅开办一年。但由于这些图书馆社团本身的榜样作用与地域影响力,更激发了各地各类图书馆创办图书馆学刊物的热情。沈祖荣称《中华图书馆协会会报》《图书馆学季刊》自刊行以来,"各处图书馆刊物之产生,如雨后春笋"①。

有学者统计,1925 年,全国图书馆学专业期刊仅有 7 种,而到了 1936 年时已多达 33 种②。此外,范凡在博士论文中的"民国时期图书馆学期刊统计表"统计得民国时期图书馆学期刊共有 113 种,这些图书馆学期刊均由各个图书馆社团及其机关会员所创办,图书馆社团的影响力可见一斑。

图书馆学期刊,作为图书馆学现代化的一种重要表现形式,从宏观上来说,在很大程度上改变了民国时期图书馆学研究的基本形态,构成并扩大了当时中国图书馆学术研究组织网络,成为展示当时图书馆学研究成果并提升其专业层次的标志物,同时也成为向社会传递图书馆界学术主张和影响力的有力途径。从促进学术发展的角度来说,大量图书馆学期刊的出现一方面为当时的图书馆学研究提供了更为开放的研究环境与多样的研究视角,其刊载的各类论(译)文、通讯、统计调查报告等,涉及中外图书馆事业与学术研究的各个方面,同时也以目录学、文献学为研究视角和对象,使当时的图书馆学术研究呈现出蓬勃的发展态势。另一方面,这些期刊不仅使传统的著作传播方式发生了由点到面的质的变化,更为重要的是使图书、图书馆学的理论研究全面而正式地走进了当代学术领域当中,并占有了一席之地。

二、发行图书馆学、目录学等出版物

据笔者比对中华图书馆协会历次会员名录与范凡《民国时期图书馆学著作出版与学术传承》一书中所列民国时期图书馆学著作后发现,民国时期出版的图书馆学著作作者(译者)绝大多数为中华图书馆协会以及各地方图书馆社团会员。中华图书馆协会作为当时图书馆界的"权威性"组织,其出版的著作在一定程度上代表了当时图书馆界的整体研究倾向与研究水平,是近代图书馆学发展期的重要组成部分和标志;反过来,这些著作又对当时图书馆事业的发展起到了理论指导实践的作用,

---

① 沈祖荣.中国图书馆及图书馆教育调查报告[J].中华图书馆协会会报,1933,9(2):1-8.

② 程焕文.中国近代图书馆学期刊史略(上)[J].图书馆,1985(5):28-32.

对当时的图书馆学术研究起到了拓展研究视野、引导学术规范与学术方法的作用。因此，说中华图书馆协会是民国时期图书馆学著作出版的摇篮以及培植图书馆学术研究成果的重要园地，是一点也不为过的。

中华图书馆协会成立之初设有出版委员会，负责中华图书馆协会有关著作出版的一切事宜。刘国钧任主任，杜定友任副主任，施廷镛任书记，委员有朱家治、洪范五、何日章等13人。出版委员会在其第一周年报告中称"若任其（长篇著作）隐没，尤非提倡学术之本意"，"我国图书馆事业，正在萌芽，高深之研究，固当提倡，鼓吹之著作，亦不可少"，因此若印行单行本、丛书等"或廉售，或赠送，收效必可宏大"。此外，因当时图书馆界有感采用新式图书管理方法的必要，但苦于"无师可资，不知何以着手"①，而出版发行图书馆学实用书籍可以作为实际工作的指导。有鉴于此，中华图书馆协会存续期间共出版72种著作，内容以图书馆学、目录学两大类为主，其中也有一些中华图书馆协会自己的调查表、报告等。

表4-2　中华图书馆协会出版著作一览表

序号	著作名	作者	出版地	出版年
1	《老子考》	王重民著	北平	1927年
2	《各家检字新法述评》	万国鼎著	北平	1928年
3	《书目长篇》	邵瑞彭著	—	1928年
4	《国学论文索引》	王重民著	北平	1929年
5	《国学论文索引续编》	徐绪昌著	北平	1931年
6	《国学论文索引三编》	刘修业著	北平	1934年
7	《国学论文索引四编》	刘修业著	北平	1936年
8	《全国图书馆调查表》	中华图书馆协会著	北平	1929年
9	《中华图书馆协会第一次年会报告》	中华图书馆协会著	北平	1929年
10	《中文图书编目条例草案》	刘国钧著	北平	1929年
11	Library in China*	戴志骞、沈祖荣、胡庆生、顾子刚著	—	1929年

---

①　中华图书馆协会出版委员会第一周年报告[J].中华图书馆协会会报,1926,2(2)：10-11.

续表

序号	著作名	作者	出版地	出版年
12	《全国图书馆调查表（1929年12月第三次订正）》	中华图书馆协会著	北平	1930年
13	《图书馆术语集》	金敏甫著	北平	1930年
14	《日本访书志补》	王重民著	北平	1930年
15	《全国图书馆调查表（1931年12月第四次订正）》	中华图书馆协会著	北平	1931年
16	《中文图书登录条例》	岳良木著	北平	1931年
17	《英国国立图书馆藏书源流考》	李小缘著	北平	1932年
18	《明清蟫林辑传》	汪閫编著	北平	1932年
19	《方言考》	崔骥著	—	1932年
20	《文学论文索引》	张陈卿、陈璧如、李维堉编	北平	1932年
21	《文学论文索引续编》	刘修业著	北平	1933年
22	《文学论文索引三编》	刘修业著	北平	1936年
23	《簿式目录中著录详略之研究（上篇）》	邢云林著	北平	1933年
24	《北平协和医学图书馆馆况实录》	李钟履编	北平	1933年
25	《编辑中国史籍书目提要》	傅振伦著	北平	1933年
26	《图书馆参考论》	李钟履著	北平	1933年
27	《善本图书编目法》	于震寰著	—	1933年
28	《方志艺文志汇目》	李濂堂著	北平	1933年
29	《官书局书目汇编》	朱士嘉编	北平	1933年
30	《中华图书馆协会第二次年会报告》	中华图书馆协会著	北平	1933年
31	《中华图书馆协会第二次年会图书馆教育组报告及意见书》	中华图书馆协会第二次年会图书馆教育组著	北平	1933年
32	《中华图书馆协会第二次年会指南》	中华图书馆协会著	北平	1933年
33	《中华图书馆协会概况》	中华图书馆协会著	北平	1933年

续表

序号	著作名	作者	出版地	出版年
34	《古逸书录丛辑》	赵士炜辑		1933 年
35	《江苏省立国学图书馆编目分类纲要》**	江苏省立国学图书馆编	北平	1933 年
36	《中华图书馆协会第二次年会图书馆教育组报告暨意见书》	中华图书馆协会第二次年会图书馆教育组著	北平	1933 年
37	《江苏藏书家小史》	吴春晗著	北平	1934 年
38	《中华图书馆协会募集资金启》	中华图书馆协会著	北平	1934 年
39	《鉴止水斋藏书目》(四卷)***	许宗彦著	—	1934 年
40	《中国善本图书编目法》	于震寰著	—	1934 年
41	《玄赏斋书目》****	董其昌著	北平	1934 年
42	《全国图书馆一览》	赵体曾著	—	1935 年
43	《全国图书馆及民众教育馆调查表》	中华图书馆协会著	北平	1935 年
44	《中华图书馆协会会员录》	中华图书馆协会著	北平	1935 年
45	《现代图书馆编目法》	毕少博著，金敏甫译	上海	1935 年
46	《中华图书馆协会十周年纪念论文集》(英文)	裘开明、吴光清、沈祖荣、查修、严文郁、蒋复璁、柳诒徵、(挪威)戴罗瑜丽、杜定友著	北平	1935 年
47	《编目部地组织与管理》	(美)曼因著，钱亚新译	北平	1936 年
48	《大学图书馆建筑》	(美)吉罗德著，吕绍虞译	北平	1936 年
49	《中国之图书馆》(英文本)	袁同礼著	北平	1936 年

续表

序号	著作名	作者	出版地	出版年
50	《儿童图书馆经营与实际》	李文祎著	北平	1936 年
51	《四部分类号码表》	张英敏著	北平	1936 年
52	《图书馆博物馆美术馆间的关系》	（英）罗伯茨著，章新民译	北平	1936 年
53	《现代中国作家笔名录》	袁涌进编	北平	1936 年
54	《中国方志编目条例草案》	毛裕良、毛裕芳著	北平	1936 年
55	《北平各图书馆所藏中国算学书联合目录》	邓衍林著	北平	1936 年
56	《中国之图书馆事业》	陈训慈著	北平	1936 年
57	《存素堂入藏图书河渠之部目录》	朱启钤编，茅乃文补	北平	1936 年
58	《中国方志编目条例草案》	毛裕良、毛裕芳著	—	1936 年
59	《档案处理中之重要问题》	毛坤著	北平	1936 年
60	《元太祖成吉思汗生平史料目录》	邓衍林著	北平	1936 年
61	《中华图书馆协会、中国博物馆协会联合年会指南》	中华图书馆协会、中国博物馆协会著	北平	1936 年
62	《公共图书馆预算》	（美）希尔曼著，陈宗登译	北平	1937 年
63	《两年来之师大一小儿童图书馆》	王柏年著	北平	1937 年
64	《图书馆学季刊总索引（第一号）》	中华图书馆协会著	北平	1937 年
65	《图书目录著录法与编辑法论》	邢云林著	北平	1937 年
66	《中国图书馆之被毁及战后复兴》（英文）	中华图书馆协会著	—	1938 年
67	《国际图书馆合作指南》（英文本）	—	—	1939 年

续表

序号	著作名	作者	出版地	出版年
68	《后方主要图书馆概况》	中华图书馆协会著		1945 年
69	《山西铭贤学校图书馆概况》	李钟履著	北平	—
70	《书志学》	（日）小见山寿海著，李尚友译	—	—
71	《翁何〈宝真斋法书〉评校》	叶启勋著		—
72	《世界图书馆小史》	（英）悌德、托玛著，王国维译	北平	—

注：该表格数据来源为《中华图书馆协会会报》各期所刊《中华图书馆协会出版品目录》，《日报索引》(1934 年 5 月—1937 年 7 月，南京中山文化教育馆编）"图书与图书馆学"书目，谷歌图书网站，国家图书馆、南京大学图书馆、陕西理工学院图书馆等图书的书目检索系统。

　* 译为《中国图书馆概况》。

　** 该书为抽印本，原载《中华图书馆协会会报》1933 年第 8 卷第 5 期。

　*** 该书为抽印本，原载《图书馆学季刊》1931 年第 5 卷第 3/4 期。

　**** 该书为抽印本，原载《图书馆学季刊》1932 年第 6 卷第 4 期和 1933 年第 7 卷第 1 期。

表 4-3　地方图书馆社团出版著作一览表

协会名称	著作名	作者	出版地	出版时间
上海图书馆协会	《汉字排字法》	杜定友著	上海	1925 年
	《图书分类法》	杜定友著	上海	1925 年
	《著者号码编制法》	杜定友著	上海	1925 年
	《图书馆通论》	杜定友著	上海	1925 年
	《图书目录学》	杜定友著	上海	1926 年
	《图书选择法》	杜定友著	上海	1926 年
	《图书馆学概论》	杜定友著	上海	1927 年
	《学校图书馆学》	杜定友著	上海	1928 年
	《中国图书馆名人录》	宋景祁著	上海	1930 年
	《儿童读物选择法》	林斯德著	湖北	1935 年

续表

协会名称	著作名	作者	出版地	出版时间
上海图书馆协会	《中国图书馆事业十年来之进步》	李小缘著	北平	1936 年
	《怎样利用图书馆》	吕绍虞著	上海	1938 年
	《图书馆学教科书》	—	—	—
	《图书馆辞典》	—	—	—
	《图书馆原理》	—	—	—
	《图书馆行政》	—	—	—
	《图书馆设备及用品》	—	—	—
	《图书典藏法》	—	—	—
	《图书流通法》	—	—	—
	《图书馆历史》	—	—	—
	《图书馆建筑学》	—	—	—
	《参考书及用法》	—	—	—
	《图书编印法》	—	—	—
	《公共图书馆管理法》	—	—	—
	《专门图书馆管理法》	—	—	—
	《特殊图书馆管理法》	—	—	—
	《博物院管理法》	—	—	—
北平图书馆协会	《儿童书目汇编》	罗静轩著	北平	1933 年
	《北平市图书馆协会会员录》	—	北平	1946 年
	《北平各图书馆所藏丛书联合目录》	—	北平	1930 年
	《北平各图书馆所藏期刊联合目录》	—	北平	1929 年
浙江第二学区图书馆协会	《浙江省第二学区各图书馆概况专号》	—	嘉兴	1933 年

续表

协会名称	著作名	作者	出版地	出版时间
浙江 第一学区 图书馆协会	《浙江省第一学区图书馆协会概况》	—	—	1932 年
	《参考书问题专号》			1934 年
	《浙江省第一学区图书馆协会第四次大会纪》	—		1933 年
广东省 图书馆协会	《广东省图书馆协会图书馆学进修班讲义》	杜定友等著	广州	1947 年
	《广东省图书馆协会组织章程(附会员名单)》	—	—	
广州图书馆协会	《中国现代图书馆概况》	金敏甫著	—	1929 年

上海图书馆协会"鉴乎中国图书馆,日臻发达,而坊间关于图书馆学之书籍,尚寥若晨星,深感不敷供海内人士之参考,因有发行上海图书馆协会丛书之议"①。上海图书馆协会出版发行的丛书数量仅次于中华图书馆协会,是各个地方图书馆社团中最多的。从上述两个表格可以看出,中华图书馆协会不仅自身积极组织、倡导出版图书馆学与目录学著作,而且各地方图书馆社团也出版了一定数量的学术著作,而各地图书馆社团职员、会员出版的著作数量更甚,推动了当时图书馆及相关学科学术研究的发展,促进了图书馆事业的向前发展。正如沈祖荣所说:"时代是著作产生的,著作又是时代产生的。彼此循环的产生。"②

三、形成图书馆业相关调查与统计报告

调查研究一直以来都是中国古代藏书家、目录学家用以"辨章学术,考镜源流"的研究方法之一,也是近现代图书馆学重要的研究手段。据刘兹恒对李钟履编辑的《图书馆学论文索引(第一辑)》的不完全统计,在 1917—1948 年间,中国图书馆学研究者发表的各种图书馆方面的调

---

① 金敏甫.中国现代图书馆概况[M].广州:广州图书馆协会,1929:32.
② 沈祖荣.图书馆用不着杂志么[J].图书馆学季刊,1928,2(3):401－402.

查报告总量超过了 80 余篇①。

"欲求图书馆事业之发展,于其现状不可不有明了之概念。"②在各个图书馆社团中,中华图书馆协会展开的各类调查、统计最多。

中华图书馆协会成立之后,将调查研究与统计作为其开展会务工作与学术研究的一项基础性工作。第一次年会后,"故籍湮沦,旧闻放失,织儿薪鬻,异域航藏;匪惟笃古之士所嗟,抑亦立国于世之耻"。为此,中华图书馆协会特成立善本调查委员会,"意在周知国宝,协卫书林,昭名宝之存亡,谋公私之补救"③。"夫藏书之家,网络珍秘,校订之士,考索源流,而于板片反多忽焉!宜乎,五百年后,欲求勤有堂陈道人之刻书掌故者,已云不易,况板片乎?"因此版片调查委员会也应运而生,"拟及时广为调查,详为登记,版片不限新旧,一概著录",而调查结果"不惟敝会所私庆,抑亦全国学术之幸也"④。

善本调查委员会在主任柳诒徵的组织下,开展了对江苏省立国学图书馆、广东省文化委员会图书馆、国立北平图书馆、江苏省立苏州图书馆、浙江省立图书馆等的藏书调查;袁同礼对永乐大典现存卷目进行调查,共查得现存卷目 200 余卷,为永乐大典的保存、保护以及研究做了基础性的工作。版片调查委员会完成了河南、江苏、江西三处公私家版片的调查。除了对全国图书馆进行调查外,中华图书馆协会经各地会员协助,陆续调查了北京(北平)、太原、杭州、济南、上海、苏州、长沙、福州、厦门、云南、南京、宁波、桂林及昆明等城市的书店。期刊调查共查得当时有定期刊物 430 余种。此外,中华图书馆协会为了改进图书馆学教育方针,特委托武昌文华图书馆学专科学校校长沈祖荣至湖北、江西、安徽、江苏、浙江、山东、河南、河北等省调查各图书馆员训练情况。除此而外,中华图书馆协会还在《中华图书馆协会会报》中刊载其职会员与图书馆学者或政府部门撰写、发布的各类有关图书馆事业的调查报告与统计数据。

---

① 刘兹恒.论中国图书馆学历史传统的传承[J].图书馆论坛,2006,25(6):22-26.

② 中华图书馆协会第一周年报告[J].中华图书馆协会,1926,2(1):3-5.

③④ 中华图书馆协会善本调查委员会启事[J].中华图书馆协会会报,1929,5(3):2.

表 4 - 4　《中华图书馆协会会报》中刊载有关图书馆方面的调查报告与统计数据

调查、统计名称	年代	作者/编者
德法著名书店一览	1925 年	—
全国图书馆调查表(增补、再补)	1925—1926 年	中华图书馆协会著
全国图书馆调查表 (1929 年 12 月第三次订正、1931 年 12 月第四次订正)	1930—1931 年	
北京书店一览	1926 年	—
福州各书店一览	1926 年	—
杭州各书店一览表	1926 年	—
济南各书店一览	1926 年	—
南京家刻版片调查初录	1926 年	—
日本著名书店一览	1926 年	—
厦门各书店一览	1926 年	—
山西各书店一览表	1926 年	—
上海各书店一览	1926 年	—
苏州各书店一览	1926 年	—
一九二五年美国出版物之统计	1926 年	—
英美著名书店一览	1926 年	—
云南省城书店一览	1926 年	—
长沙各书店一览	1926 年	—
自一九〇〇年以后美国每年所出新书数目一览表	1926 年	—
北京书店一览补表	1927 年	—
桂林书店一览表	1927 年	—
宁波书店一览表	1927 年	—
上海书店一览表	1927 年	—
昆明书店一览表	1927 年	—
美国关于出版之政府统计	1927 年	—
桂林书店调查表	1933 年	—
温州书店调查表	1933 年	—
南京书肆调查表(一、二)	1927 年	刘纯著
永乐大典现存卷目	1925 年	袁同礼著

续表

调查、统计名称	年代	作者/编者
永乐大典现存卷数续目（一、二）	1927 年	袁同礼、刘国钧编
中国定期刊物调查表（续、再续、三续、四续）	1927—1928 年	冷衷著
清军机处档案一览表	1928 年	刘儒林著
哈尔滨书店一览	1929 年	宇著
中国期刊调查表	1930 年	冷衷著
中国政府出版期刊调查表	1930 年	冷衷著
全国图书馆分类统计	1931 年	—
日本国内图书馆调查表	1931 年	—
安庆书店调查表	1932 年	—
二十年度新刊中国期刊调查表	1932 年	陈丽泉著
广西书店调查表	1932 年	冷衷著
商务书馆损失调查	1932 年	商务书馆著
调查四川省图书馆报告	1932 年	毛坤著
中国图书馆及图书馆教育调查报告	1933 年	沈祖荣著
清华大学图书馆藏书之统计	1934 年	—
中文期刊生卒调查表（一至十三）	1934—1936 年	国立北平图书馆中文期刊组著
纽约公共图书馆全年阅览统计	1935 年	纽约公共图书馆参考部著
青岛市立图书馆八、九两月阅览统计	1935 年	—
北大图书馆藏书之统计	1936 年	—
北平师范大学图书馆工作报告及近四年的统计	1936 年	何日章著
航空陈列馆图书馆观众统计	1936 年	—
沪第一儿童图书馆阅览人数统计	1936 年	—
教部调查各省市图书馆统计（表）	1936 年	教育部著
青岛市图书馆阅览统计	1936 年	—
全国图书馆最近之统计	1936 年	教育部著

续表

调查、统计名称	年代	作者/编者
世界图书馆统计	1936 年	——
江苏全省藏书统计	1937 年	——
捷克图书馆统计	1937 年	——
苏联图书馆最近统计	1937 年	——
镇江图书馆上年阅览统计	1937 年	——
全国杂志调查表(一、二)(续)	1938— 1939 年	毛宗荫著
上海各图书馆被毁及现况调查	1938 年	钱存训著
教部发表全国高等文化机关受敌军摧残之下所蒙损失统计	1939 年	教育部著
抗战前各省市古物保存所统计	1939 年	教育部著
国立四川大学图书馆藏书统计	1940 年	——
抗战建国期中我国出版事业统计	1940 年	内政部主管出版物注册者著
美国图书馆新建筑统计	1940 年	美国图书馆协会公共图书馆事业部著
上海进修业余流通图书馆半年统计	1940 年	——
成都书店调查表(一、二)	1941 年	陈长伟著
大学图书馆调查表	1941 年	杜定友著
七七事变后北平图书馆状况调查(1941 年 9 月)(续)	1941— 1942 年	中华图书馆协会著
重庆市内图书馆一览(一、二)(调查)	1942 年	——
鄂省立图书馆卅一年度各项统计	1943 年	——
开国前海内外革命书报一览(一)(续)	1943 年	冯自由著
历朝官家收藏书籍卷数统计(补白)	1943 年	超伯著
雅安图书馆(四川)阅览统计	1944 年	——
中央图书馆统计半年来出版事业情况	1944 年	中央图书馆著
北平各图书馆损失一览	1946 年	北平图书馆协会著
美国全国图书馆概况统计	1946 年	——

注:为了区分不同刊次,笔者对于该表中若干调查报告与统计结果的标题添加了序号。

中华图书馆协会组织开展并借《中华图书馆协会会报》发布的各类调查报告,不仅为当时各界学术研究提供了较为充实的资料与资料获取渠道,而且其所运用的各类调查方法也为当时的图书馆学术研究提供了新的研究角度与方法,拓展了图书馆学研究的视角与领域。

在各个地方图书馆社团中,上海图书馆协会开展的相关调查统计是最多的。

上海图书馆协会成立后成立了调查部,推定马崇淦为主任,潘仰尧任调查委员,函发调查表请上海各机关就设立图书馆情形填寄该会,并请宋景祁亲自前往调查;还请黄警顽调查上海印刷出版界以及书局状况,调查报刊印刷费价目并调查全国教育机关数目以便分送月刊。职员程宝成曾提议通函调查全国各图书馆的进行情况。1925 年,经上海图书馆协会调查得知上海各图书馆共有图书 6.8 万余册,出版品有 5000 余种。1926 年,上海图书馆协会为调查国外图书馆事业起见,接连派员分赴美国及菲律宾等处从事考察,以资借镜闻,后又派杜定友赴日参观考察日本图书馆事业。1929 年,上海图书馆协会年中议决请孙心磐从速调查上海图书馆情形,以便编辑上海图书馆指南,并调查现有杂志。1931 年完成了对上海市各图书馆所有杂志目录的调查,并拟编成《上海市图书馆杂志目录汇编》。1932 年,该会通过了《组织出版调查委员会案》,并议决推定钱亚新、高乃同、庄芸、马崇淦、宋禀钦、石斯馨、朱荫、涂祝颜、黄警顽为调查委员会委员。

此外,北平图书馆协会成立后,请其图书馆事业推广委员会拟定多项调查问题,向国内各图书馆征求答复,并将调查结果报告美国图书馆协会代表鲍士伟博士。1929 年,"关于图书馆之调查,中华图书馆协会编有全国总表,但于藏书之状况略而未载",北平图书馆协会将北平市内图书馆先行调查,编成《北平图书馆指南》①,内容涉及国立图书馆、市立图书馆和私立图书馆,详述各馆地址、电话、阅览时间,乃至沿革及成立年月、组织、职员,藏书与特藏书目等,甚为详备。1930 年,北平图书馆协会将北平各个图书馆所藏丛书调查完毕,形成《北平各图书馆所藏丛书联合目录》,该目录分为"郡邑之部""分类之部""汇刻之部""自著之部","谓为丛书全目,亦未尝不可也"②。1932 年该协会完成了北平中小

---

① 北平图书馆协会会务报告:图书馆调查[J].北京图书馆协会会刊,1929(2):7.

② 丛书联合目录委员会.北平各图书馆所藏丛书联合目录:序言[J].北京图书馆协会会刊,1930(4):1-2.

学校图书馆调查工作以及北平各图书馆日文期刊联合目录调查出版工作。1945 年,北平图书馆协会召集会员大会,拟调查北平市各图书馆损失。

此外,还有福建图书馆协会在筹备阶段派各筹备员分别调查各地图书馆情形,并拟定福建各地图书馆调查表等。

四、举行图书馆学术演讲

图书馆学术研究的发展与其他任何学科一样,都需要科研工作者的密切联系与思想碰撞,而图书馆社团的年会、常会以及欢迎会等的举办正为当时的图书馆学者与工作者提供了交流的平台。通过与会人员之间的交流与讨论,图书馆学、图书馆事业中的一些共识逐渐形成。各类型的会议也是传播图书馆学新知的信息集散地,一些图书馆社团在常会中特别设立了论文宣读与演讲的环节,使具有一定理论水准的图书馆人将其理论成果或新知见闻发布出去,使图书馆界的学术成果、发展近况等信息的大传播、大流动成为现实。

除了成立会和欢迎会以外,图书馆社团的每一届年会中来自全国各地乃至国外的图书馆人或陈述当地图书馆问题与弊端,或期许图书馆事业发展,或介绍国外图书馆事业发展状况,使得年会成为了一次集中的学术开发与交流大会。

表 4 – 5　中华图书馆协会各类会议中发表的部分论文与演讲表

主讲人	论文/演讲题目	时间
(美)鲍士伟	中华图书馆协会成立会演说	1925 年
梁启超	中华图书馆协会成立会演说词	1925 年
(美)韦棣华	中美国际友谊之联络	1925 年
(德)莱斯米	德国图书馆发展史	1929 年
(德)莱斯米	来华三大使命	1929 年
蔡元培	图书馆在现中国之地位及国际交换之必要	1929 年
陈独醒	经营浙江私立流通图书馆之经过及现状	1929 年
陈时	图书馆的民众要求	1929 年
杜定友	说文校雠新义	1929 年
杜定友	中国无目录学	1929 年
冯陈祖怡	训政时期之图书馆工作	1929 年
顾子刚	英美法新版总目之概要	1929 年
何公敢	单体检字法	1929 年

续表

主讲人	论文/演讲题目	时间
何日章	河南之图书馆与文物及政治	1929 年
胡庆生	图书馆馆员应有之责任及其工作	1929 年
黄星辉	中文标题问题/编目中的标题问题	1929 年
蒋复璁	中国图书分类之商榷（又名"中国图书分类问题之商榷"）	1929 年
蒋镜寰	图书馆之使命及其实施	1929 年
蒋一前	蒋氏汉字序次法	1929 年
蒋一前	中国图书馆界两大问题及其解决——检字与分类	1929 年
黎维岳	介绍国语罗马字	1929 年
李小缘	图书馆学	1929 年
李小缘	中华图书馆协会之使命及其将来	1929 年
刘国钧	分类编目与标题之比较	1929 年
刘树杞	图书馆在教育上之位置	1929 年
毛坤	钱亚新之"拼音著者号码检字法"	1929 年
钱亚新	从索引法去谈谈排字法和检字法	1929 年
瞿重福	瞿氏号码检字法	1929 年
沈祖荣	文华图书科概况	1929 年
沈祖荣	中文编目中一个重要问题——标题	1929 年
宋青萍	上海通信图书馆概况	1929 年
田洪都	对于图书馆建筑应注意之数点	1929 年
万国鼎	各家检字法述评	1929 年
万国鼎	汉字排检问题	1929 年
王崔	崔巢字典	1929 年
谢国桢	《中国图书大辞典·史部·杂史类·晚明之属初稿》	1929 年
徐家麟	关于图书分类法之图解与中籍分类法及表之编制的研究发凡	1929 年
徐家麟（毛坤代）	中文编目论略之论略	1929 年
杨杏佛	发展图书馆要素	1929 年
杨昭悊	中国学校图书馆	1929 年

主讲人	论文/演讲题目	时间
袁同礼	国际目录事业之组织	1929 年
张凤	面点线检字法	1929 年
刘国钧	分类目录与标题之比较	1929 年
张凤	排检中国字标准之要则	1929 年
朱金青	办民众图书馆者该怎样鼓励人民乐于来馆阅览	1929 年
陶行知	年会演说	1929 年
陈剑脩（蒋梦麟代）	年会致辞	1929 年
俞庆棠（张君谋代）	年会致辞	1929 年
杜定友	经济恐慌中美国图书馆之新趋势	1933 年
杜定友	民众检字心理之研究	1933 年
冯陈祖怡	介绍一个排架编目法	1933 年
蒋一前	汉字检字法沿革史略	1933 年
李文裿	图书馆之调查	1933 年
钱亚新	类分图书之要诀及近代七十七种新检字法表	1933 年
陶兰泉（湘）	清代殿版书之研究（又名"清代殿本书之派别及源流"）	1933 年
徐旭	民众图书馆教育	1933 年
徐旭	民众阅读指导问题	1933 年
于震寰	善本图书编目法	1933 年
俞庆堂	从欧游感想到图书馆之大众化	1933 年
张秀民	选印古书私议	1933 年
刘国钧	年会答谢词	1933 年
樊际昌（蒋梦麟代）	年会致辞	1933 年
李圣章（李石曾代）	年会致辞	1933 年
庞镜塘	年会致辞	1933 年
袁同礼	年会致辞	1933 年
赵叔雍（黄郛代）	年会致辞	1933 年
陈训慈	天一阁之过去与现在	1936 年
侯鸿鉴	漫游青甘宁之感想	1936 年
李石曾	中西文化与国际图书之关系	1936 年

续表

主讲人	论文/演讲题目	时间
皮高品	关于分类之几点意见	1936 年
沈祖荣	公立图书馆在行政上及事业上应有之联络	1936 年
金敏甫	抗战建国期间的政府机关图书馆	1938 年
毛坤	建国教育中之图书馆事业	1938 年
沈祖荣	图书馆教育的战时需要与实际	1938 年
中华图书馆协会	抗战建国时期中之图书馆	1938 年

在各个地方图书馆社团中,北平图书馆协会和上海图书馆协会举办的各类学术演讲次数是最多的。

根据目前收集到的资料,北平图书馆协会通过召开年会、常会以及欢迎会等,发表各类论文及演讲词达 36 篇,详见表 4 - 6:

表 4 - 6　北平图书馆协会各类会议中发表的部分论文与演讲表

主讲人	论文/演讲题目	时间
戴志骞	图书馆分类法几条原则的商榷	1924 年
洪范五	对于图书馆问题最近之趋向	1928 年
查修	中国书籍在刻版前的概况	1929 年
陈垣	四库全书编纂小史	1929 年
戴志骞	欧美图书馆概况	1929 年
戴志骞	对于北平图书馆协会之希望	1929 年
冯陈祖怡	中文目录片排列法问题	1929 年
高仁山	教育图书专馆的重要	1929 年
洪范五	清华大学图书馆概况	1929 年
洪范五	图书馆问题最近之趋向	1929 年
蒋复璁	丛书联合目录编纂之进行	1929 年
柯劭忞	史学	1929 年
(德)莱斯米	德国研究中国文化概况	1929 年
李小缘	图书馆与民众教育	1929 年
熊译元	整理中国旧籍之途径	1929 年
刘国钧	中西分类法比较之研究	1929 年
马尔智	西人治理中国学术概略	1929 年

主讲人	论文/演讲题目	时间
马廉	孔德学校图书馆概况	1929 年
马廉	旧本三国演义之板本的调查	1929 年
马隅卿	旧刊三国演义版本之研究	1929 年
聂光甫	赴南京年会参观旅行之感谢	1929 年
谭新嘉	目录学与版本学之同异	1929 年
汪长炳	期刊联合目录编纂之进行	1929 年
（美）韦棣华	出席爱丁堡国际图书馆会议之经过	1929 年
袁同礼	现代图书馆之组织	1929 年
—	中国文化历史之伟大与久远	1929 年
陈独醒	流通图书馆之宣传	1930 年
胡适	图书采访诸问题	1930 年
刘国钧	民众图书馆在社会上之功用	1930 年
（德）谢礼士	德国图书馆发达小史	1930 年
徐致远	辅大图书馆成立始末	1930 年
王钟麒	地理材料的收集和整理	1936 年
（菲）奥思博恩夫人	《图书馆在菲律宾之地位》	1935 年
洪范五	《关于图书馆发展的几个问题》笔者拟	1935 年
袁同礼	《赴欧美考察之感想》（笔者拟）	1935 年
裘开明	最近美国图书馆之新趋向	1937 年

　　上海图书馆协会同样以年会、常会和欢迎会为主要形式,公开发表论文及演讲词44篇,详见表4－7:

表4－7　上海图书馆协会各类会议中发表的论文与演讲表

主讲人	论文/演讲题目	时间
（美）鲍士伟	公共图书馆对于成人之关系	1925 年
（美）鲍士伟	演说	1925 年
（美）鲍士伟	市民与图书馆	1925 年
杜定友	书籍内容之分析	1925 年
杜定友	办理图书馆事业者之苦痛与愉快	1925 年
（美）海斯	约翰图书馆之经过等	1925 年
郑宗海	修学之道	1925 年

续表

主讲人	论文/演讲题目	时间
朱家治	文化侵略主义之误会	1925 年
杜定友	分类原则及实施方法	1926 年
(美)海斯	参观图书馆展览的感想	1926 年
胡朴庵	中国书籍编制目录法	1926 年
沈信卿	图书馆收集图书范围	1926 年
王岫庐	四角号码检字法要义	1926 年
叶岳真	对于图书馆之建设的四种意见	1926 年
蔡声洪	尚贤堂图书馆概况	1927 年
戴志骞	欧美图书馆事业状况及北京图书馆界情形	1927 年
马崇淦	美国图书馆状况	1927 年
潘圣一	东方图书馆概况	1927 年
瞿重福	美国图书馆状况	1927 年
瞿重福	利用图书馆方法	1927 年
孙心磐	上海公私图书馆学校图书馆及私人藏书之概况	1927 年
瞿重福	利用图书馆方法	1927 年
郑璧成	四川图书馆情形	1927 年
陈友飞	两粤印象及图书事业	1928 年
陈钟凡	目录学	1928 年
潘圣一	如何巩固本会基础	1928 年
—	云南图书馆界新闻及西南科学考察团之筹备	1929 年
陈铎声	创设农村图书馆宗旨及现状	1929 年
冯陈祖怡	北京各图书馆状况	1929 年
戈公振	国外游历参观图书馆感想	1929 年
黄警顽	徐家汇天主堂藏书楼及商务书馆东方图书馆各大报馆	1929 年
马宗荣	六十年来日本图书馆事业的发展	1929 年
孙心磐	沪上各图书馆近状	1929 年
武向晨	西北文化、水之文化	1929 年
萧治化	世界文化与大同主义	1929 年

续表

主讲人	论文/演讲题目	时间
张凤	杜威十进分类法优劣	1929 年
孔敏中	国际出版品、交换处概况	1930 年
孔敏中	现代图书馆事业及其服务者	1930 年
陈独醒	清理流通图书馆之方法	1932 年
杜定友	今日中国图书馆之五大问题	1932 年
杜定友	经济恐慌中之图书馆新趋势	1932 年
杜定友	民众检字心理之研究	1933 年
陈独醒	图书馆五大问题	1933 年
杜定友	民国二十五年对于上海图书馆事业之展望	1936 年

此外，各个地方图书馆社团也每每于召开大会时邀请知名学者进行学术演讲。如浙江第一学区图书馆协会第四次大会（1933 年）中洪范五的"如何使图书馆成为社会中心"、沈学植的"公开阅览之前后"、陈训慈的"参与中华图书馆协会年会及考察平津图书馆之观感"等演讲。

各个图书馆社团通过创办刊物、出版图书馆学目录学著作、形成图书馆业相关调查与统计报告以及举行图书馆学术演讲等多种方式，不仅自身积极参与图书馆学术研究，而且其刊物、出版物、各类调查统计报告以及演讲等亦成为推广与传播图书馆学知识的重要媒介，带动了当时图书馆学术研究的热潮，繁荣并促进了当时的图书馆学、目录学以及其他相关学科的研究。

第二节　图书馆学具体问题的研究

民国初年中国图书馆事业处于起步阶段，各种问题正如严文郁所言："现时因新旧图书之性质不同，中国文字之构造特异，故图书馆之内部问题，急待解决者良多，如书籍之编目与分类，汉字之排检与序列，比比皆是。"①当时因中外、古今书籍的种种不同，图书、图书馆管理方法众多，因此，无论是图书馆学术研究还是图书馆的实际工作都显得更为复杂，且多尚无定论。

---

① 　严文郁. 美国国会图书馆及其分类法[J]. 图书馆学季刊,1929,3(4):509 – 538.

《图书馆学季刊》因其编辑力量、学术水平以及在国内外的影响力而聚集了一大批具有影响力的图书馆学学者。《中华图书馆协会会报》虽以刊载各类通讯、报道为主,仍有一定数量的研究性论文,两刊当仁不让地成为当时对于图书馆学及图书馆工作具体问题研究最为集中且最为深入的阵地之一。本节就以两刊中的代表性论文以及中华图书馆协会的相关学术活动为最主要的资料来源和研究对象,对民国时期图书馆界研讨最为集中的分类、编目、索引、公共图书馆管理理念以及有关图书馆员与图书馆学教育的问题进行述评。

一、分类问题

图书分类问题至民国年间,尤其是新图书馆运动之后已引起学界的普遍重视。"……其他不遑论,而分类一门,尤为图书馆界所重视","分类已成图书馆界极大之问题,此不可掩之事实矣"①。原因在于晚清以后,随着救亡图存和"师夷长技"各类运动的开展,大量西学书籍传入中国,已非传统的"经史子集"四库分类法所能涵盖。因此如何应对西学书目,同时又要兼顾中国传统书目,形成一种中西并包的分类法,成为当时的图书馆界普遍关注的问题。

分类法固然重要,但当时的分类法繁多而无统一标准,形成了百家齐放、各成一派的局面,给图书馆工作带来了不小的困扰:"分类法之创立,即以分类一端而论,各家信仰主义,各自不同,或采四库对于新类加以扩充,或采王云五氏之分类法,而加以改正……不一而足,方法众多,惟苦莫衷一是……"②中华图书馆协会分类委员会亦称中文图书分类仍未有"完美妥善之法"③,对于全国图书馆的发展大有影响。确实,不同的分类法不仅使各图书馆各行其是,无益于整体的馆藏资源建设,亦使当时已在提倡的馆际互借、复本交换阻碍重重。1929 年中华图书馆协会年会中的《由协会编制标准分类法案》由 16 个提案合并修正通过,提案人称"……然详查分类内容,大抵各分门户,无一定之系统,不免眩乱检阅者之脑根"④,而且"无标准分类法,则图书馆互借不便"⑤等。因此,与会者主张由中华图书馆协会编制一个标准的分类法供全国图书馆使用,

---

① 严文郁.美国国会图书馆及其分类法[J].图书馆学季刊,1929,3(4):509 - 538.

② 李小缘.中国图书馆十年来之进步[J].图书馆学季刊,1929,3(4):507 - 549.

③ 中华图书馆协会分类委员会启事[J].中华图书馆协会会报,1930,6(2):34.

④⑤ 中华图书馆协会执行委员会.中华图书馆协会第一次年会报告[M].北平:中华图书馆协会事务所,1929:200.

大会还当场议决供分类委员会采择的四项分类原则:一是中西(图书)分类一致;二是以创造为原则;三是分类标记须易写易记易识易明;四是须合中国图书情形①。这四项原则看似简单,但却是抓住了图书分类最为根本的精神,在今天的图书分类中都具有非常重要的指导作用。而在当时来说,这四个原则一经确定,基本上各家分类法虽表述不同,但都以其为确定分类方法的指导思想。1933 年年会通过了《审定杜威十进分类法关于中国历史地理语言文学金石字画等项之分类细目案》。1936 年年会中,有关图书分类的议案多达 6 项,分别是:《各省立图书馆划一图书分类法案》《本会应从速编订图书分类法俾全国图书馆的图书分类有一定标准案》《请协会规定政府机关出版品分类标准,以便各图书馆有所遵循案》《各图书馆应统一图书分类法案》《请拟定儿童图书馆分类法以备全国儿童图书馆采用案》《请制定图书分类统一办法案》。中华图书馆协会年会中通过的有关分类法的议案,反映了当时图书馆工作中以分类法的制定与统一为急务的现实情形,同时也说明图书馆人皆视中华图书馆协会为制定全国统一的分类法的不二人选。

与此同时,中华图书馆协会在《中华图书馆协会会报》与《图书馆学季刊》中大量刊载有关分类法的鸿篇大论,以期对制定全国统一的分类法有所裨益。这类论文的研究主要集中在以下几个方面。

1. 分类的目的与作用

1929 年,蒋复璁撰写的长篇论文《中国图书分类问题之商榷》②发表于《图书馆学季刊》,文中指出图书分类正如荀子所谓的"同其所同,异其所异",也如《名实论》所谓的"彼彼止与彼,此此止于此"。而分类之功用在于"别同异,核名实",其目的在于"得组织之系统,全体之认识"。李小缘撰文指出,图书分类最为关键的问题是要使图书在排列架上有条理,使图书馆员与读者清楚明白,易于认识,便于记忆。图书分类不等于知识分类,因为知识分类"只问其论理之系统,科学之组织,条例之精密织微,不问其实用与否也"。但书籍分类的基本根据仍为知识分类,而且更注重分类法在图书馆中的实用性。"知识分类不能达哲学思想上之论理。书籍分类则可"③。杜定友在《类例论》④一文中首先指出"类例者犹

① 中华图书馆协会第一次年会纪事[J].中华图书馆协会会报,1929,4(4):5-14.

② 蒋复璁.中国图书分类问题之商榷[J].图书馆学季刊,1929,3(1/2):1-42.

③ 李小缘.公共图书馆之组织[J].图书馆学季刊,1926,1(4):609-636.

④ 杜定友.类例论[J].图书馆学季刊,1928,2(4):525-543.

今之分类也"。接下来,该文从学者、学科以及学术传承三个方面对于类例的作用加以证明。作者认为类例对于学者而言有特别的用途:"言经者,于经部求之。言史者,于史部求之。条分缕析,类属维繁,然后学者可以即类求书,即书究学。是故类例之法于学者之应用尤重要焉。"对于某一学科而言,类例亦有独到之处:"类例之法,重在辨章学术部次甲乙,使图书典籍按类而归,以见学术之范围,各科之关系。考镜源流尤其余事"。而"学之不专者,为书之不明也;书之不明者,为类例之不分也",因此自古以来图书首重类例。作者还指出类例对于学术传承而言更有重要作用:"人能其学,学守其书,书守其类",因此才能学不息,书不亡,因此"类例分,则百家九流各有条理,虽亡而不能亡也"。杜定友还认为,古时学者对于类例辨章学术的作用甚为重视,而忽略其在图书中的运用,这是由于古今藏书目的不同所造成的:"夫古之藏书,重于典守。今之藏书,重于致用。势所然也。"而图书馆若类例不分,则图书散乱,"散乱则无以致用","故今之分类所以求图书之便于应用也"。有学者指出,该文发表后的次年,中华图书馆协会1929年年会中杜定友提出的《编纂图书分类法原则案》正是最终议定的《由协会编制标准分类法案》的思想来源,而杜定友的提案也正全面反映了其《类例论》的思想精髓①。这些学者对于图书分类的目的与作用的认识,基本着眼于其在图书馆中的实用性与否,这与中国古代学者注重以图书分类来辨章学术、考镜源流的传统理念形成了鲜明的对比。其中原因既有从藏书楼到图书馆,从古籍到新籍,从私藏到公用的物质对象的转变与进步所导致的意识的变化,而其中公共图书馆思想的普遍接受与潜移默化,也使得图书分类务求实用的理念更加深化。

2. 分类的原则

刘国钧在《四库分类法之研究》中认为,类目"首贵界限明晰",而欲求界限明晰,分类标准必须简单明了,而且具体应用中又必须从一而终,不得改变。然而类例也并非一成不变,"夫类例所以治书籍,非以书籍就类例,书为主,类例为客,学术之内容变,书籍之种类增,则类例自宜因之而异"②。由此可见,刘国钧提倡弹性的、科学发展的类目制定原则。与其持相同观点的还有蒋复璁,他在其所撰《中国图书分类问题之商榷》一文中提出分类方法应灵活变通:"时代之演进,而学术有所变化也。图书之

---

① 黄葵. 杜定友先生《类例论》评析[J]. 图书情报论坛,2000(3):61-63.
② 刘国钧. 四库分类法之研究[J]. 图书馆学季刊,1926,1(3):405-418.

分类,本以图书之数量及阅者之需要为转移。贵在变通,贵在实用……若即以既定之论理的科学分类为图书之分类,则必漫无归宿,不切实用,无待言矣。"而且为解决当时图书分类存在的种种似变非变、似改非改的问题,蒋复璁提出必须彻底改革,重新拟定分类基础:"今日编中籍分类之少成功者,皆因图书馆简便,不将书籍从新分析,于旧籍则未脱四库束缚,仍变相的存在;于新籍则为杜法所蔽,仅冠以毛皮之名词;是故非彻底抛去从前一切之分类,另立基础不可。"该文还对中国图书分类的两大系统——汉书艺文志与隋书经籍志的源流与递变进行梳理,比较班书派与四部派的分类,并对当时最先应改革的呼声而产生的两种分类法——《古越藏书楼书目》与《南洋中学藏书目》的变革原因进行分析,对于杜威十进分类法输入后出现的仿杜、补杜以及改杜三种分类法的利弊进行剖析,最后提出其个人希望未来编制中国图书分类法所应遵循的几点原则:"关于旧籍者,一、改正自来谬误之分类,二、重加精密之分析,三、非废四库之名而有其实;关于新籍者,一、分类之细密当与欧美之分类等,二、分类法虽为中籍用,但可包一切西籍,三、非因袭杜威法等成法者;关于全体者,一、须治新旧于一炉而无碍,二、须用论理方法,能谨严,以谨严为主,三、号码须明晰简短,四、于地理年代均有明显固定之号码,五、于地理除本国应特重外,余者应平均支配,六、须有伸缩性,以便新分类之增加。"①对于分类法的编制原则,杜定友指出,编制类例应兼顾西方图书:"近代藏书,兼收外籍翻译之品,汗牛充栋,自印刷术精、出版日盛,故类例之法非独部类中文,犹需兼及西学。"②钱亚新在其《类分图书的要诀》中指出,研究分类法并不是注重于分类法本身,而是考虑如何类分图书,使之适合于任何采用的分类法。钱亚新的这种"图书(已分类)→分类法"的办法,在当时较为普遍的"分类法→图书"的理念中可谓独树一帜。钱亚新指出,图书分类的"要诀",也即原则有六点:一是著者的目的,图书分类"应照著者的目的为依据,实是极易了解而极重要的事",而著者的目的又可以从书名或著作权页、序跋(尤其是自序)、目次,乃至浏览全文或找其他参考书判断出来;二是严格的归类,虽然书的类目"与其抽象,宁当具体",类码"与其用长的,无宁用短的为便",但是也要如查尔斯·安米·克特(Charles Ammi Cutter)说的"要精密,不要太精密";三是混合的内容,如一书论及两类的,将其归入较显著的一类,如两类分量

---

① 蒋复璁.中国图书分类问题之商榷[J].图书馆学季刊,1929,3(1/2):1-42.

② 杜定友.类例论[J].图书馆学季刊,1928,2(4):525-543.

相同的,归入第一个类目里,如论及三类及以上的,归入包含可以包括其内容的普通类目中;四是致用的倾向,即是说"放一本书于用场最大的地方","记着以致用的倾向为归";五是权宜的办法,就是将论及新学说或新事件的图书,增用新的类码,插入相类的位置;六是根据的理由,就是类分图书必须要有依据,这对于图书馆员可以使其"不犯臆断的毛病",不受"冤枉的批评"①。此外,钱亚新还认为"图书馆的事业,是与时俱进的,我们从事任何图书馆,都该以十年,二十年,五十年的眼光来发展它……"。这些学者对于图书的分类原则虽有不同的观点,但从中可以归纳出实用的、弹性的、发展的、有包容性的基本倾向。另外,这些学者对于新的分类原则的建立,还表现出了既不因循四库,又不愿依附外法的理性的学术态度,非常值得肯定。

3. 分类方法

民国时期,尤其是 19 世纪 20、30 年代,对于分类方法的研究,初分为辨体与辨义两大类之间的定夺,次分为辨义下的各家对于具体分类办法的抉择。辨体者,四库分类法最能代表;而辨义者,杜威分类法、美国国会图书馆分类法等新式图书分类法最能体现。

(1)四库分类法

"图书分类或以体或以义,体谓著作之体裁,义谓著作内容之实质。"②以图书体裁分类者,四库为其代表。黄文弼在其《对于改革中国图书部类之意见》一文中指出,"自来之论部类者,有辨体辨义二说。辨体者以图书之体裁为主,辨义者以学术之流别为主……自七略变为四部,辨义者一转而为辨体。然学术有类别,而体制无成法。后之编目者,不求学术之本,而惟体裁是从。故集部之中有子体,子部之中入史书。同一类也,而彼此歧出"。很显然,黄文弼反对以体裁分类,反对四库分类,认为该分类法往往会使一类书同时归属于不同的类别,而断了其与同类书彼此之间的联系③。对于四库分类法,刘国钧撰写了《四库分类法之研究》进行深入研究。该文摒弃了当时很多图书馆学者以目录学为研究基点的办法,而是直接从现实需要出发,将分类法的研究划分为理论与实际两个方面,并指出理论方面的问题有二,一是研讨分类系统所依据的原理,二是研讨此分类系统所用的类目是否符合其使用原理,是否

---

① 钱亚新.类分图书的要诀[J].中华图书馆协会会报,1933,7(3):413 – 419.
② 刘国钧.四库分类法之研究[J].图书馆学季刊,1926,1(3):405 – 418.
③ 黄文弼.对于改革中国图书部类之意见[J].图书馆学季刊,1926,1(2):225 – 241.

互相之间无矛盾;而实际方面又有两大类的研讨,一是采用的系统是否方便运用,二是运用此系统的书籍隶属是否恰当。刘国钧指出,正是由于对于这四个问题不能区别,而导致历来的学者们对于四库分类法的批评多存在纠缠不清的状况。刘国钧认为四库分类法之所以能沿用千年,仅仅是人们的观念和长期形成的习惯使然:"其制由来已久,用之久则觉其便。觉其便则以为善。"而实际上传统的四库分类法有四项缺点:一是"四库斤斤欲保存史书之尊严,遂忘子史间之大区别"。二是"四库分类至属而止,且大多数类目,皆无属,所谓疏阔式分类也"。三是"类叙及案语中,又屡以多所区分为转滋纷扰。故一类之中,惟以著者时代相次,不复为之区别"。四是"类目既繁,则参互错综之处,一书两用之时,往往易致舛误"。然而四库分类法最大的弊病还在于其"原理不明,分类根据不确定。既存道统之观念,复采义体之分别。循至凌乱杂沓,牵强附会。说理之书与词章并列,经载之书与立说同步。谓其将以辨章学术,则源流派别不分;谓其以体制类书,则体例相同者又多异部"[①]。刘国钧对于四库分类法的猛烈批判,实质上蕴含了编制适合中国现代图书、图书馆特点的新分类法的思想。

(2)杜威分类法

杜威分类法产生于 19 世纪 70 年代。该分类法使用 0—9 的阿拉伯数字代表类目,简单、明了,且类目井然有序,具有助记性的优点[②],因此在其问世后的几十年间被美国很多的公共图书馆、大学图书馆与专业图书馆所采用。而且该分类法也是目前世界上使用最广泛的图书分类法[③]。民国时期中国图书馆学界对此分类法的研讨也相当多。蒋元卿于1937 年将我国分类法的流派分为增改杜威派和采用杜威派两个流派。在增改杜威派中,朱家治所撰《杜威及其十进分类法》一文中详述了杜威分类法的具体内容,将当时陆续出现的"称誉"与"斥诋"的言辞梗概罗列于文中,分析指出杜威分类法在中国得以生存的原因在于改进:"杜氏分类法卒能延至今日不至失坠,且能巍然露头角者,究其实在,愈研究则愈改进……"朱家治认为若要使杜威分类法真正适用于我国图书,必须"将门类扩充及重组之,正所以利用其优而改进其弱处也"。对于当时已有的诸如沈祖荣、胡庆生的《仿杜威书目十类法》、杜定友的《图书分类

---

① 刘国钧.四库分类法之研究[J].图书馆学季刊,1926,1(3):405 – 408.

② "杜威十进分类法"的研究[M]//杨威理.西方图书馆史.北京:商务印书馆,1988:235.

③ 杨威理.西方图书馆史[M].北京:商务印书馆,1988:235.

法》、查修的《杜威书目十进分类法补编》、桂质柏的《杜威书目十类法》、王云五的《中外图书统一分类法》，朱家治认为这些论著所述分类法思想与杜威分类法一脉相承，"受杜威之潜移默化，趋势所向，必归于十进原理之一途"，"多系采用杜氏分类法之制度，惟有多寡之不同，或将类目扩充，或将次序改组，或小者大之大者小之"。朱家治对这些分类法的异同进行深入分析，指出当时各种中国图书馆分类法的共同点在于为了"将四库分类法劈开，将其门类分别归纳于相当地位，而成包罗所有之分类法"①。《杜威及其十进分类法》的文末还列出了 100 多篇英文著作，以供读者研究杜威分类法之参考。由于该文对于杜威分类法的系统研究，有学者称之为 20 世纪上半叶研究杜威分类法的代表作②。

（3）美国国会图书馆分类法

严文郁指出，"自西方文化东渐，学术之范围扩大，印刷之出品日多，于是向来目录学家所奉为圭臬之四部分类法，不能容纳今日书籍科目之什（十）一"，因此，各种新的分类方法迭出，这些分类方法虽然研究的对象（中籍、西籍以及中国旧籍）不同，所提出的部类相异（仿杜、改杜与增杜等），但共同点都是"欲解决中国书籍分类之困难"。"今日我国书籍之分类问题，极似三十年前美国国会图书馆之情形。故该馆分类法产生之经过，实我国编制新分类法者之最好材料。"③有鉴于此，严文郁撰写了《美国国会图书馆及其分类法》一文，详细介绍美国国会图书馆的组织沿革及其分类法的具体内容，比较美国国会图书馆图书分类法与克特分类法之间的异同。文中还指出杜威十进分类法的缺点，"不论学科范围之广狭，皆以十进，未免失之牵强"，而较理想的分类法部类应该可以"自由伸缩"，且"毫不为号码所限制"。而美国国会图书馆分类法正是有鉴于杜威分类法的此点弊病，对其加以纠正而来，"每部、每类按其范围之大小化分，而不拘一律"，严文郁盛赞此分类法"诚有见地"。文章还详细介绍了美国国会图书馆分类法的编制技术、类表结构、标记符号、复分表、相关索引等。严文郁虽推崇此法，但对其在中国的适用性仍持保留态度："……由此观之，国会法乃一馆之私法，用于其他图书馆，自有不能满意之处。然采用之者，不可一味盲从，须具有卓识宏见，自行变通，使

---

① 朱家治. 杜威及其十进分类法[J]. 图书馆学季刊,1926,1(2):265－308.

② 俞君立. 20 世纪上半叶中国文献分类法理论与实践的发展及其历史经验[J]. 中国图书馆学报,2002(2):68－72.

③ 严文郁. 美国国会图书馆及其分类法[J]. 图书馆学季刊,1929,3(4):509－538.

合于自己情形。不然,而徒事诋毁该法之不善可谓诬矣。"该文文末还列举关于美国国会图书馆分类法的论著目录。《美国国会图书馆及其分类法》不仅全面、翔实地向国内学者介绍了美国国会图书馆分类法,而且更深入剖析其优势所在,理论兼备,因此有学者认为该文是民国时期研究美国国会图书馆分类法的代表作①。

（4）克特分类法

洪范五撰写的《克特及其展开分类法》一文介绍克特生平及其著作《展开分类法》,指出克特分类法中若干细节与杜威分类法相似、相同,甚至较后者更为详细,更有系统性,且"与有关系之科目均相连置之,或附属之,此点为杜威氏所不及也"。而且因为美国国会图书馆分类法多根据克特分类法而来,"由此观之,克氏有贡献于图书馆学术,其功不可没也"②。洪范五在当时一片大肆宣扬杜威分类法、美国国会图书馆分类法之声中,介绍颇不引人注意的克特分类法,独辟蹊径,为当时图书馆人开阔眼界,提供了学习借鉴的材料,因此《克特及其展开分类法》一文亦为研究克特分类法的代表作③。

4. 其他

还有学者提出应依据图书馆的不同性质与规模,以及所在国的不同国情而分别采用不同的分类法。

朱家治在其《杜威及其十进分类法》中对于外来分类法一一加以比较:"近来图书馆界所用之分类法除杜氏十进分类法外,其最通行、最著称可与杜氏分类法作比较观者有布朗氏之科目分类法(Brown's Subject Classification)及美国国会图书馆分类法(Library of Congress Classification),布氏分类法作于杜氏之后,故于次序方面,较之杜氏配置为审慎精密而合乎论理。""美国国会图书馆分类法与杜氏分类法比较之最要处,为杜氏系以科目配分类表,而国会图书馆系以科目配科目;杜氏记号过严狭,而国会图书馆伸缩处较宽;杜氏为普通图书馆设想,而国会图书馆则专为单一图书馆设想。"此外,作者还认为"布朗主题分类法英国及欧洲大陆各国采用者颇众,以其适合于英,亦犹杜氏之适合于美也"④。朱家治所撰此文是当时少有的对于当时中国各家分类法流派进行对比的

①③　俞君立. 20 世纪上半叶中国文献分类法理论与实践的发展及其历史经验[J]. 中国图书馆学报,2002(2):68 - 72.

②　洪有丰. 克特及其展开分类法[J]. 图书馆学季刊,1926,1(3):423 - 434.

④　朱家治. 杜威及其十进分类法[J]. 图书馆学季刊,1926,1(2):265 - 308.

成果,而且其提出的依国情采择不同分类法的理念,在一定程度上也是建立中国的图书馆学的具体体现。刘国钧亦提出根据图书馆的不同性质而采用不同的分类法:"盖分类法者图书馆之一工具耳。图书馆之宗旨不同,则其所用之工具正不必尽同……然通俗图书馆中所同时使用之书不必同于参考图书馆;参考图书馆书中所常在同时使用者,亦不必同于专门图书馆。此各种图书馆之目的,各有不同,故其所用之分类法,亦不必一致。"①陈长伟认为不同规模的图书馆应采用不同的分类法,并举小图书馆为例,称当时各类分类法各有其长,然而对于小图书馆来说,最适用者则为杜定友的图书分类法与刘国钧的金陵大学中籍图书馆分类法,并谓其"适合国情,保罗新旧学术,简单精细,易于记忆也"②。虽然依据图书馆的性质与规模而采用不同的分类法的观点在今天看来,具有种种局限性,但在当时图书馆学亟待各类新思想、新角度、新视野以建立、发展和修正其自身学科领域的时期,突破成规,大胆设想的勇气与精神却也为图书馆学术思想的发展起到了一定的作用。

从当时两刊中对于图书分类法等相关问题的讨论可以看出,当时的分类法研究,无论是论及杜威十进分类法,还是言及美国国会图书馆,大都有一个共同点就是对中国传统的分类法进行溯源,上至七略,下至四库,且文章中多提及中国传统目录学思想与方法,例如黄文弼所撰《对于改革中国图书部类之意见》中较大篇幅都是对历代图书部类的梳理,并列举七略、隋志、旧唐志、新唐志、宋志、明志、四库的分类原理与由来。这固然是当时学者重视学术递承、源流的治学的方法所导致的:"欲论今日国会图书馆之分类法,可不略述其沿革,以见演进之程序乎?"③但是这也反映出中国的图书馆学与目录学之间的天然联系。当时刚刚从传统目录学中剥离出来的图书馆学,还深刻的带有千年目录学的烙印,当时的图书馆学人,无论是推崇外学还是欲革新国学,都未将目录学与传统分类法完全摒弃,而是对其加以扬弃,择善而从,例如黄文弼指出,此若要整理中国图书,必须从改革类例入手,此外"再无他道也"。然而对于传统的分类法,黄文弼也并未一概否定,而是挑拣出其中胜于现代分类法者。例如其肯定传统目录学中将著者姓氏或书籍大义冠首的做法:"……盖考其所述之本以题名。其尊重家法,条别源流,非徒如后世任意

---

① 刘国钧.中国现在图书分类法之问题[J].图书馆学季刊,1927,2(1):73-77.

② 陈长伟.小图书馆组织法[J].图书馆学季刊,1928,2(4):507-523.

③ 严文郁.美国国会图书馆及其分类法[J].图书馆学季刊,1929,3(4):509-538.

题名者可比也。况古者著述体制,亦有法度,不同后世之杂乱。"①黄文弼对于传统分类法的态度,反映出当时图书馆人、文化界对待传统文化的普遍态度,既不因革新而全然抹杀,也不为改革而改革。

从上述图书分类法的研究成果可以看出,当时的中国图书馆学人对于外来分类法的态度,并未一味"拿来",全盘接受,也并未一概拒绝,封门闭户。"然变通外法,亦不免有削趾适履之讥,且难适合国情"②,而不变则颓然无望,落后于诸国。然而变与不变的抉择,守旧与突破的矛盾,东方与西方的碰撞,在这一时期都表现得尤为鲜明,有关图书分类问题的争执也尤为激烈,例如李小缘曾毫不客气地对杜定友、沈祖荣等人的分类法提出严厉的批评:"新籍(分类)则多各立一帜,然加以研究则鲜能超脱杜威十进分类法者。如杜定友之图书分类法,沈祖荣之杜威改良分类法,桂质柏之新分类法。各以为自标新异与众不同,实则抄袭敷衍,削趾适履,貌合神离,四库与杜威并而伤之。反不足以解决中国之分类问题。"③然而这些学术争执却都在"解决中国图书、图书馆问题""建立中国的图书馆学"的大原则之下得以逐步解决。

而且由中华图书馆协会创办的两种刊物中刊载的有关图书分类法的论文,既有对于图书分类法的一般理论与方法的探讨,也有原则性条款的提出,虽有些偏颇、激烈,有些保守、循旧,但也基本遵循了学科演进的一般过程,即从对于表象的、外部的认知,演进到对学科本质的探索,对于新理论新方法既持有审慎接纳的态度,又有试图将其与旧有传统加以融合的尝试。

民国时期学者使用"分类法"来应对图书分类,视图书分类为一种方法和技艺,尚未普遍上升到"分类学"的高度。但也有学者注意到了分类法容纳万千,可自成一"学"的特质,而撰写了《中国目录分类学史论》,该文是作者叶仲经为驳斥"醉心欧化""骛名舍宝""数典忘祖"欲以西方分类法替代中国传统四库分类法者而作。该文以仓颉造字为始,详述中国各个朝代使用的文献分类法及其缘由,以便"比较中西优劣""见仁见智"。可惜此长文分为三篇,止于宋朝,未见有宋朝以后及近世的篇章,疑为因战争所贻误。《中国目录分类学史论》虽为固守四库分类,但这是目前笔者所见民国时期的论著中首次将"分类法"提升到"分类学"高度

---

① 黄文弼.对于改革中国图书部类之意见[J].图书馆学季刊,1926,1(2):225-241.

② 严文郁.美国国会图书馆及其分类法[J].图书馆学季刊,1929,3(4):509-538.

③ 李小缘.公共图书馆之组织[J].图书馆学季刊,1926,1(4):609-636.

的文献。而且中华图书馆协会所刊关于图书分类法的讨论,多集中于 20 世纪 20 年代,前期对分类法的充分理解和剖析,以及在实践中的反复试验和调整使得"分类法"在图书馆学和文献学中占据了重要的地位,进而对其后的学者多有启发,《中国目录分类学史论》发表于 30 年代,不可不说是受到了关于 20 年代分类法讨论的启发。

关于图书分类法的讨论对于图书馆工作实践也产生了非常重要的影响与作用。例如,有学者指出,中华教育改进社采纳了蒋复璁有关图书分类的建议,北京图书馆编《论语》集目、《孟子》集目、《四书》集目中都有蒋复璁所述分类法的影子①。此外,很多文章末尾都附有国外学者有关此类问题的论著目录,可以见得,当时的图书馆学人不仅充当了科学研究的主角,同时还兼为国际信息交流与知识共享的中介。

当然,两刊中一些有关分类法的文章还有一定的局限性,例如吴敬轩提出将丛书拆为单行本,每部书按照内容性质分别分类于不同类目之下②。还有,杜定友过于强调类例、著述史与目录之间的区别,"不可期目录期书目,期书目者,期类例。期类例者期著述史。其著述史者,期目录"③,这样就忽略了三者之间天然的联系。

二、编目问题

邢云林指出:"自图书馆学东渐以来,昔日编目旧法,则穷图匕见,弱点横陈。形式也,次序也,印刷也,以及其他种种问题所系,困难随之。"④新式图书的大量出现,现代学科的纷然林立,加之科学发展对于图书文献的要求种种,图书编目已成为与分类法并重的且急待解决的又一重要问题。因此,中华图书馆协会成立之初,设立有编目委员会,专门研究编目问题。1927 年,编目委员会发出了征集编目条例的启事,并称其"以编制各种普通图书编目条例为第一急务"⑤。中华图书馆协会各次年会中也通过了不少有关编目工作的议案:1929 年年会通过了《编制累积式中国出版图书目录案》《编纂古书索引案》《编制各种图书馆选书书目案》《请本会编制全国地志目录案》《编制中文杂志索引案》《编制中华人民大字典案》《请由本会编译海外现存中国古逸典籍录及域外研究

①　张俞. 蒋复璁与中国现代图书馆事业[J]. 兰台世界,2010(17):34 - 35.

②　吴敬轩. 对于中文旧书分类的感想[J]. 图书馆学季刊,1926,1(3):419 - 422.

③　杜定友. 类例论[J]. 图书馆学季刊,1928,2(4):525 - 543.

④　邢云林. 簿式目录中著录详略之研究(上)[J]. 图书馆学季刊,1933,7(2):251 - 284.

⑤　中华图书馆协会编目委员会征集编目条例[J]. 图书馆学季刊,1927,2(1):169 - 170.

中国学术论列中国问题著作目录案》《由编目委员会编订标准编目条例于下届年会发表案》《组织标题编纂委员会并将协同编纂事交编目委员会负责案》;1933 年年会通过了《请全国各图书馆于卡片目录外应酌量情形增编书本目录以便编制联合目录案》《由本会建议书业联合会编制出版物联合目录案》《请协会根据上次会议从速规定分类编目标题及排字法标准案》;1936 年年会通过了《发刊全国出版物编目汇刊案》《应编全国图书馆善本联合书目案》《请教育部明令各大书店每年编制出版联合目录案》《请本会设法编印出版月刊及中国图书年鉴案》《请协会负责印行全国图书馆藏书簿式联合目录案》《请由协会编辑关于编目时所用最基本之参书籍案》;1938 年年会通过了《分区编制联合目录案》;1944 年年会通过了《请协会负责编订抗战文献目录案》《省立图书馆采编组应分为采购编目两组案》。通过年会的集中研讨以及对于议案的推行,图书馆人充分认识到了编目工作的重要性以及编制相关编目标准的急迫性。与此同时,中华图书馆协会在其创办的两种刊物上发表了不少编目研究文章。

1. 对目录作用的认知

沈祖荣在其《中国图书馆目录应采用书本式抑卡片式》一文中指出"……夫图书馆活动,全恃目录。目录者,如纲之纲,如丝之绪,绝对不可少也……故人谓目录为智识宝库之锁钥",图书目录可令读者"予取予求",而且如果编制得当,目录大可以达到"问一得三"的功用①。黄星辉认为完善的目录决定了一个图书馆图书的"死活":"功效有限的图书目录,图书馆、图书馆员,连带他们所载的,所藏的,所管理的图书也是死的;能够介绍材料,指导参考的图书目录,图书馆、图书馆员,方是活的,功效无穷的,连带他们的图书也是活的,也是功效无穷的。"②在《图书馆编目之管测》一文中,沈祖荣再次重申图书目录的重要性,他认为目录的作用"可以永久为读者的向导",而且目录重在编制是否适用,其标准就是"有人问某著者名,或问书名,或问件名(标题),要能够不多费时间,即刻检查出来"。因此,从这个角度来看,图书目录是打开图书馆宝库的钥匙,使读者自由开库取宝③。刘国钧对于目录的认知,突破了图书馆工作的界限,认为"图书目录不啻一部学术史矣,所以其责甚重。"因此,目

①　沈祖荣.中国图书馆目录应采书本式抑卡片式[J].图书馆学季刊,1926,1(3):439－445.

②　黄星辉.编目中的标题问题[J].图书馆学季刊,1929,3(1/2):91－108.

③　沈祖荣.图书馆编目之管测[J].图书馆学季刊,1927,2(1):65－71.

录对于学术研究更具有重要作用,"目录是典籍之纲纪,所以其目的在辨章学术,剖析条流","学术之盛衰,书籍之存佚,皆系于目录完善与否"①。因此,目录并非仅为稽检图书而设。邢云林认为编目录是整理图书的"要道",而且目录"既可供历史上之参考,又可为政学之捷径";能"佐天子以治世,而戒庶民于身心,其功用可谓大矣远矣",因此"帝王重之,大众尊之";从目录能知图书存遗多少,而且因其依附于历史,故关系"历代风气之正变,学术之流传,文化之革新";编目的人员是为求学者"设门开路",因此求学者应将目录视作为"良逵要津"②。

2. 卡片式与书本式目录

早在 1775 年,法国学者罗齐尔就用卡片著录了巴黎皇家科学院的藏书。美国图书馆协会成立后,使用卡片进行编目在美国逐渐普及。到了民国时期,中国图书馆界对于中国图书馆应采纳何种目录也展开了热烈的讨论。沈祖荣在其《中国图书馆目录应采用书本式抑卡片式》③一文首先介绍了当时国外图书馆界主要采用卡片式目录的做法,指出中国的图书馆应采用书本式抑或卡片式目录,但"书本式目录既相沿未改,卡片式目录,亦应时发生。互有优劣,各有利弊。"随即该文罗列了书本式目录与卡片式目录各自利弊,指出卡片式目录与书本式目录"自表面言,截长补短,表里相助,国立省立各图书馆,或经济充裕之图书馆,自宜二者兼备,不可偏废"。沈祖荣还认为书本式目录相较于卡片式目录具有易于普及,便于邮寄,并使穷乡僻壤的读者"于古无悖"等诸多优点。而且较大或设分馆的图书馆中,书本式目录变动更新灵活的特点更具有优势,此外,书本式目录还可扩充做广告之用,并且利于各馆乃至国内外各馆间彼此交换图书。尽管更倾向于书本式目录,沈祖荣还是在其文末指出各图书馆"尽可变通办理……又何必拘守成规,不图改进乎"④。相较于沈祖荣,李小缘则更加推崇卡片式目录。他认为书本式目录的缺点在于"今日始印出,明日即不全。一年十年之后几成为骨董。不免以为缺憾。而且尚不能将新书名补入"⑤。而卡片式目录则毫无此项问题,可以随时加入新书目录,而且方便调整顺序,且排列次序可以有作者、书名、主题三项标准,不需额外索引,更为经济。邢云林在其《簿式目录中著录

① 刘国钧.图书目录略说[J].图书馆学季刊,1928,2(2):197-208.

② 邢云林.簿式目录中著录详略之研究(上)[J].图书馆学季刊,1933,7(2):251-284.

③④ 沈祖荣.中国图书馆目录应采书本式抑卡片式[J].图书馆学季刊,1926,1(3):439-445.

⑤ 李小缘.藏书楼与公共图书馆[J].图书馆学季刊,1926,1(3):375-396.

详略之研究（上）》中针对当时推崇卡片式目录、轻视簿式目录（书本式目录）的现实情况，指出卡片式目录虽然可扫除簿式目录、卷式目录以及签式目录的缺点，并兼顾这些目录的优点，但簿式目录的地位"实不弱于卡式也"，而且簿式目录"其流也远，其传也易，较之卡式之为用宽广永长"，"缩之可为一馆之记载，放之可为文化之征稽"①。而且书本式目录的特殊功用为卡片式目录所不能及者。为了详证其述，邢云林还制作簿式目录与卡片式目录的比较表格，对于二者的编制与保存、应用以及效果三个方面进行比较，并指出国内外采用簿式目录者不胜枚举，因此簿式目录的地位重要且为将来的发展趋势。该文最为有价值的地方是，从读者查阅、图书馆管理等多个角度提出了编制目录的 34 条原则，对于今天的图书编目亦有重要的参考价值。但遗憾的是《图书馆学季刊》中不见该文的下篇。

3. 编目人员素质要求

沈祖荣认为编目人员最为难能可贵，而且善于编目者，必须"曾受高等教育，有专门学识，特殊才能，熟悉古今书籍，及著作家的来历"才能完全胜任此项工作。此外，还须"多受训练，富有阅历，增长学识"。所以编目人员必须具备以下资格："（一）须头脑清明；（二）须趋向坚定；（三）须常识丰富；（四）须度量深宏；（五）常留心阅者的需要，择善而从，不得有'胶柱鼓瑟'的成见。"②黄星辉认为，无论是编目人员还是图书馆里从事任何工作的工作人员，都须"性静能耐劳"，而且"远大的眼光，周详的思索，广博的见闻"都是极为重要的，"抱残守缺、孤陋寡闻，自是不能担任一个总汇学术的机关的编辑事宜的"③。此外，还有学者认为特种图书编目员应在未进入图书馆学校之前就于某种专门学问有相当研究，而后再研究普通编目法，或者在读编目法的同时选修校内其他学系的专门学程④。

4. 编目规则

沈祖荣赞同克特所说的编目工作"不是科学，乃是艺术"。至于为何要定一规则，沈祖荣指出，因为著者目录中，或著者为西人，写法多，或著者为国人，字号多；书名目录中，中国书籍名字多，又有加批、详注、增像、

① 邢云林.簿式目录中著录详略之研究（上）[J].图书馆学季刊,1933,7(2):251-284.

② 沈祖荣.图书馆编目之管测[J].图书馆学季刊,1927,2(1):65-71.

③ 黄星辉.编目中的标题问题[J].图书馆学季刊,1929,3(1/2):91-108.

④ 曼女士.图书馆学校中之特种编目法[J].图书馆学季刊,1929,3(3):460.

钦定、御纂等之区别，另有国别、朝代、时代等需要注明，此外书籍版本又有殿版、宋版、原版、初版、再版的分别；件名目录中，因件名繁多，不易选择，有名不同而意同的，因此也需要定一个规则以便得"圆满之结果"。而一旦制定了编目规则，必须"始终划一，不得稍有参差"①。沈祖荣建议著者目录按照"著者（正名与谥号）—见（其他名）—朝代（或职业）"，书名目录按照"（国别、朝代或时代）书名—版本—出版地—出版局—出版年代"的规则进行编制，对于件名（标题）目录，沈祖荣在该文中并未提出明确的编制规则，而是指出"选择件名，最为繁难，编目的人非有此常识及判断能力，不易得圆满结果"，因此提倡国内学者编辑类似美国国立图书馆的选择件名的专书，以解编目员的困难②。黄星辉认为当时国内的编目工作可以大体上"仿西方的先例，备将来的镂版"，在具体的编制中，"所用的名词，所用的字句，所取的形式，都须合乎公众的习惯，为公众所承认，所常用的"③。刘国钧《中文图书编目条例草案》中对编目规则提出了宏观性的要求："凡编目必须详确明白，使检查者能于最短时间内寻获其所欲检阅之书。"④徐家麟还提出中文编目学发展的两个要点："一方面固须破除纯粹西洋编目学之迷信与盲从，一方面亦须得自固有之目录学版本学之桎梏中求解脱，以见于事之所至，有固然，学无古今中外，胥择其善者而从之。"⑤

5. 标题（主题）目录的编制

标题目录的编制是民国时期图书编目研究中较为关注的一个问题。为此，《图书馆学季刊》也陆续刊载了几篇有关此主题的论文，以供学界参考、商榷。刘国钧在《图书目录略说》一文中不仅赞同章学诚对簿录式目录的攻击，而且更为推崇主题目录："凡可以用为书之主题者，皆可以之为标题。自有主题款目而关于一事物之资料，举手即得。向之需翻阅数册、数十册之分类目录乃始得之者，今展卷即可得之"⑥黄星辉发表的《编目中的标题问题》指出，标题目录的功用"乃是用目录的方式，将全馆散置各处内容相同的材料，综合聚集起来，内容有关的材料，连串贯通起来，因之，阅者得由一条线索，顺序地检得各该项相同及相关的材料和

①② 沈祖荣.图书馆编目之管测[J].图书馆学季刊,1927,2(1):65-71.

③ 黄星辉.编目中的标题问题[J].图书馆学季刊,1929,3(1/2):91-108.

④ 刘国钧.中文图书编目条例草案[J].图书馆学季刊,1929,3(4):473-508.

⑤ 徐家麟.中文编目论略之论略[J].图书馆学季刊,1929,3(1/2):43-59.

⑥ 刘国钧.图书目录略说[J].图书馆学季刊,1928,2(2):197-208.

说明的庋藏的地位"①。由此看来,标题目录的重要性远在著者、书名目录之上。对于编制出的标题目录,黄星辉的要求较为严格:"不能过于广汎,也不能过于偏狭,不能过于陈腐也不能过于新奇怪癖……除却能够洽合目前的地位时间的需要之外,尚要将来继续应用有效。"②沈祖荣认为"今日中国图书馆急应解决之问题孔多,若分类法,若索引法……经纬万端。余觉对于编目方面一至大困难,则为标题",因此他汇集美国图书馆界以及国内当时的现行方法,加以自己的见解写成了《中文编目中一个重要问题——标题》③。该文指出编制标题的目的是在正确统一的标准下,使同类书集中于一处,增加书的功用。沈祖荣还认为"欲充分使人利用图书馆,端赖标题目录。故标题在编目位置上实占首位"。沈祖荣还引用刘国钧《图书目录略说》中的言辞对此观点进行论证。然而,沈祖荣也承认编制标题目录是"编目中最繁难之事",因此"非熟悉各标题,博览载籍,深明两者相互间之关系,具有正确判断力,不错用诸名词,与实际编目及编目工具之专门学识者不能任"。正因为编制标题目录对于编目人员的要求甚高,因此很多图书馆只有分类目录而少标题目录。沈祖荣还指出标题选择标准的制定是为了便利读者,因此"一切当以阅书人为主",而这也应该成为编制标题的原则。具体来说,该原则分为基本标准与普通标准两种。基本标准下又分两则:一是应使书的内容材料与标题切合;二是以图书馆所在地方的需求为标准。普通标题下分为四则:一是标题涵盖所有内容;二是标题须正确明了,使普通读者迅速熟悉使用方法;三是前后标题须统一,此点"实为第一要务";四是使用最普通简单的标题。沈祖荣还分别讲述了选择不同主题、选择书中人物名号来编制标题目录的具体应用,比较了美国国会图书馆与美国图书馆协会标题总录的异同,以及中国若采用西国标题总录应增改的项目。文章指出"暂用美国国会图书馆与美国图书馆协会标题总录,此为救济目前不得已之办法,如前所述实多远离我国习惯之处。"因此,沈祖荣呼吁国内学者急速从事自行编纂工作,从当时国内各图书馆所用标题中"择各书中最善之点,集成之"④。沈祖荣对于编制标题目录提出的若干设想,在当时颇有新意,在具体化中蕴含着简单、明了的本质,在理论探讨中遵循着以实际工作为出发点,并最终服务于实际工作的根本性原则,该文条理

---

①② 黄星辉.编目中的标题问题[J].图书馆学季刊,1929,3(1/2):91-108.

③④ 沈祖荣.中文编目中一个重要问题——标题[J].图书馆学季刊,1929,3(1/2):61-90.

清晰、逻辑严密,理论性与实践性皆备。

黄星辉在《编目中的标题问题》中指出美国图书馆界的三部标题书都是由各图书馆在实际中先使用了标题目录后再加以汇总编制而成的,当时中国尚无这样的标题书,但大体上可以"仿西方的先例,备将来的镂版"。由于标题是供公众使用的,因此必须遵循的原则是:"所用的名词,所用的字句,所取的形式,都须合乎公众的习惯,为公众所承认、常用的。"①黄星辉还介绍了其自创的15种标题结构以及15个编制原理。20世纪20、30年代研究标题的学者较少,前期只有《华文杂志与西文标题》②等少数几篇文章问世。沈祖荣的《中文编目中一个重要问题——标题》与黄星辉的《编目中的标题问题》同发表于《图书馆学季刊》第3卷第1/2卷合期,可见当时学界已经开始关注图书标题目录对于揭示馆藏、便于查检图书的重要作用,此后陆续有金敏甫的《标题目录概述》(1930年,《上海图书馆协会会报》)、钱亚新的《类名标题目录》(1934年,河北省立女子师范学校)等有关标题目录的成果问世。

6. 其他

《图书馆学季刊》中还有一小部分学者对于特殊性质图书的编目方法进行了研究。梁启超将目录研究的视角转向了一直以来被学界忽视的佛经领域,撰写了《佛家经录在中国目录学之位置》一文。梁启超认为佛家书目优胜于普通目录者有五点:"一曰历史观念甚发达","二曰辨别真伪极严","三曰比较甚审","四曰搜采遗逸甚勤","五曰分类极复杂而周备"③。梁启超还认为古典目录学中的一些具体方法是来源于佛经目录的,基于此种观点,梁启超从魏晋至明清的佛经目录中挑选十项加以评判,论其得失,进而高度肯定佛经目录的重要地位与学术价值。当然,还有学者反对对不同性质的图书采用不同的编目方法:"特种图书馆所用之编目方法,其原理与普通图书馆本无二致",因此学校中设特种图书馆编目法的课程"实为无谓"④。

徐家麟认为,当时学界多对于中文书籍分类问题多有建树,但对于"更重要或至少同等重要"的中文书籍编目法,反而未给予足够的重视,"岂非我中国图书馆事业进展上一大憾事乎?"对于当时已有的杜定友、

① 黄星辉. 编目中的标题问题[J]. 图书馆学季刊,1929,3(1/2):91–108.

② 傅汶明. 华文杂志与西文标题[N]. 民国日报·觉悟,1928,12(21):1.

③ 梁启超. 佛家经录在中国目录学之位置[J]. 图书馆学季刊,1926,1(1):3–29.

④ 曼女士. 图书馆学校中之特种编目法[J]. 图书馆学季刊,1929,3(3):460.

黄维廉、查修等人有关编目的著述,徐家麟认为"多只得其偏而不能得其全",而欧美相关书籍对于中文图书编目问题也是未及顾到者,因此,徐家麟于 1929 年写成了《中文编目论略之论略》①一文,论述其对于中文图书编目的看法。徐家麟认为,我国固有的书目学、版本学或称目录学,不可以与西方的编目学混为一谈,因为两者的目的、工具、方法与态度可能会有大差别,原因有二:首先是因为中国目录学向来注重辨章学术与鉴藏,因此目录学家就是学者、艺术家与收藏家,重在书籍的学术性与艺术性而不在书本身,而编目学则就书论书,多重书之应用;其次是目录学与版本学的研究,是人文的、个人的和性情的,而编目学则是纯方法的、科学的和公众的;徐家麟还提出中文编目学发展的两个要点:"一方面固须破除纯粹西洋编目学之迷信与盲从,一方面亦须得自固有之目录学版本学之桎梏中求解脱,以见于事之所至,有固然,学无古今中外,胥择其善者而从之。"徐家麟对于中文编目学发展的两个建议,不只对于中文编目有非常大的指导作用,而且也是当时图书馆学研究方法所应遵循的基本原则。这是因为当时的图书馆学本身面临着新与旧,破与立的抉择,迷信盲从者有之,故步自封者有之。因此,这一时期与其说是具体方法的争执,不如说是更为本质的态度、理念与原则对于学术高地的抢占。而徐家麟所提出的两个要点,既要求学者破除迷信,又要求解脱桎梏,实际上蕴含了现代哲学基本原理中的"否定之否定"的思想。因此,有学者称其为"我国(中国)从哲学角度研究图书馆学原理的第一人"②。

　　1929 年,刘国钧应中华图书馆协会所发征集编目条例一事,写成了《中文图书编目条例草案》③一文。该文分上下两编,上编论著录事项(卡片式与书本式目录皆有),下编论著录格式(仅卡片式目录)。刘在该文的导言中称当前图书馆界公认图书分类与编目是两大难事,"图书分类涉及学术上之问题,其聚讼纷如一时难得相当之解决,亦无足怪。若编目一事则就书而录其名目版本等事项以便检查,似非甚难也。"然而,由于当时没有公认的编目条例对于各图书馆编目进行整齐划一,因此难免使"检阅者生疑,初学者误认"。而《中文图书编目条例草案》正是为了解决各馆抵牾的弊病而来。该文"绌绎宋元以来之公私著录,抉

①　徐家麟.中文编目论略之论略[J].图书馆学季刊,1929,3(1/2):43－59.

②　高锦雪.图书馆哲学之研究[M].台北:书棚出版社,1979:32.

③　刘国钧.中文图书编目条例草案[J].图书馆学季刊,1929,3(4):473－508.

其通例,征之于西方目录家学之规定,而略为变通",而且其中既有在金陵大学、河南省立图书馆等图书馆的试行经验,又融合了刘国钧与蒋复璁、曹祖彬、李小缘、袁同礼等人的切磋商讨。论述之前,刘国钧还列三点提醒读者注意,除了有关文中内容外,还着重强调分类与编目的不同:"国人习于分类之目录,以为不分类不足以为目,实则不尽然也。盖编目乃图书著录之法,非论图书部局之法。"上编为"著录之事项",具体分通则、书名、卷数、著者、版本、稽核事项、附注、标题、参照、别出、互见、注释笺证校勘之书、附刻合刻合订、丛书、官书及机关团体所发行之书、翻译之书、期刊、附则共 18 项;下编为"目片之格式",具体分基本格式、各片样式举例、索引共 3 项。其中"各片样式举例"中,刘共列举 23 个例子,以说明适合不同需要的各类卡片所应著录的格式。该文相比同时期的其他有关编目的论文,最有价值与贡献之处在于其所举案例,将现实编目中遇到的各类问题,一一以图例这种最为直观的形式加以说明,尤其对于图书馆中的编目人员具有非常强的指导性和实用性,为当时国内图书馆中文书籍编目提供了可供参考的范本。

分类与编目问题向来就是现代图书馆业务工作中最为基础也最为关键的问题。两者之间也正如徐家麟所说,"若皮之于毛,齿之于唇,手之于足,意其相得相辅相成之密切程度"[1]。这一时期图书馆人抑或目录学家对于图书分类与编目问题的研讨,冲击了旧有的图书分类思想与方法,对于传统目录学进行了大胆的革新,并将其中不适于现代图书馆管理与理论构建的因素剔除出去,形成了新的目录学。

三、索引、检字问题

"索引"一词引入中国,最早见于 1917 年林语堂在《科学》杂志上发表的《创设汉字索引制议》一文。中华图书馆协会成立大会上梁启超呼吁"编纂新式类书",即指索引。而中华图书馆协会成立之初设有索引委员会,林语堂任主任,赵元任任副主任。1929 年年会中,索引检字组开分会(1 月 30 日),沈祖荣任会议主席,"讨论甚烈",万国鼎将其收集到的新检字法四十余种一一介绍。索引检字组还讨论了完善检字法的标准,最终确定三项标准:一是简易、简单、自然与普及;二是准确、一贯、有定序、无例外;三是便捷、便当、直接、迅速[2]。会中还决定以研究试验鼓

---

① 徐家麟. 中文编目论略之论略[J]. 图书馆学季刊,1929,3(1/2):43 – 59.

② 中华图书馆协会第一次年会纪事[J]. 中华图书馆协会会报,1929,4(4):5 – 14.

励为原则,暂不规定采用某一种方法,并议决请各种检字法的发明人,将其新法在各地的试验结果报告索引委员会。此外会中还宣读了相关论文多篇,并由各图书馆报告试用新法的经验①。该次年会中通过的有关索引与检字的议案有《编纂古书索引案》《编制中文杂志索引案》《通知书业于新出图书统一标页数法及附加索引案》《请中华图书馆协会规定杂志形式大小劝出版机关一律采用以便储藏并使页数衔接以便编制索引案》四项。会后,索引委员会拟计划编制《中国索引条例》:"《中国索引条例》之编辑,实为当今中国索引事业中最重要之事务。对于从事索引事业者言之,则此项条例,尤规矩绳墨之于工人,宪法之于国家,为其从事之利器及标准也。对于施用索引者言之,则随时随地所见之索引,均有同一之规则及方式,于检查施用上,可获莫大之便利。"②为此,索引委员会发出了征集相关论著的启事。1936 年年会中,《规定统一索引检字法案》与《提议函请各地图书馆采用音韵编目索引法,以济闻名未见,或忘记字形写法者之穷案》两案经大会决议通过,交由中华图书馆协会编制索引检字法,并通函全国各图书馆使用音韵编目索引法。

　　《图书馆学季刊》在学习借鉴国外索引法的基础上,从继承和发扬中国传统文化的角度出发,努力探索适合中国文字和读者特点的、科学的索引编纂方法,发表了一些高水平的索引法研究成果。

　　当时研究索引法的学者中,万国鼎可谓成果卓著。1928 年,万国鼎在《索引与序列》一文中首次提出"索引运动"一词,并称"盖中国索引运动,已在萌芽"③。该文还对于当时国内外对索引的定义进行分析,指出"索引者,分析图书内容,别为一表,指示某种事项或参考材料见于书中或其他刊物之中某处,借便检查者"。换言之,"索引者,取书中一切有名可治,有数可稽者,选为条目,于目下详注见于某卷某页(或某册某面),然后取条目依字而排比之(间有分类排比者)列为一表,俾吾人偶有所索时,即名而求之该表,因表而检其本书,可以一引即至者也"。万国鼎从索引具体编制过程的角度对"索引"一词下定义,直接而明了,浅显而达意。万国鼎还认为索引对于学者有莫大的作用:"古来学者及青年士子,于无索引之图书中,寻求埋藏难见之资料,枉费光阴,不知凡几。此其妨碍学业,岂浅鲜哉。故书籍必附索引,以便检查。"因此,不只书籍、杂志

---

①　图书馆协会年会[N].上海书店 1983 年影印本.第 254 册.申报,1929 – 01 – 31(4):826.

②　中华图书馆协会索引委员会启事[J].中华图书馆协会会报,1929,4(6):2.

③　万国鼎.索引与序列[J].图书馆学季刊,1928,2(3):373 – 383.

需要编制索引,而且学者治学时所形成的笔记也需要编制索引,因为"历时既久,搭记渐多,寻检渐难,功用渐失",而编制索引就可以"一索即得"。此外,公私账目、商品名录、官署案卷、公私信札以及其他一切文件,都有编制索引的必要。"学术日进,人事日繁,而精力有限,吾人不得不节省精力,善用时间,以读日多之书,治日繁之事。凡事贵有系统,方能以简御繁,系统必求尽善,方能事半功倍。索引与序列,所以应此需要,给吾人以一种工具,俾节省时间,而增加求学及治事之效率者也。"万国鼎还对于欧美与国内有关编制及使用索引的情况进行对比,指出当时国内书籍附有索引者"几如凤毛麟角,且体例欠善,检阅仍难"。而清华政治学院研究会编制的《政治书报指南》与杜定友主编的《时报索引》"均分类排列,规模狭小,偶然从事,未能继续",因此,国内索引与欧美索引"相殊悬绝",实为"我国学术界之不幸也"。文末,万国鼎还提出当时索引编制所存在的诸多问题,并提出采取各种方法的长处,或合编一法,或另创新法,"使完善无弊,通俗易知,排检迅速"①,有学者称万国鼎的《索引与序列》一文对于我国索引学史的显著贡献在于该文不仅是索引学教育开端的标志②,而且是我国现代索引学理论的奠基性论著之一③。

发表了《索引与序列》后不久,万国鼎又在《图书馆学季刊》上发表了其检字法研究成果《各家新检字法述评》。该文首先列举当时新近出现的40种检字法,并将这些检字法分为音韵与字形(母笔法、部首法、计数法、号码法)两大类,大类之下又以四项标准一一对具体的检字法的优劣进行评判。这四项标准分别是:①条例整齐严密,简单明白,易晓易忆,不可有例外;②各字有一定位次,即在二字之小范围内,亦须绝对不能先后易位,否则在排检辞语上即发生不少困难;③无论何字,须能一望而知其所在之处,不可有推敲部首,计算画数,或先查附表,或先算号码等周折,盖一经周折,即费若干时间,减低排检便捷之程度;④不可根据于面、角、笔顺等不固定的基础,盖基础不固定,则疑似难定或不规则之弊将随之而生矣。文末,万国鼎总结到,这40种检字法"各有短长,求其完善,能合前述四条件者,盖无一焉。是不得不一方面望同志努力,向不

---

① 万国鼎.索引与序列[J].图书馆学季刊,1928,2(3):373-383.

② 《索引与序列》原是万国鼎为金陵大学的索引学课程所著讲义的导言部分,是我国索引学讲义和索引学课程最早的例证。

③ 王雅戈,侯汉清.近代索引研究的先驱万国鼎——纪念万国鼎先生诞辰110周年[J].大学图书馆学报,2008(4):106-110.

同途径尽量开发;一方面各弃成见,勿以己得为满足,勿以异己而斥人,均报学术为公之心,协力以求一最完善之法,此则余草斯篇之意也"①。依照该文所述,当时已有 40 多种检字法,可以见得当时学界对于索引与检字法的重视,也印证了万国鼎所述索引运动已经在我国萌芽的论断。此外,该文确立的编制检字法的四项标准,以及对于当时各家检字法优缺点的一一详述,不仅使当时的学者从对具体方法的关注转为更加趋于原则标准的制定,而且其文中客观中立的学术态度,以及始终以实用性为原则的理念,对于当时"一窝蜂"式的,重于创一"新"法而忽视使用便利等现实情况也起到了一定的正面引导作用。

　　钱亚新亦是《图书馆学季刊》作者群中一位研究索引法的重量级人物。1926 年,钱亚新进入华中大学文华图书科就读,接受过系统的图书馆学训练。其发表于《图书馆学季刊》的《从索引法去谈谈排字法和检字法》后来成为其 1930 年出版的《索引与索引法》(上海商务印书馆)中的部分内容,而该书也被称为我国第一部索引法著作②。《从索引法去谈谈排字法和检字法》首先从索引法、排字法与检字法的定义展开,以便厘清三者之间的关系:排字法是"将许多单体字或集团字——辞或句——放在一处,照一定的方法去排比它们的次序";检字法是"在一串排比有规则的单体字或集团字内,照一定的方法去寻要找得的东西"。从定义可以看出,排字法与检字法的对象都是文字,而且检字法可以看作是排字法的还原,排字法是检字法的重组。然而两者既不像当时有人说的是南辕与北辙,也不是两根相互垂直直线的交点。在钱亚新看来,两者的关系就如影与形,如一个圆圈的圆外与圆内,"并非相减,而实相生"。为了方便使用排字法与检字法的读者,钱亚新提出排字法和检字法的编排应遵守三点原则:一是规则简单,二是次第森严,三是排检敏捷,并强调"敏于排列,捷于检查,确是判断排字法和检字法的绳墨"。钱亚新还别出心裁的提出排字法与检字法相比较的优劣函数(比例关系),不过文中并未提及优劣函数在理论上与实践中的应用。完成了对排字法和检字法的梳理之后,作者引出了索引法,认为索引是"检查特种范围内各项知识的工具",索引法就是"造成这种供检查工具的方法"。排字法是索引法中讨论索引材料排列时的标准,检字法是检查索引法所编成的索引是否便利的标准。这两种方法用于索引时,应符合以下条件:一是要自然

① 万国鼎.各家新检字法述评[J].图书馆学季刊,1928,2(4):545-579.
② 郑永嘉.略论钱亚新先生对我国目录学的贡献[J].广东图书馆学刊,1990(3):27-31.

不要勉强,二是要直接不要间接,三是要全体不要部门,四是要整个不要分拆,五是要顺排不要逆排,六是要单比不要复比。文末,钱亚新再次强调索引与索引法的重要性:"索引法是一种分析综合的工作",而且是着重于材料的本质与表现的方法,"索引又是研究学问的一种重要工具","一本好的图书,没有一个好的索引,它的价值是少要逊色一半。一本坏的图书,因为有一个好的索引,它的价值就会增高不少……"因此,呼吁"以今日始,就该以研究索引法始"①。该文以索引法、排字法、检字法之间的有机联系为视角,对三者进行研究,并以排字法与检字法来研究索引法,进而使得索引编制中的本质问题凸显出来,使索引编制在中国目录学中的作用得以确立,同时将图书馆学理论与目录学理论有机结合起来。有学者指出,钱亚新的《索引和索引法》(商务印书馆,1930年)是中国索引学的奠基之作,标志着中国现代索引学理论体系的建立②。随后,钱亚新又陆续发表了《杂志和索引》《排检法的规则》《排检法的原理》《定有先生对于汉字排检法的贡献》《中国索引论著汇编初稿》等有关索引法与排检法的文章。由于钱亚新在中国图书馆学与目录学中的杰出贡献,其被誉为图书馆目录学的"一代巨匠"③。

纵观《中华图书馆协会会报》与《图书馆学季刊》中有关索引问题的探讨,不仅可以看出当时学界对索引于图书馆工作的重要性的普遍共识,更能看出当时的学术研究氛围是开放的、活跃的。例如,林语堂曾在《图书馆学季刊》创刊号撰写题为《图书索引之一新法》④的文章,以新韵法作为索引汉字的方法。后有刘复撰文指出林语堂的索引法"恐怕图书馆馆员非挑选音韵专家来做不可",并自认为索引法"总是愈简单愈好",理想中的索引法"总该简单到不但一切图书馆馆员、书记等能于自由使用,便是粗粗识字的小学生,以至于在馆中做事的仆役,也要能自由使用"⑤。此外,万国鼎也曾对林语堂的这种检字法进行简单的研究,并称"按余于声音学毫无研究,不敢妄论新韵之善否;惟以普通人之眼光观之,殊非通俗所易辨别。林先生规定'分韵一依京音为主',则江闽粤等处读音与京音颇异者,将更难适用"⑥。中华图书馆协会创办的两刊中不

① 钱亚新. 从索引法去谈谈排字法和检字法[J]. 图书馆学季刊,1929,3(1/2):123 – 130.
② 王余光. 索引运动的发生[J]. 出版发行研究,2003(6):74 – 76.
③ 郑永嘉. 略论钱亚新先生对我国目录学的贡献[J]. 广东图书馆学刊,1990(3):27 – 31.
④ 林语堂. 图书索引之一新法[J]. 图书馆学季刊,1926,1(1):155 – 161.
⑤ 刘复. 关于林语堂图书索引新法之通讯二则[J]. 图书馆学季刊,1926,1(2):371 – 372.
⑥ 万国鼎. 各家新检字法述评[J]. 图书馆学季刊,1928,2(4):545 – 579.

仅有最新的研究成果,更为精彩的是学者对于学术观点、方法的商榷甚至争论,而且丝毫不畏学术权威,不畏发表异见,开放、活跃的学术氛围随处可见。

两刊中有关索引的讨论带动了大批学者加入研究与具体编制的行列,加之中华图书馆协会陆续出版了《国学论文索引》与《文学论文索引》等,更进一步推动了索引运动的发展,同时也扩大了自身在学术界的影响①。

四、公共图书馆问题

公共图书馆思想在新图书馆运动期间就已得到广泛传播,只是当时仍旧是对欧美公共图书馆思想的"照本宣科"。直至中华图书馆协会成立以及两刊创办,进而带动一大批图书馆学期刊与著作的出现,中国图书馆人自己的公共图书馆思想才得以逐渐成形,其中中华图书馆协会的两刊不仅是宣扬与研讨公共图书馆思想的主要阵地,而且为建立中国的公共图书馆思想贡献颇多。

1. 教育功能

沈祖荣在《图书馆学季刊》中发表文章指出,图书馆为辅助教育的利器,"所谓利器者,非谓馆舍美丽,藏书宏富;亦非谓所藏之书,价值宝贵,或为世界孤本,或为名人遗著;而实在社会人民能否利用所藏之书籍。易言之,即其馆书籍,能否活动于社会,人民能否获其益也"②。

徐旭作为当时民众教育研究中成果卓著者,其对于图书馆的教育功能亦做了一定的研究。1931 年,出于补救社教经费以及力求学校教育的社会化考虑,徐旭在《图书馆学季刊》上发表了《学校图书馆公开刍议》③一文,探讨学校图书馆在民众教育活动中的作用以及方式。他认为在教育方法上具有"比较有一贯性的,有永久性的,教学范围能大能小,有弹性的"机关非图书馆莫属。而且从丹麦、美国、苏联等国将图书馆作为实施成人教育的大本营以及消除文盲的利器来看,徐旭认为"民众教育各方面的事业,以图书馆为出发,为进行,为轨迹,乃是一条康庄的大道"。因此向社会开放学校图书馆,首先是为了使社会教育与学校教育合作,成为学校兼办民众教育最简易的途径,并且此举可以弥补社会上民众图

①　王余光.索引运动的发生[J].出版发行研究,2003(6):74–76.

②　沈祖荣.中国图书馆目录应采书本式抑卡片式[J].图书馆学季刊,1926,1(3):439–445.

③　徐旭.学校图书馆公开刍议[J].图书馆学季刊,1931,5(3/4):417–429.

书馆供不应求的缺陷；其次，从学校图书馆自身来说，其向社会公开也可实现学校社会化，给社会民众一个认识学校图书馆的机会，进而对学校图书馆加以改良；对于学校的学生来说，通过图书馆开放也可以促使学生努力求学，求切实的学问，并且通过学生管理图书馆来使其得到丰富的社会经验与图书馆管理经验，养成服务社会的精神；对于社会民众来说，图书馆向其开放，可以提高其求知兴趣，养成喜好清洁、沉静与和平的习惯。有关学校图书馆的具体开放办法，除了阅览指南、馆内布置与读者指导外，徐旭还提出其应遵循的四项原则：经济、便易、学校社会化、民众学生化。两年后，徐旭又撰文《民众图书馆教育》论述图书馆的教育职能。徐旭直言民众图书馆是为了迎合潮流或迫于命令而加了"民众"二字在图书馆之前，但是在性质、使命、设施以及教育上与一般的图书馆一样。民众图书馆是为民众而设的，是为教育民众而设的，因此其责任不仅在于保藏图书，也不仅在于公认阅览书报、实施文字普及，而且还应承担起"全县、全区或全乡的民众生活的发展、改造和辅导的教育工作"。在对教育、图书与民众的意义分别进行解释后，徐旭总结民众图书馆教育就是"以图书馆为中心，以图书为出发、为进行、为归宿的教育轨迹来适应、来创造、来开展个人和社会的生活"①。徐旭还曾在《图书馆学季刊》中发表了《民众阅读与指导》②等文章。

2. 平等思想

李小缘指出："公共图书馆的根基和他的生命原理，就是要使书籍开放流通，使人人多借图书馆的书。"图书馆并不是学者的专用物，"他是平民知识的唯一简便而又稳妥之泉源"。图书馆的读者是"人人皆有资格"："皮匠、铁匠、小工、瓦匠、木匠、学生、住家的、有钱的、无钱的、老的、少的、男的、女的，没有界限，一齐欢迎"。图书馆的设立是为了"使全国民众，无论男女老幼，皆有识字读书之机会"，推而至于家庭烧茶煮饭的少妇老妪，无聊的时候，就到图书馆中去借书来看③。沈祖荣亦指出，图书馆工作的对象是社会全体："由学者专家以至劳苦大众，无论男女老少，盲哑贤愚，都不分厚薄地为他们服务。"④对此持相同观点的陈长伟认为："不分阶级，无论男女老幼，凡有阅读之能力者，都欢迎来馆享受种

① 徐旭.民众图书馆教育[J].图书馆学季刊,1933,7(4):631-649.

② 徐旭.民众阅读指导之研究[J].图书馆学季刊,1933,7(3):421-439.

③ 李小缘.藏书楼与公共图书馆[J].图书馆学季刊,1926,1(3):375-396.

④ 沈祖荣.图书馆教育的战时需要与实际[J].中华图书馆协会会报,1939,13(4):4-6.

种读书借书权利。"此外,他还更进一步指出公共图书馆所肩负的引导与教育读者的职责:"其不能读者,则设法开导之。如开办民众学校,附属于图书馆内,或用通俗演讲以启导之。"①徐旭认为民众图书馆的理想状态就是"一个最完善、最平等,范围最广,方法最活,可以教不论男女老少,贫富贵贱,有智无智,全德缺德,大能小能的大众教育机关",民众教育的对象"不仅是识字者,不仅是士阶级,乃是全民众——农、工、商、学、兵、儿童、青年、妇女,不识字者,有学问者,缺德无能者,进德修业者,生理上之残废者,生计上之困苦者,能不能参与社会国家改进之运动者"②,此间处处蕴含有公共图书馆的平等理念。

3. 公共与公益思想

李小缘认为公共图书馆是"人民之公共产业,人人得而管理之,扶助其经济使之进行顺利"。具体来说公共图书馆可划分为四类:第一类是"公共地方人民得不出资而利用之,是以物主之义而名图书馆者";第二类是"物属私人,由私人管理,由私人支配经济……而物主乃慷慨慈悲,使公共人民皆可不出资而使用之,是为自由之公立图书馆";第三类是"私人资产与公家资产合办而成之为公共图书馆。管理权与行政权仍操之于私人团体";第四类是"公家管理,而由私人认定基金捐助者"③。无论公共图书馆的所有权归属如何,李小缘都认为"省内或市中人民得享受不纳费而阅书之权利"④。

刘国钧也持同样之观点:"以书籍为公有而公用之,此近代图书馆学之精神,而亦近代图书馆之所以异于昔日之藏书楼者也。"⑤严文郁指出:"我国藏书,肇自周秦,是图书馆之基,已奠于数千年前矣。然图书馆至今仍极幼稚者,何也? 追源溯委,有因官私藏书,皆不得其道也。""故欲保存古籍,舍一扫旧式藏书之故策,从事于公有活用,其道莫由。"⑥严文郁将藏书楼之"道"归结为"公有活用",实际上就是现代公共图书馆思想的一部分。针对当时仍有将图书馆等同于藏书楼的观念,李小缘撰文《藏书楼与公共图书馆》指出二者决然不同,并列举当时挂着"书籍重地,闲人免进"的"虎头牌"的江苏省立第一、二图书馆,认为这两个"图

① 陈长伟. 小图书馆组织法[J]. 图书馆学季刊,1928,2(4):507-523.
② 徐旭. 民众图书馆教育[J]. 图书馆学季刊,1933,7(4):655-678.
③ 李小缘. 公共图书馆之组织[J]. 图书馆学季刊,1926,1(4):609-636.
④ 李小缘. 全国图书馆计划书[J]. 图书馆学季刊,1928,2(2):209-234.
⑤ 刘国钧. 现时中文图书馆学书籍评[J]. 图书馆学季刊,1926,1(2):346-349.
⑥ 严文郁. 美国图书馆概况[J]. 图书馆学季刊,1931,5(3/4):321-346.

书馆"名为"图书馆"实为"藏书楼"。最后他归纳"藏书楼是静,贵族式贵保存,设在山林,官府办的,注重学术著作,文化结晶的机关",而"图书馆是动,平民式贵致用,设在城市,民自动办的,注重精神娱乐,文化宣传的机关"①。

  1928年5月,大学院召开了第一次全国教育会议,李小缘亦参与该会。会后,因有关图书馆事业的议案"迄未见实行",因此李小缘自称"作屠门大嚼,聊充书饼之饥"而撰写了《全国图书馆计划书》。文中,李小缘重申图书馆的作用与意义:"盖图书馆者,人类思想学术经验文章之结晶,能裨益人群之向上生活者,笔之于纸,印之成书,虽竹简缣帛,断卷残篇,吉光片羽,双字单文,必搜集之于一室,用科学方法组织之,编制之,以使之致用,是之谓图书馆。"②李小缘还强调当前图书馆"重在利民众,流通致用,以普遍为原则,以致用为目的,以提高生活为归宿,皆所以启民智,伸民权,利民生者也"。李小缘指出欧美图书馆"新者求新,渐有蓬勃之气象;旧者守旧,永无改革之机会"。而国内的图书馆,新旧差别极大,"旧者积重难返,不易改良;新者抄袭摹仿,不切实际",因此必须进行彻底的改造。改造的方法可以一面斟酌国情,一面参照西方图书馆数十年的有益经验。"苟能一日打破旧式思想之藏书楼,使能公开群众,无论男女老幼,无等第,无阶级,举凡学生、工人、农夫、行政家、商人、军人等,皆能识字读书,享受图书馆之利益。则方可谓图书馆之真正革命,之真正彻底改造,之真正彻底建设者也。是乃中国教育界之幸,中华民国人民之幸!"基于彻底改造当时的图书馆的出发点,李小缘还对图书馆设立的目的,国民政府对于中国图书馆发展所负有的责任,国立中山图书馆的运行状况,以及省立图书馆、公共图书馆、学校图书馆的具体建设都提出了较为全面、详细的设想。李小缘发表于《图书馆学季刊》的《藏书楼与公共图书馆》《公共图书馆之组织》《全国图书馆计划书》等都反映出中国图书馆人自己的、具体的、更切合中国国情的公共图书馆思想。中国图书馆学会编《百年文萃——空谷余音》一书对于李小缘的《藏书楼与公共图书馆》一文予以极高的赞誉,称其为"20世纪中国图书馆学对公共图书馆思想进行最为系统研究的论文",并且是"当时对藏书楼思想进行最为激烈批评的论文"③。

---

① 李小缘.藏书楼与公共图书馆[J].图书馆学季刊,1926,1(3):375-396.
② 李小缘.全国图书馆计划书[J].图书馆学季刊,1928,2(2):209-234.
③ 中国图书馆学会.百年文萃——空谷余音[M].北京:中国城市出版社,2005:58.

此外,《图书馆学季刊》中还有不少学者对于不同规模、读者对象的图书馆进行了研究。

陈长伟认为当时图书馆界出版的图书馆学书籍,着重于理论,且适用于大图书馆,而不适用于小图书馆,因此,他结合自己多年的图书馆工作经验,参考相关图书馆学书籍,写成了《小图书馆组织法》一文。该文指出,当时虽然提倡建立国立省立等大规模图书馆者,不乏其人,但难以变为现实。而且即使有勉强成立的,"惜乎享受其中利益之人,仅少数学者而已"。为了改变这一局面,陈长伟提出在各市各区各县各乡各机关各团体中设立小图书馆,以便利读者,并作"普及教育之先导"。根据各地的实际情况,购买出于不同需要的书籍,建立不同性质的小图书馆。比如:靠近农业的地方,多购农业图书;靠近工业,多购工业图书;附设于政府机关的,多购政治图书;附设商会的,多购商业图书。不管这些小图书馆的建筑大小、经费盈绌如何,只要用科学、经济的办法加以组织管理即可。除了对不分阶级、男女老幼,都持欢迎态度外,陈长伟还认为读者借书是一种权利,图书馆员应尽力保护并实现其权利:"其不能读者,则设法开导之……或用通俗演讲以启导之",如此才能使民众的精神修养与学识有所进益。陈长伟还提出小图书馆在馆员、经费、图书、阅者程度、管理方法与建筑方面的具体建议。其中"馆员"一项,"以二人为限",管理方法"以简单敏速为宜"[①]。

4. 图书馆员的要求与任用

陈长伟认为,即便是小图书馆,其与民众教育也有非常重大的关系,因此其图书馆员的选取也不可不慎重,"因馆员为馆中之枢纽,一馆效率之大小,即视馆员之管理方法为转移。馆员受有训练者,则能运用其科学及经济方法,而有适宜之管理能力,其馆中一切布置,皆条理井然,陈列齐整,有典有则,整洁客观。民众一见,则生兴趣,而乐意时来利用图书"。对于小图书馆的馆员,陈长伟还提出了非常具体的要求:①要为高级中学毕业,以接受师范学校训练者为宜;②受暑期学校附设图书馆学训练者;③研究已出版的中国图书馆学书籍;④身体健全;⑤性情和蔼,以礼貌待人;⑥有牺牲精神;⑦要同情民众;⑧要有行政才能;⑨要有图书馆学技能;⑩要有好读书的习惯[②]。钱亚新在其《类分图书的要诀》中指出"一个满意的分类法是一件事,一个满意的分类者又是一件事"[③]。

---

①② 陈长伟. 小图书馆组织法[J]. 图书馆学季刊,1928,2(4):507－523.

③ 钱亚新. 类分图书的要诀[J]. 中华图书馆协会会报,1933,7(3):413－419.

因此,从事图书分类工作的图书馆员十分重要。李小缘所撰《公共图书馆之组织》中对于图书馆员、馆长、董事所应具有的条件都提出了非常具体的要求与设想。李小缘认为,作为一名合格的图书馆员"关于服务方面,对人对读者,应具墨子摩顶放踵之精神。答复问题,当存'知之为知之,不知为不知'的态度。凡事以'温良恭让'出之。指导读者当'诲人不倦'。对馆中事务不畏难,不畏琐细,不退后,不生怨心"。在学识方面,图书馆管理员应当"有干才,具学者态度,普通需大学毕业,最低者亦须有中学毕业程度,能得图书馆学校之卒业生最佳。最次者亦需在馆中服务,富有经验,精于目录学,识数国文字,明白各种智识学术之范围,及其中各著名之著作,善评断,富常识。思想缜密周到,记录能精确无讹"。图书馆的馆长应更重于建筑与书籍:"人得其选,建筑、书籍皆不难置也,故人选当在书选之前。"对于馆长所应具有的素质,李小缘也有自己的见解:"馆长之第一要素即其学问。朝夕与书籍往来,苟无学问,选书编目皆不能为也。其第二要素即其办事之方法。应有商人办事精神,无政治及宗教上之偏见。善辞令,能属文。曾受图书馆学校之文凭,钟爱书籍,精于目录……对读者负教育上指导之责任,循之然善诱人,热心公益,诚实无欺,为地方文化之先驱,为社会教育之总指导,常与社会发生关系。"李小缘认为图书馆的董事数量"多则九人,少则五人,或二者之间",要选择"老成望重,学识兼富,不偏不党,酷爱图书,而急公好义,有百折不回之精神,有主张有思想而不固执,有断材,富常识"①。邢云林认为"编目之事,学也,亦术也","非学识无以定当否……学识乃编目之基础……有基本学识之修养,然后再用科学之方法,便可事半而功倍矣。二者相依维命,理当并重,不可偏废"②。

徐旭认为民众图书馆的重心不是馆舍,不是图书,也不是读者,而是馆员。因为馆员是图书馆的动力,是图书的生命,是读者的导师。因此,馆员所应具备的能力应该有三点:一是要"有丰富的学识";二是要"有和蔼的态度,诚恳的动作,谦恭的礼貌,勤朴的精神","庶几可以收学问教人,德行化人的最伟大的教育之功";三是要有"缜密的思想,清晰的头脑,周详的方法,处繁的手段,忍耐的毅力,刻苦的手脚以及不怕难、不畏繁、不避琐细,不生怨尤的处事精神"③。

---

① 李小缘.公共图书馆之组织[J].图书馆学季刊,1926,1(4):609-636.
② 邢云林.簿式目录中著录详略之研究(上)[J].图书馆学季刊,1933,7(2):251-284.
③ 徐旭.民众图书馆教育[J].图书馆学季刊,1933,7(4):655-678.

李小缘在《公共图书馆之组织》①中指出，为了使图书馆摆脱"养老院"的名号，使馆长摆脱"吃安生闲饭"的偏见，图书馆"决不可养冗员，缺薪时代尤为不可"，而且必须通过考试对馆员的任用加以严格要求："盖公正之考试，可脱离一切情面及政治上之私见。且投考者多，则选择机会必大。即及格者，亦必以来馆学习为条件，以求其有进步。其不及格者，可取为试用生，试用数月，使其尽心学习，有进步则变为正式职员，无进步则解职。此种考试方法，必图书馆自己举行之。或升用职卑而精练之人，取其经验，使其有机会学习，亦栽培之善法也"。然而，李小缘对于图书馆员的任用方面也有一失，即其认为选择女性做图书馆董事时"不可不慎"。

5. 图书馆学教育

李小缘对于图书馆学教育的重要性有切身体会，这与他从事图书馆学教育与图书馆工作有直接关系："图书馆成为专门的事业，必定有专门职业教育……美国图书馆学校已有十几所，养成公共图书馆人才。今年哥伦比亚大学、密西根大学专设图书馆学专门科。为养成高等专门图书馆人才。近来国内武昌文华大学也有图书馆专门学校，成绩斐然，久为国内外所仰，惜为西人教会所办，而国立学校中尚无人注意及此。英法二国也仿效美国，渐有图书馆学校了。要想中国公共图书馆发达，必需先培植人才，从国立学校机关添设图书馆学专门科不可。"②袁同礼亦指出"吾人欲使全国图书馆平均发展，筹募大批经费固属重要，但必须先有健全之图书馆专门人材，方易办理"③。陈长伟还对于图书馆员的培养提出了自己的见解，他认为："我国图书馆界留学研究图书馆学海外归来者，如凤毛麟角。而国内各大学校，附设图书馆学者，亦甚寥寥。将来欲小图书馆之普及，则须各大学都附设图书馆学，或特设图书馆学速成科，以造就适当馆员人才。"④叶章和指出，为了满足图书馆的需要，每个国立大学都应设立图书馆科，私立大学如愿意设立，政府应当尽力扶持和鼓励⑤。

虽然上述学者一致肯定图书馆学教育的重要性与必要性，然而相比

---

① 李小缘.公共图书馆之组织[J].图书馆学季刊,1926,1(4):609－636.

② 李小缘.藏书楼与公共图书馆[J].图书馆学季刊,1926,1(3):375－396.

③ 袁同礼.中华图书馆协会之过去现在与将来[J].中华图书馆协会会报,1944,18(4):2－3.

④ 陈长伟.小图书馆组织法[J].图书馆学季刊,1928,2(4):507－523.

⑤ 叶章和.图书馆与成人教育[J].图书馆学季刊,1933,7(4):679－688.

于图书馆工作的具体问题,两刊中有关图书馆学教育的文章可谓少之又少,尤其是当时极具影响力的《图书馆学季刊》,并未成为研究图书馆学教育的重要阵地。

正如前文对于徐家麟的编目思想的评价一样,这一时期,学术态度、研究理念与治学原则较之于具体的方法、技术与标准更为关键,更能决定未来中国图书馆事业与学术研究的走向。而《图书馆学季刊》与《中华图书馆协会会报》中可以堪称"经典"的,在一定时期内颇具"权威性"的文章,对于今天的图书馆学研究与实践仍具有非常重要的指导与参考作用,原因不仅在于其对于实践的指导作用,更重要的是树立了科学、理性的学术态度,以及以中国国情、中国图书馆实际工作为基准的治学原则。

从以上对于《中华图书馆协会会报》和《图书馆学季刊》中相关学术论文的分析可以看出,中华图书馆协会在中国图书馆学研究中起到了一定的领导与组织的作用。但不能否认的是,由于中华图书馆协会群众性组织的松散性和民间性,其对于当时的研究个体的组织,研究目标的建立以及研究焦点的调控缺乏行之有效的手段,表现为当时的研究个体之间联系非常松散,研究的靶向性不强,或有所脱离实际,或中外、新旧研究糅杂,往往形成"一窝蜂"式的局面。而且由于中华图书馆协会对将当时的学术研究成果用于实践的实施力较弱,因此并未使得这一时期的学术研究成果最大限度地转化为实践力量。

美国科学促进会领导人亚历山大·达拉斯·巴赫(Alexander Dallas Bache)曾说过:"没有组织,科学就没有动力。"(Where science is without organization,it is without power①.)任鸿隽曾指出:"研究精神固属个人,而研究之进行,则有待于共同组织。盖科学之为物,有继长增高之性质,有参互考证之必要,有取精用宏之需求,皆不能不恃团体以为扶植……盖研究精神为科学种子,而研究组织则为培养此种子之空气与土地,二者缺一不可也。"②借宋建成一言以蔽之:"中国图书馆学之建立是无休无止的,是成长的有机体,我们可以说中华(图书馆)协会的努力及图书

① NANCY S M,SALLY G K,MICHAEL M. S,et al. The establishment of science in America:150 years of the american association for the advancement of science[J]. The American Historical Review,2001,106(2):574 – 575.
② 任鸿隽.中国科学社之过去及未来[M]//樊洪业,张久春.科学救国之梦——任鸿隽文存.上海:上海科技教育出版社,2002:281 – 282.

馆界之响应,确实已打开了第一步。"①民国时期的图书馆社团正是充当了培养图书馆学研究精神的空气与土地的角色,对于中国的图书馆学术研究的发展产生了非常积极的促进作用,其创办的图书馆学期刊,发行的图书馆学、目录学等各类出版物,发布的各项统计、调查报告,开展的各类图书馆学学术演讲都是民国时期图书馆学理论水平的集中体现。而且,当时的中国图书馆学术研究也正是在图书馆社团的积极引导与组织下,呈现出"百家争鸣、百花齐放的"蓬勃发展态势。

---

①　宋建成. 中华图书馆协会[M]. 台北:台北育英社文化事业有限公司,1980:253.

第五章 图书馆社团在推进图书馆事业发展中的作用

第一节 图书馆工作标准化与法制化建设

民国时期早期,图书馆界普遍面临的问题是当时各类图书馆虽大体上馆舍有着落,但管理经营手段千差万别,如经费投入以及选书、图书分类、借阅规则等具体业务工作。这种差别导致的最终结果是全国图书馆发展的不均衡。当时图书馆界大力提倡的馆际互借工作开展得阻碍重重,这一状况对于整体的图书馆事业发展有害无益。1918年,沈祖荣在《中国全国图书馆调查表》中称:"惜国家无一种法律之规定,各馆皆个自为法,漫无标准,殊于图书馆事业前途诸多滞碍。"[1]因此,各图书馆社团成立后,大都以促进中国图书馆事业的标准化与法制化作为其努力目标。

1926年,上海图书馆协会"鉴于近年来图书馆事业渐见发达,而各界亦甚注意,兹为便利各界借阅书籍起见"特规定借书规程十项[2]。这是目前所见图书馆社团中较早制定的图书馆业务工作标准。当时的《江苏教育公报》将该标准广而告之,以便各地图书馆采择执行。1927年,南京图书馆协会"对于推广图书馆事业极为热心"[3],曾编就《乡村图书馆用书目录》为中华教育改进社所创办的乡村学校所采用。浙江第一学区图书馆协会还曾编制《图书馆应用表卡(附图)》推广至第一学区所辖图书馆使用,提升了该学区图书馆业务工作的规范性。

1928年全国教育会议召开,上海图书馆协会代表王云五提案为《呈

---

① 沈祖荣.中国全国图书馆调查表[J].教育杂志,1918,10(8):37-45.
② 图书馆协会规定借书规程[N].申报,1926-06-11(11).
③ 南京图书馆协会近况[N].申报,1927-07-03(11).

请大学院颁布普通、通俗、特别图书馆及各级学校图书馆标准案》，理由有三："一、吾国图书馆尚在萌芽时代，政府素无暇顾及，今当训政时期，首在教育建设采取法德两国标准化图书馆之性质；二、吾国图书学专家甚少，各省县市有心提倡者，多因无所□循，如经费、建筑、设备、购书及选择专门用品，皆各自为政，无科学方法与专门学理为之基础，甚不经济；三、有标准则管理图书馆者必有努力趋向标准之心，逐步改进互相竞争，始有成效可观。"①针对这一提案，上海图书馆协会提出解决办法："由主管图书馆教育机关召集国内专家及教育行政机关代表，分组决定以下各种标准，编印各种图表规程颁布各处遵行：（甲）大学图书馆（及各科）；（乙）中学图书馆、普通及师范职业农工商等；（丙）小学图书馆、儿童图书馆；（丁）普通图书馆、省立县立市乡立及博物院乡土部等；（戊）通俗图书馆、省立县立乡立等，及通俗阅报所；（己）特别图书馆、妇女农业工业商业或妇女等。"②具体的标准内容分为"经费定额、地址、建筑、设备、购订选择与数目、分类法与排字法等，且标准至少分为一二三等，凡不及三等者不得称为图书馆"③。该提案针对不同类型图书馆的特点，制定不同的经费、建筑、设备、书目、分类等方面的标准，希望由政府自上而下推行。

　　1929 年，在中华图书馆协会召开的第一届年会中，由李小缘、孙心磐、欧阳祖经、朱金青提出四项有关图书馆标准的议案：《规定全国各省立各县立图书馆标准法令案》《请教育部颁布设立图书馆标准法令案》《省县市立图书馆设立标准案》《建议教育行政当局请规定发展县图书馆步骤案》。提案人称"各地方皆有筹设图书馆之议，倘无标准法令，则各自为政，将不免有畸形发展之弊"④，而"有标准则管理图书馆者有所根据，办理合法，易有成效"，"有标准图书馆乃不至于有名无实，而办理图书馆者，必有努力趋向标准之新，逐步改进，始有实效。而全国社会教育乃得均等发展……"⑤。最终该四案经大会讨论并最终修正通过为《请教育部颁布设立图书馆标准法令案》，并"陈请教育部采择施行"。

　　1930 年，教育部对于中华图书馆协会第一次年会议决案的呈请做了批示，其中有"关于颁布图书馆设立标准法令者"一则的批复如下："查

----

①②③　上海图书馆协会提案［N］.申报，1928 － 05 － 08（11）.

④　中华图书馆协会执行委员会.中华图书馆协会第一次年会报告［R］.北平：中华图书馆协会事务所，1929：99.

⑤　中华图书馆协会执行委员会.中华图书馆协会第一次年会报告［R］.北平：中华图书馆协会事务所，1929：100.

《图书馆规程》业于五月十日公布在案,至设立标准,本部正在进行调查全国图书馆状况,并拟征集图书馆专家意见后,再行编订。"①

1930年5月10日,教育部颁布的《图书馆规程》中未就图书馆标准加以规定,仅规定公私立图书馆停办时须呈报机关备案核准。宋建成对于政府方面的这一做法甚为不满,他说:"图书馆若停办只有以经济拮据为主要理由,理论上地方教育行政机关应予扶助,何忍置其停闭。图书馆若困于经费,缩小行政范围是可能的,若要图书馆停闭几不可能,此项规定实嫌累赘。"②

1932年,北平图书馆协会出版《图书馆最低限度应备之期刊目录》,对于北平各个图书馆的馆藏建设起到了积极的指导作用。

1934年,中华图书馆协会经费标准委员会拟定了《对于图书馆经费案之意见草案》,注明该草案之编制"专为提供教育部民众教育委员会参考"③。对于各级学校图书馆设备的最低标准的问题,该草案对1925年的美国大学图书馆与1930年的中国大学图书馆的统计数据进行比较后指出,"大学图书馆应以每学生有书一百册为最低标准,至中学及小学图书馆,虽无统计可稽,然悬拟中学图书馆应以每学生有书五十册为标准,小学图书馆应以每学生有书十册为标准"。关于馆舍设备一项,草案中指出,"无论如何,大学图书馆应占校舍一层楼,至少有六七间房屋,方可敷用"。这六七间房屋分别用作:可容五至十万册书籍的书库,可容百余人的阅览及出纳室、参考室、杂志报张室、储藏室、办公室以及其他。此外草案中还有关于学校图书馆经费以及补助私立图书馆等问题的讨论。

《对于图书馆经费案之意见草案》的制定是中华图书馆协会开展图书馆标准化问题研究的最重要成果之一,且因其考虑周详,切合当时中国图书馆发展的实际情形与发展需要,因此不仅在理论方面颇具建设性,且兼具实践上的可行性。而高低不同的五个标准,也确实为当时发展不均衡的中国各级各类图书馆提供了采择实行最适宜方案的便利。

由于中华图书馆协会在图书馆标准化进程中所做种种努力,成为图书馆标准化建设的领导者与主要倡导者,教育部也开始将有关图书馆标准问题交予中华图书馆协会研讨。

---

① 图书馆各项重要问题[N].申报,1930 – 06 – 18(11).
② 宋建成.中华图书馆协会[M].台北:台北育英社文化事业有限公司,1980:215.
③ 对于图书馆经费案之草案[J].中华图书馆协会会报,1934,9(4):3 – 5.

1936 年,教育部社会教育司致函中华图书馆协会如下:

> 过去各县市立图书馆或民教馆阅览部,购置图书,漫无标准,其工作活动,多未规定,深感有厘定图书设备及工作标准之必要。惟兹事体大,且关系专门学术,实有赖于图书馆学专家之精密设计,素念贵会系我国图书馆学专家组织而成,过去各地图书馆之普设,贡献甚多,最近复定期在青岛举行年会,集全国专家于一堂,共同讨论今后图书事业之进展,本司以为如此良机,不可多得。特拟订改进图书馆行政要点数则,附录于后,请贵会提交年会商定一具体办法,于闭会后,详为见告,相应函达,即希查照见复为荷!①

该函附《改进图书馆行政要点》一份,涉及县立图书馆与民众教育馆应备图书标准,以及县立图书馆工作标准、分类编目标准等②。接该函后,中华图书馆协会当即分函各地图书馆,要求"有经验者请详加研讨,拟具方案于年会之前,寄交本会,以便汇集于年会时讨论"③。1936 年年会召开的第三日(7 月 22 日),中华图书馆协会召开全体会员大会专门讨论此项问题,最终形成了《改进县市图书馆行政要点》④,逐条拟制相应的解决办法,为后来教育部推行有关图书馆事业的标准提供了理论上的支持与借鉴。

在图书馆业务的标准建设方面,除了极力向政府谏言而外,中华图书馆协会自身亦责无旁贷,各次年会中亦通过不少相关提案,如《本会应请专家研究中文书籍排架法并定平排直排之标准容量及架之深浅案》(1929 年)、《由编目委员会编订标准编目条例于下届年会发表案》(1929 年)、《请协会根据上次会议从速规定分类编目标题及排字法标准案》(1933 年)、《拟请本会规定各类图书馆应用表格标准样式,以供各馆参考案》(1936 年)、《由本会拟定普通图书馆最低标准书目案》(1936 年)、《请教育部令国立编译馆设一委员会,审定外国人名地名之标准译名以资统一案》(1936 年)、《本会应从速编订图书分类法俾全国图书馆的图书分类有一定标准案》(1936 年)、《请协会规定政府机关出版品分类标准,以便各图书馆有所遵循案》(1936 年),等等。中华图书馆协会对于中国图书馆标准化问题的研究与倡导既放眼于战略宏观,又着眼于细微之处,例如《本会应请专家研究中文书籍排架法并定平排直排之标

---

①②　教部委本会拟具改进图书馆行政要点[J].中华图书馆协会会报,1936,12(1):18.

③④　教部社教司提交年会议案议决具覆[J].中华图书馆协会会报,1936,12(2):21 – 24.

准容量及架之深浅案》对于排架书籍的具体容量与深浅都详加考虑,不可谓不臻于至善。《中华图书馆协会会报》与《图书馆学季刊》中刊载了不少有关图书馆法规方面的研究论文,例如《图书馆法律论》[1]、《我国图书馆应有之法规》[2]、《利用图书馆作广告在法律上之检讨》[3]等。

从有关学者对民国时期图书馆相关资料的统计可知,自 1925 年中华图书馆协会成立之后,政府及相关部门出台的有关图书馆的政策法规与规程有:1927 年大学院公布《图书馆条例》15 条、《新出图书呈缴条例》4 条;1930 年教育部公布《新出图书呈缴规程》6 条、《图书馆规程》14 条、《私立图书馆立案办法》3 条;1939 年教育部公布《修正图书馆规程》33 条、《图书馆工作大纲》18 条、《图书馆辅导各地社会教育机关的图书馆教育办法大纲》15 条;1941 年教育部颁布《普及全国图书馆教育办法》15 条、《各级学校和各机关团体设置图书馆(室)供应民众阅览办法》9 条、《县、市立图书馆设置巡回文库办法》16 条;1944 年教育部颁布《图书馆工作实施办法》11 条;1947 年教育部颁布《图书馆规则》34 条[4]。另外,各地方颁布的地方性图书馆规章制度亦有《上海市私立图书馆立案规则》《南京市立民众图书馆组织规则》《南京特别市市立第一通俗图书馆暂行办事细则》《安徽省立图书馆借书规则》等。由上述法律法规的名称就可以看出,这一时期国民政府及其相关部院逐渐将图书馆管理纳入其社会治理范畴,图书馆的教育功能被正式以行政命令的形式加以确认,图书馆、图书馆人的权益以国家法律的形式得以保障,图书馆及其工作的标准化以政策的方式加以规范。虽然这些政令法规的制定颁布不全是出于图书馆社团的努力与影响,但其中图书馆社团,尤其是中华图书馆协会的作用不可忽视。作为在教育部备案的唯一的图书馆类学术组织,中华图书馆协会代表了当时全国图书馆界的学者、图书馆工作人员以及其他热心社会教育文化事业的各界人士,因此中华图书馆协会自身的社会影响力不可小觑,其所发之呼声,其所引领之动向,都与国民政府进行社会治理、开展训政所需要的"标榜"有莫大联系。因此,中华图书馆协会对于政府的影响力纵然有限,但却不无效果,因此可以

---

① 喻友信.图书馆法律论[J].图书馆学季刊,1937,11(2):189-205.

② 喻友信.我国图书馆应有之法规[J].中华图书馆协会会报,1938,13(3):2-5.

③ 喻友信.利用图书馆作广告在法律上之检讨[J].中华图书馆协会会报,1939,14(2/3):6-7.

④ 范凡.民国时期图书馆学论著大量出现的事业基础[J].山东图书馆学刊,2011(3):36-40.

说,中华图书馆协会及各个地方图书馆社团为中国图书馆事业的标准化、法制化建设是做出了积极贡献的。

第二节 倡导建设各类图书馆

一、通俗(民众)图书馆

辛亥革命带来的思想解放与觉悟,使得越来越多的人认识到了"国民程度"不仅是推行新制度、建立新秩序的先决条件,而且也是国家兴亡的决定性因素①。因此,中华民国建立后,教育界开始从"人才教育"转向"新民教育",由"学校教育"转向"学校教育和社会教育并重"。通俗图书馆作为新民教育和社会教育的一个重要组成部分就是在这种情况下出现的。1915年,北京政府颁布了《通俗图书馆规程》,使通俗图书馆得到了一定程度的发展。1925年,国民政府教育部颁布《民众学校办法大纲》,很多教育机构纷纷冠以"民众"二字,通俗图书馆也纷纷改为"民众图书馆"②。对民众图书馆颇有研究的徐旭指出,图书馆冠以"民众"二字,"并不是与其他图书馆对峙之谓,其目的不过是要促进图书馆事业之须民众化而已"③。由此可见,通俗图书馆与民众图书馆只是名称上的不同,而无本质差别,都是侧重于"亲民""通俗""扫盲"的。

这类图书馆的出现与当时人们的普遍受教育程度有很大的关系。沈祖荣曾说:"我国现时急需的就是普及教育,要使一般的民众都到图书馆里来,换句话说,就是图书馆须负了先锋官的使命,勇猛地打进民众的阵伍,先以华佗的妙手回春的仁术潜心的去医治一般的文盲,等他们得见了天日,然后效法解粮官的行动,奋慎地尽量的去填补他们的大欲。"④梁启超在《演说辞》中指出:"若讲一般群众最欢迎的读物。恐怕仍是《施公案》《天雨花》……一类的旧书和《礼拜六》……一类的定期出版物。"⑤确实,如梁启超所言,当时整个国民的智识尚处在萌芽阶段,无论是"中国旧书"还是"近人著作和外国书的译本",都叫一般人无从读

---

① 中国图书馆学会.中国图书馆学学科史[M].北京:中国科学技术出版社,2014:169.

② 张謇.国民程度与共和政体之问题[M]//张謇.张謇论学集.北京:商务印书馆,2019:321.

③ 徐旭.民众图书馆实际问题[M].上海:中华书局,1935:4.

④ 沈祖荣.世界民众图书馆专号卷头语[J].文华图书馆学专科学校季刊,1934,6(2):1-2.

⑤ 梁启超.中华图书馆协会成立会演说辞[J].中华图书馆协会会报,1925,(1):11-15.

起。通俗教育以启发一般民众普通必需之知识为主,故通俗图书馆之设,实关紧要①。具体来说,通俗(民众)图书馆以通俗读物供给普通大众阅读,使其在业余时间提高学识,弥补学校教育的不足。尽管当时图书馆界与教育界认识到了通俗(民众)图书馆对国民教育水平提高的作用,但在现实中民众图书馆的发展仍举步维艰。例如,"(南京)民众图书馆开办之时,无基本书籍,均赖每月添置以维持,而每月之购书又不丰裕,致历三载,归藏仍不乐观"②。中华图书馆协会历次年会对于通俗图书馆的有关研讨最多,通过的相关议案数量也是最多的,如第一次年会中通过了《广设民众(或称通俗)图书馆案》《呈请教育部通令各省县注重民众图书馆案》《每县应设通俗图书馆》《呈请政府请讲庙宇改设通俗图书馆案》《取缔各地神庙建凤通俗图书馆》等共计 8 个推行通俗(民众)图书馆的提案,理由是通俗(民众)图书馆可以促进教育之普及、补助学校教育之不足等。最终这些提案合并修正为《呈请教育部通令各省市县应设民众图书馆案》。

中华图书馆协会第二次年会开会伊始,袁同礼在大会发言中称:"年来中国建设事业集中于城市,资产阶级进城,变成畸形之发达,此非好现象。今后集全国之力向乡村方面进行,务使民众有读书之机会,发展民众图书馆。"③此次年会不仅以"图书馆经费与民众教育"为讨论主题,还单设了"民众教育"讨论组,并最终通过了《由本会通函全国各图书馆注重民众教育事业案》《为推广民众教育拟请本会组织民众教育委员会案》《呈请教育部通令各省市县在乡村区域从速广设民众图书馆案》《建议中央通令各省于各宗祠内附设民众图书馆案》《县市图书馆与民众教育馆应并行设立分工合作案》《编制通俗图书目录案》。会后有文章④指出,正是因为"我们要使每一个死的图书馆变为活的图书馆,每一个挂名的民众图书馆变为实际的民众图书馆,来完成民众图书馆所当负的职责","我们是愿充推行民众教育的一员将士,我们是要为民众教育实施

---

① 教育部行政纪要(民国元年四月至四年十二月)本部行政纪要丁编(社会教育)[M]//沈云龙.近代中国史料丛刊:三编 第十辑.台北:文海出版社有限公司,1987:8.

② 南京市立民众图书馆概况(1930 年)[A].南京市档案馆藏,档号:1009 – 1 –1484.

③ 中华图书馆协会年会[N].申报,1933 – 08 – 31(16).

④ 该文由《教育与民众》的编辑将陈岭梅的《中华图书馆协会第二次年会纪略》、徐旭的《从中华图书馆协会第二次年会说到今后的民众图书馆》以及杜定友寄给该刊编辑部的信函合并编成。

者的助手"①,因此才有此次年会中通过的有关民众图书馆与民众教育等提案。

中华图书馆协会第三次年会中通过的"关于民众教育者"亦有《请各图书馆推进非常时期教育及国难教育事业以期唤起民众共同御侮案》《县市图书馆举办推广事业,以期发展城市与乡村民众教育案》《呈请教育部令各省市县及公立小学及未经设儿童图书馆者从速设立或附设儿童图书馆案》《由协会函请各省市教育当局令各民众图书馆于其经费内抽出百分之五,专在附近茶园中办理借书处,以资推广民众教育案》《请中央划定专款补助各省特制汽车图书馆,利用公路提高内地民智水准案》《呈请教育部通令全国各教育机关民众教育馆及图书馆增设流通图书馆及巡回书车案》。此外,年会中提交的论文与发言中也有关于民众图书馆与民众教育的,如《办民众图书馆者该怎样鼓励人民乐于来馆阅览》(朱金青,1929 年)、《民众检字心理之研究》(杜定友,1933 年)、《民众阅读指导问题》(徐旭,1936 年)等。

通过历次年会的积极讨论与集思广益,中华图书馆协会收集了各方有关通俗(民众)图书馆建设以及推行图书馆的民众教育职能的具体实施办法,以向政府进言,并借助政府的行政力量为施展图书馆的民众教育职能打下了良好的民意与舆论基础。另一方面,通过年会对"民众教育"的探讨,图书馆的社会教育功能再一次得到了广泛传播与认可,进而为当时图书馆事业的发展奠定了群众基础。

此外,中华图书馆协会还组织学者对通俗(民众)图书馆相关问题进行研究,以充实实践内容。例如,《中华图书馆协会会报》中先后刊载了《图书馆的民众要求》(陈时,1929 年)、《民众图书馆分类法》(徐旭,1930 年),《图书馆学季刊》中也刊载了《民众图书馆的公开及活用问题》(姜和,1931 年)、《怎样办民众图书馆》(樊月培,1932 年)、《我国民众图书馆运动的剖视》(徐旭,1933 年)、《民众图书馆教育》(徐旭,1933 年)、《民众图书馆图书分类的检讨》(藤迪忱,1934 年)、《挪威民众图书馆概况》(刘子钦译,1935 年)。此外,各地方图书馆协会创办的期刊中也刊载了不少关于通俗(民众)图书馆的论文,如《上海图书馆协会会报》中刊载了《提倡民众图书馆之重要性》(朱树鉴,1930 年)、《社会教育与民众图书馆》(寒梅,1930 年),《无锡图书馆协会会报》中刊载了《民众图书馆图书选择之商榷》(陈然,1932 年)、《民众图书馆中的阅读

①　中华图书馆协会第二次年会与民众图书馆[J].教育与民众,1933,5(1):177 - 184.

指导问题》(濮秉钧,1932 年)、《图书馆与民众教育》(陈岭梅,1935
年)、《图书馆鼓励民众阅览之我见》(陈然,1935 年),《浙江第二学区图
书馆协会季刊》中刊载了《民众教育图书馆》(方承谟,1932 年)等。充
分的理论研究无疑指导了实践工作的顺利进行。全国掀起了创办民众
教育机构与通俗(民众)图书馆的热潮,其范围之广、数量之多相较其他
类型的图书馆更令人叹为观止。有学者统计,在 1918 年至 1931 年期
间,全国通俗(民众)图书馆的数量从 286 所增加到了 1052 所①。

由于各图书馆协会及图书馆教育界人士的共同倡导与引领,以及数
次进言政府及相关部门,借助行政力量推行相关议案,加之当时国民政
府也认识到了教育强国政策中图书馆的突出作用,因此教育部等相关部
门开始进一步加强以行政手段推广通俗(民众)图书馆。1932 年 2 月,
教育部发布了《民众教育馆暂行规程》,并于 1935 年对此规程进行修订,
对实施社会教育的主要机关——民众教育馆的具体职能范围与组织办
法进行了充实和细化。1937 年,教育部发布了《发动全国知识分子办理
民众教育暂行办法》以"加速普及民众教育,借以肃清全国文盲,而增进
抗战建国力量",并要求中华图书馆协会遵照执行②。同年,教育部又制
定《图书馆辅导各地社会教育机关图书教育办法大纲》,该大纲明确规定
"图书馆应以辅导各地社会教育机关图书教育为主要任务之一"③,还对
各省立、县立、市立图书馆各自的辅导对象与辅导内容进行了详细规定,
是为图书馆实施社会教育职能的具体指导办法。

由于地方图书馆社团对图书馆民众教育、社会教育职能的大力宣传
推广,以及借国家力量广泛设立通俗(民众)图书馆,可以说对于民国时
期民众教育的发展而言,图书馆社团的功劳不可埋没。

二、学校图书馆

学校图书馆是图书馆系统的重要组成部分,各图书馆社团成立之后
围绕学校图书馆的设立、普及以及经费支持等开展了各种活动。

中华图书馆协会在其第一次年会宣言中称:"近世图书馆功在致用,
其鹄的在使国族无男女老稚以逮聋瞽喑哑,读书机会一切均等,以故有

---

① 龚蛟腾. 清末至民国图书馆事业的勃兴与繁荣:上[J]. 图书馆,2011(1):1-6.
② 教部订定发动全国知识分子办理民众教育暂行办法训令本会遵照[J]. 中华图书馆协
会会报,1939,14(2/3):11.
③ 教部制定图书馆辅导各地社会教育机关图书教育办法大纲[J]. 中华图书馆协会会报,
1940,14(4):22.

学校图书馆。"①由此可见,图书馆同样具有教育的功能,而且,学校图书馆可以说是学校不可或缺的部分,是学校的灵魂。戴志骞在其开会致辞中亦称"盖现代之图书馆,无论是学校与非学校,均有设立之必要,图书馆为知识之源泉,不可不加之注意"②。此次年会中,上海图书馆协会代表王云五提案《督促教育部通令各级学校均须设置图书馆并于每年全校经常费内提出百分之五以上补充购书费》,理由是"图书馆为学生□外唯一之修养处,亦为教员□集教材之参考处,在现代学校设备上最关重要"③,因此各级各类学校均须附设图书馆,该提案决议通过。北平图书馆协会、南开大学图书馆等提案《各种各级学校应有有步骤的图书馆使用法指导案》④,理由是为了使学生养成自幼稚园起至大学止,自动使用图书馆的习惯、酷爱图书的嗜好、利用图书的习惯和能力;而且凡是受过此种训练的学生,在校求学时,不须督促,就可以进行课外研究,自求深造,毕业离校后也不至于远离学问,而可以自主进行研究,一生受用无穷。该案议决通过,并拟请教育部通令全国各级公、私立学校,按照幼稚园、小学、中学、大学图书馆使用法进行指导。

1933 年,中华图书馆协会年会通过了《酌量公开学校图书馆俾学校图书馆与社会合成一气,补助成人教育案》,并决议由中华图书馆协会函请各学校图书馆酌量开放,以供校外人员阅览。

在各地方图书馆协会中,北京、上海图书馆协会也积极推进学校图书馆成立事宜。1931 年,北平图书馆协会召开常务会议,会中讨论北平中小学校图书馆问题,而且还决定调查市内各中小学图书馆实际情况。1930 年 2 月 14 日,上海图书馆协会在民立中等图书馆召开常委会,决议拟呈请市教育局通令公私立各级学校添设图书馆,并通令已设立图书馆者对外公开,以便使学校教育与社会教育融合发展⑤。

1939 年,《申报》刊登《上海之图书馆》一文,文中称"民国十三年为上海图书馆协会组织之年,在协会组织前后数年间,图书馆事业,颇似旭

---

① 中华图书馆协会第一次年会宣言[R]//中华图书馆协会第一次年会报告.北平:中华图书馆协会事务所,1929:1-2.
② 中华图书馆协会年会开幕详记[N].申报,1929-01-30(12).
③ 中华图书馆协会年会今日在京开幕[N].申报,1929-01-28(11).
④ 中华图书馆协会执行委员会.中华图书馆协会第一次年会报告[R].北平:中华图书馆协会事务所,1929:186-187.
⑤ 图书馆协会筹备图书馆[N].申报,1930-02-15(17).

日东升,极现蓬勃之象"①,并列举学校图书馆大量设立之盛况加以佐证。由此可见地方图书馆协会在促进学校图书馆发展方面取得了突出的成绩。

三、巡回文库

李朝先等学者称:"产生于清末民主运动的图书馆,一直遵循为民众的宗旨,沿着为民众的方向发展,为民的特征都是只有发展,而从无更改。"②巡回文库便是图书馆"为民"特征的最强表现。巡回文库,又被称为"流动图书馆",源于图书馆为履行其社会教育功能,在平等服务的基本理念下,为一些不能到馆阅读,尤其是偏远地区或未设图书馆地区的读者所提供的一种服务方式。

据学者考证,世界上第一批有组织的流动图书馆出现于1905年美国的俄亥俄州和马里兰州③。中国的巡回文库出现在清末,之后因受国民政府的重视而获得初步发展。据《教育部行政纪要(民国元年四月至四年十二月)》中记述:"巡行文库为通俗教育之一种……年来各省设立者尚不甚多,据部视学报告及调查表调查所得除奉天设立十七处,江苏设立四处,四川设立一处,甘肃设立四处,云南设立四处外,其余均未设立。"④巡回文库按隶属关系分为隶属于图书馆、劝学所、宣讲所三种⑤,其中隶属于图书馆者数量最多。由于巡回文库具有节约、灵活、快速的服务优势从而成为图书馆履行社会教育功能的有力补充。

各个图书馆社团对于巡回文库开启民智、引发民众阅读兴趣的作用甚为重视,采取各种办法积极倡导、设立和推广巡回文库。

1927年,杜定友在《三十年前之美国图书馆》中称"巡回图书馆之发明,亦近十年之事。而大半由图书馆委员会主持之,所以补救各图书馆之不足,以书籍运送至各乡村,以供各方人士之用,为实行以书籍运送至民间之先着。由此可见,现代之图书馆事业已带有教会牧师传道之精神,此种精神实为美国图书馆进步中一大特点"⑥。

---

① 博生.上海之图书馆[N].申报,1939 - 01 - 02(13).

② 李朝先,段克强.中国图书馆史[M].贵阳:贵州教育出版社,1992:317.

③ 彭敏慧.文华公书林与文华图专的巡回文库[J].图书馆论坛,2008(4):115 - 117.

④ 教育部行政纪要(民国元年四月至四年十二月)本行政纪要丁编(社会教育)[M]//沈云龙.近代中国史料丛刊:三编 第十辑.台北:文海出版社有限公司,1987:49.

⑤ 秦亚欧,郑晓丹.中国近代巡回文库服务研究[J].图书馆学研究,2009(9):73 - 76,95.

⑥ 杜定友.三十年前之美国图书馆[N].申报,1927 - 02 - 16(19).

在全国各图书馆社团中最具影响力的中华图书馆协会则一方面借召开年会之机,审定通过了有关组织、倡设巡回文库的多项提案,如《各省立县立图书馆应设立巡回文库案》(1929 年)、《呈请教育部通令全国各教育机关民众教育馆及图书馆增设流通图书馆及巡回书车案》(1936年)、《在西南及西北各主要县市成立"中小学巡回文库"以提高一般教育水准案》(1938 年)等;另一方面,中华图书馆协会利用所办期刊的广泛传播力与覆盖面对巡回文库及其活动进行报道,如刊载北平、上海、天津等地创办巡回文库的状况与取得的效果;再如,儿童教育家陈鹤琴发起成立"上海街童教育会"创办了"街教巡回图书馆"供街童阅读,《中华图书馆协会会报》刊文称此举使"街童颇蒙其益"①。

两刊不仅刊载过《奉化县立巡回图书馆巡回暂行细则》与《宜兴县立公共图书馆巡回小书库试行规约》以备各地巡回文库参照施行,还借报道《日本巡回文库运费减半》等文来争取政府的补助与优待。同时,中华图书馆协会还组织学者对于国外巡回文库的情况进行译介,仅 1931 年就有《一个城市中的巡回图书汽车》(卜洛德)、《弗锐谢尔流域地之巡回图书汽车》(贝慈孙)、《亚克地亚大学之巡回书车》(英格纳罕)、《昆斯县巡回书车之费用与流通书数》(作者不详)四篇论文发表于《图书馆学季刊》。

地方图书馆社团对于有关巡回文库的倡设也非常重视。1937 年,上海图书馆协会制定了《全国图书馆界战时工作计划大纲》②,将开办巡回文库作为图书馆界在战时的主要工作之一,并"函请全国图书馆界举办战时读物文库,伤兵医院难民收容所巡回文库,及战时书报阅览处……"③。

巡回文库在图书馆社团的积极倡导和努力推动下为发展当时的平民教育、战时国民教育发挥了非常重要的作用。有学者称:"……策府艺林,遂随时代以俱进,辞尚方而入闾巷,去岩穴而赴闹市,盖已由贵族而平民……"④笔者认为这是图书馆,尤其是作为当年图书馆主动服务形式之一的巡回文库的最好写照。

四、儿童图书馆

早在清朝末年,学界对于儿童图书馆就多有关注。蔡文森曾在《教

①　上海街童教育会筹办街教巡回图书馆[J].中华图书馆协会会报,1938,13(3):23.

②③　市图书馆协会组织战时服务团[N].申报,1937-10-25(3).

④　董铸仁.图书馆与读众[J].武昌文华图书科季刊,1931,3(4):445-454.

育杂志》上发表了《设立儿童图书馆办法》一文,该文对于建设儿童图书馆的重要性以及馆内图书的摆放、数量、图书馆的室内布置以及开馆时间等都提出了非常详细的设想。在该文文末,作者坦言"惟我国备儿童阅读之书甚少,组织极非易易耳"①。经过新文化运动以及儿童教育思潮在社会层面的普及,社会各界对于儿童教育问题也愈发重视,其中图书馆界人士对于儿童图书馆尤为关注"(图书馆)影响于儿童,实匪浅鲜"②,儿童图书馆"于辅助学校教育,养成儿童阅书之习惯兼以促进义务教育之推行,最关重要"③。有鉴于此,各个图书馆社团对于儿童图书馆的建设极为重视。

中华图书馆协会成立之初就设有儿童图书馆委员会,并在历次年会中都将儿童图书馆的建设作为重要的主题之一加以讨论,先后修订通过《请教育部通令各大学区各省教育厅训令各小学校设立儿童图书馆遇必要时得联合数校共同组织案》(1929年)、《各县市应设立儿童图书馆并规定各图书馆附设儿童阅览室》(1933年)、《本会宜设立儿童图书馆事业咨询委员会案》(1936年)、《呈请教育部令各省市县及公立小学及未经设儿童图书馆者从速设立或附设儿童图书馆案》(1936年)、《请拟定儿童图书馆分类法以备全国儿童图书馆采用案》(1936年)。对于此类提案的推行,中华图书馆协会执行委员会除通函全国各图书馆外,还通函各省教育厅查照:

> 案查:国内各地图书馆年来推广设立极形踊跃,一般人士均觉便利。惟儿童图书馆创立者尚不甚多,于儿童课余假期颇乏阅书之机会。似有亟待提倡之必要。顷本会举行第二次年会于北平。对于"各县市应设立儿童图书馆,并规定各图书馆附设儿童阅览室"一案,业经议决通过。查上项议决办法,于辅助学校教育,养成儿童阅书之习惯兼以促进义务教育之推行,最关重要。相应检同原案,函请贵厅查照转令所属照办。并希将办理情形,随时见复。至纫公谊。④

1933年,《申报》刊载《各省市公私立图书馆应添设儿童部》一文,文

---

① 蔡文森.设立儿童图书馆办法[J].教育杂志,1909(8):49-50.
② 中华教育改进社第四次年会图书馆教育组议决案[J].中华图书馆协会会报,1925,1(3):27-28.
③④ 儿童图书馆[J].中华图书馆协会会报,1933,9(3):19.

中称"此一议已于本年第二届全国（中华）图书馆协会年通过，各地公私立图书馆多已先后筹设"①。商务印书馆还据此编辑了《小学生文库》，于 1934 年出版，以指导儿童阅书。

北平图书馆协会对于儿童图书馆的创设颇为积极。1931 年，该会委托北平第一普通图书馆编辑《儿童图书馆目录》，并拟协助该馆建设儿童部，"加以领导，使成一北平市模范儿童图书馆"②。

1935 年，上海图书馆协会第八次年会中还通过了由黄警顽提案、杜定友与徐则骧等联署的《组织儿童图书委员会案》，该提案的具体实施办法中有推举委员、筹办儿童读物展览、拟订儿童流通图书馆计划、普及大众儿童教育、选派代表人参加本市儿童年实施工作等内容③。

中华图书馆协会还借助其创办的期刊介绍国外儿童图书馆在设立、运行与管理方面的经验，供国内各方参考。例如，《中华图书馆协会会报》曾刊文介绍英国儿童图书馆的情况④，发表余炳元翻译的《菲律宾儿童图书馆》（原作者未知），报道美国巴罗阿尔托市成立儿童图书馆的消息。另外，《图书馆学季刊》中也发表过不少学者的相关文章，如《儿童图书馆的图书研究》（储子澜，1929 年）、《图书馆与儿童》（鲍士伟撰，李钟履译，1933 年）等；1936 年更有 10 篇有关儿童图书馆的论文发表：《儿童图书馆设计与设备论略》（徐家璧）、《儿童图书馆在小学校中之地位》（陆德麟）、《公立小学应有儿童图书馆设备之刍议》（王柏年）、《儿童图书馆经营与实际》（李文祎）、《儿童图书馆图书选择之研究》（孙自强）、《儿童图书馆馆员之训练及责任》（冷淑媛）、《有关儿童图书馆问题之杂志论文目录》（丁浚）、《有关儿童图书馆问题之书籍集目》（梅心）、《有关儿童图书馆问题之杂志论文目录》（丁浚）、《有关儿童图书馆问题书籍目录》（梅心）。

由于各图书馆协会的广泛宣传及影响作用，全国各地对于中华图书馆协会号召普设儿童图书馆的倡议积极响应。上海、开封、厦门、北平、天津、杭州、苏州等地图书馆纷纷附设或扩充儿童图书馆、儿童室、儿童读书会，制定《儿童图书馆简章》（北平市市立第一普通图书馆）、《儿童图书馆办法》（上海市教育局），开展儿童阅读兴趣调查（安徽省立图书

①　各省市公私立图书馆应添设儿童部［N］. 申报，1933 - 10 - 23（5）.
②　北平图书馆协会常会［J］. 中华图书馆协会会报，1931（6）：15 - 17.
③　上海图书馆协会昨日举行八届年会［N］. 申报，1935 - 07 - 29（12）.
④　英国之儿童图书馆［J］. 中华图书馆协会会报，1937（4）：42.

馆)、儿童故事演讲赛(杭州市儿童图书馆、江苏铜山县图书馆),更有图书馆扩展服务方式,举办儿童图书馆流动书车活动(上海儿童图书馆、上海第一儿童图书馆)。

在图书馆社团以及社会各界的共同努力下,政府方面也将儿童工作、儿童教育视为其重要的工作内容之一。1935 年,国民政府教育部定该年为"全国儿童年",并成立了"全国儿童年实施委员会",于该年 12 月 30 日至次年 1 月 4 日期间举办"全国儿童读物展览会",并于 1936 年 2 月间举行了"全国儿童读物巡回展览"等活动。

儿童是国家的未来,决定了国家未来的强弱,因此有"少年智则国智,少年强则国强"的论断。图书馆社团倡导儿童图书馆的设立以及组织儿童读书活动等,一方面是对图书馆社会教育功能的挖掘与扩展,更是践行;另一方面也体现出民国时期社会主流意识对于救亡图存的期盼,代表了当时社会发展与民众的普遍诉求。

五、机关图书馆

图书馆社团对于各机关图书馆创设的推动也是不遗余力。1929 年中华图书馆协会年会中,沈孝祥就提出《应请全国社团及行政机关设立专科图书馆案》,提案指出"图书馆为开拓智识研究学术所必备,关于各项社团及行政各官署,应设专科图书馆,以供该团体较有利益之研究。如商会设商业图书馆等是"[1]。王淑皇亦提出《建议国民政府通令全国各机关添设图书馆案》,并称"自辛亥变政以来,抡才之典以废,考绩之法不行……政治腐败不堪闻问……全国各机关,无论属于行政方面或事务方面,均应添设图书馆……庶几一方面可促科学之进步,一方面可以期政治之改良……"[2]。最终,两案合并修正为《应请全国社团及行政机关设立专科图书馆案》,获全体与会人员通过。该案的具体实施由中华图书馆协会呈请国民政府通令全国各机关添设图书馆,并通函各学术团体创办专科图书馆。

会后,中华图书馆协会将年会主要内容及提议呈请政府采择施行,其中就有"广设专门图书馆"一项:

---

[1] 中华图书馆协会执行委员会. 中华图书馆协会第一次年会报告[R]. 北平:中华图书馆协会事务所,1929:148.

[2] 中华图书馆协会执行委员会. 中华图书馆协会第一次年会报告[R]. 北平:中华图书馆协会事务所,1929:149.

　　查世界各国,任何事业均用专门人才,以科学方法处理,故政治日见昌明。我国改革伊始,建设多端,我政府拔取专门人才不遗余力,然尤须于任用后予以继续研究之机会,庶可日进有功。倘欲达此目的,自非全国各行政机关一律添设图书馆不可,如按其性质购备专门图书,庶几一方面可促学术之进步,一方面可期政治之改良,尤有进者,立法为一切政制之标准,实业乃发展民生之要图,此两种图书馆之建立,均为建设上之要端,不容或缓,顾皆端绪繁赜而又事近专门,更非博稽广考,实难期其有当,此应请钧府令饬立法、行政各院,以及教育、财政、工商、农矿、交通、卫生、铁道各部极力进行,各就职掌之范围,立专门图书馆。并于适当范围之内公诸民众,则在职诸员不失研究之便利,政治昌明,可以预卜,此所请择采施行者一。①

　　1930 年 6 月,国民政府行政院将中华图书馆协会呈请政府执行其年会五项议案交由教育部审核并拟制意见,后经行政院转呈国民政府核定,对于"广设专门图书馆"一项的批示如下:"查专门图书馆之设置,本部正在规划进行,原案主张令中央各院部各就主管范围设立专门图书馆,并酌量开放,既可供在职人员之参考,又可公诸民众,用意至善。现在中央及各地方党政机关间有此项设备,惟以预算关系,未能普遍,或因地方狭小未便开放,故效能尚未大著,拟请由中央暨国民政府分别令行各级党政机关先行酌量添置专门图书馆,其已设者亦应量力扩充,将所需经费列入该机关正式预算,并于可能范围内酌量开放,予民众以阅览参考之便利。"②

　　上海图书馆协会也是机关图书馆的积极倡导者。1927 年,该会接连请上海市党部和县商会附设图书馆,并在 1931 年的委员会议中决议备函工部局添设租界公共图书馆。

　　由于各图书馆社团的积极倡设加之政府的大力推行,在 1925 年至 1935 年的 10 年间,机关图书馆从 72 所增加到了 173 所③。有学者指出,正是王淑皇与沈孝祥所提提案的通过及其具体实施,最终促成了全国各

---

①　国民政府文官处致行政院公函(11 月 11 日)行政院与国民政府档案[G]//中国第二历史档案馆.中华民国史档案资料汇编:第五辑　第一编　教育(一).南京:江苏古籍出版社,1994:793 - 797.

②　国民政府文官处与行政院关于审核中华图书馆协会第一次年会决议案的往来函[G]//中国第二历史档案馆.中华民国史档案资料汇编:第五辑　第一编　教育(一).南京:江苏古籍出版社,1994:793 - 797.

③　吴稌年.论"新图书馆运动"的高潮期[J].图书馆,2007(2):6 - 9,16.

行政机关图书馆的普遍创设①。

　　教育部社会司曾在致中华图书馆协会的信函中称其"对过去各地图书馆之普设贡献甚多"②。确实,中华图书馆协会及各地方图书馆社团对于民国时期各类图书馆的广泛设立做了非常大的努力。据有学者统计,1925 年全国有图书馆 502 所,其中公共图书馆 259 所,学校图书馆 171 所,机关、团体及其他类型图书馆 72 所③。于震寰在 1930 年编制的图书馆调查新表中称当年"比之(民国)十七年十月所调查者增加七百余馆,实不可谓非南京年会④宣传之力……"⑤。另据《二十四年度全国公私立图书馆概况》⑥统计,1935 年全国各类图书馆达 4032 个,其中学校图书馆 1963 所,民众图书馆 1255 所,机关图书馆 173 所,私立、流通以及专门图书馆 641 所。到 1947 年,全国共有单独设置图书馆 418 所,民众教育馆附设图书馆部(室)716 所,学校图书馆 1492 所,机关、社团附设图书馆 76 所,合计 2702 所⑦。1947 年的统计数据低于 1935 年,很大原因在于抗战期间日本侵略者对我国图书馆事业的大肆摧残,使得其未能按既定速度正常发展。虽然中华图书馆协会对于当时图书馆数量的增加颇有作为,但不可否认的是其中来自政府的力量不容小觑,尤其是机关图书馆的大量设立,使得政府的作用更为明显。

第三节　倡导与开办图书馆学专业教育

　　1862 年同文馆的创立标志着中国近代教育事业的开始,然而直至甲午战争以前,中国近代教育的发展都异常缓慢,新式学堂的发展步履维艰。甲午战争之后,中国近代教育进入了迅速发展时期,然而"与维新运动所导致的思想观念的开放相比,学堂数量的增加就显得微不足道了"⑧。

---

①　左玉河.从藏书楼到图书馆:中国近代图书馆制度之建立[J].史林,2007(4):24 – 39.

②　教部委会拟具改进图书馆行政要点[J].中华图书馆协会会报,1936,12(1):18.

③　吴稌年.论"新图书馆运动"的高潮期[J].图书,2007(2):6 – 9,16.

④　南京年会即为中华图书馆协会于 1929 年在南京举办的第一次年会。

⑤　中华图书馆协会第五年度报告[J].中华图书馆协会会报,1930,6(1):3 – 10.

⑥　二十四年度全国公私立图书馆统计[J].河南统计月报,1936,2:(11):206 – 207.

⑦　廖铭德.20 世纪"新图书馆运动"研究述评[J].图书情报工作,2009,53(3):128 – 131.

⑧　叶赋桂.新制度与大革命——以近代知识分子和教育为中心[M].北京:教育科学出版社,2010:186.

1904 年,《奏定学堂章程》颁布施行,近代教育制度在中国全面建立。1912 年中华民国的建立更是为中国近代教育的发展提供了良好的政治环境和文化环境。1920 年 3 月,武昌文华大学设立图书科,这是我国第一所图书馆学高等教育机构,也是中国图书馆学专业教育的发轫。

在地方图书馆社团中,上海图书馆协会是开展图书馆学专业教育的积极推行和倡导者。1927 年,上海图书馆协会召开会议,讨论并通过了《如何补救上海缺乏图书馆人才案》,议决商请上海中学师范科增设图书馆学科①。1928 年,全国教育会议召开,上海图书馆协会代表王云五提案为《国立大学应增设图书馆学专科案》②,理由是:"一、现在图书馆之设立日多,而缺乏曾经训练之专门人员,故宜于大学内设专科,作(教)育人才普及图书馆事业;二、图书馆系最新学问,且系最重要之事业,为统□融合中西国籍,如何增其效率,广其功效,亦应有专门研究之必要。"因此国立各大学应增设图书馆学专科。1929 年,上海图书馆协会开会讨论"全国各级党部附设图书馆案"。该案虽为中央党部接受,但由于"图书馆管理员缺乏甚多"③,上海图书馆协会又分别函请各大学设图书馆学专科、各中学增加图书馆学课程,以培养图书馆学人才。同年,该协会还筹备"图书馆学讲习会","目的在培养图书馆学专门人才,以应各地图书馆之需求"④。1930 年,上海图书馆协会附设图书馆学函授学社,该函授学社课程的讲义"聘请海内外图书馆学专家共同编辑"⑤,分理论、设备、选择、订购、登记、分类、编目、出纳、参考、装订等 10 大类。消息一经发布,屡有信函咨询,"要求函授者,更络绎不绝",上海图书馆协会"详审社会状况及图书馆界情形,殊觉创办是种学社,万不容缓"⑥,因此函授学社决定首先从图书馆行政学系开始,由协会常务委员陈伯逵等编制讲义。1931 年,上海图书馆协会筹办图书馆学暑期讲习会⑦。1947 年,上海图书馆协会重整会务,"鉴于上海尚无图书馆学专科之设立",特在明德女子中学内设立图书馆学讲习科与档案学讲习科,每科招生 14 人,初定第一期为三个月,自当年 4 月 13 日开始授课,由上海市立图书馆

①　上海图书馆协会常会纪[N].申报,1927-10-26(8).

②　上海图书馆协会提案[N].申报,1928-05-08(11).

③　上海图书馆协会开会[N].申报,1929-09-24(10).

④　本市图书馆界简讯[N].申报,1929-09-21(17).

⑤　函授图书馆学招男女学员[N].申报,1930-07-15(5).

⑥　图书馆协会设函授学社[N].申报,1930-03-31(10).

⑦　招考图书馆学免费生[J].中华图书馆协会会报,1937,12(5):17.

长周连宽、圣约翰大学图书馆馆长黄维廉、上海商科大学暨总商会图书馆主任孙心磐主讲①。

地方图书馆协会中,广东图书馆协会虽成立较晚,但也在会长杜定友的带领下积极开展图书馆学专业教育。1947 年,广东图书馆协会举办为期 12 周的图书馆学进修班,杜定友担任班主任,授课教师有杜定友、张世泰、何恩泽、朱偀和冯爱琼,共招收学员 40 余人。

梁启超在《图书馆学季刊》发刊辞中对于图书馆人提出的一个殷切希望就是"使多数人得获有现代图书馆学最新之智识,且谙习其运用,以为改良旧馆增设新馆之资,此国人所宜努力者一也"②。中华图书馆协会成立之时,适逢中华教育改进社图书馆教育研究委员会为将美国所退还庚款用于建设中国图书馆事业而积极奔走。中华图书馆协会立即致函中华教育文化基金会称"为确定图书馆事业基础起见,认为有立即创办第一图书馆及图书馆学校之必要"③。但利用庚款创办图书馆学校一事未能实现。中华图书馆协会的图书馆教育委员会成立之初由洪范五任主任,胡庆生任副主任,朱家治任书记。该委员会鉴于"图书馆与教育至关重要,刻国人正力谋发展,惟此项管理人才,颇为缺乏"④,而创办图书馆学校又困难重重,因此拟从开办讲习班入手,推广图书馆学教育。当时,符合该委员会要求且有实习条件的学校有金陵大学与东南大学。因金陵大学为教会所办,多有不便,故最终决定借东南大学开办图书馆学讲习班。其时,东南大学与中华职业教育社、江苏省教育会办有暑期学校,对于中华图书馆协会开办讲习所来说"轻而易举"。经几方协商,共同重组暑期学校,在原有学科中增设图书馆学,所有有关该科的事务都由中华图书馆协会图书馆教育委员会负责。中华图书馆协会图书馆教育委员会聘请国内图书馆、版本及校勘方面的专家开授为期一个月的课程。课程原拟设图书馆学术史、图书馆学术辑要(又有称"图书馆学术集要")、图书馆行政、儿童图书馆、学校图书馆、分类法、编目法、目录学、参考部、图书选购法、图书流通法、图书馆建筑与设备、图书馆典藏法共十三科。后经学生自选后确定开设图书馆学术辑要、学校图书馆、儿童图书馆与分类法四科。图书馆学术辑要由全体教师共同讲授,儿童图书

① 上海图书馆协会特设图书馆学讲习科[N].申报,1947 - 04 - 09(5).
② 梁启超.发刊辞[J].图书馆学季刊,1926,1(1):1 - 2.
③ 关于庚款之进行[J].中华图书馆协会会报,1925,1(1):7 - 8.
④ 中华图书馆协会之进行[N].申报,1925 - 05 - 29(11).

馆由李小缘、刘国钧讲授,学校图书馆由杜定友讲授,分类法由袁同礼、杜定友、洪范五等人承担。具体的教学除于教室讲授外,还采用分组实习、参观图书馆等办法,"俾可参证学理","以资观摩"。学生的成绩由教室实验,或笔记与参观报告来确定。当年共有 13 人完成该暑期班的图书馆学科学业,获得学业证。

《申报》对中华图书馆协会开办的暑期学校也有报道。中华图书馆协会有鉴于此,特利用星假时间,创办图书馆学星期学校,广聘国内图书馆专家,如北京袁同礼、武昌沈祖荣、南京洪范五、李小缘、刘衡如、上海杜定友等为教授。所设学程有图书馆学术史,图书馆行政、分类法、编目法、图书选择法、图书流通法、参考部、儿童图书馆、学校图书馆、目录学、古书鉴别法、出版物、图书馆建筑、图书馆学术集要等,并于课外请国内外教育名流,分期演讲,一切进行事宜由委员会主持,办事处设在南京东南大学图书馆,"有志图书馆事业者,又可得一造诣之所矣"①。

1926 年 6 月,中华教育文化基金会为其下设的董事会拟定了《中华教育文化基金董事会图书馆学助学金规程》,决定从当年 8 月起至 1929 年 6 月止,每年设图书馆学助学金名额 25 名,每名拨给国币 200 元。该会认为中华图书馆协会是"吾国图书馆事业之重要团体"②,特委托其与华中大学文华图书科联合招收图书馆学免费生"以资协助,而利进行"。随即中华图书馆协会与华中大学文华图书科共同拟定了《招考图书馆学免费生规程》,规定获助学金者须满足三个条件:一是有关于图书馆事务之经验或兴趣者;二是至少在大学本科二年级肄业期满成绩及格者;三是须身体强健品行端正者。满足条件者仍需接受入学考试,考试科目有:国文、英文、历史(中国及西洋史)、物理学化学(或社会经济学)③。当年,中华图书馆协会与华中大学文华图书科合组的考试委员会在北京、上海、南京、武昌、广州五地进行首次录取考试,共录取学生 9 人,分别是:毛坤(四川)、李巽言(湖南)、郑铭勋(京兆)、钱亚新(江苏)、王慕尊(江苏)、于熙俊(湖南)、沈晋陆(安徽)、李哲昶(湖北)、汪缉熙(湖北)。此后,中华图书馆协会与华中大学文华图书科还陆续于 1928、1930、1931 年招考图书馆学免费生,并在上海交通大学图书馆、南京金陵大学图书馆、武昌文华图书馆学专科学校、广州岭南大学图书馆、北平

①　中华图书馆协会之进行[N].申报,1925 – 05 – 29(11).

②③　中华教育文化基金董事会委托本会招生[J].中华图书馆协会会报,1926,(6):11 – 12.

国立北平图书馆、沈阳东北大学图书馆六地设立了招考处①。1933 年 6 月，"以促进图书馆学教育及造就管理专门图书馆与民众图书馆之适当人才为宗旨"，中华图书馆协会还在山西、陕西、甘肃、四川、云南、贵州、广西、湖北八地为图书馆学民众班招录学生，并订立新的录取简章。1935—1936 年，《申报》还发布《招考图书馆学免费学费食费宿费生广告》，称"私立武昌文华图书馆学专科学校受中华教育文化基金董事会及中华图书馆协会委托本年秋季招考免费新生……"②，1934 年录取 9 名图书馆学免费生，1935 年招录 8 人。1937 年，中华图书馆协会在《中华图书馆协会会报》中发出招考广告："查我国图书馆事业，年来渐为国人所重视，创设新馆者及改革旧馆者，日有所闻，需用专材之处甚多，故专材之供给时感不足，甚望有志从事图书馆事业者，及已在图书馆界供职而愿深造者，今年均可踊跃参加考试。"③

中华图书馆协会还通过参加教育界以及相关社会组织活动的方式，积极倡导开办图书馆学教育。1928 年 5 月，中华图书馆协会派上海图书馆协会为代表参加了大学院召开的第一次全国教育会议，提交议案并最终通过了《国立大学应增设图书馆学专科案》。1929 年，第一次国际图书馆大会中，中华图书馆协会代表"希望东西双方交换有经验的图书馆学者，互相协助图书整理工作"，当时有多国代表均表示赞同。德国图书馆馆长邬南德（Uhlandahl）、德国国家图书馆馆长克鲁斯（Kruss，又译为"可柔司""顾柔司"）表示中国若有这方面的人才，愿赴德国研究图书及图书馆管理方法，德国同人必"推诚接纳"。"此一诺言，数年后一一实现"④。沈祖荣在参加第一次国际图书馆大会后呈报教育部的报告中提出了派遣图书馆学者至国外学习的建议："职是以不揣冒昧，伏乞钧部念人材造就之难，如有可以出国为图书科之研究者，则派遣之予以交换之机会。此其补益东西文化之发达，必非浅鲜。"⑤

年会也成为中华图书馆协会宣扬与推介图书馆学教育的另一渠道。《第一次年会宣言》中称"图书馆者，自动之教育也……求本位之锐进，必先灌输及创造图书馆专门知识，并培植专门人才，使人人信仰斯学之

---

① 中华图书馆协会及武昌文华图书馆学专科学校招考免费生［N］.申报,1931 - 06 - 23(6).

② 招考图书馆学免费学费食费宿费生广告［N］.申报,1936 - 07 - 02(6).

③ 招考图书馆学免费生［J］.中华图书馆协会会报,1937,12(5):17.

④ 中国图书馆学会.百年大势——历久弥新［M］.北京:科学出版社,2004:32.

⑤ 沈祖荣.国际图书馆大会［J］.武昌文华图书科季刊,1929,1(3):335 - 343.

俊伟"①。该次年会中通过了《由中华图书馆协会拟定图书馆学课程请教育部决定施行案》《中学或师范学校课程中加图书馆学识每周一二小时案》《训练图书馆专门人才案》《请中华图书馆协会在暑期内聘请专门人才在各地轮流开办图书馆讲习所案》《各种各级学校应有有步骤的图书馆使用指导案》。其中《训练图书馆专门人才案》的实施办法有三：一是"请教育部设立图书馆专门学校或充分津贴已开办之图书馆学校"；二是"请教育部通令各国立大学添设图书馆学课程或图书馆学系"；三是"请教育部逐年举行图书馆学考试选最优者资送留学"。会后，中华图书馆协会将会议中形成的有关推广图书馆教育的提案报请教育部采择施行②。

　　1930 年，教育部就中华图书馆协会所提"关于注重图书馆专门人才者"的请示做了四点批复："一是图书馆专门学校应暂缓设立，至津贴已开办之图书馆学校，应照私立学校条例办理；二是准予通令各大学于文学院或教育学院内酌量添设图书馆学课程或图书馆学系；三是准予通令各省教育厅、各特别市教育局及清华大学于每年所送留学生时，酌定图书馆学名额；四是本部颁布中小学课程暂行标准，正在试验，俟将来修正时，图书馆学可酌量增添，各级学校应有有系统的图书刊用法之指导，暂时毋庸由部规定。"③同时，教育部通令各国立图书馆、各省市学校以及对图书馆负有管理职能的教育行政机关将中华图书馆协会议案采择施行：

> 　　案据中华图书馆协会呈，以根据十八年一月第一次年会决议案，拟具条陈，请予采择施行等情到部，查图书馆事业，实为教育建设当务之急，现在各地均已陆续筹设，此项专门人才益感缺乏，该会所陈注重图书馆专门人才一节，不无可采，除分别批示，并分令饬办外，合行抄发原呈暨原批各一份，令仰该校于文学院或教育学院内酌量添设图书馆学课程或图书馆学系，俾得培植此项专门人才，以资应用。④

　　当年，辽宁省教育厅执行教育部有关中华图书馆协会议案的指令，

---

① 中华图书馆协会第一次年会宣言［R］//中华图书馆协会执行委员会. 中华图书馆协会第一次年会报告. 北平：中华图书馆协会事务所，1929：1－2.

② 中华图书馆协会执行委员会. 中华图书馆协会第一次年会报告［R］. 北平：中华图书馆协会事务所，1929：176.

③ 图书馆各项重要问题［N］. 申报，1930－06－18（11）.

④ 部令大学酌设图书馆课程［N］. 申报，1930－06－26（11）.

就"图书馆学留学生"事宜称"俟本省所送留学生毕业归国续行考送时，即酌定图书馆学名额一人，最近并由省立图书馆选送馆员一二人，赴国内大学肄习图书馆学"。另外，该厅还通知东北大学、冯庸大学添设图书馆学课程或图书馆学系，并拟将相关办理情形具报教育部。随后，教育部回复称其"遵办各节尚属切要良深嘉慰，仍仰将嗣后办理发展图书事业情形，随时具报备查"①。

为了推广图书馆学教育，中华图书馆协会还先后致函国立北平图书馆、江苏省立国学图书馆、河南图书馆、浙江省立图书馆、山东省立图书馆、广西省立第一图书馆、江西省立图书馆、广州市立中山图书馆，称图书馆事业日趋锐进，虽然当时已有文华图书馆学专科学校、南京金陵大学图书馆学科培养人才，但图书馆专门人才缺乏，有"供不应求之势"，原因在于愿意前往两校就学者甚少②，因此请这些图书馆附设图书馆学讲习所，以广泛造就人才。另外，中华图书馆协会还通函各省教育厅、各市教育局、社会局或管理公署，请每年考选图书馆学官费生，并称"欲期人才辈出，非由官厅特予奖诱不为功"③。

由于在学校中增加图书馆学课程或图书馆学系诚非易事，虽有零星办学者，但效果不甚理想。因此，1933年的中华图书馆协会年会中再次通过了以下议案：《再请教育部令国立大学添设图书馆学专科案》《请本会函请各省市图书馆人才经费设备充足者，附设图书馆学讲习所所以培育人才案》《函请各省教育厅每年考选学生二名分送国内图书馆学校肄业，其学膳宿费由教育费中指拨案》④。至1936年中华图书馆协会第三次年会召开前，厦门大学、大夏大学、江苏省立教育学院、湖北省立教育学院、暨南大学、河南大学、河北女子师范学院等皆有图书馆学课程之设置⑤。

① 教部嘉许辽宁教厅注重图书馆事业[N]. 申报，1930-09-04(12).
② 原因有二：一是因为悠长的历史与自成体系的中国文化的复杂影响，使得无论是政府官员还是学者、教育者都很少能认识到图书馆专业管理的重要性；二是因为图书馆工作本身需要工作人员兼有文献学、目录学与现代图书馆学知识，甚至熟悉外文文献。因此，连图书馆学教育机构都不得不承认其录取的学生需要具有非同寻常的素养。详见：LIN S C. Historical development of library education in China[J]. Journal of Library History，1985(4):368.
③ 推广图书馆教育[J]. 中华图书馆协会会报，1933，9(3):18-19.
④ 杜定友等建议设立中央图书馆学校[N]. 申报，1933-09-01(23).
⑤ 沈祖荣. 中华图书馆协会第三次年会图书馆教育委员会报告[J]. 中华图书馆协会会报，1936，12(2):1-2.

虽有学者称这些学校"时办时辍,造就不广"①,但无疑从这一时期开始图书馆学专业教育已经有了一定程度的普及与发展。1936 年的中华图书馆协会年会通过了《呈请教育部在每届英庚款及清华留美公费生名额内,列入图书馆学一科俾资深造案》《呈请教育部明令中等以上学校增设图书馆学课程案》《请各省教育当局办理图书馆学暑期讲习会,并请以训练图书馆服务人员案》《武昌文华图书馆学专科学校增设图书馆学函授部案》等提案。10 年后的 1946 年 7 月,教育部举行留美学生考试,首次设图书馆学名额,最终录取公费生顾家杰、张铨念二人,自费生若干名,这是首次公费委派图书馆学学生出国留学。对此,有学者认为这是对于1936 年中华图书馆协会年会议案的落实,与中华图书馆协会的积极努力密不可分②。1938、1944 年的中华图书馆协会年会仍有开展图书馆学专业教育的议案,如《提请教育部筹设国立图书馆专科学校,在未成立前先于各师范学院添设图书馆学系并指定目录学及参考书使用法为大学一年级必修课程案》《充实原有训练图书馆人员机构积极培养人才以应战后复兴之需要案,及培养战后图书馆需用人才案》等。

从中华图书馆协会历次年会中有关图书馆学专业教育的议案可以看出,中华图书馆协会对于图书馆学专业教育机构的开办经历了从重点建设到广泛设立的思想演进,提出的开办方式既有在中等或师范学校中设图书馆学科,又有开设大众化的讲习所及函授等形式。中华图书馆协会一边为政府建言献策,借助政府的行政命令来推广图书馆学专业教育,一边积极协商、呼吁相关教育机构增设图书馆学课程。中华图书馆协会不仅关注图书馆学校的设立,更重视图书馆学教材与书目的编写。可以说中华图书馆协会对图书馆学专业教育从内容到方式都有所考虑。相关学者曾搜罗资料进行统计分析后指出,20 世纪 30 年代间,国内有相当数量的高等学校开设了图书馆学课程,而图书馆学基础知识在当时被视为大学生素质教育的重要内容之一③。因此,有学者称"中华图书馆协会在成立的 20 多年间,在图书馆专门人才培养及保障,图书馆学专科学校课程的拟定及增设方面,对近代中国图书馆学教育的发展,起到了积极的促进和推动作用……因此,中华图书馆协会的贡献则更是可圈可点"④。

---

① 严文郁.中国图书馆发展史——自清末至抗战胜利[M].新竹:枫城出版社,1983:194.

② 廖铭德.20 世纪"新图书馆运动"研究述评[J].图书情报工作,2009,53(3):128 – 131.

③ 龚蛟腾.清末至民国图书馆事业的勃兴与繁荣:下[J].图书馆,2011(2):8 – 11,34.

④ 秦亚欧,魏硕,金敏求.中国近代图书馆协会对图书馆学教育的促进和影响[J].图书馆学研究,2010(22):94 – 98.

第四节　图书馆、图书馆员及相关权益保护

按民国时期政府对社会组织类型的划分,图书馆社团或被归为"教育学术机关",或被归为"学术研究团体",或被归为"文化团体"。在民国时期的各个图书馆社团中,图书馆协会是数量最多的,图书馆协会在开展学术研究的同时也承担了一部分社会职责,积极为图书馆从业者争取应有的权益与保障。

一、力请庚款用于图书馆事业

北平图书馆协会成立较早,而且不遗余力地推进将庚款用于中国图书馆事业的发展。1924 年,韦棣华在美开展社交活动,主张以一部分庚款作建设中国图书馆之用,北平图书馆协会特别致函嘉勉并致谢意①。后来北平图书馆协会会长戴志骞还亲自赴美与韦棣华会同合作。韦棣华返沪后,上海图书馆协会接连召开大会欢迎,并请韦棣华发表关于活动经过的演讲。鲍士伟访华期间,北平图书馆协会、上海图书馆协会、江苏图书馆协会、浙江图书馆协会、天津图书馆协会等积极派员招待并介绍各地图书馆事业,以期将庚款更多用于发展中国图书馆事业。

中华图书馆协会创立的重要契机之一就是为了争取庚款用于中国的科学文化事业,尤其是图书馆事业方面。因此成立之后,中华图书馆协会也始终遵循其成立初衷,数次上呈政府各部及中华教育文化基金会、管理中英庚款董事会等机构,请庚款用于中国的图书馆事业。

1925 年 6 月 2 日,中华图书馆协会董事部举行第二次会议,讨论中华教育改进社图书馆教育研究委员会提出的关于拟用美国退还庚款的三分之一建设及经营八所图书馆事宜②。经讨论,董事部最终同意该提议并另附加三项说明:①将美国退还庚款本金加利息的三分之一用于发展中国图书馆事业;②假定中华教育文化基金会只准许使用退还庚款的利息,则中华图书馆协会应据此提出创办图书馆及图书馆学校的必要,并请将前三年本金拨付中华图书馆协会;③假定中华教育文化基金会只

---

① 利用庚款扩充图书馆事业之运动[J].北京图书馆协会会刊,1929(2):5.
② 中华教育改进社图书馆教育委员会提关于美国退还庚款三分之一建设图书馆之提议[J].中华图书馆协会会报,1925,1(1):9−11.

准许使用退还庚款的本金,则本金的具体使用需由中华图书馆协会董事部随时斟酌决定①。当日中华图书馆协会就此次会议的内容及附加说明致函中华教育文化基金会,请该会照准施行。

当月,中国驻美公使在致美国政府的照会中建议将部分庚款用于图书馆事业:"兹决议美国所退还之赔款,委托于中华教育文化基金董事会管理者。应用以①发展科学知识及此项知识适于中国情形之应用,其道在增进技术教育,科学之研究、试验与表证,及科学教学法之训练,及②促进有永久性质之文化事业,如图书馆之类。"②如此可见将庚款用于中国的图书馆事业已得到政府方面的首肯。

同年8月18日,中华教育文化基金会回函中华图书馆协会,并附《中华教育文化基金董事会分配款项原则》全文,但并未就中华图书馆协会前函中的具体要求予以明确答复③。12月,中华图书馆协会获悉该会将于次年1月举行全体董事会议,因此再次致函该会,请求将前述事项纳入议事日程。1926年2月26—28日,中华教育文化基金会在北京召开全体会议,通过了《中华教育文化基金董事会分配款项之补充原则》,该原则中明确规定中华教育文化基金会资助中国文化事业,"拟暂以图书馆为限"④。中华图书馆协会前提三项附加说明未予通过⑤。

因请庚款拨付中华图书馆协会用于具体建设图书馆与图书馆学校事宜一直未得有效结果,中华图书馆协会开始改变策略,转为请款用于全国的图书馆事业,以前述说明中的第一项作为主要工作目标,即从具体插手庚款使用中剖离出来,转为普遍呼吁和舆论引导,以使庚款普遍用于中国图书馆事业。

1933年年会时,中华图书馆协会以"经费"为主要议题之一。会中,安徽省立图书馆馆长陈东原提《请中央拨棉麦借款美金一百万元扩充全国图书馆事业案》,陈独醒、山东省立图书馆提案《请中英庚款董事会速拨款建设中央图书馆,并请中美庚款董事会补助各省图书馆经费案》均

---

① 关于庚款之进行[J].中华图书馆协会会报,1925,1(1):7.

② 中华教育文化基金董事会分配款项原则[J].教育部公报,1934,6(45/46):18-20.

③ 关于庚款之进行[J].中华图书馆协会会报,1925,1(2):12-14.

④ 中华教育文化基金董事会分配款项原则之补充原则[J].教育部公报,1934,6(45/46):18-20.

⑤ 本会请款未允[J].中华图书馆协会会报,1926,1(5):24.

经大会审议通过①。会后中华图书馆协会致电中央政治会议与行政院：

> 南京中央政治会议、行政院钧鉴：图书馆事业乃文化建设之基本，百年树人，惟在于此。顷本会举行二届年会于北平，咸以图书馆事业亟待扩张，而困难之点，厥为经费。到会十七省市代表，一致主张，请中央于棉麦借款中拨美金一百万元，为扩充全国图书馆事业之用。促进教育，发扬文化，具所利赖。务恳俯准，文化幸甚！

同时，中华图书馆协会亦致函教育部：

> 南京教育部钧鉴：本会举行二届年会，到十七省市代表，一致主张请中央于棉麦借款中拨美金一百万元，为扩充全国图书馆事业之用。除分电中政会议及行政院交钧部核办外，务恳钧部积极援助俾早实现，无任迫切，待命之至。②

除此而外，中华图书馆协会还推选陈东原、洪范五、柳诒徵 3 人为代表，前往南京向行政院及教育部面洽请款事宜。后接到行政院秘书处第 3173 号复函，称此事已移交全国经济委员会核办③。

1936 年中华图书馆协会年会通过了《呈请教育部在每届英庚款及清华留美公费生名额内，列入图书馆学一科俾资深造案》《本会应设法请求各庚款委员会，拨款补助各省市县立公私图书馆事业案》《请协会会同中国博物馆协会呈请中央设法于庚款中拨款一百万元，以建设中央档案库案》三项有关庚款的提案④。会后中华图书馆协会致函教育部、中华教育文化基金会及管理中英庚款董事会推行议案。

经中华图书馆协会及各地方图书馆社团的积极努力，中华教育文化基金会与管理中英庚款董事会最终决定将庚款用于图书馆事业，主要资助的项目有：中央图书馆出版品国际交换处经费 9000 元、国立编译馆特种图书费 4000 元、四川大学理学院图书等设备费 6 万元（1938 年）、昆明图书馆建筑费 5 万元（1938 年）、贵阳科学馆（内设图书馆）建筑费 7 万（1938 年）、私立武昌文华图书馆学专科学校建筑设备费 5500 元（1939 年）、四川省立图书馆图书费 3 万（1939 年）、国立西南联合大学及国立北平图书馆编纂中日战史购书及出版费 1 万元（1939 年）、教育

---

① 中华图书馆协会执行委员会.中华图书馆协会第二次年会报告[R].北平:中华图书馆协会事务所,1933:47－51.

②③ 请拨棉麦借款[J].中华图书馆协会会报,1933,9(2):26.

④ 李文祁.写在第三届年会之后[J].中华图书馆协会会报,1936,12(1):1.

部出版品国际交换处出版品交换处 1.2 万元(1939 年)①②。文华图书馆学专科学校更持续获得庚款援助用于教习金、助学金与设备费等,其中1926—1928 年每年 1 万元,1929—1932 年每年 1.35 万元,1933—1935年每年 1.5 万元,1939 年 1.5 万元,1941 年 2.5 万元。此外,北京大学图书馆、清华大学图书馆、中国科学社明复图书馆等均获得过基金会资助③④。

图书馆社团虽只是当时众多的请款组织中的一部分,但中华图书馆协会作为唯一的全国性图书馆行业组织,其身份无疑为政府各部及相关涉款机构带来了一定的压力。最终用于中国图书馆事业者的庚款到底有多少,目前尚无总的统计数据,但单从上述有据可查的款项来看,确实为各类图书馆的建设以及图书馆学校的教学开展提供了很大的支持,中华图书馆协会成立的初衷也因此得以实现。

二、争取图书馆经费保障

民国时期,图书馆专业属于社会教育的一部分,因此归国民政府教育部的社会教育司管理,公立图书馆的经费也从社会教育经费中开支。经费问题是制约图书馆发展的重要因素。图书馆界人士对于图书馆经费的保障极为重视。北平图书馆协会成立的原因之一就是要联络北京各图书馆,彼此互助,有无相通,"即如非各馆必备之书,各馆合购一部即足、如此则经费可省"⑤。

1927 年,大学院公布的《图书馆条例》第十一条中规定"公立图书馆之经费,应于会计年度开始之前由主管机关列入预算呈报大学院,但不得少于该地方教育经费总额之百分之五"⑥。

1928 年,上海图书馆协会代表王云五参加全国教育会议时,在其提

---

① 管理中英庚款董事会本年度对于图书馆事业之补助[J].中华图书馆协会会报,1938,13(2):23.

② 管理中英庚款董事会本年度对于图书馆事业之补助[J].中华图书馆协会会报,1939,14(2/3):14.

③ 张殿清.中华文化教育基金董事会对中国近代图书馆的资金援助[J].大学图书馆学报,2006(2):54-56.

④ 张书美,刘劲松.美国所退庚款与中国近代图书馆事业[J].图书馆界,2008(3):49-52.

⑤ 江篱.京图书馆协会进行计划[N].申报,1924-04-12(10).

⑥ 第二次中国教育年鉴:第九编 社会教育[M]//沈云龙.近代中国史料丛刊:三编 第十一辑.台北:文海出版社有限公司,1987:1110.

案《请大学院确定学校图书馆经费案》中提道："一、目前各学校图书馆苦于经费无着,办事诸感困难,因陋就简,毫无发展;二、大多数学校收学生图书费而不购书,反弥补其他费用,有悖收费之原旨;三、办学者以图书馆为点缀之品,视学生课外参考为可有可无之举,影响学生学业甚大;四、经费充足则办事顺手,一方可宏图书馆之效率,他方更足以促学术文化之进步"。该案附有解决办法两项:"一、学校图书馆经费至少须占学校经费二十分之一;二、学校图书馆经费独立,学生图书费及学校指定款,负图书馆责者有自由支配之权。"①会议上,该案通过并最终确定"社会教育经费在全教育费内应占百分之十至二十"。1928 年 10 月,国民政府明令公布此项标准。这是我国有关社会教育经费筹措标准最早的规定。

1929 年,上海图书馆协会呈请教育部通令各级学校一律添设图书馆,并在学校经费内列出百分之五为购书费。这是对学校图书馆经费更为细致、明确的规定。

1929 年,教育部根据《图书馆条例》中的相关规定,训令各省市教育厅局自该年度起"社会教育经费应依照标准,切实增筹"。1931 年 1 月,教育部发布"推进社会教育之三项重要措施",第一条即为"增筹社会教育经费,务期达到各省市县教育经费总数百分之十至二十之标准"。1933 年 4 月,教育部又通令各省市"在编制预算前,务须切实增筹社会教育经费,期能达到规定标准"②。

然而无论是依照《图书馆条例》中的规定,还是国民政府明令规定社会教育费的比例,真正落到图书馆头上的经费往往缺斤少两。当时的社会教育经费缺少来自政府方面的全国性的财政支持,基本上都由地方政府出资,但地方财政的实力十分有限,各省立图书馆是图书馆中唯一可以直接得到政府经费支持的,且金额非常有限。学校图书馆尚且可以从学校的教育经费中得到支持,但其他类型的图书馆就只能自力更生了。仅以国立北平图书馆为例,梁启超就任馆长后,经费问题仍然未得到解决,以至于梁启超个人先后垫付维持费 1 万余元。直到 1927 年,中华教育文化基金会第三次年会决议予以一年的补助,共计 3 万元,每月拨付 2500 元③,该馆的运行才一度得以保证。国立图书馆尚且如此,其他各地的图书馆的经费

---

① 上海图书馆协会提案[N].申报,1928 - 05 - 08(11).

② 第二次中国教育年鉴:第九编 社会教育[M]//沈云龙.近代中国史料丛刊:三编 第十一辑.台北:文海出版社有限公司,1987:1091.

③ 中华教育文化基金董事会补助京师图书馆[J].中华图书馆协会会报,1927,2(6):20.

保障情况更为堪忧,如河北的两所省立图书馆皆因"经费极为低微,维持上皆当困难,更不易言发展矣"①。

　　对于中华图书馆协会来说,经费窘况的情况亦时有发生。因此解决图书馆的经费问题被中华图书馆协会列为各项工作之首要。1929 与1933 年的年会皆以"经费"问题作为其主要议题之一。1929 年的年会最终通过了《呈请教育部通令各大学区各省教育厅各特别市应于每年经常费中规定百分之二十为办理图书馆事业费,并通令全国各学校于每年经常费中规定百分之二十为购书费案》②的提案,该案由上海图书馆协会、山西公立图书馆、暨南大学图书馆以及沈祖荣、李小缘等所提十个提案合并修正而来,为中华图书馆协会历次年会通过的议案中提案数量仅次于分类法者③。另外,该议案还曾出现于国民政府教育部编的《第二次中国教育年鉴》中有关图书馆经费的章节④,足见该案的重要性。

　　1930 年,教育部对于中华图书馆协会的年会提案做出批复,其中"关于增加图书馆经费者"的批复如下:"查社会教育经费,应暂定为全教育经费百分之十至二十,曾经前大学院呈奉国府核准,并通令遵办在案,惟社会教育范围甚广,图书馆系社会教育事业之一,自难以社会教育全部经费专办此一种事业,故经费比例,拟暂缓划定,以留伸缩余地,至各级学校购书费一节,应于饬令特别注意,酌量规定。"⑤

　　即使国民政府数次明令保障及提高社会教育经费(内含图书馆经费),然而教育部于 1929、1930 年的各省市社会教育经费的统计结果显示:达标者有福建、湖南、浙江、江苏、陕西、汉口、南京等七省市;虽未达标,但其百分比亦在百分之五以上者有云南、湖北、山东、河南、北平等五省市;而其他省市均相差甚远,如山西省为百分之四,热河省百分之一为最小⑥。宋建成指出"事实上各省所办社教事业,多侧重民众教育,应用到图书馆的经费是有限的"⑦。1933 年,有学者称"今日全国图书馆,数

①　河北省立各馆之经费[J].中华图书馆协会会报,1930,5(4):21.

②　中华图书馆协会执行委员会.中华图书馆协会第一次年会报告[R].北平:中华图书馆协会事务所,1929:103 - 109.

③　1929 年中华图书馆协会年会通过的《由协会编制标准分类法案》一案的相关提案有16 项。

④　第二次中国教育年鉴:第九编　社会教育[M]//沈云龙.近代中国史料丛刊:三编　第十一辑.台北:文海出版社有限公司,1987:1110.

⑤　图书馆各项重要问题[N].申报,1930 - 06 - 18(11).

⑥　各省市社教经费[J].中华图书馆协会会报,1931,6(5):27.

⑦　宋建成.中华图书馆协会[M].台北:台北育英社文化事业有限公司,1980:218.

量上虽甚可观,而各省除一二省立者外,大率有名无实。其原因皆由于经费困难"①。由此可见,当时图书馆的经费仍然短缺严重。第二次年会时,袁同礼首先发言,称"图书馆逐渐添设,不论质与量均有进步,不满意者在经费一点,各地经费情形不同,两广不能平均发展,内地图书馆落后……图书馆经费一层,非馆员能力所及,尚须地方当局之援助"②。

因此,历次中华图书馆协会年会上关于经费之提案仍不休止,如《拟定各级图书馆经费标准,请教育部列入图书馆规程案》(1933 年)、《由本会呈请中央通令各省市县,确定并保障各馆经费案》(1936 年)、《增加各省市县图书馆图书经费案》(1944 年)等。

1933 年年会后,中华图书馆协会成立了图书馆经费标准委员会,以制定图书馆经费标准,供当局者采择施行③。1934 年,该委员会拟定了《对于图书馆经费案之意见草案》(以下简称《草案》),以"专为提供教育部民众教育委员会参考"④。《草案》视各省市实际情形,按照社会教育费占教育费的比例确定图书馆经费在社会教育费中的比例,并将省市县三级图书馆分为十等,每级适用四等,其中标准最高的为每月 1 万元,最低为每月 300 元,当时国内图书馆虽"莫不感经费困难,有捉襟见肘之叹",但若依照此标准实行,"便均可稍有增进"。关于学校图书馆经费的来源问题,草案提出,应由学校、教职员及学生三方面共同负担。最后,《草案》还指出"图书馆经常费之支配,殊不便定一个固定的标准",各馆自行订定时"不能过存理想"。各级学校图书馆经费最低应占全校经费比例也应按照该学校常年经费多寡而定。同年,教育部在北平召开民众教育委员会会议,其中就《改进及充实全国图书馆案》组织与会人员展开讨论,中华图书馆协会图书馆经费标准委员会书记陈东原将该《草案》同时提出并参与讨论⑤。

1941 年 11 月,国民党中央党部召开九中全会通过了《宽筹社会教育经费,加紧推进社会教育,以加速完成抗战建国大业案》,该案要求"各省市县社会教育经费,应切实遵加,三十一年度至少应达到全教育费百分之二十至三十之标准"。后该案送经国防最高委员会交行政院令教育

① 中华图书馆协会执行委员会.中华图书馆协会第二次年会报告[R].北平:中华图书馆协会事务所,1933:50.
② 中华图书馆协会年会[N].申报,1933 – 08 – 31(16).
③ 本会新组织之两委员会[J].中华图书馆协会会报,1933,9(2):27.
④ 对于图书馆经费案之草案[J].中华图书馆协会会报,1934,9(4):3 – 5.
⑤ 中华图书馆协会第九年度报告[J].中华图书馆协会会报,1934,10(1):31 – 6.

部、财政部会商办理①。1944 年，教育部颁布的《普及全国图书教育办法》②第十条中规定"图书馆经常费省市立者，每年不得少于五万元，县市立者每年不得少于一万五千元，乡镇书报阅览室每年不得少于二仟元，其分配标准依照图书馆规程第二十六条，薪工不得高于百分之五十，事业费及图书馆购置费不得低于百分之四十，办公费占百分之十"③。

宋建成称当时各地图书馆经费全赖主管当局对图书馆事业的热心的程度而定，"政府重视图书馆事业"④。尽管从政府数次明令图书馆经费标准可以看出，其确实有发展图书馆事业的意向，但政府更应切实谋划经费来源，不应使政令法规落为一纸空文。地方当局固然有增拨图书馆经费之意，然而当时"图书馆经费来源以指拨公款为唯一办法，通常省立多由省库负担它的费用，县市立的由县市负担"⑤。《第二次中国教育年鉴》中称"惜县市国民教育经费转因统收统支之故，常生问题……支出方面则以抗战日久，军用浩繁，县市当局致力于征兵征粮工作，对教育事业往往视为缓图，其应拨经费每多挪用，重蹈以往之覆辙"⑥。因此，即使教育部再令提高社会教育费与图书馆经费，都始终受制于地方行政以及财政投入，从而无法得以真正实施。由于国民政府及教育部始终未就该问题提出行之有效的解决办法，因此经费问题一直是制约民国时期图书馆事业发展的主要障碍之一。

除了为图书馆争取政府经费支持外，中华图书馆协会还积极呼吁政府对私立（人）图书馆施以关注与扶持。1929 年年会通过了《呈请教育部对于捐助图书馆书籍或经费者及私立创办之图书馆应予褒奖案》《请政府明令各省政府扶助私人创办之图书馆案》。会后，中华图书馆协会积极推行议案，建议政府对私立（人）图书馆加以重视及扶持。同年，上海市教育局发布了《上海特别市私立图书馆登记规程》与《上海市私立图书馆立案规则》，可以说私立（人）图书馆的发展已经受到了政府方面

---

① 第二次中国教育年鉴：第九编　社会教育［M］//沈云龙. 近代中国史料丛刊：三编　第十一辑. 台北：文海出版社有限公司,1987:1091.

② 原办法于 1941 年颁布，并于 1943 年进行第一次修正。

③ 第二次中国教育年鉴：第九编　社会教育［M］//沈云龙. 近代中国史料丛刊：三编　第十一辑. 台北：文海出版社有限公司,1987:1110.

④ 宋建成. 中华图书馆协会［M］. 台北：台北育英社文化事业有限公司,1980:221.

⑤ 宋建成. 中华图书馆协会［M］. 台北：台北育英社文化事业有限公司,1980:220.

⑥ 第二次中国教育年鉴（民国二十三年至三十六年）：第二编　教育行政　第三章　教育经费［M］//沈云龙. 近代中国史料丛刊：三编　第十一辑. 台北：文海出版社有限公司,1987:51.

的关注。

1933 年中华图书馆协会年会中陈独醒、陈东原二人再提《呈请教育部规定补助私立图书馆临时及经常经费》，称创办私人图书馆较之于私人学校更为不易，"然通国教育经费之困难如此，民众需要图书馆之急切如彼，设非奖励激劝私人捐资创办图书馆不可"，而且"奖励除空文褒扬之外，当予以临时经常经费不足之补助，如此人易乐为，图书馆事业亦易普及而趋于发展之地步矣"①。

1934 年，中华图书馆协会图书馆经费标准委员会制定的《对于图书馆经费案之意见草案》中对于补助私立图书馆的问题提出五项具体措施：一是各省市政府应在教育经费内划拨专款补助私立图书馆；二是补助项目限于馆舍建筑与图书器具等设备；三是补助标准按各私立图书馆已筹集的经费三分之一或四分之一补助；四是请求补助的私立图书馆应将已筹经费及支配办法呈送省教育厅或市教育局审定，补助后应呈报收验核销，"务期款不虚糜，事无白费"；五是各县的县立图书馆若有经费困难者，应与私立图书馆获得同等待遇，请省市款项补助②。

1934 年 10 月 16 日，立法院公布的《修正宪法草案（初稿）》第九章"教育"第一五零条中规定，"私立学校成绩优良者予以奖励或补助"③，但于私立（人）图书馆及社会教育机关并无相应的奖励规定。时任浙江第一学区图书馆协会会长且同为中华图书馆协会会员的陈独醒致电中华图书馆协会请其代为争取。中华图书馆协会当即携中国社会教育社联合向立法院力争：

> 查我国学校教育尚未普及，辅助之者端赖社会教育。学校教育之期限、年龄及财力，俱足阨人进取。社会教育之设施，则无贫富老稚，以逮聋瞽喑哑之别，机会莫不均等。至于图书馆事业，尤不仅使国民读书益智而已，实更负有保存古今文献及沟通世界文化之使命。此等社会教育机关，经私人举办而具有成绩者，历历可数。正宜加以鼓励，用昭奖励。今竟屏之于政府奖励补助之外，是何异业种植者，见有自生之苗而不予灌溉。诚非国家提倡教育、启发民智

① 中华图书馆协会执行委员会.中华图书馆协会第二次年会报告[R].北平:中华图书馆协会事务所,1933:49–50.
② 对于图书馆经费案之意见草案[J].中华图书馆协会会报,1934,9(4):3–5.
③ 力争私立图书馆及民教馆之奖励或补助应列入宪法[J].中华图书馆协会会报,1934,10(3):10.

之道。兹谨代表全国社会教育机关及全国图书馆,请求钧院将私立社会教育机关,如图书馆、民众教育馆等,列入宪法草案条文,俾得同蒙法律之障庇,幸甚,幸甚。①

1934 年 11 月 28 日,立法院秘书处迫于中华图书馆协会与中国社会教育社等的压力,将该函交法制委员会备考,并相应函达查照各方以便遵从现实情况以修改②。

然而奖励补助私立(人)图书馆一事最终并未得到政府的回复与解决。因此在 1936 年年会中,中华图书馆协会会员重提《本会应设法请求各庚款委员会,拨款补助各省市县立公私图书馆事业案》《由本会呈请教育部拨款补助各省市县优良公私图书馆案》两案。一个颇为有趣的现象是,早在 1915 年教育部颁布的《通俗图书馆规程》与《图书馆规程》中就有关于奖励私人设立与捐助图书馆的规定,"私人以赀财设立或捐助通俗图书馆者,由地方长官依照捐赀与学褒奖条例,咨陈教育部,核明给奖"③,"私人以赀财设立或捐助图书馆者,由地方长官依照捐赀与学褒奖条例,咨陈教育部核明给奖"④。而后来国民政府有关图书馆事业的法律法规中却再无此项规定,不能不说是一个退步。

三、争取改善图书馆员待遇与社会保障

按民国时期的相关规定,社会教育实施机关的工作人员的待遇应"依教育部颁直属社会教育机关团体工作人员待遇规则,暨省市县立社会教育机关工作人员待遇规程办理"⑤。按照国民政府相关法规中规定,图书馆属社会教育实施机关,图书馆员属其工作人员,其待遇应按照前述规定办理。然而现实情形却是,图书馆员往往待遇甚薄,社会福利与保障均得不到持续保证。

稳定的图书馆从业人员队伍在图书馆事业的发展过程中能起到决定性作用。有鉴于此,1929 年中华图书馆协会年会中通过了《图书馆协

①② 力争私立图书馆及民教馆之奖励或补助应列入宪法[J].中华图书馆协会会报,1934,10(3):10.

③ 通俗图书馆规程(1915 年 10 月 23 日)[M]//李希泌,张椒华.中国古代藏书与近代图书馆史料(春秋至五四前后).北京:中华书局,1982:184 - 185.

④ 图书馆规程(1915 年 11 月)[M]//李希泌,张椒华.中国古代藏书与近代图书馆史料(春秋至五四前后).北京:中华书局,1982:185 - 186.

⑤ 第二次中国教育年鉴:第九编　社会教育[M]//沈云龙.近代中国史料丛刊:三编　第十一辑.台北:文海出版社有限公司,1987:1114.

会得请全国图书馆对于雇佣职员须有图书馆学识及宏富经验,至于职员之位置务须有确实保障须予与优良待遇案》,提案中称"图书馆事业本即清苦,苟无保障办法,则专门人才相引而去",因此提案要求增加图书馆员薪俸及养老抚恤金等,并按照教育人员待遇条例办理①。《中华图书馆协会会报》于1931年还刊载了通讯《社教职员无养老金之规定》②,以唤起图书馆及教育界人士对于社会教育团体职员,尤其是图书馆员社会保障问题的重视。1936年中华图书馆协会年会再次通过了相关议案:《请教育部保障图书馆服务人员,并令饬订颁待遇标准案》。

经中华图书馆协会与其他图书馆社团以及社会教育界人士的积极努力,1940年4月,教育部拟定了《社会教育机关服务人员养老金及恤金条例》,正式将图书馆、民众教育馆与美术馆、博物馆等一齐列为社会教育机关。其中享有养老金的人员要求"在国立省立或市县立区乡镇立之社会教育机关服务者为限",而且领取养老金与恤金者"在国立机关由国库支给,在省立机关由省库支给,在县区乡镇立机关由市县经费支给"③。为了推行该条例,1941年1月,教育部还订定并颁布实施《社会教育机关服务人员养老金及恤金条例实施细则》。

虽然图书馆员得到了养老金、抚恤金之法律保障,但在待遇方面仍未见起色。尤其是战乱时期,物价暴涨,图书馆员的原有待遇更显微薄。为此,1944年中华图书馆协会年会再次重申前案,通过了《呈请教育部修改图书馆工作人员待遇规程,提高待遇,以增进其效能案》。

1943年6月,教育部特别规定部属社会教育机关团体工作人员待遇。1943年,因简化法令,由国民政府先后公布《学校教职员退休条例》及《学校教职员抚恤条例》两项,将社会教育机关服务人员一并规定在内。1945年3月,教育部公布两条例的施行细则,自此以后,图书馆工作人员与学校教职员在抚恤、退休等方面享有同等待遇④。

受战乱以及当时社会经济发展水平影响,民国时期的图书馆员待遇与社会保障都不甚令人满意,但值得欣慰的是,绝大部分的图书馆员仍

---

① 中华图书馆协会执行委员会.中华图书馆协会第一次年会报告[R].北平:中华图书馆协会事务所,1929:114-120.

② 社教职员无养老金之规定[J].中华图书馆协会会报,1931,7(2):14.

③ 社会教育机关服务人员养老金及恤金条例全文公布[J].中华图书馆协会会报,1940,15(1/2):7-9.

④ 第二次中国教育年鉴:第九编 社会教育[M]//沈云龙.近代中国史料丛刊:三编 第十一辑.台北:文海出版社有限公司,1987:1095.

忠于职守。以中华图书馆协会会员为例,据其 1939 年度工作报告统计,当时会员中"除百分之四五供职其他机关外,其余仍继续服务于各地图书馆"①。而中华图书馆协会也深以为图书馆员谋应有之待遇与保障为其工作职责,多次与政府各部交涉,最终使政府不得不对图书馆员的待遇与社会保障加以重视,并将其列入法律法规保护之中。

此外,中华图书馆协会还利用其全国性图书馆协会的影响力与声望,与妨碍图书馆发展的力量做抗争。例如,江西省立图书馆馆址由该省省务会议指定,但南昌市工务局亦力争此地。中华图书馆协会即函致该省政府代为争取,最终得以维持原案。又如,河北省立第一图书馆被第三集团军占借,馆内事务因此停顿,虽屡次与当局交涉但俱无结果。中华图书馆协会义不容辞出面代表该馆致函各方,终于使地方当局下令命该集团军改驻他地②。

四、抗争图书加税与邮票加价

民国时期图书馆事业的发展与出版发行业以及交通、通信等行业的发展关系极大,且几者之间互为影响。图书馆社团,尤其是各图书馆协会作为当时图书馆界的代言人与发声渠道,负有维护图书馆事业健康顺利发展的职责。

1929 年中华图书馆协会年会通过了《请建议国民政府减轻图书馆寄书邮费案》以及《请国立中央研究院咨交通部对于国外寄赠国内学术团体之出版品由该院代为转寄者一律免纳邮费并请该院援各国先例代国内学术团体寄运出版品于国外案》,前者由中华图书馆协会呈请交通部核准施行,后者由中华图书馆协会函请国立中央研究院转咨交通部,建议对于国外寄赠国内学术团体的出版品由该院代为转寄者,一律免缴邮费,并请该院援照各国先例,代国内学术团体寄运出版品于国外③。此外,会中还通过了《请国民政府财政部对于各图书馆呈请图书馆用品应予免税应予免费执照案》,案称"吾国图书馆事业,方在萌芽……值此经费困

①　中华图书馆协会二十八年度工作概况[J].中华图书馆协会会报,1940,14(5):10 – 12.

②　中华图书馆协会执行委员会.中华图书馆协会第一次年会报告[R].北平:中华图书馆协会事务所,1929:18.

③　中华图书馆协会执行委员会.中华图书馆协会第一次年会报告[R].北平:中华图书馆协会事务所,1929:83 – 84.

窭之际,何堪任此重税"①,为此特请国民政府对于图书馆用品一律免税,以资扶持。

1930 年,天津第二统税局对于寄运的图书征收每百元 6.5 元的统税。图书的邮寄成本相应增加,对于图书馆、出版发行机构以及各类学术团体而言无疑增加了其运行负担,因此平津两地书业纷纷上呈财政厅力争免税。当时中华图书馆协会亦积极向北平税务监督公署及河北省财政厅提出质询,称"图书系教育用品,各国均无征税之例,即我国亦向无此办法……"②,因此请该厅收回成命。经多方努力,河北省财政厅于 7 月间做批复:"若查明扣留书籍如无他用,则仍照原例准予免税放行。"③此事的成功解决,无疑打消了政府有关部门对寄运图书收税的念头,从此以后再无关于图书邮寄收税的事情发生。

1932 年 5 月,交通部订定邮票加价办法。仅从学术交流的角度来看,此办法若施行,会增加学术交流与传播的成本,对中国的学术研究发展无疑会起到反作用。对于图书馆社团来说,其创办的各种刊物全赖会员供稿,而会员则分散各地,邮寄投稿是当时最主要的投稿渠道与办法,因此若邮票加价办法一出,势必会影响期刊的稿件收纳与发行。

安徽图书馆协会首先发声,力呈行政院、内政部、交通部与教育部,称"交(通)部增加邮资之议,已决于本年五月实行。际斯灾劫之余,民力凋弊已极,骤加重赋,生存何堪? 而尤以书报印刷所,加有至二倍三倍者,阻碍文化,莫此为甚! 虽政府开拓财源,情非得已,然此种办法,无异实施愚民政策,将何以慰先总理在天之灵,而维持国民党促进文化之政策? 本会以此事对于国民生计、国家文化、本党信用,俱有攸关,用特电恳收回成命,延缓执行,幸甚幸甚。安徽图书馆协会叩宥"④。

紧接着,作为全国代表的中华图书馆协会也立即于 5 月 3 日致电行政院院长力争:

> 查邮资加价办法曾经各团体力争在案,就中关于书籍印刷品规定,尤为严苛,影响全国图书馆事业以及文化前途者甚巨……政府对于发扬民智之图书馆事业,未闻加以提倡与鼓励,反从而增加印

---

① 中华图书馆协会执行委员会.中华图书馆协会第一次年会报告[R].北平:中华图书馆协会事务所,1929:195 – 196.

②③ 力争平津书籍免税[J].中华图书馆协会会报,1930,6(1):28.

④ 安徽书业反对加邮资[N].申报,1932 – 05 – 01(4).

刷品之邮资,以摧残之。是无异欲推广教育而税及读书,欲发扬文化而阻其传播。蔽痼民智,莫此为甚。昔军阀时代所不敢为者,今为民请命之国民政府竟毅然为之,国币纵能增加,亦不过千百分之一二,而其贻害于国家前途民族生命者,实无穷极。兹特代表全国图书馆请求贵院对于增加书籍印刷品邮资之举,收回成命……钧座最近有努力办点契合人心之事,以慰民望之言,其说之信否,将于此次觇之矣。①

中华图书馆协会直言邮资加价"影响全国图书馆事业以及文化前途者甚巨",斥责"今为民请命之国民政府"竟然为昔军阀时代所不敢为者,与昔日军阀无异,而收回成命才是"契合人心之事"。该函由中华图书馆协会秉笔直书,直言不讳、不畏强权之精神表露无遗!

经安徽图书馆协会、中华图书馆协会以及社会各界人士的共同努力,最终书籍印刷品邮费仍照原来办法施行,未有变更,实为图书出版界之幸事。

此外,1936 年中华图书馆协会年会还通过了《拟请教育部对于图书馆向书店购买享受九折之规定,予以变更减低,并函请各书业公会维持优待图书馆购书办法案》,以进一步为图书馆降低运行成本,减轻负担,促进馆务发展。

图书馆社团所做以上种种努力,或成效显著,或收效甚微,其结果都与当时国民政府的主要施政方针以及社会经济、文化等发展水平有直接关系。但无论如何都不能否认的是,图书馆社团的声音已经成为当时政府及社会各界不能也无法忽视的强音,图书馆社团的力争、质询甚至怒斥,都能给当时的执政当局以一定的压力,使其不能忽视图书馆界的诉求,而予图书馆事业以适当的发展空间与条件。

第五节 古籍的保存、保护

李小缘曾说:"近来中国年年有战,满地皆兵。藏书楼又不能免于驻兵。兵在藏书楼,楼中之书皆成柴料。其不为墟者几希。"②除了藏书楼受到兵灾战乱的摧残外,各类图书馆亦损失惨重。一直以来尽管学界对

---

① 电争书籍印刷品邮资加价[J].中华图书馆协会会报,1932,7(6):26.
② 李小缘.藏书楼与公共图书馆[J].图书馆学季刊,1926,1(3):375－396.

于图书馆社团在保护古籍免遭焚毁及外流方面所做的贡献缺乏应有的承认与肯定,但事实上图书馆社团是民国时期保护中华民族传统文化与典籍的重要力量。

1927 年,瑞典人斯文·赫定(Sven Hedin)组织大规模的中亚探险队赴中国西北各省,进行名为考察地质,实为搜罗文物、古籍的盗窃活动。中华图书馆协会及故宫博物院、北京大学考古学会、清华研究院、京师图书馆等团体坚决反对此次考察,举行北京学术团体联席会议,发表《反对外人采承古物宣言》:

> 凡一国内所有之特种学术材料,如历史材料及希有之古生物动植矿等材料,因便利研究、尊重国权等理由,胥宜由本国各学术团体自为妥实保存,以供学者之研究,绝对不允输出国外。乃近数十年来,常有外人所组织之采集队,擅往中国各处搜掘,将我国最希有之学术材料,如甘肃、新疆之经卷、壁画及陶品,蒙古之有脊动物化石、陕甘川贵之植物,莫不大宗捆载以去。当时虽亦有人呼号反对,而政府社会置若罔闻,不惟国权丧失。且因材料分散,研究不便,致学术上受莫大之损失,兴言及此良堪痛心。近且闻有瑞典人斯文赫丁组织大队,希图尽攫我国所有特种之学术材料。观其西文原名为 Sven Hedin Central Asia Expedition 已令人不能忍受。夫 Expedition 一字含有搜求远征等议,对于巴比伦、迦太基等现代不存之国家或可一用,独立国家断未有能腼颜忍受者。试问如有我国学者对于瑞典组织相类之团体,瑞典国家是否能不认为侮蔑。同人等痛国权之丧失,惧特种学材料之攘夺,将尽我国学术之前途,将蒙无可补救之损失。故联合宣言对于斯文赫丁此种国际上学术上之不道德行为极端反对,我国近年因时局不靖,致学术事业未能充分进行,实堪慨叹。但同人等数年来就绵力所及,谋本国文化之发展已有相当之效果。现更鉴有合作之必要,组织联合团体作大规模之计划加速进行,将来并可将采集或研究之所得与世界学者共同讨论。一方面对于侵犯国权、损害学术之一切不良行为,自当本此宣言之精神,联合全国学术团体妥筹办法,督促政府严加禁止。深望邦人君子急起直追,庶几中国文化之前途有所保障,幸甚幸甚。[①]

会后决议组织永久性的机关——中国学术团体协会。该协会的具

---

① 京学术界反对外人采承古物宣言[N].申报,1927 – 03 – 18(8).

体工作内容有两项："消极方面,严重监视外人,不得购买窃取或发掘古物及学术上稀有之品;积极方面,互相补助,采集保存学术上之材料。"①该协会成立后向政府有关方面呼吁加强古物保护。

1934 年,行政院发布了《采掘古物规则》《古物出国护照规则》《外国学术团体或私人参加采掘古物规则》②,对于外国组织及个人采掘古物加以严格限制。有学者指出,"经此西北科学考察团乙(一)事之后,外人来华考查案,始有限制"③。

1929 年中华图书馆协会年会中通过了《呈请国民政府防止古籍流出国境并明令全国各海关禁止出口案》《调查及登记全国公私板片编制目录案》《请各大图书馆搜集金石拓片遇必要时得设立金石部以资保存案》等 14 件有关保存和整理民族文化遗产方案的提案,足可见中华图书馆协会以及当时中国图书馆界对于古籍、版片的重视。会后,中华图书馆协会将这些提案上呈教育部、交通部等采择施行:"查年来时局不靖,大宗古物先后为外人盗窃出口,实为我国文化上重大之损失,若再不加禁止,则此后愈难补救,而古书及旧档案有关文献尤为重要,应由钧府明令全国各海关、各邮局严禁出口,如有故违,即行惩办。"④1930 年 6 月 4 日,教育部审核中华图书馆协会原呈各案之意见中对于"防止古籍流出国境案"批示如下:

> 查国内所存古籍珍本年来散失颇多,究其原因多系外人转运出口,自宜设法防止。本部对于保存古籍珍本向极注意,遇有此项事实发生,屡经咨请各地军政机关暨财政交通铁道各部饬属严查在案。若由政府明令上列关系各部转饬各关口暨各交通机关严厉稽查,不准运输出口,效能自更宏大,原案拟请准予照办。⑤

1929 年 9 月,天津海关扣押了一批本应由北京运往天津,但却转赴大连的古籍,经查与故宫及山东聊城杨氏藏书被盗案无关,故拟放行。

①　保存古物运动之参加[J].中华图书馆协会会报,1927,2(4):16 - 17.

②　采掘古物规则 古物出国护照规则 外国学术团体或私人参加采掘古物规则[J].广州市政府市政公报,1934(499):5 - 6.

③　宋建成.中华图书馆协会[M].台北:台北育英社文化事业有限公司,1980:226.

④⑤　国民政府文官处与行政院关于审核中华图书馆协会第一次年会决议案的往来函[G]//中国第二历史档案馆.中华民国史档案资料汇编:第五辑　第一编　教育(一).南京:江苏古籍出版社,1994:793 - 797.

中华图书馆协会执行部闻此消息,颇为重视,当即根据第一次年会中相关决议,函询天津海关经过情形,并"恐海关员司疏于板本知识,特请国立北平图书馆主任徐森玉先生,前往会同检查"①。

1929年10月,中华图书馆协会在《中华图书馆协会会报》中发表了《中华图书馆协会致全国各图书馆书》,就第一次年会讨论决议的若干议案提请全国各级各类图书馆注意。其中有关古籍保护方面的有:各大图书馆应搜集清代官书及满、蒙、回、藏文字书籍;搜集金石拓片,必要时设立金石部;各省立及各地方图书馆应尽力收藏乡贤著作,兼刊行掌故丛书及先哲遗著,并酌情添设历史博物部。

经中华图书馆协会对古籍保存保护重要性的宣传以及对年会议案的大力落实推动,各地方图书馆及图书馆协会均加强了对古籍的征集、保存与保护。清华大学、中央研究院、辅仁大学分别购得杭州杨氏(1929年购入)、金陵邓氏(1927年购入)、扬州马氏(1930年购入)藏书;海源阁将一部分善本移交山东省立图书馆保存(1931年);国立北平图书馆购得西夏文译经、华夷译语及汉代石经残石(1929年);江西省立图书馆入藏汉代石经摹字勒石(1932年);浙江省立图书馆购藏了宋刊《名臣碑传琬琰集》(1933年);山东省立图书馆购入海丰吴氏彝器(1934年);北京大学图书馆购入马廉遗书(1937年),如此等等,不胜枚举。

1930年9月,中华图书馆协会执行委员会还就协助查禁北平书肆偷鬻古籍售予外国人的事件致函古物保管委员会,其函全文如下:

> 径启者:查古籍出口,政府悬为厉禁,教育部近并特行严订范围,凡五十年前之木版图书一律认为古籍。近有隆福寺街文奎堂书肆,以"备急众效方"一书,偷鬻日人。是书为北宋椠,乃海内孤本。该书肆昧于私利,不知先期向国内设法求售,实为我国文化之蟊贼,国粹散佚,良堪痛惜,诚宜予以惩戒,用儆将来。夙仰贵会,维护文物,不遗余力,特敢奉闻,应如何办理之处,统祈尊裁,并希复示为荷。②

中华图书馆协会在其他各次年会也陆续通过了一些关于古籍方面的提案,诸如《建议当局传抄及影印孤本秘籍以广流传案》(1933年)、

---

① 本会派员检查津关扣书[J].中华图书馆协会会报,1929,5(1/2):40－41.

② 中华图书馆协会执行委员会致古物保管委员会函(9月16日)[G]//中国第二历史档案馆.中华民国史档案资料汇编:第五辑　第一编　文化.南京:江苏古籍出版社,1994:720.

《建议教育部,此次选印四库全书,应以发扬文化为原则,在书店赠本内,提出若干部,分赠各省市立重要图书馆暨国立各大学案》(1933 年)、《由本会通知全国公私立图书馆,尽量搜罗方志舆图,以保文献案》(1933年)、《呈请教育部严禁古书出国盗卖私借等事并设法迁移至适中安全地点案》(1936 年)等。

由于中华图书馆协会的积极奔走与呼吁,再加之当时"整理国故运动"等相关活动的影响,政府方面对于古籍、版片等也愈发重视。当时,南京金陵书局、保定直隶书局、杭州浙江书局、苏州江苏书局、安徽淮南书局、江阴南菁书局、南昌江西书局、广州广雅书局、武昌崇文书局、长沙湖南书局、王益吾的葵园、四川尊经书院等许多机构的重要版片大都遭损毁散佚,令人痛心疾首。1946 年,教育部以这类重要书版"若不急谋清理,将来无法补偿,影响国家文化甚大"①为由,通令各省市教育厅局从速调查并上报,以便分别收集整理,待必要时筹款整补残缺,并选择其中对于教育文化有重要关系的类别,先行印刷分发各地图书馆,以供学术研究与参考。

1948 年,教育部通令各省市教育厅局暨各国立图书馆,注意收集各该地方先贤遗著,"或购求稿本,或传录复本",并根据自身经费情况,"择其精要刊印成书"②。同年,由于北平书肆以存书计重售予造纸厂,教育部"深恐古籍散失,有关文化前途至巨"③,特组织收购图书委员会,聘北京大学校长胡适为主任委员,毛子水为秘书,暂定收购古籍办法 6条,以保存古籍善本。

中华图书馆协会及政府各界为保护、保存古籍版片所做种种努力,使得中华民族五千多年的悠久历史和灿烂辉煌的传统文化得以传承,不致因战祸而使文明绝断、思想干涸。

此外,收集重印地方志、先贤遗著,也是图书馆社团保护、保存古籍的一种手段。如瑞安图书协会为阐发乡哲遗著,宣扬永嘉学术,出版《隆庆华清县志》。有关内容在本书第五章有详细讲述。

举办善本展览也是各个图书馆社团用以引发社会对古籍善本重视的一种方法。北平图书馆协会等多个图书馆社团都举办过古籍善本展览会,宣扬民族文化。

---

① 教部通令收集整理重要书版[J]. 中华图书馆协会会报,1946,20(4/5/6):10.

② 教育部通令先贤遗著择要刊印[J]. 中华图书馆协会会报,1948,21(3/4):9.

③ 教部拨发巨款收购北平旧书[J]. 中华图书馆协会会报,1948,21(3/4):8.

第六节　参与国际图书馆界事务

"我国图书馆之发展,国际间之联系与援助实不可缓"①,"在策进全国图书馆事业,凡以此下问者,不论团体个人,皆当勉尽微薄,更无畛域之分也。"②民国时期的图书馆社团在推进中国图书馆事业的发展过程中,无男女老幼、学识、地位、党派、种族、国籍之分,始终秉持着开放的心态,在吸收与接纳各方力量的同时,积极参与国际图书馆界事务,投身国际图书馆事业,共谋发展。中华图书馆协会作为当时图书馆社团的代表,在参与国际图书馆界事务方面贡献卓著。

一、参与发起成立国际图联及国际图书馆界活动

1926 年是美国图书馆协会成立 50 周年暨建国 150 周年,于 10 月 4—8 日在大西洋城和费城召开国际图书会议,邀请各国图书专家前往与会。中华图书馆协会接受邀请后派厦门大学图书馆主任裘开明、齐鲁大学图书馆主任桂质柏、武昌文华大学韦棣华女士 3 人为代表赴会。中国政府及中华教育改进社代表郭秉文和华美协进社代表寿景伟一并参加。会中,郭秉文发表了题为《中华图书馆之发达与中国文化之关系》的演说。与国际图书会议同时举行的还有世界博览会图书馆展览,中华图书馆协会为参加此次展览向国内征集关于图书馆设备、建筑之类的影片及模型,最终征得影片 20 多幅,交与中华教育改进社转寄世界博览会。

1927 年 9 月 30 日,英国图书馆协会在爱丁堡举行成立五十周年纪念大会。中华图书馆协会派其名誉会员韦棣华女士为代表出席③,并与奥地利、比利时、加拿大、捷克、丹麦、德国、荷兰、意大利、挪威、瑞士、瑞典、美国以及英国等国的图书馆协会的代表联合倡议成立国际图书馆及目录委员会④,会上韦棣华代表中国签署成立协议。1927 年 12 月,中华

---

① 袁同礼.中华图书馆协会之过去现在与将来[J].中华图书馆协会会报,1944,18(4):2-3.

② 本会致教联庚款董事会函[J].中华图书馆协会会报,1926,2(1):14.

③ 《百年大势——历久弥新》(第 32 页)中称:此次大会"中华图书馆协会作为发起者之一,当时受条件的限制,没有派人与会,请外人韦棣华女士代表中国签字……",时韦棣华女士为中华图书馆协会名誉会员。

④ 1929 年改称为"国际图书馆协会联合会",1976 年改称为"国际图书馆协会和机构联合会",简称"国际图联"。

图书馆协会函告大会主席称："中华图书馆协会理事会一致通过中国承认爱丁堡条约的决议。"①

1929 年，第 2 次国际图书馆及目录委员会大会②在意大利罗马、佛罗伦萨和威尼斯召开。会前，会议筹备主任法库致函中华图书馆协会，请将大会议程在国内代为分送，并称希望此次大会"实现历来所渴盼之全世界图书馆员与学者间之合作，而对于学术文化之演进上，有所贡献"③。大会主席柯林两次致函中华图书馆协会就提交会议论文等事宜进行商洽。

6 月 14—30 日，来自 32 个国家的 150 余名代表和 900 多名非正式代表一起参加了此次会议。中华图书馆协会委派武昌文华大学图书科沈祖荣为代表出席，并参加了"图书馆事业总计组"的分组会议。中国有 5 篇论文入选图书馆事业总计组并在会上被宣读：《中国现代图书馆之发展》（戴志骞）、《中国之图书馆馆员教育》（胡庆生）、《中国图书制度之变迁》（顾子刚）、《中国文字索引法》（沈祖荣）、《中国图书馆今昔观》（佚名）。这些论文竭力将中国文化、中国图书馆事业的发展状况向国际社会展现，是中国图书馆人试图参与和融入国际图书馆事业发展所做出的努力。这次会议不仅是中西文化的一次交流和融合，而且还最终促成了毕少博博士、怀特博士（Carl. M. White）以及诺伦堡博士（Bernhard Knollenberg）等学者的访华。

大会召开的同时还举办了国际图书展览会。中华图书馆协会为参加此次展览，特拟定《征集国际图书展览会出品细则》，详列征集各类展品的年代、版本、装帧形式等方面的要求，并承诺承担展品运输、损毁的职责。展品征集完毕后拟定了《国际图书展览会中国部出品预备会目录》，以征求各方意见和建议加以改进。而作为参会代表的沈祖荣不远万里携带了几大箱汉晋简牍、印本、抄本、拓本，以及书籍内外附属品、印书工具盒、照片等参展，以期将我国辉煌的历史文化典籍与近代图书馆事业发展的盛况介绍给国外文化界。

1933 年 10 月，第 6 次国际图联大会在美国芝加哥举行，中华图书馆

---

① 丘东江，等. 国际图联（IFLA）与中国图书馆事业（下）［M］. 北京：华艺出版社，2002：2.

② 闭会当日，"国际图书馆及目录委员会"改名为"国际图书馆协会联合会"，因此此次会议又被沈祖荣和国内学界称为"国际图书馆（协会联合会）第一次大会""国际图联第一次大会"。

③ 中华图书馆协会筹备参加国际图书馆会议报告［J］. 中华图书馆协会会报，1929，4（5）：4 - 25.

协会派哈佛大学汉和图书馆主任裘开明作为代表出席。裘开明携其《中国之国立图书馆》一文,以及中华图书馆协会编《中国图书馆情况报告》和《中国图书馆与出版之统计》两篇报告参会。

1934 年 5 月,第 7 次国际图联大会在马德里西班牙国立图书馆内举行,中华图书馆协会邀请日内瓦中国国际图书馆馆长胡天石代为参会并宣读《中国图书馆概况》(德文)的报告,介绍三所中国国际图书馆的建设目标和发展情况,重点讲述了中国图书馆界与西方图书馆界的合作。该文后被收入国际图联会议录中。

1935 年 5 月,中华图书馆协会派汪长炳与冯陈祖怡出席在西班牙马德里与巴塞罗那举行的第 8 次国际图联大会。会中汪长炳介绍了中华图书馆协会以及北平国立图书馆、杭州浙江图书馆的主要工作。冯陈祖怡女士介绍了设在日内瓦和上海的中国国际图书馆的发展概况。此外,中华图书馆协会会员章新民还提交了《中国图书馆宣示馆中藏品之方法》(英文)论文 1 篇,并在民众图书馆组会议上宣读。中国代表还将袁同礼主编的中华图书馆协会成立十周年纪念文集 *Library in China*① 赠送全体参会人员。

1936 年 5 月,国际图联在波兰华沙举行第 9 次年会,中华图书馆协会曾函托日内瓦中国国际图书馆馆长胡天石就近代为参加,后胡因事赴德,又转托驻波兰使馆虞和德代表参加,中华图书馆协会寄往大会的《中国之图书馆》(英文)以及所编《最近一年来中国图书馆之发展报告》也由虞和德代为宣读。

1937 年在法国巴黎召开的第 10 次国际图联大会上,余德春向全体与会代表报告了中国图书馆事业上一年的进展情况。

1938 年,第 11 次国际图联大会在比利时布鲁塞尔召开,袁同礼在香港向国际图联致电并呼吁其发起向中国捐赠书籍的活动。

1939 年,第 12 次国际图联大会在荷兰海牙和阿姆斯特丹召开,国际图联秘书长蒂特·彼得·塞文斯马(Tietse Pieter Sevensma)代表中华图书馆协会发言,介绍中国图书馆现状,并呼吁各国向中国捐赠图书。

1947 年 5 月,第 13 次国际图联大会在挪威首都奥斯陆召开,中华图

---

① 该论文集收录有《序文》(袁同礼)、《中国近代图书馆运动》(裘开明)、《十年来中国之分类法与编目法》(吴光清)、《中国图书馆员专门教育》(沈祖荣)、《中国图书馆与立法》(查修)、《中国图书馆间之合作》(严文郁)、《中国国立图书馆》(蒋复璁)、《中国省立图书馆》(柳诒徵)、《中国医药图书馆》(戴罗瑜丽)、《中国公共图书馆与成人教育》(杜定友)等。

书馆协会作为该会发起人及永久会员之一①,委托中国驻挪威使馆秘书雷孝敏代为出席并宣读《复员后之中国图书馆概况》。会毕,国际图联秘书将此次大会的研讨与决议事项通函中华图书馆协会以告知。7月,美国图书馆协会召开年会,时任国立罗斯福图书馆筹委会秘书的严文郁正在美国征集图书,借机出席美国图书馆协会年会②。

中华图书馆协会参与的其他图书馆界国际性活动还有如下:

1925年4月,国际联盟智育合作委员会下设的国际大学询问处决定按年编制世界各国名著目录。8月,中华图书馆协会执行部决议加入该计划,并拟分担我国名著目录部分,拟定具体工作程序5条,向国内征集新出版名著目录。

1939年7月,国际图书馆协会联合会总秘书塞文斯马设立一项纪念奖金,以"奖励会员中用实际生活研究与图书馆有关问题著述最优之一人"。中华图书馆协会积极响应并向其捐赠。

1944年中华图书馆协会致函秘鲁国立图书馆就其馆舍受火灾被毁一事表示慰问,秘鲁国立图书馆致函中华图书馆协会请其代为征收捐赠书籍,经中华图书馆协会向其会员及各图书馆、学术出版机构的呼吁,陆续收到了出版社、研究所等捐赠的书籍刊物百余册,并经外交部转由秘鲁图书馆收,如此种种不胜枚举。

二、组织国际图书交换工作

我国开展对外图书交换活动由来已久。1697年,法国利用书籍交换获得我国图书149册,是为我国出版物国际交换之始③。1886年,在比利时布鲁塞尔达成了第一个有关出版物交换的国际协议——《关于国际交换政府文件和图书馆出版物的布鲁塞尔协定》,当时的清朝政府遂加入此公约④。1924年,国际联盟智育互助委员会拟定了有关科学及文学出版品交换的新公约。1925年11月,国民政府教育部成立了"出版品国际交换局",该局旋由教育部转咨外交部请予加入新公约协议。袁同礼曾参与中国加入国际交换出版品协约的事宜,"(民国)十四年九月,出版品国际交换局成立,又为之筹划与缔约国发生关系,前后约有十余

①　国际图书馆协会将在挪威开年会全美国协会亦开年会七日[N].申报,1947-04-27(5).

②　严文郁来函报告曾出席美图协会[N].申报,1947-07-22(5).

③　王振鹄.图书选择法[M].台北:台湾学生书局,1986:102.

④　克尔齐斯,利顿.世界图书馆事业比较研究[M].周俊,译.北京:书目文献出版社,1990:120.

国"，然而该局成立之初工作平平，"年来政治纷扰，进行停顿。我国应尽之义务多未履行，殊为遗憾"①。且不论抗战时期中华图书馆协会向国际各方征集图书以求中国图书馆事业的复兴所开展的种种活动，单就《中华图书馆协会会报》而言，自其创刊起，就由中华图书馆协会寄赠世界各国，请予交换。1925 年 8 月，经华俄通讯社介绍，中华图书馆协会与苏联交换机关苏俄文化沟通社建立联系，按期赠送《中华图书馆协会会报》多份，由出版品国际交换局代为转寄该社。至 1926 年 10 月，与中华图书馆协会开展出版品交换的国家有英国、美国、法国、德国、比利时、西班牙、捷克、苏联、日本。苏联的亚细亚博物院亦曾委托中华图书馆协会代为接收转寄其在中国征集的现代名著。此外，1939 年，中华图书馆协会还奉教育部令将《中华图书馆协会会报》按期寄赠印度国际大学中国学院。

1928 年，袁同礼函呈大学院请由北平北海图书馆负责出版品国际交换："出版品之国际交换，为沟通文化而起。前北京政府所设办理该项事务之专局停办后，该馆（北平北海图书馆）能继续执行该职务，交换事业赖以不断，深堪嘉慰。至交换事业本与图书馆事业相关，在中央图书馆未成立以前，上项事务由该图书馆继续办理，尚属可行。"②袁同礼此请拟仿照美国专门图书馆协会建立独立的国际图书交换系统的做法。因同年出版品国际交换局改局为处，并改隶属国立中央研究院，因此大学院以中央研究院图书馆已有此项工作为由拒绝了袁同礼的请求。

1929 年中华图书馆协会年会上，李小缘提《呈请教育部集中全国及国际交换图书事业案》，建议组建图书交换机关，更为经济地增加国内、国际间图书交换，进而增强"国际之地位"；北平图书馆协会提《请国立中央研究院咨交通部对于国外寄赠国内学术团体之出版品由该院代为转寄者一律免纳邮费并请该院援各国先例代国内学术团体寄运出版品于国外案》，建议畅通图书流通渠道，减轻国内学术团体负担，促进国际学术界的沟通。最终这两项提案都无异议通过，并由中华图书馆协会提请教育部、国立中央研究院等相关部门采择施行。该次年会召开的第三日下午，德国图书交换代表莱斯米、各地图书馆协会代表徐韫知、黄警顽等 200 余人磋商出版品具体交换办法。蔡元培参会并致辞，讲述图书馆

---

① 袁同礼.中国加入国际交换出版品协约之经过[J].中华图书馆协会会报,1927,3(3):3－20.

② 北京图书馆业务研究委员会.北京图书馆馆史资料汇编(1909—1949)[G].北京:书目文献出版社,1992:240.

在当时中国的地位以及开展国际交换的必要。会上,莱斯米就其来华三大使命做了演说①。

中华图书馆协会在开展中外图书馆界交流方面所做的努力,提高了中国图书馆界在世界上的影响力。尤其是中国图书馆人在战争中的竭蹶奋进精神,受到了国际社会的广泛关注与赞誉,使任何一个国家都无法轻视这个饱受摧残但仍坚强不屈的国家及其人民。当然,由于当时中华图书馆协会领导人的理念以及时局限制等多方面因素的影响,中华图书馆协会并未制定专门的针对国际活动的计划,因此在对外交流方面还具有一定的局限性与被动性,仅仅限于参与、访问等基础活动,而没有开展更深入的图书馆学术交流活动。再加之当时中国的图书馆事业处于起步和发展阶段,兼具科学性和本土特色的图书馆学学术研究成果较少,导致缺少平等地与其他先进国家进行学术交流的地位。从这一角度来看,这一时期中国的图书馆界并未实现与国外图书馆界充分交流的目的。

三、与国外图书馆专家学者的往来

民国时期的中国图书馆事业多受欧美,尤其是美英两国的影响,因此当时的图书馆社团与美英两国图书馆协会的往来也较为密切。中华图书馆协会成立大会特邀前美国图书馆协会会长鲍士伟博士参加,鲍士伟将对中国图书馆事业的考察情形与相关建议著为两次报告,称:"中美两协会的结合,从此愈加巩固,并且大有益于两国国际间的好感与图书馆界的合作。"②有学者对鲍士伟博士之行于我国图书馆事业发展的积极作用持肯定态度,认为其不仅推动美国续退庚款用于中国图书馆事业,还点拨中国图书馆发展方向向着公共图书馆、规范文献资源建设的道路发展,并且还启蒙了中国公共图书馆理论研究③。

为了联络外国图书馆学专家,以指导中国图书馆事业的发展,开展图书馆学术交流,中华图书馆协会第一次董事会议中推举了 10 位美国图书馆专家为名誉会员。这些专家对于中华图书馆协会的推举均复函表示接受④。其中,作为美国图书馆协会创始人的麦维尔·杜威还表示:

---

① 图书馆协会年会[N].申报,1929 – 02 – 01(8).
② 鲍士伟博士致本会及中华教育改进社第二次报告书[J].中华图书馆协会会报,1925,1(3):3 – 4.
③ 张书美,刘劲松.鲍士伟对中国图书馆事业的贡献[J].国家图书馆学刊,2010,19(2):85 – 87,95.
④ 严文郁.中国图书馆发展史:自清末至抗战胜利[M].新竹:枫城出版社,1983:233.

"无任荣幸……如贵会办理得当,对于……中华民国新生命之贡献必定无量,此鄙人所敢断言者也。"①得到当时公认为国际图书馆界泰斗的鼓励,中华图书馆协会及其会员莫不欢欣鼓舞。之后,又陆续有来自日本、德国等国的团体或个人成为中华图书馆协会会员。

中国的图书馆事业"虽在内乱外侮,交相惊扰之中"仍能"突飞猛进""蒸蒸日上",其原因在于:"一方面固由于我图书馆界同人之埋首苦干,努力不息,然另一方面得力于先进之协助指导处,实亦非鲜,此为不可讳言之事。"②鉴于外国专家学者协助我国图书馆事业的发展"收效之宏伟",图书馆社团也积极派员出国考察或邀请国外图书馆学专家来华交流学习。

1925年,上海图书馆协会"因吾国图书馆事业日益发展,为求迎合民众需求起见"派邓演存作为赴美考察图书馆事业专员,历经两年始完成考察美国图书馆事业③。1926年,上海图书馆协会为调查与考察国外图书馆事业,连续派员分赴美国、菲律宾等处考察,"以资借镜",并派杜定友赴日参观考察日本图书馆事业以及设施设备等④。同年,法国政府派莱尼爱(Régnier)女士来华考察图书馆事业,上海图书馆协会委员长杜定友任欢迎会主席组织欢迎会,孙心磐、沈仲俊等发表演说。这次考察对于中法图书馆界的交流合作起到了积极的作用⑤。

中华图书馆协会曾于1937年邀请美国图书馆专家毕少博博士以及哥伦比亚大学图书馆学院院长怀特博士来华,并拟请二人赴上海、苏州、无锡、南京、镇江等十余地查视中国图书馆界现状,以进一步研究改进图书馆工作办法。但后因局势不稳两人未能成行。

1945年,美国图书馆专家诺伦堡博士因公访华,顺道考察中国图书馆与教育文化事业。3月,中华图书馆协会接美国大使馆函知诺伦堡之行后,立即召开理事会,商讨接待事项。4月,诺伦堡博士到达重庆,中华图书馆协会职员蒋复璁、陈训慈、严文郁、毛坤、徐家璧等人于6日借国立中央图书馆举行茶话会,同时邀请教育文化界相关人士参加。次日,蒋复璁陪同诺伦堡参观其主持的国立中央图书馆。诺伦堡博士返美时,中华图书馆协会赠予其《中华图书馆协会概况》(英文)及《后方主要

---

① 杜威博士来函[J].中华图书馆协会会报,1925,1(3):19.

② 本会邀请美图书馆专家毕少博来华视察[J].中华图书馆协会会报,1937,12(5):15.

③ 图书馆协会赴美考察员将归国[N].申报,1927-07-09(11).

④ 上海图书馆协会派员赴日考察[N].申报,1926-07-10(11).

⑤ 昨晚各团体欢迎莱尼爱女士纪[N].申报,1926-08-07(11).

图书馆概要》两书。1947 年 10 月,时任宾夕法尼亚州斯沃斯莫尔学院图书馆馆长的沙本生博士,受中国教会大学在美联合董事部之托,来华调查各地教会大学图书馆的现状。中华图书馆协会以"沙氏学识经验均极丰富,此次来华访问,对于我国图书馆教育以及一般文化方面,关系至深且巨"为由,特召集全体在京(南京)会员,于 19 日在玄武湖玄武厅大礼堂及厅前大草坪举行欢迎茶会。中华图书馆协会常务干事于震寰主持会议,除教育部代表陈东原外,中华图书馆协会会员陆华琛、洪范五、陈长伟、李小缘等约 100 多人出席此次会议。会中"对于我国图书馆事业加以检讨","与会诸君多发抒精辟意见"①。

1948 年 1 月,时任美国图书馆协会远东委员会主席的查尔斯·白朗博士及美国国会图书馆副馆长韦纳·克莱普来华,拟与我国图书馆界讨论图书出版交换等合作事宜。1 月 14 日,白朗与克莱普以及负责接待的教育部相关人士参加了由中华图书馆协会召开的座谈会,座谈会由中华图书馆协会理事李小缘、洪范五主持,主要就中美图书馆事业合作展开讨论。白朗表示正拟援引《富布赖特法案(1946)》草拟计划,建议美中文化教育基金会拨款协助发展我国图书馆事业,并表示届时可能派两名美国图书馆专家来中华图书馆协会助训练图书馆人才。对此,中华图书馆协会决定成立计划小组,以确定两位来华专家的工作范围。会中,克莱普详细介绍了美国国会图书馆所进行的"统筹图书编目工作",即以制成的卡片目录分售各地图书馆统一使用,以免除人、财、物力的重复消耗,并建议我国采择施行。数日后,于震寰、蒋复璁再次与两位专家会晤,"畅论国际间图书馆合作事项"②。

美国图书馆学者的数次来访,带来了当时美国图书馆学界的先进理念与实践经验,使脱离传统文献学、目录学不久的中国图书馆人更贴近国际图书馆事业的发展前沿。中华图书馆协会对于国外图书馆学专家、学者的重视,一方面源于当时中国的图书馆学,尤其是教育思想、教育经费、教育师资等方面受西方,尤其是美国的影响非常之大,另一方面也与中华图书馆协会"无畛域之分"的开放心态密不可分。此外,中华图书馆协会职员中曾留学国外学习图书馆者也对促成这些国际间的学术交流与访问发挥了积极作用。

---

① 茶会欢迎美国图书馆专家沙本生博士[J].中华图书馆协会会报,1948,21(3/4):4.
② 白朗克莱普二氏来华　本会在京平各地招待[J].中华图书馆协会会报,1948,21(3/4):4.

第七节　抗战救国与战后图书馆事业的复兴

民国时期,战乱不断,整个民国史可以说是一部战争史。图书馆事业的发展需要良好、稳定的社会环境,而连绵不休的战争,对图书馆事业的发展造成了极大的伤害和阻碍。图书馆社团尽管受社会大环境所限,各项工作很难正常开展,但却一直积极调整战时工作内容,为战后复兴做各项努力。

一、调整战时图书馆社团工作内容

1936年,中华图书馆协会与中国博物馆协会联合致函广州陈济棠、南宁李宗仁与白崇禧,力劝其停止内战,一致对外:

> 勋鉴:抗敌救亡,举国同心,当此外侮方亟,允宜精神团结,力谋整个计划。报载两广军队移动消息,形同内战,不特为强邻造侵略之机,抑且启友邦蔑视之心。尚祈悬崖勒马,保民族一线之生机。一切抗外策略,祇有全国上下出以整个的行动、一致的步骤,才足以救亡图存,国族前途,实利赖之。临电神驰,诸乞鉴察。[①]

1937年全面抗战爆发后,上海图书馆协会为推动战时工作起见,于10月24日召集全体执、监委员及上海各图书馆馆长举行谈话会,会中除报告本市各图书馆抗战前后情况及联合筹办战时工作外,还议决组织战时服务团,决定事项如下:①制定全国图书馆界战时工作计划大纲;②调查全国图书馆被敌摧残情况并公布世界;③函请全国图书馆界举办战事读物文库、伤兵医院难民收容所巡回文库及战时书报阅览处;④供给各救亡团体参考资料;⑤征募经费及图书刊物;⑥联合本市文化救亡团体,协同推进战时文化教育工作;⑦编辑战时读物目录[②]。

全面抗战爆发后,中华图书馆协会总事务所由北平迁往昆明避乱,会务工作一度停顿。然而,在当时国内诸多学术组织或暂停工作,或解散,大部分图书馆学期刊都不得不停刊的情况下[③],中华图书馆协会仍于

---

① 学术团体要电[N].申报,1936 – 06 – 15(10).

② 市图书馆协会组战时服务团制定全国图书馆界战时工作计划大纲[N].申报,1937 – 10 – 25(3).

③ 范凡.民国时期图书馆学著作出版与学术传承[D].北京:北京大学,2008:213.

竭蹶中努力推动会务工作,《中华图书馆协会会报》在停刊一年后努力复刊,并照旧免费赠阅。这一时期,中华图书馆协会毅然担起民族复兴、救亡图存的重担,高呼图书馆在战时及复兴期间的重大职责:"战时学术界之恐慌,如何救济? 现代科学刊物,如何传播? 以及抗战期间如何启发民智? 指导社会? 战事结束以后,如何复兴? 则图书馆之职责,颇为重大。"①由于战争造成图书馆损毁以及大量书籍被抢掠焚毁,再加上政府对于图书馆经费的缩减,当时绝大部分的图书馆不仅无法大量购进图书,更有甚者连日常的阅览服务都无法提供,图书馆工作几乎停滞。面对此现实情形,中华图书馆协会转变工作方向,以调查全国图书馆被毁状况与协助全国图书馆积极复兴作为战时的主要工作内容。

正如袁同礼致英国图书馆协会的信函中所言:"回顾过去可怖之岁月中,我中英两国图书馆与文化机关同受暴力之摧残,吾人不得不信现代战争对于文明与人类进步之威胁。现代战争之本格即属毁灭,积数世纪始获艰难缔造之成绩,在极短之时间内,即可毁灭无遗。"②全面抗战爆发后,日军大举进攻我国各地,烧杀抢掠,对于我国文化事业摧残尤甚。

为了征集全国图书馆被毁事实及相关影像,以便向国际社会寻求帮助及战后向日方索赔,更为了揭露日军暴行,激发民族抗战精神,1938 年 4 月间,中华图书馆协会在全国各地共设立通讯处 14 个,详见表 6－1。

表 6－1　抗日战争时期中华图书馆协会各地通讯处一览表

序号	地点	通讯处名	序号	地点	通讯处名
1	武昌	文华公书林	8	长沙	湖南大学图书馆
2	成都	金陵大学图书馆	9	重庆	中央图书馆
3	城固	西北联大图书馆	10	鸡公山	河南大学图书馆
4	广州	岭南大学图书馆	11	桂林	广西省政府图书馆
5	福州	福建省立图书馆	12	贵阳	省立图书馆
6	昆明	西南联大图书馆	13	永康	浙江省立图书馆
7	上海	震旦大学图书馆	14	香港	北平图书馆香港通讯处

资料来源:本会设立通讯处[J].中华图书馆协会会报,1938,13(1):18

① 中华图书馆协会呈请教部准予登记战区图书馆人员[J].中华图书馆协会会报,1938,13(1):15.

② 本会致贺英国图书馆协会年会[J].中华图书馆协会会报,1946,20(1/2/3):14.

从《中华图书馆协会会报》刊载的有关当时中国图书及图书馆损毁情况的文章来看,日军侵华不仅使大量图书馆馆舍建筑被毁,更有无以计数的珍贵图书遭掠夺、焚毁、盗卖①。钱存训将其在上海的实地考察结果写成《上海各图书馆被毁及现况调查》一文发表于《中华图书馆协会会报》,文中指出战前上海图书馆事业"颇为发达","设备完善之专门及大学图书馆,竟有二十余所"。而全面抗战爆发后,"各重要馆址……乃成为敌军炮火摧残之目标。郊外各著名大学及文化机关,无一不尽遭破坏,大学图书馆损失更多"。仅上海一地"各重要图书馆直接遭受破坏或损失者约有十所,被占据者一所,因战事而致停顿者两所,原在安全区域未受损害者,亦不过四五所而已……"②。

经多方调查,中华图书馆协会于1941年发表了《七七事变后北平市图书馆状况调查》。从该调查中可知当时北平市的图书馆中"停办者有之,移让者有之,其能继续维持苟延残喘者,亦无非碍于他故,敷衍了事而已","较之事变以前之生气勃勃状态,诚不堪以道理计矣"③。

除公共图书馆遭战争冲击外,公私藏书在抗战中也遭受了惨重损失,"我国之损失最大而又最不能计算者,厥唯文化典籍"④。

江苏省立苏州图书馆借正谊书院学古堂旧址,设于苏州盘门内的可园中,收藏图书10万册以上,其中有一大批宋、元、明珍本和清代的精刻本,被视为东南文化的渊薮。然而1937年11月至1939年5月间,其馆舍为日军所占,各类书籍"以种数计,损失约22%,以册数计,约损失18%"⑤,其所收藏的版片亦遭损毁、贩卖,流失严重,"他日刻补添配,工

---

① 《中华图书馆协会会报》中刊载的有关图书馆舍建筑被毁的报道有:《重庆大学图书馆被炸》《隆昌中学图书馆被敌机轰炸》《中华图书馆协会昆明办事处因被炸房屋损坏》等;有关图书被掠去、毁坏、盗卖的报道有《湖南大学图书被炸》《南京贵重图书七十万册均被敌军劫去》《北平名贵古物图书被倭劫运出关》《江南藏书被敌焚劫数十万册》《上海世界书局图书被敌劫走五百万册》《淞江沦陷后公私图书被盗窃一空》《镇江公私藏书被毁殆尽》《粤省广雅(书院)典籍全数被敌劫走》《清华藏书被敌炸毁》《河南大学图书被敌焚毁》《上海中华书局被焚》《南开学校在津图书尽被盗去》《金陵女子学院图书被敌盗卖》《镇江焦山书藏全部被毁》等。

② 钱存训. 上海各图书馆被毁及现况调查[J]. 中华图书馆协会会报,1938,13(3):5-8.

③ 七七事变后平市图书馆状况调查(1941年9月)[J]. 中华图书馆协会会报,1941,16(1/2):4-12.

④ 江浙私家藏书遭浩劫[J]. 中华图书馆协会会报,1938,13(3):22.

⑤ 孟国祥. 抗战时期江苏图书损失概述[J]. 民国档案,2009(3):105-111.

程浩大,不仅本馆之最大损失,而亦吾国文化之厄也"①。

1937 年 10 月 12 日,江阴南菁中学被炸,其所藏最为珍稀的宋版古籍以及南菁书院创始人王先谦先生珍藏的图书一万多卷全部被焚毁。

松江是战时遭日军蹂躏的重灾区之一。除人口、物资遭残杀、掠夺之外,图书馆亦未能幸免,"该县图书馆、民教馆藏书原本丰富,沦陷后,该两馆所藏中西书籍,焚于火者,不在少数。一大部分散出,搬出城外,沿街设摊,公开销售,所有完全无恙的经史子集,暨各种书籍、碑帖,被丰姓、庄姓搜罗者不少。英文理化等书以及杂志周刊,损失无遗"②。此外,私家藏书亦损失巨大,"(松江地区)一家藏书,每每价至数十万、百万,此番亦全未迁出,在被占后,即全部被运走。苏常一带,私家藏书损失,更不能计。据逃难来沪者云,沿途时有帆船,满载典籍,向上海驶来。日军阀谓,中国绝不肯赔款,将以物质抵偿,其攫取典籍,系其预定计划之一"。有学者对于日军专门掠夺我国典籍的欲谋加以揭露:"日本对我国进攻,在军事上,有极充分的准备,在文化典籍上,也极有计划,故随军皆有摧毁劫掠我国文化典籍之有体系的组织。"③

《中华图书馆协会会报》中载夏颂明的《抗战一年来我国图书馆的损失》一文,统计得出(抗战爆发)一年来我国损失图书馆共计 2166 所,损毁图书 866.4 万册④,并痛斥:"即从这一点上,已足证明日本是世界文化的罪人了。"⑤

因战事即起,"各地沦为战区,文化机关被毁尤甚,馆务停顿,馆员中荡析无归者,殊不乏人"⑥。图书馆员是我国图书馆事业发展的基础,遭战乱颠沛流离乃至伤亡者甚众,而为方便对图书馆员施以救济,以便在战后复兴图书馆事业,中华图书馆协会积极争取各方支援,对图书馆员进行登记。1938 年,教育部为统筹战区专科以上学校教员战时服务及学生就学或训练情况,特制定《战区学校员生登记办法》。中华图书馆协会"鉴于图书馆事业,为社会教育之中心,自战事蔓延,被毁奇重。亟应设法救济,庶免流离,而得为国效力"⑦,特函呈教育部请援照《战区学校员

---

① 蒋镜寰.江苏省立苏州图书馆最近概况[J].中华图书馆协会会报,1946,20(1/2/3):3-6.

② 孟国祥.抗战时期江苏图书损失概述[J].民国档案,2009(3):105-111.

③ 江浙私家藏书遭浩劫[J].中华图书馆协会会报,1938,13(3):22-23.

④ 谢灼华著《中国图书和图书馆史》中称"抗战时期,我国沦陷区和战区共损失图书馆 2118 所,民众教育馆 839 所,藏书损失总数在 1000 万册以上"。

⑤ 抗战一年来我国图书馆的损失[J].中华图书馆协会会报,1938,13(3):21.

⑥⑦ 本会呈请教部准予登记战区图书馆人员[J].中华图书馆协会会报,1938,13(1):15.

生登记办法》,准予对战区图书馆员进行登记。不久,即得教育部获准施行。但在《中华图书馆协会会报》中并未见到相关的后续报道。

中华图书馆协会对图书馆馆舍、藏书损毁情况的调查,一方面使当时的民众了解日军暴行,激起民族斗争精神,支持与增援抗战;另一方面也使国际社会了解中国图书馆界的战时损失,从而能有所支持与捐助。当然,中华图书馆协会的调查结果也为国民政府的文化教育调查工作提供了部分数据。1939年,教育部发表了《全国高等文化机关受敌军摧残之下所蒙损失统计》,其中全国高校、高校图书馆馆舍及其图书、私家藏书及版片等各方面的损失情况及统计数据即由中华图书馆协会供给。该统计还指出"敌寇之目的实在整个消灭我国之文化机构,使之无书籍可读,无材料可资研究……"①。

二、开展战后图书馆事业复兴工作

为了争取战后尽快恢复中国图书馆事业,各图书馆社团开展的工作主要有两项:一是将国内图书馆被毁状况报告欧美各国,二是向国外各界征求图书。

1937年,为调查全国图书馆被毁情况,中华图书馆协会委托中外人士至各地访问,并编制翔实的报告寄给中华图书馆协会。中华图书馆协会将接到的报告分类保存,同时搜集报纸中有关中国图书馆损毁情况的报道并将其翻译编制成英文报告,陆续于1938年初起分寄各国,以唤起国际社会对于中国战时文化事业的关注。1938年8月,中华图书馆协会致各驻外国使馆公函一封,请求代为征集图书,原函如下:

> 迳启者:暴日侵华以来,叠陷名域,狂施轰炸,人民颠沛流离,百业咸遭蹂躏,内中以文化机关之摧毁,尤为空前未有之浩劫!迩来战区扩大,各省图书馆所藏之中西图书,秘籍珍本,多被毁于敌人炮火之下,文化精华,悉成灰烬。而东南半壁,向为吾国文化中心,私家藏书,尤称美富。自江浙沦陷,古今典籍,茫然无存,实为我国文献之重大损失。伏念文化事业,自有其永久性,必须联续迈进,方能继长增高,经此浩劫,亟宜群策群力,力图恢复。敝会奉令协助全国图书馆从事复兴,除已在国内积极征募外,兹分向欧美各国,征求书籍,俾赖国际同情之助,协助复兴,事关文化,用特函恳贵馆予以匡

① 教部发表全国高等文化机关受敌军摧残之下所蒙损失统计[J].中华图书馆协会会报,1939,13(6):13-14.

助,或代为征募,或代予接受,兹将关于我国图书馆被毁情形,缮具备忘录一件,即希台阅,并乞查照办理见复为荷。①

1938 年 9 月,中华图书馆协会将《中国教育文化机关被毁纪实》(英文)邮寄各国。1943 年 11 月,中华图书馆协会又将我国图书馆在战事中所受损失、当前的工作概况以及日后的复兴计划写成《中国图书馆之被毁及战后复兴》(英文)寄至美国图书馆协会。1944 年 2 月,该协会复函称已将《中国图书馆之被毁及战后复兴》收入其创办的《图书馆杂志》内"以广流传"②。随即,陆续有美国图书馆协会国际关系委员会、英国图书馆协会、法国图书馆协会、德国图书馆协会、新西兰图书馆协会、美国专门图书馆协会、美国犹他图书馆协会、美国纽约医科专门学校图书馆、美国国会图书馆、美国北达科他州图书馆协会、日内瓦世界文化合作会等纷纷复函,对中国横遭空前浩劫表示"无任悲愤与同情",对于中华图书馆协会"以全力保护中国之图书馆,有功文化,深表敬意"③,商讨捐书类型、运输办法等,莫不鼎力协助。国际图联主席马塞尔·歌德特(Marcel Godet)亦将中华图书馆协会发来的有关中国图书馆被毁情形与恢复计划书在会员大会中宣读,并将其讲演辞刊载于《国际图书馆协会联合会委员会记录》第 10 卷中,以广为宣传中国图书馆的损毁情况。1941 年,美国图书馆协会设立"战区图书馆救济委员会",负责调查各国图书馆的需要以及复兴计划等。该委员会还委托中华图书馆协会调查中国图书馆战前的状况,如藏书数量与馆舍地址、被毁书籍数目、阅览人的种类、图书馆的性质等④。

中华图书馆协会为复兴图书馆事业所做的另一项主要工作是向国外征集图书。因为战争的破坏,"中国学者缺少适当之资料与设备,以致研究工作无从进行,文化发展因此阻滞不前"⑤。为此,中华图书馆协会决定"在各国通都大邑,指定收书地点,广募图书,免费运华"⑥。所征求图书的范围为"注重自然科学、应用科学、医学、文学以及普通参考,包括期刊小册子、学术团体之刊物以及政府出版品。凡于专科学校或大学之

①　复兴事业[J].中华图书馆协会会报,1938,13(2):17.
②　美国图书馆协会函本会[J].中华图书馆协会会报,1944,18(3):14.
③　各国图书馆协会来函[J].中华图书馆协会会报,1938,13(1):15-17.
④　美国图书馆协会设战区图书馆救济委员会[J].中华图书馆协会会报,1944,18(3):13.
⑤　本会致贺英国图书馆协会年会[J].中华图书馆协会会报,1946,20(1/2/3):14.
⑥　复兴工作[J].中华图书馆协会会报,1938,13(1):15.

教授及学生有所裨益之书,均在征集之列"①。

为了恢复与发展教育、学术与文化等各项事业,"扶掖曾受战时严重打击之各文化机关"②,教育部与外交部于 1938 年 12 月 6 日会同有关学术机关团体,在重庆川东师范学校组织成立了"战时征集图书委员会",拟向各国做大规模宣传与征集图书。该委员会由张伯苓担任主任委员,郭有守为副主任委员,宣传部、教育部、外交部、管理中英庚款董事会、国际出版品交换处、中华图书馆协会各派一位代表与学术团体代表张伯苓共同担任该委员会的执行委员。

战时征集图书委员会为便利图书征集,特请在该委员会成立以前就已向外国征集图书的团体加入该会,以便统一办理,并将已征集到的图书集中由教育部做统一分配。之后,因"抗战以来,国内各学术团体为被毁各图书馆向国外尤其在美国征募图书已获有巨大效果者,只有本会(中华图书馆协会)一处",为"驾轻就熟进行便利起见",该委员会于 1939 年 3 月召开的委员会会议中议决,在美国征集图书事宜,由政府正式委托中华图书馆协会继续办理,并建议教育部予以经费补助。而向英国征募图书一事,由战时征集图书委员会办理,并委托国际出版品交换处负担国内运输资费。中华图书馆协会接政府正式委任后表示征集图书事宜"更当积极进行,以期协助被毁各图书馆早日从事复兴"③。

在国内为图书征募做组织上准备的同时,国外方面已陆续开始行动,为中国发起捐书运动。1938 年 10 月,美国图书馆协会召开第 60 届年会,会上决议由该协会的国际关系委员会主持并发动"为中国图书馆征募图书运动"。一时间,"各地图书馆、出版界、学术团体以及私人均纷起响应"④,"不到一月时间,业经收到 27 处各类图书、期刊、小册等 5000册"⑤。至 1939 年底,美国共向中国捐书刊 25 000 余册,之后又陆续捐书数千册。后因太平洋战争爆发,该运动停止。1938 年,日内瓦中国国际图书馆有鉴于我国"册籍之散失,内地学校书简之不备,处此抗战建国时期,教育当不可忽视,而复兴重工业及一切有关军事之建设,西文书

---

① 美国援助中国之一般[J]. 中华图书馆协会会报,1938,13(2):17 - 18.

② 英国捐赠我国图书馆大批起运来华[J]. 中华图书馆协会会报,1939,14(2/3):14.

③ 政府委托本会继续办理在美征集图书事宜[J]. 中华图书馆协会会报,1939,13(5):12 - 13.

④ 英国图书馆协会发起捐书援华运动[J]. 中华图书馆协会会报,1939,14(2/3):11.

⑤ 美国图书馆协会发起捐书援华运动之成绩[J]. 中华图书馆协会会报,1939,13(5):14 - 15.

籍,似亦更较迫切"①,开始为中国各被毁图书馆向欧美各大图书馆及各大书局征集图书,至 1939 年 6 月间共募得西文书籍 195 册并寄往中华图书馆协会香港办事处。

1938 年夏,中华图书馆协会致函驻英国大使郭泰祺,随函附有《中国教育文化机关被毁纪实》,请郭泰祺大使在英国接洽赠予我国的书籍,以协助我国图书馆复兴。战时图书征集委员会成立之后,虽英国方面的图书征募不由中华图书馆协会负责办理,且英国原本计划于战争结束,复兴工作开始之后再于协助,但受美国图书馆协会代中华图书馆协会征募图书所获"美满结果"的影响,不得不"急起直追,立予进行",发起"捐书助华运动",设伦敦中国学院与牛津大学注册处两处为图书接收点,并在其会报中刊载征书启事,请求全体会员协助进行②。1939 年,牛津大学亨利·诺曼·石博鼎教授(Henry Norman Spalding)在该校发起为中国各大学募集图书的活动,并且以个人名义捐款 2000 英镑,以作在英国购书之用,之后又捐款 3000 英镑。该校委员会亦于同年决定捐赠中国各大学与公共图书馆价值 10 000 英镑的图书。之后,英国各界又陆续捐赠共计近万册图书于中国。袁同礼于 1939 年 2 月代表中华图书馆协会致函石博鼎,以示谢意③。

1943 年 2 月,由中华教育文化基金会与美国国务院文化部共同发起,由国民政府教育部会同中华教育文化基金会、管理中英庚款董事会、国立北平图书馆、中央研究院等机构负责人共同组成了"国际学术资料供应委员会"(之后更名为"中美学术资料供应委员会"),向英美两国征集新出版的学术性缩微胶卷,以供国内教育和学术机关教学研究之用。袁同礼任该委员会执行秘书。美国方面决定从该委员会成立起每月将 60 余种有关科学技术的新出版刊物制作成缩微胶卷,连同放映机一起运往中国。至 1944 年,中国共收到 50 700 页科技书刊的缩微胶卷④。1943 年,英国在乔梦芬·李约瑟博士(Joseph Needham)的积极促成之下,也开始向中国捐赠英国科技期刊的缩微胶卷。

1944 年,美国副总统亨利·阿加德·华莱士(Henry Agard Wallace)访华并捐赠大批科学仪器、书籍及教育影片,其中书籍赠予国立中央图

---

① 中国国际图书馆在欧征集图书运到本会香港办事处[J]. 中华图书馆协会会报,1939,14(1):12–13.

② 英国图书馆协会发起捐书援华运动[J]. 中华图书馆协会会报,1939,14(2/3):11.

③ 本会致英国牛津大学石博鼎先生函[J]. 中华图书馆协会会报,1939,13(5):15.

④ 严文郁. 中国图书馆发展史:自清末至抗战胜利[M]. 新竹:枫城出版社,1983:146.

书馆及国立北平图书馆,科学仪器赠予国立中央大学等机构。由华莱士携带来华的还有美国图书馆协会赠送文华图书馆学专科学校的图书馆学新著 4 种与美国图书馆协会年报、会报、书卷等。

除了积极向国际社会征募书籍以助中国图书馆战后复兴工作顺利进行外,1943 年 12 月中华图书馆协会以"以抗战胜利在望,复员计划亟待拟定,为集思广益起见",发布了《中华图书馆协会征求全国图书馆复员计划》①,向全国图书馆做征求复员意见的调查,以供下次年会讨论。该调查内容分五部分:第一部分为馆情概况,如馆名、负责人姓名、馆址、原设处所、成立年月(或略述扩充沿革)。第二部分为图书馆现状,如隶属关系、职员人数、常年经常费数、经常费中购书费数、现有藏书及期刊数、运出图书保管情形、现时馆舍情形、职员待遇(包括馆长薪金总数、主任职员之最高待遇以及低级职员之最低待遇)、行政当局(省市政府或校长)对于图书馆事业之认识与其扶助程度。第三部分为战事期间损失概况(包括图书馆房屋与人员遭难情形,及所传闻,未运出图书如何被敌人处置)。第四部分为复兴计划与改进意见,如战后如何迁回原处,修建扩充经费如何;战后如需另迁他处是否可利用已有建筑改进抑或需另建,改建或另建之容积与估计经费各若何,如战后不拟迁移,现有建筑是否需要扩充费款约若干;战后迁运图书之经费估计;对于组织或隶属问题之意见;战后恢复所需职员人数与职员待遇改进之具体办法;战后之中心工作与服务主要对象;战后之采购计划(需要何种图书最切);战后之专门工作所需人数之约计;整个复兴计划所需经费估计。第五部分为其他,如对于辅导本省(地)图书馆事业之意见,对于其他教育文化事业联络或辅导之意见,对于以图书馆业促进国父实业计划实现之意见。

由于种种原因,该调查仅陆续收到回复 30 多份,但其中对于中国图书馆事业的复兴多有建议,对于中华图书馆协会第六次年会中相关提案的讨论帮助颇多。

虽然图书馆社团在抗战期间的会务开展情况不甚理想,但在当时群众性组织纷纷停止工作甚至解散的情况下,中华图书馆协会等图书馆社团仍然艰难前行,积极为战后中国图书馆事业的复兴做种种努力,不懈不怠、不离不弃,是中国精神,更是中国图书馆精神的集中体现。而图书馆社团在此期间的贡献也正如袁同礼致英国图书馆协会的信函中所述:

---

① 本会征求全国图书馆复员计划[J]. 中华图书馆协会会报,1943,18(2):20.

　　在八年长期抗战中，中国牺牲极巨，图书馆与文化机关遭受严重与无可补偿之损失，中国学者缺少适当之资料与设备，以致研究工作，无从进行，文化发展因此阻滞不前。惟在此重重困难之中，吾人犹挣扎于保持此学术火炬之光明，不计其成就之微细，此则差足引以为慰者也。①

---

① 本会致贺英国图书馆协会年会[J].中华图书馆协会会报,1946(1/2/3):14.

第六章　图书馆人与图书馆社团的互动

民国时期的图书馆事业纵然遭遇连绵战火,但从整体上看仍决然向前,处于不断发展的态势当中。这与当时广大图书馆人的努力奋斗密不可分,其中又与图书馆社团的积极推动切实相关。本书将围绕在图书馆社团中开展活动和工作的图书馆人,按照其主要贡献和具体工作将其分为两类:第一类是图书馆社团的倡导者,第二类是图书馆社团的职员。

第一节　图书馆社团的倡导者

图书馆社团的倡导者往往有着较高的社会影响力和学术声望,他们受当时救亡图存和教育兴国风潮的影响,对于兴教育、启民智有着很大的热情和积极性,对于图书馆的教育作用极为推崇,倡导成立图书馆和图书馆社团,并在图书馆社团成立的过程中起到了非常积极的推动作用,提升了图书馆社团的知晓度和社会影响力,为图书馆社团开展各项活动打下了基础。本书将这类图书馆人统称为"图书馆社团倡导者",他们数量较多,其中最为突出的有梁启超、李大钊、韦棣华等人。

一、梁启超

梁启超(1873—1929),字卓如,号任公,又号饮冰室主人。梁启超既是我国近代著名的思想家和维新派领袖,又是近代图书馆的主要倡导者和践行者,其利用报纸、演说等广泛传播图书馆和学会的重要作用,而且利用其创办强学会等社团的丰富经验直接推动并参与了中华图书馆协会的创建,并被任命为中华图书馆协会第一任董事部部长,提升了图书馆社团的知名度和社会影响力。

梁启超担任中华图书馆协会董事部部长四年（1925—1929），虽然目前收集到的文献显示，梁启超并未从事具体的管理工作，但他对于中华图书馆协会最大的贡献也并不来源于其具体工作，而是来自三个方面：

第一，梁启超作为维新派领袖，其倡导的合群结社和新式图书馆理念为全国性图书馆社团——中华图书馆协会的成立做了舆论先锋。

1890 年，梁启超受教于康有为，并受其影响走上了改革维新的道路。1895 年春，康梁等人发动的"公车上书"失败后，意识到"合群"和"学会"的重要性——"思开风气，开知识，非合群不可，且必合大群而后力厚也"，而且提出召集同仁志士于京师，"既得登高呼远之势，可令四方响应，而举之于辇毂众著之地，尤可自白嫌疑"。因此，同年 8 月，康梁等人在北京创办强学会，该会"专为中国自强而立"，其宗旨是"联人心，讲学术，以保卫中国"①，"群中外之图书器艺，群南北之通人志士，讲习其间，因而推行于直省焉"②。该会的会务有 4 条，其中一条为："设立图书馆，搜集中外学术著作"，强学会设立的图书馆被称为"强学会书藏"，并仿照西方公共图书馆的做法，对广大民众开放，被学者称为"中国人所创办的最早的公共图书馆的雏形"③。1896 年，梁启超撰写发表《论学会》一文，他认为欧洲国家百年来民众心智开发源于学会，而中国的百年圣学也由学会传承："先圣之道，所以不绝于地，而中国种类不至夷于蛮越，曰惟学会之故。"梁启超提出："今欲振中国，在广人才；欲广人才，在兴学会。诸学分会，未能骤立，则先设总会。"他提倡以"省—府—州—乡"次第建成学会，"积小高大，扩而充之，天下无不成学之人矣"，认为只要依照此层级建立学会，则"一年而豪杰集，三年而诸学备，九年而风气成"④。虽然强学会成立不久即被查封，但却产生了广泛的影响，据统计，在 1896 年至 1898 年的几年中，全国各地先后成立了学会 87 个⑤。

1896 年，由梁启超主编的《时务报》第 6、7 期上刊载了译自《日本新

---

① 陈元晖. 中国近代教育史资料汇编·戊戌时期教育[J]. 上海：上海教育出版社，1993：153.

② 康有为. 上海强学会后序[M]//吴民祥. 从启蒙到学术：百年中国大学图书馆功能演变. 杭州：浙江大学出版社，2018：18.

③ 吴晞. 从藏书楼到图书馆[M]//陈源蒸，宋安莉，李万健. 20 世纪中国图书馆学文库. 北京：国家图书馆出版社，2013：48.

④ 梁启超. 论学会[M]//梁启超. 梁启超全集. 北京：北京出版社，1999：28.

⑤ 谢灼华. 中国图书和图书馆史[M]. 武汉：武汉大学出版社，2005：10.

报》的《古巴岛述略》一文,文中首次出现了"图书馆"一词,该词直接来源于日文"図書館"。梁启超不仅首次将"图书馆"一词引入中国,还大力鼓吹兴办公共图书馆,在《时务报》上多次刊载《都城官书局开设缘由》《论报馆有益于国事》《西学书目表序例》《欧洲大学藏书数》等文章,对于图书馆、报馆和学校之于教育民众、启发民智的作用大力宣扬。由梁启超主办的《清议报》1899 年第 17 期中刊载了《论图书馆为开进文化一大机关》(译自日本《太阳报》第九号),文称:"何谓学校之外开进文化一大机关乎?曰:无他,唯广设公共图书馆可耳。"[①]梁启超借助报刊宣扬维新变法、大肆推介新式图书馆,其他各类鼓吹变法的报刊,如《知新报》《国闻报》等应者云集,一时形成推广新式图书馆的风潮。1911 年,梁启超在北京报界欢迎会上发表演说称,欲改良国政不可无学会,"而最初着手之事业,则欲办图书馆与报馆"[②]。有学者称"在十九世纪末,梁启超在倡办图书馆的思想舆论方面的影响和成就要大于他兴办图书馆的实绩,是他对新兴图书馆的主要贡献"[③]。

除了呼吁广泛成立学会、建立新式图书馆,梁启超还参与了图书馆社团活动。1921 年,中华教育改进社成立,梁启超等人任名誉董事;1925 年初,北平图书馆协会成立了全国图书馆协会筹备委员会,梁启超、蔡元培等教育文化界仁人志士加入其中,引发当时社会各界对于图书馆社团的普遍关注,无疑壮大了图书馆界的呼声和力量。

1925 年,中华图书馆协会成立,既重视学会的合群功能,又大力宣扬图书馆社会教育功效的梁启超被推举为第一届董事,并在成立会上发表了著名的《中华图书馆协会成立会演说辞》。同年 5 月 27 日,中华图书馆协会举行第一次董事部会议,选举梁启超为董事部部长,至 1929 年 1 月梁启超共连任四年。中华图书馆协会总事务所最初即设立于由梁启超创办的松坡图书馆内。此外,梁启超还为中华图书馆协会捐款,作为协会运行经费,积极支持中华图书馆协会各项活动的开展。

第二,梁启超在中华图书馆协会成立会上发表的演说辞为中华图书馆协会以及其他各地方图书馆社团的发展指明了方向。

---

① 论图书馆为开进文化一大机关[J].清议报.1899(17):14-16.
② 鄙人对于言论界之过去及将来[J].庸言.1912,1(1):1-7.
③ 吴晞.从藏书楼到图书馆[M]//陈源蒸,宋安莉,李万建.20 世纪中国图书馆学文库.北京:国家图书馆出版社,2013:40.

1925 年,在中华图书馆协会成立大会上,梁启超做了演说,演说内容被命名为《中华图书馆协会成立会演说辞》。演说辞中指出了中华图书馆协会的两项职责:职责之一为建设"中国的图书馆学","中国的图书馆学"的独特性是梁启超基于中国书籍的复杂性而提出的,因为图书馆学的分类和编目对于中国古籍而言,或穷屈不适用,或偏枯不适用,因此"用现代图书馆学的原则去整理他(中国古籍)……一定能在图书馆学里头成为一独立学科无疑,所以我们可以叫他做'中国的图书馆学'",而梁启超认为这也是外国图书馆学者不可越俎代庖的原因。此外,梁启超还认为中华图书馆协会应"组织编纂新式类书",因为"官局编书总有种种毛病,不能适合我们的理想。我以为应由社会上学术团体努力从事,而最适宜者莫如图书馆协会",新式类书可使图书馆的应用效率增高。职责之二为培养图书馆员,原因在于"图书馆学在现在已成一种专门科学,然而国内有深造研究的人依然很缺乏",因此图书馆事业之首要应为培养人才,且应采用在图书馆中附设图书馆学专门学校的办法,"一面教以理论,一面从事实习"。梁启超还指出,培养图书馆人才并非使其单有普通图书馆学学识,而是要其做"中国的图书馆学"的发源地。

此外,梁启超还提出其个人希冀中华图书馆协会未来从事的五项具体工作:

一是对分类编目方法切实组织研究,拟订方案并公决,使加入中华图书馆协会的图书馆都能遵照施行,并且要"制成极绵密极利便的目录,务使这种目录不惟可以适用于全国,并可以适用于外国图书馆内中国书之部分";二是选择一个适当的城市建设一个大规模的模范型图书馆,使"全国图书馆学者都借他作研究中心";三是在这个模范图书馆内附设一图书馆专门学校,"除教授现代图书馆学外,尤注重于'中国的图书馆学'之建设";四是该模范图书馆完全公开、免费,"许借书出外种种办法都在里头斟酌试验";五是另筹基金,编纂类书。

梁启超在《中华图书馆协会成立演说辞》中还提出两点反对事项:一是反对在当时的国情下大量建设"阅书报社式"的群众图书馆;二是反对当时已建成的图书馆在将来全国图书馆事业筹得基金后要求补助,"因为基金总不是容易筹得的,便筹得也不会很多,集中起来还可以办成一件有价值的事业,分开了效率便等于零",而且"补助易起争论""横生意见",会"把协会的精神涣散了,目的丧失了"。

梁启超要求中华图书馆协会既放眼长远发展,又脚踏实地从实际出发,既要求实际效果与质量,又充分考虑经费支持。当然这些"都不是一个图书馆或一个私人所能办到的,不能不望诸图书馆协会",而中华图书馆协会成立的意义和价值之一也尽在于此——联合地方图书馆、图书馆协会,团结全国图书馆人力量,共同发展图书馆事业。

在演说辞的最后,梁启超重申了对于中华图书馆协会所寄予的厚望,认为中华图书馆协会的成立"一定能替全世界的图书馆学界增一道新光明"①。

梁启超的演说辞反驳了鲍士伟博士提出的在中国发展美国式的群众图书馆,不仅表现出了一个知识分子的理性与务实态度,更是表现出在西方先进文化的冲击下,中国知识分子不轻易妄自菲薄、脚踏实地的学术精神。这是针对当时颇为盛行的"全盘西化"思想进入到图书馆领域已经引发的诸如僵化照搬、盲目模仿,而忽略中国图书馆藏书的独特性、忽视传统文化积淀与国民素质的特殊性的问题而提出的。梁启超主张以中国实际情形对西方图书馆学进行研究、改造和创新,这对中国图书馆学理论研究的风气的转向,尤其是对未来中国图书馆事业发展走向也具有非常大的指导作用,意义非凡。虽然有人反对梁启超提出的图书馆要"供给少数对于学术有研究兴味的人的利用",斥之为"精英主义的图书馆思想"②,但笔者认为,梁启超的这一图书馆思想是其在认清当时的特殊国情、国民智识水平的基础上做出的理性判断,务实而不盲目,审慎而不跃进。而且《中华图书馆协会成立演说辞》最为闪光之处还在于提出建设"中国的图书馆学"一说,该理念具有的战略前瞻性与民族性,时至今日,仍少有能出其右者,是中国图书馆认识史上的一次飞跃。正如有学者所言,《中华图书馆协会成立演说辞》"今天听起来其意义之回声依然没有被历史的幕幛所遮蔽,从中传播出来之梁启超的图书馆学思想仍可视为中国近代乃至当代图书馆学的宝贵遗存"③。

第三,梁启超撰写的《图书馆学季刊发刊辞》为《图书馆学季刊》奠基,并为其他图书馆学学术期刊指明了方向。

1926年,由中华图书馆协会主办的《图书馆学季刊》正式发行,由梁启超撰写《图书馆学季刊发刊辞》。梁启超指出,"图书馆学成为一专门科学,最近二十余年间事耳"。该学在我国"年龄虽稚","然在欧美则既

---

① 梁启超.中华图书馆协会成立会演说辞[J].中华图书馆协会会报,1925,1(1):11-15.

②③ 杜志刚,孙峰,李军.《中华图书馆协会成立会演说辞》之再读[J].图书馆工作与研究,2004(5):58-59.

蔚为大国",而且是"群学之枢键,而司其荣养焉"。虽然我国"至如类书编辑,肇创萧梁,丛书校刊,远溯赵宋,自而以来,岁增月益,其所以津逮学子者亦云美盛矣",却受制于图书馆学人才与理论的匮乏,"以此有限之人才,供今后发展之需求,其竭蹶之形盖不待问。如何而能使斯学普及……此国人所宜努力者一也"。"学问天下公器,原不以国为界……然中国以文字自有特色,故以学术发展之方向有特殊情形,故书籍之种类及编度方法,皆不能悉与他国从同",对国内千年硕果的传承以及对国外既有成就的借鉴,进而"形成一种合于中国国情之图书馆学",是《图书馆学季刊》之所以创办的原因。而其目标则不仅限于一国之学,而是"求美求便,成一'中国图书馆学'之系统,使全体图书馆学之价值缘而增重"①。

《图书馆学季刊》发刊辞所反映出来的创建"中国的图书馆学"的理念与梁启超在中华图书馆协会成立大会上发表的演说辞的要旨殊途同归:"……中国书籍的历史甚长,书籍的性质极复杂,和近世欧美书籍有许多不相同之点。我们应用现代图书馆学的原则去整理他,也要很费心裁,决不是一件容易的事。从事整理之人,须要对于中国的目录学(广义的)和现代的图书馆学都有充分智识,且能神明变化之,庶几有功。这种学问,非经许多专门家继续的研究不可,研究的结果,一定能在图书馆学里头成为一独立学科无疑,所以我们可以叫他做'中国的图书馆学'……我很相信:中国现代青年,对于外国图书馆学得有根底之后,回头再把中国这种目录学(或用章学诚所定名词叫他做校雠学)加以深造的研究,重新改造,一定能建设出一种'中国的图书馆学'来。"②梁启超所题写的发刊辞,为《图书馆学季刊》奠定了以建设"中国的图书馆学"为目标的学术基准。《图书馆学季刊》不仅受梁启超建设"中国的图书馆学"这一理念的影响,而且在很大程度上是对梁启超图书馆学思想的继承与发扬,更是践行与检验。

从办刊宗旨与发刊辞可以看出,《图书馆学季刊》的学术胸怀是兼容并蓄且理性的,并未一味因欧美新理念新方法带来的巨大思想冲击而妄自菲薄,也并未固守传统,因循守旧,而是两相考量和糅合,努力创造出一种符合中国国情的图书馆事业发展切实需要的道路。而且这样的学术态度也确实为中国图书馆学的建立与发展起到了非常积极的作用。

---

① 梁启超.发刊辞[J].图书馆学季刊,1926,1(1):1-2.
② 梁启超.中华图书馆协会成立会演说辞[J].中华图书馆协会会报,1925,1(1):9-12.

《图书馆学季刊》是中国历史上第一种图书馆学学术性期刊①，更被誉为"民国时期三大图书馆学期刊之一"②，其影响力深且广，尤其是由当时社会影响力和威望极高的梁启超为其作发刊辞，不仅树立了其图书馆学专业期刊的地位，而且增加了其学术影响力和权威性。

综上，即使梁启超未能实际从事图书馆社团的管理活动，但仍然以其社会影响力以及全国性图书馆社团董事部部长的身份，加之对图书馆事业发展所做的种种倡导和推广，提升了图书馆社团的社会关注度和影响力，促进了各地方图书馆社团的成立和发展。

二、李大钊

李大钊（1889—1927），直隶乐亭（今属河北）人。李大钊对于民国时期图书馆社团的贡献主要在于其大力宣传马克思主义思想，成为当时"民主"的风向标，并且积极参与群众性社团活动，积累了社团建设和组织方面的经验，而且其以北大图书馆主任之职对北大图书馆进行了颇有成效的改革，两相叠加的影响力和号召力助其推动成立了中国历史上第一个图书馆社团——北京图书馆联合会，该会因李大钊的加入而蓄积了社会关注度和认可度，为以后地方图书馆社团的成立奠定了理念和舆论基础。

1907 年，李大钊由永平府中学毕业后考入天津北洋法政专门学校，1913 年毕业后于当年冬季东渡日本，次年进入东京早稻田大学政治本科（政治经济系）学习。1915 年，日本提出意图灭亡中国的"二十一条"后，李大钊积极参加留日中国学生组织的爱国斗争，其起草的通电《警告全国父老书》传遍全国，他因此被誉为"铁肩担道义，妙手著文章"。在日期间，李大钊开始接触社会主义思想和马克思主义学说。1916 年 5 月，李大钊辍学回国，投身新文化运动。俄国的十月革命将马克思列宁主义送到了中国，受俄国社会主义革命胜利的鼓舞和启发，李大钊以《新青年》《晨钟报》等为阵地，相继发表了《庶民的胜利》《布尔什维主义的胜

---

① 此处的判别标准为刊载图书馆学论文的多寡，以《国立北平图书馆馆刊》为例，其刊载论文中被《图书馆学论文索引》收录的论文篇目仅 16 条，但被《中国哲学史论文索引》收录的论文篇目有 30 余条，被《中国史学论文索引》收录的论文篇目更达到了 160 余条。由于史学、哲学论文在此刊中所占比例过大，从图书馆学角度来看，不能算作主要期刊。具体论述详见：张树华，张久珍.20 世纪以来中国的图书馆事业[M].北京：北京大学出版社，2008：109.

② 程焕文.百年沧桑　世纪华章——20 世纪中国图书馆事业回顾与展望（续）[J].图书馆建设，2005（1）：16.

利》等大量宣传十月革命和马克思列宁主义的著名文章和演说,旗帜鲜明地批判改良主义,成为中国共产主义的先驱、我国最早传播马克思主义的人。

李大钊一方面利用报纸杂志广泛宣传新思想、新文明,另一方面积极参与社团活动和社团建设,据统计,1909—1917 年,李大钊先后参加或创建了 18 个社团①,不仅参加了这些社团开展的大量活动,而且还在北洋法政学会、中国留日会学生总会、神州学会和少年中国学会等社团中担任重要的职务,积累了大量的组织创建社团的经验,熟悉了社团的基本运作,也对于如何充分发挥社团功能有了切身的体验和理解。1917 年,李大钊在《甲寅》上发表了《学会与政党》一文,文中李大钊一针见血地戳破了当时诸多假借"学会""学社"之名,行"政党"之实的结社现象:"近日京中学会、学社之发生,正如方春草木,万卉勾萌……然则今之学会云、学社云者,究属何为? 一言以蔽之曰:学会者政党之假面具也。噫嘻! 学会、学会,北京几多之政党,皆假汝之名以行。"②由此可见,李大钊对于顶着学会、学社之名,行政党之实的伪学会、伪学社痛恨至极,十分向往真正的求真、求学的学会、学社。

李大钊作为当时新文化运动中的一员主将,在北京乃至全国教育文化界的影响力都不容小觑。章士钊在其《李大钊先生传序(一九五一年八月)》中赞"守常一入北大,比于临淮治军,旌旗变色,自后凡全国趋向民主之一举一动,从五四说起,几无不唯守常之马首是瞻"③。李大钊作为当时"民主"理念的"马首",其在北大的一举一动皆受众人瞩目。而其对北大图书馆展开的大刀阔斧且颇具成效的改革,又进一步增进了社会公众对于图书馆的关注。

1918 年 1 月,经时任北大图书馆主任章士钊介绍以及校长蔡元培和文科学长陈独秀的推介,李大钊到北京大学正式接任图书馆主任(馆长)一职,并开始对北大图书馆进行一系列的改革。

北京大学图书馆的前身是清末的京师大学堂藏书楼。民国初年,北大图书馆历任徐鸿宝、夏元瑮和章士钊的掌管,有了一定的发展,但仍

---

① 朱文通.李大钊与近代中国社团[D].石家庄:河北师范大学,2013.

② 李大钊.学会与政党[M]//朱文通.李大钊全集:第二卷.石家庄:河北教育出版社,1999:485.

③ 章士钊.李大钊先生传序(一九五一年八月)[M]//丁仕原.章士钊.北京:民主与建设出版社,2014:282 – 284.

"藏置无多,而办理无方,难餍自修者之望"①。截至 1917 年底,北大图书馆共计藏书 14.72 万册(其中中文书 13.73 万册,日文书 1580 册,西文书 8350 册)②,是当时国内藏书较多的图书馆之一。李大钊上任当年即接连发布 10 条《图书馆主任告白》,涉及查检图书、延长开馆时间、购置新书报刊、解决借书逾期不还等具体问题。此外,他在图书分类编目、馆务管理、读者服务等方面都有自己独到的见解和主张,开展了相应的活动。1920 年《申报》中刊载了《北大图书馆之现在与将来》一文,文中称"图书馆为学校第二生命,稍有常识者无不知之。北京大学自蔡孑民任校长以来,特任李大钊氏为图书馆长。李氏本为社会学专家,对于增进文化事业,昕夕筹思,不遗余力。接办之后,第一步即从整理着手,凡编制目录、改良收藏及陈列诸事,无不积极进行"③。

在图书馆分类编目方面,李大钊认为:"若不加以整理,则如一盘散沙,不易检阅,不足应付阅书者要求,故必重分类。"④确定分类原则后,李大钊便着手组织人员编制图书目录。1918 年 10 月开始,北大图书馆以杜威十进法为基础,根据实际馆藏情况建立卡片目录,至 1923 年分别编出了书名、著者、分类三种卡片目录。

在馆务管理方面,1920 年 5 月 7 日,北京大学图书委员会(图书委员长顾孟余,图书委员:李大钊、马衡、孙国璋、陈世璋、陈启修、朱希祖)第二次会议通过了《国立北京大学总务处图书部试行条例》(13 条),该条例不仅详细规定了图书部主任、事务员和书记的职责,而且还规定了登录、购书、编目、典书四课的具体职能,涉及图书杂志报章的征集购买、新书登录与公布、图书目录编撰与书目卡片的整理装制、参考资料指导与介绍等一系列管理与服务工作,该条例无疑是北大图书馆走向制度化、规范化和科学化管理的标志。

在读者服务方面,为方便多数读者,李大钊主张采取多种方式改进和完善读者服务工作,如广泛采购藏书、规定借还日期、在馆阅览、开架借阅等。李大钊认为"征集书籍的方法,重在随时留心"⑤,并详细列出具体办法。在李大钊的努力下,北大图书馆的藏书情况迅速改善:"现在三院均有阅览室,而尤以第一院最为整齐,各书库亦复有条不紊。数年

① 周君南.本校图书馆改良刍议[J].北京大学日刊,1918(99):6.
② 吴晞.北京大学图书馆九十年记略[M].北京:北京大学出版社,1992.
③ 平心.北大图书馆之现在与将来[N].申报,1920-08-15(7).
④⑤ 李大钊.关于图书馆的研究[N].北京益世报女子周刊,1921-10-24(1).

来,虽限于财力未能多事购置,然计新添购之外国文书籍,较之旧有已增至一倍有余。"①1921 年 2 月 3 日,《申报》载《最高学府之新气象》一文称:"北大图书馆自李大钊任馆长以来,力谋扩充,现在阅览室又增辟多处,每日到室阅书之人极多……此外该馆又设法征求'五四'前后各处定期之出版物,其意以为我国在'五四'前后各处刊行之定期书报骤然增加,实可为出版界开一新纪元,故不可不广征博采以为本馆生色也。"②

"为尊重诸君好学之意向起见",李大钊在《北京大学日刊》上对延长开馆时间的决定予以公布。为解决读者借书逾期不还的问题,李大钊于 1918 年 4 月 11 日,在《北京大学日刊》中发表《修正图书馆借书规则》(14 条),规定借书逾期者暂停其借书权;12 月 23 日在《北京大学日刊》中发表《图书馆主任告白》,对于借书逾期且于年假内未缴还图书的学生停止其借书权。1921 年 1 月,李大钊修订了《借书规则》,规定无论何人,借书期满不缴还者,除了暂停其借书权外,还要向其征收违约金。

李大钊对北大图书馆的种种改革使得当时社会各界对于学校图书馆的重视程度得以提升,《申报》等报纸接连报道北大图书馆的种种举措:"自蔡氏任校长特任李大钊氏为图书主任后,添置新籍,整理陈列,听(昕)夕不遑内容益觉进步。"③

与在北大图书馆的改革同步进行的是李大钊发起成立了中国历史上第一个图书馆社团。1918 年,从事图书馆管理工作又有筹备和参与社团经验的李大钊参与并推动成立了中国历史上第一个图书馆社团——北京图书馆联合会。在北大文科事务室举行的北京图书馆联合会成立会上,代表北大图书馆的李大钊与来自汇文大学的高厚德获得的副会长选票票数相同,但李大钊以事务繁忙为由请辞,因此当选为该会中文书记。

李大钊代表北大图书馆发起组织成立北京图书馆联合会,在当时引起了社会各界对图书馆社团的重视,除《北京大学日刊》外,还有《教育周报》(杭州)、《教育杂志》等也对北京图书馆联合会的成立做了报道。

虽专职就任北大图书馆主任,但李大钊身兼数职,事务繁多:1919 年12 月,被选为北京大学总务处委员;1920 年 1 月作为发起人被选为北京

① 平心.北京通信:北大图书馆之现在与将来[N].申报,1920 – 08 – 15(7).

② 野云.最高学府之新气象[N].申报,1919 – 12 – 15(2).

③ 北大近况谈[N].申报,1921 – 02 – 03(7).

大学教职员会委员;7月被聘任为北京大学教授,在政治、史学等系讲授课程;10月当选为北京大学评议会委员、图书委员会委员;1921年任北京国立专门以上各校教职员代表联席会新闻干事;1922年2月被选为北京大学研究所国学门委员会委员。1922年12月,李大钊辞去北大图书馆主任一职,任北京大学校长室秘书,此后,李大钊脱离图书馆界。

虽然如前文所述北京图书馆联合会未被教育部立案,但实际上北京图书馆界交换图书和出版品的活动仍旧沿袭了下来,而且该会的成立成为后来众多地方图书馆社团和全国性图书馆社团成立的前奏,不仅积累了结社经验和一批有志于中国图书馆事业发展的仁人志士,而且还在教育文化界第一次发出了图书馆人的联合之声。

三、韦棣华

韦棣华(1862—1931)外文名为Mary Elizabeth Wood,1862年出生,美国人,波士顿大学图书馆学系毕业,美国圣公会女传教士,图书馆学教育家。曾在美国纽约巴达维亚的公共图书馆——里奇蒙德纪念馆任首任馆长,并连续工作十年。她于1900—1931年在中国武昌,其间从事公共图书馆建设和图书馆教育事业,1931年5月1日病逝于中国武昌。韦棣华对于民国时期图书馆社团的贡献主要表现在三个方面:一是创办文华公书林并开启新图书馆运动,这是中国图书馆事业发展的促进剂,也是图书馆社团成立的前提条件;二是促成美国退还庚款用于中国图书馆事业,这是全国性图书馆社团——中华图书馆协会成立的催化剂。

第一,创办文华公书林(Boone Library),并由此展开新图书馆运动。1899年,韦棣华的胞弟由美国圣公会派遣赴中国武昌圣公会传教。时值义和团运动声势浩大,韦棣华因挂念胞弟安危,于次年只身来华赴武昌探望。1900年,取得美国圣公会牧师职位的韦棣华开始在武昌圣公会思文学校(Boone School)担任基础英文教员,以缓解师资短缺困境。由于在美从事图书馆工作的经验和热忱,加之了解中国文化和民间疾苦:"目击平民知识浅陋,生活困苦,辄思有以救济之……",而且洞悉"学校不能发展,教育不能普及之原因,即无图书馆以为辅助",韦棣华"毅然以开通民智、提倡文化为己任"[①]。韦棣华于1901年开始向海外征集捐书捐款,并将所获赠书放置于思文学校的八角亭——文华公书林的雏形——以

---

① 裘开明.韦师棣华女士传略[J].中华图书馆协会会报,1931,6(6):7-9.

供学生使用。1906 年,文华书院①响应清政府广设学校的号召,拟升大学。当年,深受缺图书、无图书馆掣肘的韦棣华返美为文华书院创建图书馆做各种资金筹措和收集图书方面的活动和准备。韦棣华返美后即进入纽约布鲁克林的普拉特学院图书馆学校(Pratt Institute Library School)进修,并于 1907 年参加了美国图书馆协会第 29 届年会,宣读论文"Library in a Chinese City"介绍了其在武昌的图书馆倡设工作,并就在文华书院建立图书馆的必要性进行阐释。此次筹措颇具成效,1909 年,文华公书林奠基,次年落成。文华公书林虽为文华大学校图书馆,但也对武汉三镇的公众开放,因此,有学者称其"兼有大学图书馆和公共图书馆的双重性质"②。杜定友称赞文华公书林:"我国之有图书馆,虽已数千余年。但新式之图书馆,犹近事耳。"③由此可见,文华公书林得到了图书馆界权威人士的认可。

1917 年春,在韦棣华的支持下,归国后的沈祖荣联合余日章等人(胡庆生于 1919 年加入)奔赴全国各地演讲新式图书馆之宏博,抨击旧式藏书楼之弊端,拉开了一场时至今日仍被业界称道的"新图书馆运动"。

1920 年,韦棣华女士鉴于"吾国图书馆事业之欲图发达,必须先行培植相当管理人才",在文华大学创办文华图书科,文华图书科的创办是"中国图书馆史上的一项壮举,它开创了中国图书馆学教育的先河,标志着中国图书馆学教育的正式兴起"④。毛坤曾在《华中大学文华图书科十周年纪念》⑤中首先指出韦棣华的功绩:

> 创办图书馆科者,美国韦棣华女士也。女士来华服务已三十年。初十年任教职于文华大学;十年后创办文华公书林;二十年后创办文华图书馆科。女士一生志愿,在辅助中国,发扬文华。其首先着力之点,为图书馆事业。欲发展图书馆事业,首在人材之养成;故创办图书馆科以为根基。对于办理之人,则先期辅助沈祖荣胡庆

① 1903 年,思文学校改升书院,设立高等科,思文学校(Boone School)亦相应更名为文华书院(Boone College)。1906 年,文华书院开始筹办大学,次年正式招收第一届四年制本科大学生,1909 年,文华书院改名为文华大学。
② 王彦祥.《中国藏书文化》讲义[EB/OL].[2017-11-02]http://blog.sina.com.cn/s/blog_4903e9ef0100dial.html.
③ 韦棣华,程葆成.运动庚子赔款退回中国拨充推扩中国图书馆之经过[J].图书馆,1925(1):33-35.
④ 程焕文.中国图书馆学教育之父——沈祖荣评传[M].台北:台湾学生书局,2013:38.
⑤ 毛坤.华中大学文华图书科十周年纪念[J].武昌文华图书科季刊,1930,2(2):137-139.

生两先生留学美国专学图书馆学以便归国办理。对于经费则中外奔走,劝募维持;辛苦备尝,十年一日。其坚忍卓绝,远思长虑之精神,不可及也。

第二,韦棣华促成美国退还庚款用于发展中国图书馆事业。程焕文称"韦棣华致力于将美国退还庚款用于中国图书馆事业则是中华图书馆协会产生的催化剂"[①],庚款的退还与中华图书馆协会的成立密不可分。

1923 年,韦棣华女士"以吾国图书馆事业,正当萌芽,所最感困难者,厥为经费",专程赴沪与余日章博士商讨晤面,最终确定"以庚款发展图书馆,实为最善之法"[②]。

1923 年 8 月,中华教育改进社第二次年会中,韦棣华女士代表文华大学图书科提出《呈请中华教育改进社转请美国政府以将要退还之庚子赔款三分之一作为扩充中国图书馆案》。在该案的实施办法中,韦棣华女士提出成立"中国图书馆协会",具体办法是由美国驻京公使,中国外交部、教育部以及全国高等教育联合机关、总商会等组织选举部,再由选举部层层推选组成图书馆委员会,而图书馆委员会的职权之一即为"扶助中国图书馆协会组织及其发展"[③]。"中国图书馆协会"究竟是对图书馆协会的统称,还是一个全国性图书馆协会的名称,已无从知晓,但在当时于 1918 年成立的北京图书馆联合会未能获得政府立案而不能以图书馆协会名义行事的状况下,以庚款为契机,成立一个得到政府认可的图书馆协会,成为以韦棣华为代表的图书馆人的共识。同年 12 月,韦棣华赴美,由此直至 1924 年 6 月,韦棣华携庚子赔款议案拜访美国国会参议员 82 人、众议院 420 人,并将中国交美国大总统的书信附中国各界领袖及名流 150 余人签名、中华教育改进社相关议案及重要文件等上呈美国两院外交事务审查委员会,获该委员会通过后,韦棣华又面见时任美国总统,力陈将庚款拨付中国图书馆界。当时有人提议聘请美国图书馆界中声望较高的专家一名,来华考察中国方面的情况及图书馆界之急需状况,以便有具体建议转达中美庚款委员会。闻此讯息,韦棣华女士旋即前往纽约,参加 1924 年 7 月召开的美国图书馆协会第 46 届年会,会中

---

① 程焕文.中国图书馆学教育之父——沈祖荣评传[M].台北:台湾学生书局,2013:38.

② 韦棣华,程葆成.运动庚子赔款退回中国拨充推扩中国图书馆之经过[J].图书馆,1925(1):33 - 35.

③ 分组会议记录[J].新教育,1923,7(2/3):304 - 307.

发表了《近来中国图书馆之发展》（"Recent Library Development in Chi-na"）①，其中提出请求美国图书馆界派一名图书馆专家来中国调查中国图书馆事业，并组建一个获得中美政府共同认可的组织；此外，还再次提出要组建中国图书馆协会（The Chinese Library Association），并提出了管理美国退还赔款的组织架构。可以说，后来鲍士伟博士的中国之行，完全由韦棣华女士促成。

1925年1月10日，韦棣华抵达上海，上海图书馆协会的杜定友、孙心磐、邓演存等人组织召开"图书馆界全体欢迎大会"，并请韦棣华女士演讲赴美力请退还庚款创办中国图书馆事业的经过与情形，当时上海图书馆协会会员60余人、来宾200余人参加了此次欢迎大会②。韦棣华对于上海成立图书馆协会抱有殷切期望："窃以上海图书馆协会，为中国新近极为声望之组织也。美国图书馆协会者，著名全美之团体也。而今有次专员来华，匪特可使两大机关可资联络，互通声气，更可敦笃友谊，而感情愈厚矣。"③1926年，经韦棣华等人的积极奔走游说，加之中国文化教育界的呼声愈烈，美国国会议员通过了退还庚款用于中国文化教育事业的法案，韦棣华为功至巨。韦棣华亦是成立中华图书馆协会的发起人之一，其前期对于中国图书馆事业的奔走呼喊，无疑为中华图书馆协会的顺利成立赢得了国内外舆论的支持。

1931年，韦棣华在武昌逝世，文华师生举行了隆重的追悼大会，并在《武昌文华图书科季刊》中专设"韦棣华女士纪念号"，纷纷发文悼念这位"中国之心"的外国学者，蔡元培也以《裨补学界，潜滋暗助——纪念美国友人韦棣华女士》称颂其对于中国图书馆人才培养、学术发展等诸多方面的贡献。

韦棣华对于民国时期中国图书馆事业的贡献并未停止于其离世，其创办的公书林理念对重藏轻用传统藏书楼造成了思想冲击，其开创的图书馆学专业教育所培育的图书馆学者和工作者将现代图书馆理念传播到全国各地，推动了图书馆管理与服务向科学化转变，其力争庚款用于中国图书馆事业的建设与发展……中国图书馆事业近百年的发展受益于韦棣华良多。

---

① The development of library facilities in China in recent years is revealed in a report issued[J]. The Shanghai Sunday Times,1936(4).

② 本会欢迎韦棣华女士记[J].图书馆,1925(1):84.

③ 韦棣华,程葆成.运动庚子赔款退回中国拨充推扩中国图书馆之经过[J].图书馆,1925(1):33－35.

第二节　图书馆社团的职员

图书馆社团的职员大都具备图书馆学学科背景,本身从事图书馆管理、业务或研究工作,同时又兼任图书馆社团工作,其自身的专业背景和从业经历对于图书馆社团的宗旨、定位和发展方向起到决定性作用,他们不仅是图书馆社团正常运作的支持者,各项活动的具体开展者,也是通过图书馆社团这类组织对当时的图书馆事业各个方面产生积极影响的推动者。在这类图书馆人中,从对于图书馆社团的贡献和工作时长来看,以戴志骞、袁同礼、沈祖荣、杜定友和刘国钧等人最为突出。

一、戴志骞

戴超(1888—1963),字志骞(以字行),江苏青浦人。戴志骞是民国时期图书馆社团创建的领军人物,是在正式公开会议中提议发起成立图书馆协会的重要学者之一,并于中华图书馆协会成立早期在协会中担任要职。

1909—1912 年,戴志骞在上海圣约翰大学求学,曾任圣约翰大学图书馆主任。1914 年 9 月,戴志骞受聘担任清华学校图书室主任,至此,清华学校图书室在戴志骞的引领下进入了快速发展的新阶段。1917 年,戴志骞赴美留学并被"特派赴美考查图书馆"[①],并于次年获美国纽约州立图书馆学校图书馆学学士学位,是我国历史上第二位在美国获得图书馆学学士学位的中国人。1919 年戴志骞回国后再任清华学校图书馆主任。1924 年,戴志骞再度赴美留学,学习图书馆及大学管理学,并于 1925 年获美国艾奥瓦大学哲学博士学位。1928 年,戴志骞离开清华学校图书馆担任南京国立中央大学图书馆馆长,后任中央大学副校长,中国银行人事室主任、总秘书等职。

戴志骞对于民国时期图书馆社团的贡献有三:第一,戴志骞提出《组织图书馆管理学会案》最终使得中华教育改进社下设立图书馆教育研究委员会;第二,戴志骞首次明确提出《组织各地方图书馆协会案》,并领导成立北平图书馆协会,为其他地方图书馆协会的普遍成立打开了局面;第三,戴志骞作为中华图书馆协会的首届领导人,为中华图书馆协会的

---

① 寰球学生会欢送赴美学生[N].申报,1917 – 01 – 17(11).

顺利成立做出了贡献。

1. 提议在中华教育改进社下设图书馆教育研究委员会

1914 年,戴志骞离开圣约翰大学,就任清华学校图书室①主任。三年间,戴志骞推动清华学校图书馆成为独立的行政单位,并争取到更多经费,而且馆藏图书量激增,并改进图书等级与分类方法,改进图书阅览、流通与借阅服务,扩充了图书室空间,规范了业务工作制度,通过《清华周刊》等宣传图书室②,使清华学校图书室成为当时高校图书馆中发展迅速、业务突出的佼佼者。

1917 年,戴志骞获得清华学校的留美津贴赴美国纽约州立图书馆学校攻读图书馆学学士学位,同时根据该校的安排到各类图书馆实习,并参观美国大小图书馆百余所。戴志骞在美期间的所见所闻,使其在反观我国图书馆现状时"不禁受无穷之感触",因此写下了《论美国图书馆》一文。文中不仅介绍了美国图书馆的发展历史,而且戴志骞认为正是美国图书管理员会将"图书馆为普通人民自修之所,为普通人民教育之关键"的理念根植于人民心中,而且"现今美国图书馆之发达,而人民得无限之利益者,均此会之力也"。戴志骞着重笔墨介绍了该会的职责范围有:"对于图书管理法,详细研究,不厌繁屑;对于如何设立图书馆,如何购办书籍杂志,如何分类编目,均详细印成最简明之小本,分发于各处之有意设立图书馆者,并请驻会书记一人,筹划通信事……且助各图书馆改正管理上的缺点……"而且当时美国除全国图书管理员会外,还有各省图书管理员会,且会中会员"皆悉心擘画图书管理法。会员互相切实砥砺……团结精神、互相砥磨,研究图书管理之法,实令人崇拜……"③。

赴美留学期间,戴志骞并未固守学业,而是两次参加美国图书馆协会年会和纽约州图书馆协会年会,参加了由美国图书馆协会组织的图书馆战时服务,并在《公共图书馆》(*Public Libraries*)、《中国留美学生月报》(*The Chinese Students' Monthly*)等期刊上发表关于中国图书馆、介绍中华文献方面的论文。尤其是两次参加美国图书馆协会年会,让戴志骞更加切身地感受到了图书馆协会对于图书馆人的号召引领、凝聚团结所迸发

---

① 清华学校图书室于 1917 年 10 月改称"清华学校图书馆"。

② 郑锦怀.中国现代图书馆先驱戴志骞研究[M].青岛:中国海洋大学出版社,2017:79 – 86.

③ 戴志骞.论美国图书馆[J].留美学生季报,1918,5(4):121 – 129.

出的强大力量。参加美国图书馆协会组织的图书馆战时服务，又让戴志骞对于图书馆、图书馆人之于平息战争、取得和平所能发挥的重要作用有了深刻的认识——当时中国正处于军阀混战之际，戴志骞同样抱有救国图存的愿望，并总结出战争胜负在于兵士用书："此次欧战之胜负，非枪械之精、战术之娴能决最后之胜利。其真能决最后之胜利者，在兵士能用书与否耳。"因此，戴志骞拟于毕业后赴美国军营图书馆参观——"希日后还国有所贡献于我国之健儿也"①。1918 年 10 月至 1919 年 6 月，戴志骞在纽约厄普顿军营图书馆开展战时服务，亲历美国图书馆的运作及其对于民众、军人的教育作用②，这些经历为戴志骞日后投身图书馆事业社会活动的决定奠定了基础。

1919 年学成归国后，戴志骞一方面将图书馆学专业知识和技能应用到清华学校图书馆的管理运行中，另一方面开始酝酿属于中国图书馆人自己的"图书管理员会"——在回顾美国图书管理员会的发展史时，戴志骞认为该会曾停滞二十多年之久是源于"无教育界中人相助，而受一顿挫"③。为此，戴志骞积极从事教育方面工作，如加入中华教育改进社，与李大钊、沈祖荣等在北京高等师范学校举办暑期图书馆讲习班并编译教材，发表论文或专题演讲《图书馆与教育》《图书馆与学校》等，尤其是《图书馆学术讲稿》奠定了戴志骞在图书馆界、教育界的学术影响力和地位，使他成为新图书馆运动中一股强劲的北方力量。

作为中华教育改进社社员的戴志骞，鉴于当时有识之士普遍认可图书馆为重要的教育机构，因此努力通过借助教育界的力量发展图书馆事业。1922 年，中华教育改进社第一次年会专门设立了"图书馆教育组"进行分组交流讨论。7 月 5 日，图书馆教育组召开第二次会议，戴志骞（因病未出席，由洪范五代表）提出《组织图书馆管理学会案》，但因为该案无附议而不予讨论。7 月 7 日第四次会议时，戴志骞提议由中华教育改进社组织图书馆教育研究委员会。该案理由有二：第一，图书馆教育与改进问题，本有密切之关系，例如美国图书馆协会与教育会互相独立，原非妥当办法，以致常生隔阂；第二，中华教育改进社已设立各处办事机关，并以图书馆教育为新教育问题之一，设立图书馆教育研究委员会于中华教育改进社内，对于经济上既属节俭，而与教育事业上亦大有裨益。

---

① ③　戴志骞. 论美国图书馆[J]. 留美学生季报，1918，5(4)：121 – 129.

②　New York State Library School：New York State Library School Register，1887—1926 年[M]. New York：New York State Library School Association，Inc，1928：138.

该提议得到了图书馆教育组成员的一致认同,当即由戴志骞、沈祖荣、洪范五起草组织大纲,确定该委员会名称是"中华教育改进社图书馆教育研究委员会",宗旨是研究图书馆教育问题,组成人员由中华教育改进社函请国内研究图书馆教育及热心研究教育者15人担任,下设四个组:图书馆行政与管理组、征集中国图书组、分类编目研究组、图书审查组。戴志骞被选举为该委员会首任主任,当时图书馆界教育界知名学者,如沈祖荣、刘国钧、胡庆生、洪范五、查修、冯陈祖怡、陈长伟、何日章、裘开明、袁同礼等人都加入其中①。该委员会肩负着指引中国图书馆事业未来发展定位与前进方向的职责,戴志骞被委以该委员会负责人的重任,足可见其当时在图书馆界和教育界的威望,而且直至中华教育改进社1925年之后逐渐停止活动前都由戴志骞任该委员会主任。

程焕文认为,图书馆教育研究委员会的组织大纲中"显然已蕴含着创建全国图书馆组织的端倪"②,这对于以戴志骞为代表的众多图书馆人而言是中国图书馆事业发展设计蓝图中的重要一步。

2. 提出《组织各地方图书馆协会案》并组织成立北平图书馆协会

1923年8月,中华教育改进社第二次年会在清华学校召开,戴志骞任会务主任。在图书馆教育组第三次会议上,戴志骞提交了他的提案之一——《组织各地方图书馆协会案》。该案包括三部分内容:一是研究适中管理法,二是节省图书馆经费,三是促进图书馆学问。此外,该案还提出了组织成立地方图书馆协会的五项具体办法,这些办法既考虑到了各地图书馆、图书馆员的现实桎梏,又提出充分发挥中华教育改进社的指导领导作用,可以说,既具有理论上的可行性又具有现实操作性。由此可见,该案是戴志骞在充分考虑和了解到当时地方图书馆实际工作情形的基础上提出的。由于具有现实必要性和紧迫性,该案在图书馆教育组获得通过,并由中华教育改进社通告各地方图书馆成立地方图书馆协会。此后,戴志骞借由中华教育改进社的力量极力鼓励与推动各地创设地方图书馆协会,可以说,戴志骞所提议案及其执行,是民国时期关于图书馆事业的各项议案中影响范围最广、最深远的,因为在此案的执行过程中,两年间先后共成立了十多个地方图书馆协会,而地方图书馆协会的普遍建立又直接促成了全国图书馆协会的成立。

首先,北平图书馆协会即是由戴志骞为首推动成立的。1924年3月,以戴志骞为首的中华教育改进社诸社员在该社总事务所召开北平图

---

① 分组会议记录第十八图书馆教育组[J]. 新教育,1922,5(3):555-561.

② 程焕文. 中国图书馆学教育之父——沈祖荣评传[M]. 台北:台湾学生书局,2013:73.

书馆协会筹备会,拟定《北京图书馆协会简章》8 条。3 月 30 日,北平图书馆协会成立大会在中华教育改进社总事务所举行,共有 30 多人与会,所拟简章经修改后通过。鉴于戴志骞的专业学科背景以及前期在图书馆界的学术地位与影响力,他毫无悬念地被选为会长。在戴志骞的领导下,北平图书馆协会积极开展各种活动,各项工作详见本书第二章第一节"北平图书馆协会"部分。北平图书馆协会是根据戴志骞的提案,在中华教育改进社的支持下建立的第一个受政府认可的合法的地方性图书馆协会,在中国图书馆史上具有相当重要的地位。

1924 年 7 月,中华教育改进社第三次年会召开,图书馆教育组前后开分组讨论会五次,其中戴志骞分别主持第一、三、五次会议;此外,图书馆教育研究委员会改选职员的结果是仍由戴志骞担任主任,足以见其分量之重。1924 年秋,戴志骞第二次赴美深造。隔年北平图书馆协会改选职员,基于工作推进等方面的考虑,袁同礼当选为会长。虽然戴志骞与北平图书馆协会渐行渐远,但由其主导拟定的协会宗旨、业务工作和各项规章制度仍然延续了下来,成为北平图书馆协会日后开展工作的行动指南。在北平图书馆协会的带动下,各地图书馆协会风起云涌,组建全国性图书馆协会的条件已经成熟。

3. 担任中华图书馆协会早期领导人

北平图书馆协会的成立,加之全国各地方图书馆协会的蓬勃涌现与庚款赔付到来以及美国图书馆学专家的访华,使得成立一个全国性的图书馆协会来对接庚款用于中国图书馆事业势在必行。

1924 年,戴志骞鉴于"对图书馆学问有无穷兴趣"且为提升其自身学问,更因为当时的清华学校要在两三年之内建设一个完备的大学图书馆第二次赴美留学,进入美国艾奥瓦大学攻读博士学位,主修教育学,辅修图书馆学与哲学。1925 年 5 月,戴志骞的博士学位论文"On Librarian Vocational Education: Suggestions on Establishing a Library School in the University of Iowa"(《论图书馆员职业教育:关于在艾奥瓦大学创办图书馆学校的建议》)完成终稿,这是戴志骞将图书馆学与教育学完美结合的又一成果。6 月,戴志骞获教育学博士学位。

1925 年,全国图书馆协会——中华图书馆协会在众望所归中成立。该会下设董事部与执行部,梁启超为董事部首任部长,袁同礼为首任书记,而当时戴志骞虽然身在国外,但仍然以高票当选为执行部部长,足见其在图书馆界的威望。由于戴志骞不在国内,因此协会决定其回国前由杜定友、何日章两位副部长委托袁同礼代理执行部长一职(约 6 个月),

待其回国后接手。

　　戴志骞能当选中华图书馆协会首届执行部部长,笔者认为原因有二:第一,戴志骞长期任职于图书馆界,是当时留学美国纽约州立图书馆学校的少数几人之一,既有传统中文与国学的深厚功底,又有西学的图书馆学科背景与新理念,而且英文精熟,便于国外交流沟通。第二,戴志骞当时是中华教育改进社下设图书馆教育研究委员会主任在意料之中。

　　此外,戴志骞曾连任中华教育改进社图书馆教育研究委员会主任。虽然这是一个群众性组织的下设部门,但由于中华教育改进社本身的影响力,加之该委员会委员由当时图书馆学界、教育学界知名学者担任,因此在当时该委员会实际充当了全国图书馆领导者的角色,而担任该委员会主任的戴志骞自然被认为能够担任全国图书馆协会领导人一职。

　　1925 年 11 月,回国后的戴志骞从袁同礼手中接过中华图书馆协会执行部长一职,并快速推进了清华学校图书馆的发展。囿于相关资料的缺乏,这段时间内戴志骞所做的有关中华图书馆协会的各项工作并无公开资料可以参考。但根据袁同礼方面的资料可知,中华图书馆协会仍由袁同礼主要负责具体工作。戴志骞归国之后感叹一年之内图书馆事业变化之大:"更觉可乐的是看见了我国在这一年之中,对于这一件国家内极重要的事业,已有极大的进步——例如北京,上海及其他各地,都已有了(图书馆)协会成立;中华图书馆协会的组织,也在这一年内告成。"①

　　1926 年 7 月 12 日,中华图书馆协会举行职员改选,戴志骞改任董事,任期三年。袁同礼则当选为新任执行部部长。这是戴志骞从中华图书馆协会具体工作中逐渐退出的信号。之后中华图书馆协会致函戴志骞称:"本会本届选举职员公推先生为本会董事。执事学术淹通、万流仰镜。尚希时锡周行,俾知途辙,无任企祷。"②虽不再任中华图书馆协会负责人,但戴志骞仍被认为是"中国图书馆界有经验的人才,并且是与中国图书馆事业有大功劳的专门学者"③。

---

①③　孔敏中.欧美图书馆概况(未完)附识[J].清华周刊,1926,24(17):38－40.

②　赵熊.清华图书馆旧时文档预整理报告[C]//林佳.探索改革奋进——纪念清华大学图书馆百年华诞论文集.北京:清华大学出版社,2013:623.

1928 年,因种种原因,戴志骞黯然离开清华学校,南下担任国立中央大学图书馆馆长一职。据有关资料记载,戴志骞先任国立中央大学高等教育处处长,后升任副校长。因中华图书馆协会会所常设于北京,所以戴志骞的南下使其与中华图书馆协会的日常具体业务工作更为疏离。1930 年,戴志骞因身体原因辞去国立中央大学副校长一职,从此逐渐离开了图书馆界与教育界,而走向金融界。但 1929 年 2 月至 1937 年 1 月,戴志骞连续被选为中华图书馆协会执行委员会委员。1936—1940 年,戴志骞仍被选举为中华图书馆协会理事。1944 年 11 月,中华图书馆协会改选监理事,戴志骞依然当选为监事。可见其在中华图书馆协会和图书馆界仍具有举足轻重的影响力。

戴志骞在中华图书馆协会任职期间先后兼有清华学校图书馆、国立中央大学图书馆以及后来金融领域的专职工作,再加之中华图书馆协会成立一年之后戴志骞即由执行部部长一职转为董事,因此戴志骞从事中华图书馆协会的具体业务工作较少,但其仍心系中华图书馆协会发展,以中华图书馆协会历次年会为例,戴志骞屡现其身,贡献颇丰:

为了第一次年会顺利召开,作为筹备主任的戴志骞先后召集筹备委员会召开四次会议,决定了会议日期、地点,并和欧阳祖经、李小缘等人一起负责筹备图书馆建筑组,单独负责征求论文。彼时,中华图书馆协会虽为全国图书馆联合会的性质,但终究不是政府机构,经费无稳定来源,严重掣肘年会的召开。为此,1928 年,戴志骞赴京与刘国钧、李小缘商讨年会召开事宜,并赴沪与王云五接洽;后深感年会经费亟待筹划,又返京向社会各方奔走募集。同年 11 月底,戴志骞与教育部蒋梦麟,中央研究院蔡元培、杨杏佛等人磋商,最终由教育部转呈行政院拨助 1000 元作为年会经费。之后,陆续有铁道部、外交部、内政部、卫生部以及在京大学等捐款到位。戴志骞多方筹措,方将年会经费落实下来。"此次年会经费,须计所需甚巨……而南方则多赖戴君志骞之力,不惮劳辛,奔走接洽,得国民政府各机关以及教育部当局之慨予补助,始达举行年会之目的。"①而在《年会筹备主任报告》中,戴志骞自谦为"志骞不过略事奔走而已"②。而且在第一次年会召开过程中,戴志骞担任大会主席,并与

---

① 中华图书馆协会执行委员会. 中华图书馆协会第一次年会报告[R]. 北平:中华图书馆协会事务所,1929:236.

② 中华图书馆协会执行委员会. 中华图书馆协会第一次年会报告[R]. 北平:中华图书馆协会事务所,1929:23.

杜定友、李小缘一起发表有关图书馆学术的演讲。此类事项比比皆是。1933年，戴志骞与其他30余人被任命为中华图书馆协会第二次年会筹备委员会委员，但相关文献中未出现戴志骞参加年会的讯息，疑因时任中国银行总管理处总秘书的戴志骞囿于事务繁忙未及到会。1934年，中华图书馆协会为向社会各界募集基金成立了"募集基金委员会"和"基金保管委员会"，戴志骞赫然名列其中，可见其仍积极参与中华图书馆协会相关工作，并将利用其职业为中华图书馆协会谋求资金上的助益。

二、袁同礼

袁同礼（1895—1965），字守和，直隶安肃（今河北保定市徐水区）人。我国著名的图书馆学家、目录学家。

1913—1916年，袁同礼就读于北京大学预科第一部，并于当年经清华学校王文显介绍入清华学校图书馆参考部工作。1918年，中国第一个图书馆社团——北京图书馆联合会成立时，袁同礼被选为代理会长。1920年得到哥伦比亚大学奖学金及清华、北大津贴，赴美入哥伦比亚大学历史系四年级①，后获得文学学士学位。1922年，袁同礼进入纽约州立图书馆学校②就读，一年后即获得图书馆学学士学位，此后曾在华盛顿国会图书馆任职数月开展中文图书编目工作。1923年，袁同礼赴欧洲考察一年，其间先后在英国伦敦大学、法国巴黎大学古文献学院从事研究工作。1924年回国后，袁同礼出任广东大学图书馆馆长，后北上任北京大学图书馆图书部主任、目录学教授。1925年，中华图书馆协会成立，袁同礼被选为副会长并代戴志骞主持中华图书馆协会；1929年3月，主持《中华图书馆协会会报》编辑部；1932年被选为中华图书馆协会编辑委员会主席③。1929年袁同礼受聘为北平图书馆副馆长，并实际主持一切工作，1942年起任该馆馆长。1945年袁同礼获美国匹兹堡大学法学博士名誉学位，1949年偕家人定居美国，入职美国国会图书馆东方部。1951年，袁同礼转任斯坦福大学研究所编纂主任，1957年重返美国国会图书馆从事编目工作直至退休。1965年袁同礼逝世于华盛顿。

---

① 通信．袁同礼君致蔡校长函[J]．北京大学日刊，1920（748）：1．

② 1926年，纽约州立图书馆学校跟纽约公共图书馆附属图书馆学校合并，改为"哥伦比亚大学图书馆服务学院。"

③ 中华图书馆协会执行委员会．中华图书馆协会概况[M]．北平：中华图书馆协会事务所，1933：32．

袁同礼的一生是为中国图书馆事业奉献的一生,其博学多能,在中国图书馆学和图书馆事业发展、海外汉学推广等诸多方面都做出了杰出贡献。而且,从1918年参与发起北京图书馆联合会直至1949年赴美,他都是民国时期参与图书馆社团具体工作时间较长、贡献较大的图书馆人之一。

1. 发起成立北京图书馆联合会

1913年,袁同礼考入北大预科第一部英文甲班就读,在此期间袁同礼的学术才能和组织能力得到了进一步的锻炼。1914年,袁同礼作为发起人之一[①],与沈沅、傅斯年等人组织成立了学生社团"文学会",不仅开展了相关活动,还编辑出版了杂志《劝学》,是当时为数不多的工作目标明确、组织结构健全、管理运行正规的学生社团。在该会中,袁同礼由英文部文牍,次第升任该部编辑长、部长,且在相关活动中崭露头角。也正是北大学生社团的工作经历,为袁同礼日后发起成立和运行图书馆社团积累了丰富的经验。1916年8月,袁同礼从北京大学预科毕业后进入清华学校图书馆工作,其入职介绍中仅有一句话对其教育背景做了简要介绍:"北京大学预科毕业,曾充北京青年会夜学英文教员"[②],在当时并未引起很大的关注。但从入职清华学校图书馆之后,袁同礼就异常坚定地将发展中国图书馆事业作为其奋斗终身的目标。袁同礼利用其高超的社交和活动能力,逐渐扩大自己的社交范围和业界影响力。如积极与其他高校图书馆交往互动,多次捐赠外文图书给北京大学图书馆,介绍国外教育文化界信息并发表在《北京大学日刊》上,等等,在北京图书馆界积累了一定的知名度。1917年,清华学校图书馆主任戴志骞赴美留学,由袁同礼代其职,这又留给了袁同礼非常大的活动空间。当时各类社团、党会层出不穷,任职于清华学校图书馆的袁同礼基于之前在北大预科发起成立文学会的经历,深知社团组织对于发展学术的重要推动作用,因此袁同礼于1918年积极联合北京各图书馆,发起成立中国历史上第一个图书馆社团——北京图书馆联合会。袁同礼作为主力发起人理所当然地被选举成为代理会长(时会长戴志骞在国外)。虽然该会由于教育部不予立案而未被授予合法活动的权限,但这并未磨灭袁同礼心中对于结社的愿望,而且仍突破重重阻力,开展了一些北京地区的馆际交

---

① 李浩泉.躁动的青春:民国时期北京大学的学生社团活动(1912—1949)[M].武汉:华中科技大学出版社,2014.

② 清华学校.清华学校一览[M].北平:清华学校,1917.

换工作,增进了该地图书馆界的交流互动,更为重要的是,前期筹备会的讨论以及北京图书馆联合会成立会中同行之间的演讲和交流,使图书馆人在心里种下了联合、结社的种子。而且也正是首次成立图书馆界群众组织受挫,使得袁同礼明白了在当时的社会政治环境中,如果缺少了政府的准许和支持,群众性组织的发展就会举步维艰,更遑论利用图书馆社团来发展图书馆事业。在之后的结社中袁同礼与政府保持良好关系的原因大概也基于此种经历。

2. 再次发起成立北平图书馆协会

1924 年 3 月,任清华学校图书馆主任的戴志骞在中华教育改进社的指导下再次发起成立北平图书馆协会。当时袁同礼远在欧洲考察,并未参与其中。此时的袁同礼已今非昔比:其先后就读于哥伦比亚大学和纽约州立图书馆学校,并在著名的美国国会图书馆任职,这不仅使袁同礼具备了更为广阔的国际化学术视野,东西兼具的学习经历也使其积累了更加深厚的学术素养,更提升了其在国内外文化和学术界的知名度与影响力。在欧美留学考察期间,袁同礼并未间断与国内教育文化界的往来交流,其不仅受李大钊的委托调查美国大学图书馆,还与顾孟余多次往来书信,协调中美图书交换事宜,增进了中美图书馆界的交流与合作。

1924 年,戴志骞第二次赴美,袁同礼也从广东北上入职北大任目录学教授兼图书馆馆长,鉴于其在北京地区图书馆界的影响力,加之此前清华学校图书馆由戴志骞和袁同礼一主一辅配合默契,为清华学校图书馆带来了巨大变化,两人在中国图书馆事业发展的志向等方面不谋而合,因此戴志骞赴美后,袁同礼代替戴志骞接手了北平图书馆协会。至于有学者称袁同礼代替戴志骞接任清华学校图书馆馆长和中华教育改进社图书馆教育组主席之事[1],目前因资料匮乏无从考证。

北平图书馆协会是全国最早被准予立案的地方图书馆协会,不仅积极开展了各项推动北京地区图书馆事业发展的活动,而且成为日后中华图书馆协会成立的主要推动力量。

3. 发起成立中华图书馆协会并担任实际领导人

袁同礼不仅是民国时期担任公立图书馆馆长时间最久的[2],而且是从事图书馆社团工作最久的图书馆人之一。其对于成立中国图书馆界

---

① 王一心. 天堂应该是图书馆模样:走进民国大学图书馆[M]. 黄山书社,2018:251.

② 莲只. 书林臆语:怀国立北平图书馆记袁守和先生事[J]. 今文月刊,1943,2(23):122 – 125.

联合组织的设想由来已久。

1920—1924 年,袁同礼赴美留学学习图书馆学,其间游历欧洲各地,开展访学、研究等工作。在这一过程中,袁同礼不仅看到了中国和美国图书馆之间的差距,也从一些专业问题的解决中萌发了联合图书馆界、目录学界人士共同研究的想法,例如在 1922 年进入纽约州立图书馆学校学习之后,袁同礼给陶孟和的信中提及其对于目录学的新理解,"目录学为研究学问不可少之利器,甚感其重要……我国科学的目录学不发达,故作高深研究者深感痛苦……",对于此种问题,袁同礼"私意拟于返国后联合同志将中国目录学加以整理,他日苟得结果,可省学子精力无限,亦整理固有学术之先驱也"①。

除此之外,袁同礼在美国读书的三个暑假(1921、1922、1923 年)均以学生身份在美国国会图书馆总编目部工作,帮助编制中文书的书目卡片。袁同礼曾告诉友人周策纵,直言这三个暑假的工作对其一生影响极大,不但训练他编书目的兴趣和本事,更使他明了国会图书馆的组织、功能和运转,非常有助于他后来"主持发展中国最大的图书馆事业"②。此处"主持发展中国最大的图书馆事业"据笔者猜测即为主持中华图书馆协会。

袁同礼学成归国后先赴广东大学任图书馆馆长,后北上任北京大学图书馆主任,再次在北京的教育文化界施展其影响力。其间,袁同礼和杜定友等人合力成立中华图书馆协会,最终使会址落于北平,这不得不说是袁同礼等人全力争取的结果。

1925 年中华图书馆协会成立后,除了第一年由戴志骞任执行部部长,且由袁同礼代理以外,袁同礼在该会以后的历次年会改选中一直位居最高领导位置,先后任中华图书馆协会董事及董事部书记、执行部部长等职务,长期担任中华图书馆协会的实际执行人和负责人。而中华图书馆协会在其存续的 24 年中,围绕图书馆事业标准化和法制化建设、组织和倡导建设各类图书馆、开办与提倡图书馆学教育、为图书馆员争取相关权益保护、保存保护古籍、参与国际图书馆界事务、抗战救国与战后图书馆事业的复兴以及开展各类图书馆学术研究活动等展开了大量活动,而作为实际领导人的袁同礼功不可没。可以说,没有袁同礼就没有中华图书馆协会及其对中国图书馆事业做出的巨

---

① 袁同礼君致陶孟和教授函[J].北京大学日刊,1922(1139):1-2.
② 汤一介,周策纵.周策纵自选集[M].济南:山东教育出版社,2005:441.

大贡献。

袁同礼夫人袁慧熙称袁同礼"其毕生精神所寄,端在阐扬中国文化,启迪后进"①。当时有学者称缪荃孙、夏曾佑、马叙伦、梁启超"皆硕学通儒,一时物望;然能融会中西,而又淹长图书馆学者,则不能不推守和先生"②。

袁同礼学贯中西,成果卓著,笔者在此仅以袁同礼个人活动之于中华图书馆协会的部分具体业务工作略做一阐述。袁同礼虽然从事图书馆社团工作时间长,但目前收集到的公开发表物中多以图书馆学术研究为主题,少有论及图书馆社团的论著。袁同礼仅在《近十年来国际目录事业之组织》一文中,对于"学会组织"颇为推崇提倡:"世界上学术研究愈进步,其研究之范围愈趋于专门。无论任何科学,或其一部分,为便于研究起见,均有专门学会之组织。此种科学之结合,实为近四十年来学术界之特色。但研究事业愈趋专门,愈使研究者趋于极端,而对于研究他种科学者,往往不相联属,研究上不能收互助之效。欧美各国有鉴于此,乃有学会联合会,或学术团体协会之组织。其办法即将全国各种学会,合组一总会。使研究事业,一方面趋重于专门,一方面仍互相联属,俾彼此于互助之中,可以避免重复之工作,而以余力解决新问题也。学术原无国界,每国有一总组织,如学术团体协会之类者,固属重要。"③从该文中可以看出,袁同礼倡导成立学会来增进互助合作,认为这样既能避免重复劳动又能集中力量解决新问题。而在其主政中华图书馆协会的二十余年中,也切实地带领中华图书馆协会朝着这几个方向前进。

中华图书馆协会的会员大会是凝聚图书馆人力量、汇集图书馆人智慧的大会,因此,中华图书馆协会在成立之初定为会员大会每年召开一次。但当时政局动荡,加之中华图书馆协会经费掣肘、职员会员分散各地召集不宜,因此第一年年会直至 1929 年才召开。而第一次年会的召开提议就源于袁同礼。在《年会筹备主任报告》中,戴志骞称:"年会之

---

①　袁慧熙.前言[M]//袁慧熙,袁澄.思忆录——袁守和先生纪念册.台北:台湾商务印书馆,1967:1.

②　连只.书林臆语:怀国立北平图书馆记袁守和先生事[J].今文月刊,1943,2(23):122 - 125.

③　袁同礼.近十年来国际目录事业之组织[J].北大图书部月刊,1929,1(1):7 - 18.

动议,在十七年十月二十一日晚,袁同礼先生北平寓宅之筵席上。"①几经奔走,代表着中国图书馆界第一次集体亮相的中华图书馆协会第一次年会终于召开。年会开幕大会中,袁同礼以中华图书馆协会执行部部长身份致答谢辞,称"此次年会对于建筑、组织、行政、分类、编目各问题皆有特别会议,详加讨论,以求其利用与经济之方法,而现实吾人所同希望之改进事业"②,这说明作为执行部部长的袁同礼将中华图书馆协会年会视为改进图书馆各方面问题的解决之道。此外,袁同礼还做了《执行部报告》,就会员人数、职员改选、政府立案、调查事业、出版事业、专门教育事业、分类及编目、索引及检字、对于图书馆之协助、国际联络事业、会所及职员等问题向与会来宾进行报告。第一次年会的成功举办源于袁同礼及众多图书馆界人士的共同努力,其带来的社会影响力和带给图书馆事业的发展助力不可估量。

1944 年,袁同礼拟订工作规划,除调查战时各国图书馆之损失及复兴计划、继续刊行会报、增进美国图书馆协会之联系与合作、协助各图书馆复员并促进其发展以外,还围绕"提高"与"普及"两项开展工作,"提高"即促进全国图书馆的专业化、标准化,增加各馆经费,充实各馆设备,"普及"即督促各方广设图书馆。在中华图书馆协会的规划中还对国际往来方面进行了强调,"将更竭力增进,以收互助沟通之效"③。此外,袁同礼还利用其中华图书馆协会负责人的身份,向国外学术界征求图书,带领中华图书馆协会向服务社会的路径前进。抗战胜利后,袁同礼亲见各地公、私立藏书损失巨大,且后方教育文化界人士所需精神食粮迫切,毅然以中华图书馆协会的名义(时任中华图书馆协会理事长)向欧美各国图书馆协会征募图书,"登高一呼,群山响应,捐募成绩,颇为不恶"④。从袁同礼征集国际图书捐赠、成立各类委员会等工作来看,中华图书馆协会的此项工作规划延续了袁同礼之前的工作,因此可以视为当时袁同礼仍然主持中华图书馆协会工作的证据。

---

① 中华图书馆协会执行委员会.中华图书馆协会第一次年会报告[R].北平:中华图书馆协会事务所,1929:23.

② 中华图书馆协会执行委员会.中华图书馆协会第一次年会报告[R].北平:中华图书馆协会事务所,1929:14.

③ 袁同礼.中华图书馆协会之过去现在与将来[J].中华图书馆协会会报,1944,18(4):2-3.

④ 莲只.书林臆语:怀国立北平图书馆记袁守和先生事[J].今文月刊,1943,2(23):122-125.

　　袁同礼对于我国图书馆事业所做种种贡献，非笔者所能全数列举，但从旁人及后人评价可以窥见一二。曾有学者对于袁同礼做过这样的判断："以借图书馆为个人飞黄腾达之敲门砖者，亦未尝无人。尤其能如守和先生谨守岗位，清苦自持，不因失败而灰心，不以困难而移志者，殆不多见。"[①]在抗战避乱于重庆时期，袁同礼一家五六口蜗居在一间小屋内，既要做寝居之用，又要做厨房之用，"生活之苦，可以想象，然先生精神上自有其愉快在也"[②]。此外，袁同礼为满足由天津迁来陪都重庆的南开大学经济研究所学者的需求，特将昆明的相关藏书辇运成都，并在沙坪坝设置北平图书馆分馆。有学者对袁同礼此举大为赞赏："此种以图书馆追随读者，迁就读者，而不畏麻烦之精神（战时交通困难尤为难得）唯（袁同礼）先生有之。在他人决不敢为，亦不愿为者也。"[③]袁同礼对于中国图书馆事业奉献良多，其"苦干到底之精神，诚有足多者"[④]。太平洋战争爆发后，袁同礼因公滞留香港，因当时消息阻塞隔绝，对于袁同礼的安危，"图书馆界无不萦念"，直至次年秋季袁同礼方携夫人子女返回重庆，"无论识与不识，均为之欣慰不置"[⑤]。顾维钧在《思忆录——袁守和先生纪念册》序文中称袁同礼"其有助于我学界之治学及其对我国文化推进之贡献，尤匪浅鲜……先生骤于去年春长逝……匪仅我国文化界之不幸，亦是于国人之一大损失"[⑥]。罗家伦为之撰书的碑文中，称赞其"具温良恭俭让之美德，抱沟通中西文化济世之宏愿。喷智慧之泉，穆春风之化"[⑦]。美国图书馆协会会长拉尔夫·A. 尤而凡林（Ralph A. Ulveling）特就袁同礼访美一事致函当时的国民政府行政院院长以示感谢，称"袁博士在美之交际中，已表现其伟大之机才与策略"，袁同礼此行使得中美图书馆界"长期之友谊业已构成，彼此间之交通线业已开辟"[⑧]。其母校哥伦比亚大学因袁同礼在中国经营图书馆事业，伟绩昭著，赠特制名誉奖章一枚，以表彰其勤劳卓异[⑨]。而且袁同礼是第一位被接纳为英国图书协会（British Bibliographical Society）和牛津图书协会

---

①②③④⑤　莲只. 书林臆语:怀国立北平图书馆记袁守和先生事[J]. 今文月刊,1943,2
　　　　（23）:122－125.

⑥　顾维钧. 序[M]//袁慧熙,袁澄. 思忆录——袁守和先生纪念册. 台北:台湾商务印书
　　　馆,1967:1－3.

⑦　李晓泽. 袁同礼——中西文化交流的使者,中国现代图书馆事业的先驱[J]. 河北科技
　　　图苑,2008(03):52－55.

⑧　美国图书馆协会感谢袁理事长访美[J]. 中华图书馆协会会报,1945,19(4/6):11－12.

⑨　袁守和先生在美受名誉奖章[J]. 中华图书馆协会会报,1934,9(6):9.

（Oxford Bibliographical Society）会员的中国人①。中国图书馆界多次召开有关袁同礼的相关研讨会，不断有学者挖掘和发表有关袁同礼的史料与论著，形成了袁同礼研究的系列成果，1965年秋季，台湾大学图书馆学系设立了"袁同礼奖学金"。1966年，哥伦比亚大学图书情报学院专门设立了"袁同礼图书馆奖学金"。

三、沈祖荣

沈祖荣（1883—1976），字绍期，湖北宜昌人。1901年，沈祖荣进入武昌思文学校就读于英文神学班（中学六年）。1907年，沈祖荣就读于文华书院高等科文科，1911年获文华大学②文学学士学位，并在韦棣华女士创办的文华公书林任职。1914年，沈祖荣获得韦棣华女士资助赴美国纽约州立图书馆学校学习，次年7月即完成了专业基础课的学习，获得了毕业证书；1916年又完成了高级课程的学习，获得哥伦比亚大学理学学士学位，是中国获得图书馆学专业学位的第一人。1917年，沈祖荣回国后继续在文华公书林工作。1920年，韦棣华、沈祖荣和胡庆生以文华公书林为依托，在文华大学建立文华图书科，沈祖荣不仅承担了文华公书林的管理服务工作，还兼任文华图书科的教学工作。1929年，沈祖荣任文华图书馆学专科学校校长。1941年，他在文华图书馆学专科学校创办档案管理科，此举为中国档案学专业教育之创始。1953年，文华图书馆学专科学校并入武汉大学，改为图书馆专修科，沈祖荣继续任教。1976年，沈祖荣在江西庐山逝世。

程焕文曾在《中国图书馆学教育之父——沈祖荣评传》一书中单列一节"急流勇进：在中华图书馆协会中"详述沈祖荣在图书馆社团中的工作，笔者不再画蛇添足，仅从两个方面来论述沈祖荣对于民国时期图书馆社团的贡献：一是公开在期刊上倡导设立全国性的图书馆社团；二是倡导公立图书馆的联合，并由中华图书馆协会推行落实。

1. 倡导设立图书馆社团

说到沈祖荣，无论如何也绕不开由其主导并施行的"新图书馆运动"。1917年起，经过筹划，在韦棣华的倡导下，由沈祖荣与时任基督教青年会全国协会总干事的余日章等人（胡庆生于1919年回国后加入）先后奔赴湖北、湖南、江西、江苏、浙江、河南、山西、直隶等地，以各种影片、

---

① 吴萍莉. 袁同礼与美国国会图书馆［J］. 晋图学刊，2005（5）：75－77.

② 1909年，文华书院改名为文华大学。

模型、统计图表等展示方式广泛宣讲新式图书馆理念和创办方法,猛烈地抨击旧式藏书楼以及打着"图书馆"之名而行藏书楼之实的假图书馆。此次活动由于宣讲人足迹几乎遍及全国,且展示手段新颖,同时宣扬的新式图书馆理念对民众既有印象形成巨大冲击,由此引发民众对于新式图书馆的期许以及藏书楼和假图书馆向真正的图书馆转变的现实热潮,因此史称"新图书馆运动"。

沈祖荣等人发起倡导的新图书馆运动,不仅使中国普通民众心中旧式藏书楼显贵神秘的印象轰然倒塌,而且普及了新式图书馆在提升民智、改变国家落后面貌中的重要作用。中华图书馆协会对于新图书馆运动的影响做出高度评价:"于是国人始稍知图书馆事业之重要,而思有以振兴之。"也正如程焕文所述,新图书馆运动"在介绍欧美图书馆事业、引进先进的图书馆学术和促使人们转变旧藏书楼意识,形成新的图书馆观念等方面具有难以估量的作用"[①]。因此,新图书馆运动从更本质的视角看实际上是一场思想理念的革命,积累了民国中后期中国图书馆事业发展中自下而上的民众推进力量。旧式藏书楼藏为私用的观念在这场图书馆界救亡图存的大潮中土崩瓦解,新式图书馆理念犹如犁耙开疆破土,将图书馆公开、平等的种子植入民众心底。

新图书馆运动如燎原之势在全国发展起来,中国图书馆事业随着各类型图书馆的设立和图书馆从业人员数量的增加以及民众对于图书馆认识的加深而进入到一个新的发展时期。

随着新图书馆运动的发展,南征北战四处奔走的沈祖荣意识到了一个问题,即由于受辖范围、交通地理、图书馆类型等诸多方面因素的影响,当时图书馆之间普遍缺乏联系和交流,这成为图书馆事业发展的桎梏之一。1922 年,在中华教育改进社第一次年会中,戴志骞提出《组织图书馆管理学会案》一案,建议由中华教育改进社组织成立图书馆教育研究委员会,并以"美国图书馆协会与教育会互相独立原非妥当办法,以致常生隔阂"为例,来说明由中华教育改进社下设一个图书馆组织的必要性。由此可见,建立类似"美国图书馆协会"这样的组织来促进中国教育已成为此次年会的共识。可以说沈祖荣正是图书馆教育研究委员会成立的见证人和参与人,对于成立全国图书馆组织已有充分设想,这一点在其发表于 1922 年《新教育》上的《民国十年之图书馆》一文中得到了印证。沈祖荣认为"中国图书馆,其所以不能发达者,又在该馆各自为

---

① 程焕文.中国图书馆学教育之父——沈祖荣评传[M].台北:台湾学生书局,2013:34.

法,孤立无助。推原其故,由未联络研究机关,以谋协助也。诚能组织全国图书馆研究会,以馆中馆长、馆员、主任为基础,再征求全国同志,及热心赞成家,加入此会,则会员愈多,见闻愈广,集思广益,知识交换,合群策群力,以改良其办法,则此种事业,定有进步。不然,一盘散沙,毫无统系。同为此种事业,而意见纷歧,各处异制,即有良法,无人学步;纵多流弊,不知铲除,长此以往,欲谋发展,未之有也"①。沈祖荣认为,全国图书馆研究会是能使图书馆界群策群力、集思广益,谋求良法、革除流弊,进而促使中国图书馆事业发达的联络研究机关。程焕文称"沈祖荣仍然是公开倡导全国性图书馆组织的第一人"②。在中国图书馆事业发展的关键期提出建立全国性图书馆组织,沈祖荣的理念颇具前瞻性。

1923年,沈祖荣在其《提倡改良中国图书馆之管见》一文中提出设立图书馆责任委员会,这种图书馆责任委员会在美国就是图书馆委员会(Library Commission)。沈祖荣指出,美国的图书馆委员会由图书馆专家组成,负有七项职责,分别是:①辅助已成立的图书馆;②在未设立图书馆的地方备置巡回文库;③介绍最新科学的图书馆管理方法于各地图书馆;④养成图书馆人才;⑤联络各地方图书馆,互通声气;⑥提高图书馆办事人员之资格;⑦提携各图书馆组织促进会以交换管理经验、推广知识。"总之图书馆责任委员会,为一种至要的机关,为能扶助扩充此种事业(指图书馆事业)之强有力机关","此时不谋改良则已,如欲改良,非个人之力所能胜任,鄙见以为非有责任委员会,为有统系的研究,不能扫除积弊,收美满之结果,此设立责任委员会所以为刻不容缓之组织"③。沈祖荣提出了设立图书馆责任委员会的两个具体途径:一是在中华教育改进社已有的图书馆教育研究委员会和书报目录编辑组以外,单独设立一个图书馆责任委员会;二是不另设,而是在图书馆教育研究委员会和书报目录编辑组的基础上扩充成立图书馆责任委员会。沈祖荣清醒地看到当时中国与美国的图书馆事业发展的差距,也明白以当时中国政府的重视程度,由政府成立这样的图书馆责任委员会是不切实际的。当时群众性社团成立无力,且对于图书馆事业较有心得者业已加入中华教育改进社,因此由中华教育改进社成立一个图书馆责任委员会即行开展相关工作能够效果立现。因此,基于中国当时的现实情形,沈祖荣提出:

---

① 沈祖荣.民国十年之图书馆[J].新教育,1922,5(4):783-797.

② 程焕文.中国图书馆学教育之父——沈祖荣评传[M].台北:台湾学生书局,2013:74.

③ 沈祖荣.提倡改良中国图书馆之管见[J].新教育,1923,6(4):551-555.

"如在我国,或限于财力,一时恐做不到,对于薪资一节,可以想出通融办法,兹将图书馆责任委员会之任务言之如左:(1)划分全国为数区,以便分任调查,或通函,或亲到,临时斟酌之;(2)调查已经设立之图书馆的成绩,以及管理方法之有无缺点;(3)介绍一切最新之管理法,须与各该馆之管理员,互相磋商,助其改良;(4)对于未经设立图书馆之地,须负提倡讲演及著述之义务;(5)将所调查之结果,汇成报告书,分寄各处图书馆,俾该馆之管理员,知其优劣之所在,因之可以联络声气,群策进行;(6)须于每月对于图书馆应办及改良事宜,或自身,或请人,出著作一篇,登载《新教育》杂志以资鼓吹。"沈祖荣对于该委员会抱有极大的期望:"组织就绪,积极进行,图书馆事业定行发达,直接言之,为图书事业之一部分;间接言之,实能补助我全国教育也。"①

沈祖荣提出的相适应于中国实际的"图书馆责任委员会"相比美国的图书馆责任委员会,更加注重普及图书馆学知识以及推行和改进图书馆管理方法。但图书馆责任委员会过于理想化,一方面责任范围过大,另一方面又无行政赋权,实际执行难以落到实际。但无论是提倡全国图书馆研究会还是图书馆责任委员会,且不论是否与实际需要相匹配,单是提出这样的设想,就无疑使得更多的图书馆界人士意识到合众的力量,同时对于图书馆事业发展中的图书馆社团所能起到的作用有了更为深刻的理解,这为以后成立地方图书馆协会乃至全国图书馆协会都打下了良好的理念基础。

2. 倡导公立图书馆的联合

沈祖荣在中华图书馆协会的发展过程中,一直是中流砥柱:董事(1925 年 5 月—1929 年 1 月)、执行委员(1929 年 2 月—1937 年 1 月)、理事(1937 年 2 月—1949 年);先后担任图书馆教育委员会主席、委员,编目委员会副主任、委员,检字委员会主席,编纂委员会委员等多项职务。程焕文称沈祖荣是中华图书馆协会中最活跃、最有影响力的少数几个关键领导人物之一②。

从事中华图书馆协会具体业务工作多年,亲眼目睹在中华图书馆协会的组织和带领下图书馆、图书馆人之间的交流合作的成绩,沈祖荣继续不遗余力地倡导合众与联合。在《公立图书馆在行政上及事业上应有之联络》一文中,沈祖荣提出,公立图书馆要在行政上和事业上有种种联络:

---

① 沈祖荣. 提倡改良中国图书馆之管见[J]. 新教育,1923,6(4):551 – 555.
② 程焕文. 中国图书馆学教育之父——沈祖荣评传[M]. 台北:台湾学生书局,2013:85.

本来图书馆当如活水,不应当如死水。流通愈大,则其贡献愈大。这种流通的功用,全在互通声气,若彼此之间,漠不相关,既失去互助的方法,且减少利用的机会,决不能有何发展,决不能使群众满足。须知一个图书馆的能力有限,财力有限,如不使之流通,吸取他馆的长处,补助本馆的不及,则本馆势必形成枯寂的沉闷的现状。试思一国之内,大小图书馆虽有一千多所,按人口分配,本来尚不敷应用,再若彼此不相往来,岂不力量更为薄弱吗?假如素有联络,互通声气,既可资借镜,又可借攻错,那末图书馆在行政上、事业上的效率,他定日新而月异。像欧美图书馆协会,对此种工作,甚为努力,各图书馆莫不一致拥护,认定它是通声气的一种总机关,如'空谷传声,无响不应',现在我国图书馆相形见绌,实不能与之相较,曷胜浩叹!……所以我们必须借重一切的力量设法增进本馆的工作,并能把本馆事业推广于他馆,由国立推及省市立,进而及于县立,上下流通,循环联系,绝不使有顷刻停滞。由是各馆精神,俱形焕发,各馆事业均有生气,则纵然是一个至小至弱的图书馆,也不难循序而进。可惜现在各图书馆对此种工作,如交换上、巡回上,一点不能实行,一旦有需要他馆帮助的地方,则因素无联络,宁可牺牲本馆事业而不求助于人,甚至有求而不应者,以致图书馆暮气沉沉,图书馆员意味索然,阅览者不能发生兴趣了。

通过对公立图书馆单打独斗弊端的条分缕析,沈祖荣对中华图书馆协会作为当时图书馆界公认的权威组织提出具体的工作要求:"至于中华图书馆协会开年会时,各馆同志应尽量参加,一方面辅助大会工作之进行,一方面各同志有联络之机会,同时应各抒己见,有最好改进之提案。内地各图书馆同志,无论在消息上学术上较边远同志的机缘,多得便利,应将所得的一切新事业,报告中华图书馆协会,以使传播远省各图书馆同仁。总之,凡与友谊上有关切者,各同志应取合作的态度,实行联络,以期一致团结,共策进行。此点与图书馆事业更有密切之关系。以上所述,实为由联络中所产生之种种利益。"[①]此外,沈祖荣也未将图书馆界联合与合众停滞于理论之中,而是对中华图书馆协会提出一些具体的工作要求,以达到图书馆界内部联络合作的目的:

---

① 沈祖荣.公立图书馆在行政上及事业上应有之联络[J].中华图书馆协会会报,1936,12(3):1-3.

以中华图书馆协会作全国图书馆界联络之中心机关：凡一切事项，须请求政府帮助者，或须借助他馆者，可函请中华图书馆协会接洽，比较容易。因为该会对一切消息与前进事业，比较明了，力量集中，则推行顺利。还有对于国际图书馆的事业，若用中华图书馆协会的名义代表中国的图书馆，才能相称。故各图书馆应拥护中华图书馆协会，并将一切进行消息，随时报告该会……①

而中华图书馆协会此后开展的种种工作，无不是围绕着此种方面进行，由此可见，沈祖荣关于公立图书馆联合的倡导经由中华图书馆协会得到了部分落实。

"即或亦尚有一二种困难，诸君只要抱一种普及教育的目的，服务社会的热情、勇敢、耐烦、奋斗、前进，未有不迎刃而解的。努力！灌开图书馆界的鲜花！"②沈祖荣保持着热情、勇敢、耐烦、奋斗、前进的服务社会的精神，投身于民国时期图书馆社团的发展，而今鲜花仍在，常开不败！

四、杜定友

杜定友（1898—1967），广东南海（今广州）人，1898 年 1 月 7 日生于上海，1911 年考入南洋公学附属小学。1918 年中学毕业后，被南阳公学派往菲律宾大学学习图书馆学。三年间他共获得图书馆学、文学、教育学三个学士学位和中学教师资格证书。1921 年留学回国后，杜定友辗转就任广州市立师范学校校长，并于 10 月间开设图书管理学课程，开创我国师范教育学校开设图书馆学之先例。同时，杜定友又被聘为广东省教育委员会图书仪器事务委员，专门管理省内图书馆事务。1922 年 3 月创办"图书馆管理员养成所"，培训全省中学图书馆管理人员。同年 4 月发起组织图书馆管理员养成所图书馆研究会并任会长，该会具有地方图书馆学会的雏形。1922 年冬，杜定友兼任广东省立图书馆馆长，但传统势力阻挠其改革事宜之进行，故于次年辞去广东省立图书馆馆长和广州市立师范学校校长职务，奔赴上海。1923 年 6 月起，杜定友在复旦大学担任教授兼图书馆主任。1924 年，在杜定友等人的倡导下上海图书馆协会成立，杜定友当选为委员长。1925 年 9 月，他与章太炎、戈公振等人一起创办上海国民大学，特设图书馆学系并亲自担任系主任，上海国民大学成为我国近代图书馆学教育史上于武昌文华大学图书科之后第二个在大学中开设图书馆学系的学校。尽管办学时间不长，但影响很大，特别

---

①② 沈祖荣.在文华公书林过去十九年之经验[J].武昌文华图书科季刊,1929,1（2）：159－175.

是师生合编的《时报索引》是编制报刊索引的首创之举。1926 年 7 月，日本图书馆界邀请杜定友赴日考察图书馆事业，引发了日本图书馆界的"圕时代"。1932 年杜定友开办中国图书馆服务社。1936 年 7 月起，杜定友服务于广州中山大学，任教授兼图书馆主任。1941 年，杜定友担任广东省立图书馆馆长，并发起成立广州图书馆协会。1946 年，杜定友负责中山大学图书馆、广东省立图书馆、广州市图书馆的建设。1947 年广东图书馆协会成立，杜定友被选为理事长。中华人民共和国成立后，杜定友任广东省立图书馆(后更名为广东人民图书馆、广东省中山图书馆等)馆长、广东文物保管委员会委员、广东省文史研究馆馆员、全国政协委员、广东省政协委员。1957 年，杜定友参加"中国图书馆工作者代表团"出访苏联、德意志民主共和国。1963 年新中国成立后首个图书馆学术团体广东图书馆学会成立，杜定友被选举为会长。1967 年 3 月 13 日，杜定友逝世于广州。

杜定友对于民国时期图书馆社团的贡献集中于以下两个方面：一是作为主力军发起组织多个图书馆社团，如广东图书馆管理员养成所图书馆研究会、上海图书馆协会、中华图书馆协会、广州图书馆协会；二是从事图书馆社团的具体工作，保障图书馆社团各项工作的正常运行。

1. 发起成立广东图书馆管理员养成所及图书馆研究会

杜定友深知图书馆事业的发展必须联合图书馆界同人，因此常年奔波全国从事图书馆教育、管理和业务工作，同时以组织成立及推动图书馆社团发展为己任：

> 图书馆是一种事业，我们在一馆工作是全国图书馆事业的一部分，我们有共同的业务，共同的爱好，也有共同的问题，共同的困难，所以要共同协作，共同解决。我对图书馆事业如果有一点贡献的话，那是和馆内同仁和图书馆界的同志分不开的，我深信：团结即力量。早年，图书馆在社会上不受人重视。其原因之一就是因为没有一班人为图书馆而努力。图书馆在社会上的地位要靠群策群力去争取，而不能坐待而至的。早在 1922 年，我即发起组织广东图书馆学研究会，具有地方图书馆协会的雏形。1923 年，发动全国性的组织，1924 年成立上海图书馆协会，1927 年成立广东图书馆协会，以后每到一处，必依靠群众，组织协会。①

---

① 杜定友. 我与图书馆协会[G]//广东省立中山图书馆,中山大学图书馆. 杜定友文集：第 18 册. 广州：广东教育出版社,2012:4－17.

金敏甫认为,杜定友是国内首先提倡建立图书馆协会者:"……美国图书馆事业之发达,冠于全球,盖其有协会之组织,已历六十年。我国之有图书馆协会,不过十余年,而首先提倡者,则杜师定友也。"①金敏甫认为,1922 年杜定友主办的图书馆管理人员养成所组织的"图书馆研究会","其任务与图书馆协会无异,是实全国各地图书馆协会创设之先河"②。张民选、戴建国在其《杜定友与二三十年代的图书馆事业》一文中也认为杜定友是图书馆协会的"首倡者"③。

1921 年,杜定友自菲律宾留学回国就任广州市立师范学校校长后不久被委任为广东全省图书馆事务委员。

关于杜定友在广东任职期间事宜,金敏甫在其《中国现代图书馆事业概况(续)》一文中有所提及:

> 民国十年,广东全省教育行政,施行委员制,设委员五人,组织全省教育委员会,而此委员五人中,图书馆事务委员,亦占其一,中国各省之设图书馆专员者,当以该省为创举,司其事者,为图书馆专家杜定友氏,视事者凡一年有余,所办事项,如设立图书馆管理员养成所,设立图书审查委员会,整理全省图书馆等,颇有特殊贡献,全省图书馆成绩遂占吾国各省首席,惜以种种关系,杜君赴粤赴沪,而次图书馆事务委员,遂亦无形取消,良深愧感。④

1922 年,时任广东省教育委员会图书仪器事务委员和广东省立图书馆馆长的杜定友对于广东省图书馆事业的发展计划已有通盘考虑:"对于图书馆方面,第一着便感得专门人才的缺乏,所以立办一个短期图书馆员养成所。那时来学者,极为踊跃。"⑤当年广东图书馆管理员养成所便成立了,该图书馆管理员养成所有 60 余人,杜定友在文中将该养成所喻为"筵席":"我们也大开筵席,创办一所图书馆员养成所,柬请一班同志济济一堂,把图书馆学仔细嚼一番,大家吃得津津有味,这一场喜酒竟

---

① ②　金敏甫. 定友先生与图书馆协会[M]//钱存训. 杜氏丛著书目. [出版地不详],1936:
　　56－61.
③　戴建国. 杜定友与二三十年代的图书馆事业[M]//张民选. 现代图书馆建设论丛. 上
　　海师范大学学报编辑部,2009:352.
④　金敏甫. 中国现代图书馆事业概况(续)[J]. 中山大学图书馆周刊,1928,1(2):14－
　　18.
⑤　杜定友. 十年回忆录[J]. 中山大学图书馆周刊,1928,1(4):15－31.

延长至二月之久……"①,"复以图书馆学之问题至多,图书馆界之声气未通也,爰又组织图书馆研究会,求集思而广益,期相挈以并进"②。杜定友理所当然被推举为会长。虽然该养成所与研究会在当时有开创先河之前锋作用,引发了各界关注,但杜定友并未囿于名利,反而冷静地认为该养成所并不具有很多优势。首先,杜定友认为,虽然来学者极为踊跃,但是其中有一些人是因为上级命令而不得不参加,六十余人中,只有二三十人是真正对图书馆有兴味的。其次,养成所是短暂的,所里教授的理论与知识不详尽,而且当时广东省内并没有一所正式的公共图书馆作为模范,既有的图书馆各种设施也不齐全,养成所所讲授的知识不免流于空泛。因此,当广东省图书馆管理员养成所办成后,其他各省也出现了办理图书馆管理员养成所的呼声,但杜定友认为基于以上几点考虑"还是缓办的好"③。由此可见,杜定友作为一名图书馆学家,既注重图书馆员理论知识的教授,同时也十分重视图书馆员的职业素养和实践能力的培养,而没有被各种冒进的、新颖的学派影响。

虽然广东图书馆管理员养成所并未继续开办,图书馆研究会也未见有开展活动的讯息,但密切各个图书馆、图书馆与学校、图书馆与社会之间的联系是杜定友始终努力的方向,他建议广东省"组织图书馆教育科",该教育科要统一各图书馆管理法,且"订为互助之制度",该教育科要"促进图书馆与学校及社会之联络"④,等等。

2. 发起成立上海图书馆协会

杜定友在广东从事图书馆管理与教育工作,受当时广东省省长的大力支持,因此各项活动得以顺利进行。然而该省长病故后,新任省长对于图书馆事业的重视大不似从前。对此杜定友曾撰文:"我在民国十一年,侥幸得了省长的重视,委为省图书馆长。所以自己高兴极了,而且目睹省图书馆过去的腐败和积弊,对于图书馆之不善保存,我的良心,驱使我努力从事。所以画夜筹划,连车马费也不支分毫,以求整顿。可惜那位省长不幸死了,我也不得不连带下台。"⑤1923 年,杜定友离开广东,远赴上海出任复旦大学图书馆主任,两年后,杜定友创办了上海国民大学图书馆系。在从事图书馆工作和讲授图书馆学之余,"仍付余力于图书

---

① 杜定友.杜定友先生遗稿文选[M].南京:江苏省图书馆学会,1987:19.

②④ 杜定友.广东图书馆教育计划[J].北京高师教育丛刊,1923,3(6):1-3.

③⑤ 杜定友.十年回忆录[J].中山大学图书馆周刊,1928,1(4):15-31.

馆协会事业"①——杜定友根据之前创办广东图书馆管理员养成所,并开设图书馆研究会的宝贵经验,意识到了建立图书馆员之间交流互动组织的必要性,再加之受中华教育改进社的委托,1924 年杜定友与孙心磐发起组织上海图书馆协会,并分函上海各教育机关,推选代表召开筹备会议,最终上海图书馆协会于 1924 年 6 月正式成立,杜定友为其主要的倡导者和推动者是毋庸置疑的,当时的《通俗旬报》和《学生杂志》等报刊都有报道,称上海图书馆协会的发起人为杜定友②。而上海当时为通商大埠,对周边地区影响力极大,辐射力极广,因此上海图书馆协会若"振臂一呼,影响可及于全国",为此杜定友以责任所在,义不容辞,致力于会务工作,而上海图书馆协会"遂于杜师主持之下,推进猛速,成绩斑斑……"③,而且在主持上海图书馆协会期间,杜定友均"亲临主持一切会议,计划发起,奔波筹划……"④。有学者经研究后得出结论:"在杜定友主持下,上海图书馆协会成绩斐然。开启公开阅读的先声,举办读书运动,举行讲演会,到河南演讲图书馆学,主办中国空前未有的图书馆展览会,编印图书馆学刊物,设立图书馆学图书馆,欢迎美国图书馆专家,赴日本考察图书馆事业等。"⑤

　　1926 年 7 月,任上海图书馆协会委员的杜定友受日本图书馆界邀请赴日考察图书馆事业,并撰写了《赴日参观记》⑥。此次考察后,杜定友对于发展中国图书馆事业以及中日两国图书馆界的交往互动提出了非常高的期望。而且在此次考察中,杜定友发明了"圕"一字代替"图书馆"三个字,深受日本图书馆界赞许,并通行全国:"彼邦人士,如获拱璧,更发行杂志,以此字命名。"⑦日本图书馆界著名学者间宫不二雄根据杜定友发明的"圕"字创办了名为《圕》的期刊,次年成立了日本青年图书馆员联盟,并于 1928 年发行《圕研究》季刊。可以说杜定友之访及其所发明的"圕"在日本引发了图书馆界对于创办图书馆学期刊、组织图书馆员联盟的热情。而日本图书馆学家松见弘道把这一时期称为日本图书

①③④　金敏甫.定友先生与图书馆协会[M]//钱存训.杜氏丛著书目.[出版地不详],1936:56－61.

②　组织上海图书馆协会之先声[J].通俗旬报,1924(25):5.

⑤　戴建国.杜定友与二三十年代的图书馆事业[M]//张民选.现代图书馆建设论丛.上海师范大学学报编辑部,2009:352.

⑥　金敏甫.中国现代图书馆概况[M].广州:广州图书馆协会,1929:54.

⑦　杜定友.圕[J].图书馆学季刊,1927,2(1):164－167.

馆学发展史上的"圄时代"①,足可见杜定友此次赴日考察所产生的影响。

3. 筹备组织成立中华图书馆协会并从事具体工作

中华图书馆协会诚如前述,绝非由某一组织或某一人单独发起成立的,而是由当时图书馆界、教育界以及文化界人士群策群力发起成立。而这其中,杜定友发挥了独到的作用,从相关文献来看,如果没有杜定友的多方斡旋,中华图书馆协会或无法顺利成立,或分裂成立一南一北两个全国性协会。

1924 年,已任上海图书馆协会会长的杜定友"鉴于图书馆事业之促进,实赖乎全国图书馆协会之设立,爰拟发起组织"②,后接连接到河南、安徽、山西、浙江、江西等多地图书馆协会、图书馆敦请其成立全国图书馆协会的函件,因此拟在上海成立全国图书馆协会,并向全国图书馆界代表发出邀请。浙江公立图书馆在其《浙江公立图书馆年报》上转发了开封图书馆协会函件,并表示赞同:

> 请上海图书馆协会筹备全国图书馆协会函 十四年三月十九日
> 迳启者 案准开封图书馆协会函开
> 美国退还庚款拟拨一部分作为扩充图书馆之用,该国图书馆协会并派代表鲍士伟博士来华参观各地图书馆,四月二十六日即可抵沪。迭接各处来函咸谓组织全国图书馆协会刻不容缓,敝会深表赞同。惟协会地点暂宜设在上海,盖地点适中交通便利,且可就近欢迎鲍士伟博士至组织协会种种手续。即拟推上海图书馆协会就便办理并希于四月十五日左右招集成立大会,庶于人地时间各无所妨。如蒙赞同,即请迳函上海图书馆协会及时筹备并希赐复为荷等由。并附草拟全国图书馆协会章程一纸过馆,准此。查全国图书馆协会东西各国皆成立已久。独吾国仅有少数之地方图书馆协会而全国协会尚付阙如,殊为憾事。开封协会函称各节敝馆极端赞同,除函复外,相应函请贵会及时筹备并希见复为荷。③

---

① 刘岳兵. 近代中日图书馆的文化交流与对抗[C]//南开日本研究. 北京:世界知识出版社,2017.

② 金敏甫. 定友先生与图书馆协会[M]//钱存训. 杜氏丛著书目. [出版地不详],1936:56-61.

③ 请上海图书馆协会筹备全国图书馆协会函(十四年三月十九日)[J]. 浙江公立图书馆年报,1925(10):9.

当时全国各地图书馆协会代表汇聚上海。杜定友曾撰文称："我平生最快意的事,可算民国十五年,在上海筹备全国图书馆协会的时候。那时到会的,凡六十余人。代表十七省之多得以聚同志于一堂,共谈肺腑。真是人生难得之机会。"[①]但是,当时北京方面也同时有成立全国图书馆协会的意向,并就各项工作积极筹划。杜定友曾在其名为《我与图书馆协会》的回忆录中对中华图书馆协会的成立有这样的描述:

> 1924年,组织全国图书馆协会是经过一场激烈的斗争。原因是北平方面以少数人的发起草草成立,会内设有"董事",均时下"名流",官僚气味颇重,尤为群众所不满。当时群情汹涌,会议有分裂之势。我以图书馆界出现"南北政府",期期以为不可,乃奔走斡旋,樽酒折衷,主持会议凡三昼夜。当时北平方面仅代表三四省,而由我号召的上海方面有十七省之多。我唇焦舌烂,说服多数,为之撮合,承认北平方面,但改选职员。如果上海之全国图书馆联合成立,则我被选为首任会长,自在众料之中,而我放弃个人名誉地位,会务仍由北方戴志骞领导,由我副之,中华图书馆协会始告成立。[②]

而关于中华图书馆协会成立之际的"南北之争"有金敏甫的《中国现代图书馆事业概况》加以佐证。金敏甫在该文中称上海图书馆协会"成立而后,进行之努力,为他处所不及,第一年间所办事项,如介绍阅览也……他如发行杂志……筹备中华图书馆协会……均于图书馆事业,有莫大之贡献"[③]。与此形成对比的是该文在对北平图书馆协会的工作介绍中,未提及筹备成立中华图书馆协会一事。该文发表在《国立中山大学图书馆周刊》上,此后又于1929年结集成书由南京铁道图书馆发售,这种以公开传播的期刊和著作为载体的文字描述具有相当高的可信度。

当时虽袁同礼及其他各地代表齐聚上海,但关于"两会合并办法,谈至翌晨四时,方始议妥"。然而,接下来的几日"各代表主张太多,意见颇不一致,会议终日,仍无结果。会毕而后,杜师深恐功亏一篑,用尽力量,奔走于各代表间,以期免除各方误会,俾一国之内,不致有两个(全国图

---

①　杜定友.十年回忆录[J].中山大学图书馆周刊,1928,1(4):15-31.

②　杜定友.我与图书馆协会[G]//广东省立中山图书馆,中山大学图书馆.杜定友文集:第18册.广州:广东教育出版社,2012:4-17.

③　金敏甫.中国现代图书馆事业概况(续)[J].国立中山大学图书馆周刊,1928,1(3):19-26.

书馆)协会同时成立"①,最终,中华图书馆协会在杜定友的妥协下成立。

由于目前收集到的文献有限,仅有代表上海图书馆协会的杜定友方面的叙述,并无北平图书馆协会方面诸如戴志骞和袁同礼的自述,因此,姑且以杜定友方所述为史实。由此可见,在成立全国图书馆协会的过程中,杜定友为了顾全大局,舍弃了全国图书馆协会领导一职。在当时众多争名夺利、以成立社团作为向上攀附、混迹政坛的人群中,杜定友坚持了作为一名知识分子的底线,以中国图书馆事业的向前发展为首任,最终促成了全国图书馆协会的成立。然而,在一些后来的研究成果中,杜定友对中华图书馆协会成立所做出的种种努力并未得到应有的肯定,如"在《中国图书馆协会成立史》一文中竟没有提到杜先生的名字"②。

中华图书馆协会成立后,杜定友当选为执行部副部长。此后,杜定友在中华图书馆协会中先后担任执行委员会常务委员、检字委员会主席、索引委员会主席等职务。他身兼数职,往返奔波于北平、上海和广州三地,但仍热心于中华图书馆协会相关工作,密切关注中华图书馆协会的发展。

杜定友从事中华图书馆协会的各种工作和活动诸多,仅举例二三以为表率。

1929 年,中华图书馆协会第一次年会在数次延迟之后终于召开,其中,经费问题是导致其数次延迟的原因之一。为此,杜定友努力向当时政府方面请款,戴季陶提议由中央党部捐助中华图书馆协会年会会费2000 元,并与以后每月捐助中华图书馆协会经常费 100 元。在《年会筹备主任报告》中,戴志骞认为:"尚望杜(定)先生再向戴院长作一底之接洽,此议当可实现也。"③第一次年会时,杜定友提出了《改征本会机关会员会费案》以试图改变中华图书馆协会经费掣肘的窘境,该案由是"本会经费支绌,而会费又不能一律增多,兹拟用分级制,敬候公决"④。杜定友想要通过对机关会员会费采取分级收取的办法在一定程度上解决中华图书馆协会的运行经费问题,但遗憾的是该提案未付议论。

---

① 金敏甫.定友先生与图书馆协会[M]//钱存训.杜氏丛著书目.[出版地不详],1936:56-61.

② 钱唐.整编后记[M]//杜定友.杜定友先生遗稿文选.江苏省图书馆学会,1987:200.

③ 戴志骞.年会筹备主任报告[R]//中华图书馆协会执行委员会.中华图书馆协会第一次年会报告.北平:中华图书馆协会事务所,1929.

④ 未付讨论议案[R]//中华图书馆协会第一次年会报告.北平:中华图书馆协会事务所,1929:30.

1927 年,杜定友在其撰写的《图书馆学概论》一书中专列一章"图书馆协会",谈及图书馆协会在美国已有五十年的历史,在英日诸国的历史也有二三十年之久,这是因为图书馆学已成为专门科学之一,办理图书馆的人有联络与互助研究的必要。杜定友在文中列出了八种图书馆协会类型,并指出图书馆协会的宗旨有四条:图书馆之联络与互助,图书馆学术之研究,图书馆事业之改进,图书馆事业之发展。杜定友认为,图书馆协会所应从事的事业有二十项,既涉及图书馆管理、选购图书、编制索引等图书馆具体业务工作的制度建设,同时又有辅助指导新建图书馆、发行图书馆期刊、出版图书目录、设立图书馆讲习会、举行图书展览会和图书馆运动以及宣传推广图书馆事业等方面的崇论宏议。从对"图书馆协会"大着笔墨可以看出,杜定友始终以学术的眼光试图使中华图书馆协会的工作按照既定的轨迹开展,努力使其成为中国图书馆事业发展的助推器。

4. 重整广州、广东省图书馆协会

1925 年广州图书馆协会成立之后,因会长离开,加之当时社会局势等主客观原因,并未得到理想的发展。1926 年冬,杜定友接手并主持广州图书馆协会,并提出由图书馆协会办理图书馆界的业务工作。1928年,广州图书馆协会改选职员,奔波于上海和广州两地的杜定友仍被选举为会长。杜定友上任后积极行动,重整会务,定每两月开会一次,于开会时举行学术讲演;开会前出版会刊一次,聘请知名图书馆学学者钱亚新为编辑。杜定友为《广州图书馆协会会刊》撰写发刊词:"凡服务图书馆界者,自当集会研讨,以求图书馆学识之进益,力谋图书馆事业之发达,而对外尤有提倡与宣传之必要,爰有会刊之发行,借以通消息而供研究……盖本会同人,自量人才财力两不逮人。故发行之初,不敢稍事铺张。力图日渐扩充,永继弗绝,免陷于虎头蛇尾之消。区区愚诚,谅蒙阅者垂鉴。至若论文之篇幅较长,或研究讨论之可以专勒成书者,则随时发行专刊,以广流传。"①金敏甫称,杜定友主持广州图书馆协会期间"埋首苦干,成绩斐然"②。

杜定友还在协会中组织调查委员会对广州图书馆及出版业进行调查,并由陈德芸、陈普炎、钱亚新编写成《广东图书馆概况》,内容分藏书

---

① 杜定友. 发刊词[J]. 广州图书馆协会会刊,1929,1(1):1.

② 金敏甫. 定友先生与图书馆协会[M]//钱存训. 杜氏丛著书目.[出版地不详]:[出版者不详],1936:56–61.

家、图书馆、出版界三部①；此外，杜定友在任期间，还由协会出版了金敏甫著《中国现代图书馆概况》。由于该书是对当时中国图书馆事业建设成果的全面、细致的总结，因此可以说是广州图书馆协会的重要成绩之一。

广州图书馆协会后因种种原因进行不畅，加之抗战爆发，会务中辍。抗战胜利后，杜定友振兴广东省图书馆事业之心未变，于 1946 年倡导广东省图书馆界发起组织广东省图书馆协会。卢景云曾直言："在这二十年中，图书馆事业设若没有（杜定友）先生从中提倡和宣传，绝不会引起国人的注意和目前它在社会上的地位。"②现代图书馆学专家程焕文在为《杜定友文集》作的序中，直言杜定友为"20 世纪中国最伟大的图书馆学家"而无"之一"，足可见程焕文对于杜定友的高度赞誉。

五、刘国钧

刘国钧（1899—1980），字衡如，江苏南京人。我国图书馆学家、图书馆学教育家，中国近代图书馆事业奠基人之一。1915 年，刘国钧进入南京金陵大学哲学系就读，同时在金陵大学图书馆从事兼职工作，1920 年毕业留校图书馆工作。1922 年开始先后在美国威斯康星大学哲学系、图书馆专科学校及研究院就读，并最终获得哲学博士学位。1925 年回国后，任金陵大学图书馆主任兼文学院教授；1927—1928 年，任南京大学图书馆馆长和中国教育部图书馆处处长③；1929—1930 年在北平图书馆任编纂部主任、阅览部主任并在北京师范大学兼课。1930 年，刘国钧返回南京金陵大学，历任图书馆馆长、文学院院长和中国哲学与目录学教授，1937 年随金陵大学迁至成都。1943 年，刘国钧受政府之命远赴兰州筹建西北图书馆；1944 年任该馆馆长；1949 年任顾问；1951 年开始任北京大学图书馆学系教授，并兼任北京大学学术委员会委员、北京图书馆顾问等；1958 年起担任北京大学图书馆学系主任；1979 年被推选为中国图书馆学会名誉理事。1980 年，刘国钧逝世。

1. 倡导成立图书馆社团

刘国钧虽最初从事哲学方面的研究，但其敏锐的学术眼光和嗅觉，

---

① 广州图书馆协会近闻[J].中华图书馆协会会报,1929,4(6):20.

② 卢景云.一点感想[M]//钱存训.杜氏丛著书目.[出版地不详],1936:100.

③ 一代宗师——纪念刘国钧先生百年诞辰学术论文集[C].北京:北京图书馆出版社,1999:46.

亦使其成为民国时期较早对于专业学术组织有所倡导的图书馆界学者之一。

1920 年，刘国钧从金陵大学哲学系毕业后，入职金陵大学图书馆任主任。之前在图书馆的兼职工作经历，加之正式工作后出任金陵大学图书馆主任，使图书馆事业成为刘国钧欲终身从事的事业①。同年，刘国钧发表了《学术团体与文化进化》②，开篇说明此文目的之一为唤起国人组织学术团体的兴趣，反映出刘国钧对于学术团体在促进行业发展、文化进步、民族复兴中的重要作用的认可。文中刘国钧认为"学术团体在文化运动中……虽未必是促进文化进化的唯一方法，但却是合于文化进化条件的一种组织"。刘国钧希望有更多学术团体出现，且希望这些团体能联合起来做关于某问题的共同研究，而且刘国钧建议组建小的学术团体，因为在小组织中"精神要专一些，研究也可精深些"。刘国钧反对那些"流于形式""精神涣散"的学术团体，而希望学术团体能自由发展，成员间有协作的精神。这是刘国钧对于学术团体的初步认识和设想。

1923 年，赴美留学的刘国钧在《新教育》上发表了《美国公共图书馆概况》一文，述及美国图书馆联合会（美国图书馆协会），并将该会对"公共图书馆"所下定义与中国当前公共图书馆的含义进行对比，由此可见刘国钧对于美国图书馆联合会在图书馆界专业性的认可。

秉持着依靠专业学术组织促进中国图书馆事业的信念，1925 年中华图书馆协会成立后刘国钧虽远在海外，仍毅然加入并被选为出版委员会主任。在刘国钧写给威斯康星图书馆学院院长玛丽·艾默金·赫泽尔苔（Mary Emogene Hazeltine）女士的信中称，他已当选中华图书馆协会——一个伟大的现代公共图书馆促进会——出版委员会主任，并主编《图书馆学季刊》③。由此看出，刘国钧对于中华图书馆协会的定位是促进现代公共图书馆发展，这也契合了其先前倡导专业的学术团体的理念。可以说，刘国钧《学术团体与文化进化》一文是对其以后在中华图书馆协会工作的规划与设想，而刘国钧在中华图书馆协会几十年间的实际工作也真正实现了研究精神专一与精深。

---

① 少年中国学会第三届执行部. 少年中国学会会员终身至业调查表（1920 年 10 月至 1921 年 11 月底调查）[M]//张允侯. 五四时期的社团（一）. 北京：生活·读书·新知三联书店，1979：422 - 423.
② 刘国钧. 学术团体与文化进化[J]. 少年世界（上海 1920），1920，1（9）：1 - 2.
③ 罗宾斯. 我们永远忘不了你：刘国钧和威斯康星图书馆学院[C]//一代宗师——纪念刘国钧先生百年诞辰学术论文集. 北京：北京图书馆出版社，1999：41 - 50.

2. 任中华图书馆协会出版委员会主任

刘国钧与民国时期的图书馆社团最密切、最集中的联系来自其长期担任中华图书馆协会出版委员会主任等职,并作为主编负责中华图书馆协会主办的《图书馆学季刊》的编辑出版事宜。在金陵大学读书期间,刘国钧就开始担任校刊《金陵光》杂志社中文总编辑。1919 年少年中国学会成立,次年该学会南京分会的会刊《少年世界》开始出版,刘国钧与方东美曾担任过一段时间的编辑工作①。两次担任编辑的经历为其之后主编《图书馆学季刊》积累了丰富的经验。

1925 年,中华图书馆协会成立后,具有丰富的编辑经验、深厚的哲学与图书馆学理论功底的刘国钧成为中华图书馆协会出版委员会主任的不二人选。次年,刘国钧开始主编由中华图书馆协会主办的《图书馆学季刊》,在 1928 年 12 月以前,该刊的作者投稿和读者通讯联系之处都是刘国钧在金陵大学的工作地址。1929 年 3 月,中华图书馆协会出版委员会改组为编纂委员会,《图书馆学季刊》编辑部从出版委员会中独立出来,仍由刘国钧主持。由于《图书馆学季刊》是中华图书馆协会的一项重要学术研究和出版工作,刘国钧作为主编及中华图书馆协会执行委员会常务委员与其他北京的职员相隔两地,工作方面诸多不便,加之北平图书馆发出邀请,因此,刘国钧于中华图书馆协会第一次年会之后的 9 月北上入职北平图书馆。《中华图书馆协会会报》对刘国钧北上任职大加欢迎:"不但该馆得人可庆,即本会会务之进展上,亦殊利便。"②北上的刘国钧继续负责《图书馆学季刊》的编辑工作。1930 年,刘国钧返回金陵大学,但作为《图书馆学季刊》编辑的工作仍然继续进行。

作为《图书馆学季刊》的编辑,面对当时学界各类学术风潮和研究手段的变幻,刘国钧凭借其卓越的学术眼光,始终秉持着对于该刊的学术定位——"本新图书馆运动之原则,一方参酌欧美之成规,一方稽考我先民对于斯学之贡献,以期形成一种合于中国国情之图书馆学"③,保证了该刊刊载的论文保持着非常高的理论高度和学科专业性,使得该刊成为民国时期三大图书馆学期刊之一,并至今在图书馆学界保持着较高的研究热度。当时《图书馆学季刊》的海内外发行量较大,刘国钧作为《图书馆学季刊》的编辑,难掩其对于《图书馆学季刊》的赞誉:"惟本刊在国外

---

① 刘绍唐.民国人物小传:第 5 册[M].上海:上海三联书店,2015:33.
② 刘国钧君转职北平[J].中华图书馆协会会报,1929,5(1/2):46.
③ 本刊宗旨及范围[J].图书馆学季刊,1926,1(1):首页.

之声誉,似尚不弱。"①而且该刊还发行到了美国、英国、日本等地,从传播中国图书馆学学术的角度来看,作为主编的刘国钧可谓不辱使命。而且由于《图书馆学季刊》刊载了大量译自国外,如美国、英国、日本等国的图书馆领域的论文,因此成为当时国内图书馆界学习海外先进的图书馆学理论研究成果和图书馆业务工作技能的重要渠道。

然而,作为出版委员会主任的刘国钧并未囿于现有的功绩,而是将该委员会的目标定位于推动和发展中国图书馆事业——充当中国图书馆事业的推进器。中华图书馆协会第一次年会时,刘国钧发表了《出版委员会报告》,共提出五项提议:一为建议设置专员集中司理发行事务,兼管理其他用品售卖,不至于使期刊和会员著作的发行散漫贻误;二为出版经费的筹措方式要多样且促其落实以期发展;三为应各地方对图书馆管理与组织方面书籍的需求,发行相关丛书丛刊;四为添办周报或半月刊,以刊载宣传图书馆以及易于使用、遵循的图书馆管理方法,以普及图书馆相关理论和办法;五为组织健全的编辑部,改良扩充《图书馆学季刊》载文内容。这五项提议既围绕出版委员会职责,以充分发挥出版委员会作用为目的,又无一不以推动图书馆事业、推广图书馆理论与方法、满足图书馆与读者需要为导向。因此,这既可以说是作为出版委员会主任的刘国钧的提议,又是一名图书馆事业从业人员和读者的需求。

然而,中华图书馆协会出版委员会主任的工作只是刘国钧的兼职工作之一。身为出版委员会主任的刘国钧,既要保证出版工作的正常进行,又要筹措出版资金,这项工作并不如刘国钧所预期的那样顺利:第一次中华图书馆协会年会中,刘国钧做了《出版委员会报告》,就过去两年中的出版物现状、出版物内容、将来的计划做了报告,称"就本委员会过去二年之经验而论,深感各事麋集一身之苦。捉襟见肘,自不待言。非以会员诸公之爱护,则颠覆已久……","本会出版经费向无专款。非设法筹措难期发展……"②。但即使如此,刘国钧仍奋力挪转,多方筹措,使《图书馆学季刊》不致因经费困难而停刊,也未因掣肘而沦为广告泛滥之地,并保持了极高的学术水平,为当时的图书馆界和图书馆学术研究贡献了极具价值的国内外研究成果。

① 刘宇,宋歌.《图书馆学季刊》载文计量研究[J].图书馆,2008(3):48-51.

② 刘国钧.出版委员会报告[R]//中华图书馆协会第一次年会报告.北平:中华图书馆协会事务所,1929:20-22.

3. 参与中华图书馆协会年会及其他活动

刘国钧作为中华图书馆协会的核心职员之一,除了编辑出版《图书馆学季刊》,还多次担任中华图书馆协会执行委员、执行副部长、图书教育委员会委员等要职,在中华图书馆协会的各项工作中发挥了不可替代的作用。

1929年,中华图书馆协会第一次年会在南京金陵大学召开,刘国钧作为原金陵大学教授,义不容辞地承担了大会执行委员一职,与其同为大会执行委员的还有杜定友、王云五等15人。为了此次大会顺利召开,刘国钧自称为"杂差",负责筹备会议及一切招待事宜,在《年会筹备主任报告》中,戴志骞亦称"关于筹备诸事,多赖刘国钧李小缘两先生及金陵大学图书馆馆员之力……"①,最终,来自全国15个省的200余名中华图书馆协会会员到会,各项会议程序顺利推进,大会最终推出议案90余件而圆满毕会,刘国钧如时人所评价的"诚劳苦而功高也"②。

刘国钧心系中国图书馆事业的发展,并视中华图书馆协会为发展中国图书馆事业的绝对力量和信仰,这是源于其对于当时政府发展图书馆事业的失望:"其实《图书馆条例》在中国也不是什么新奇的东西。前清宣统年间和民国五年都曾由政府公布过,结果不过各省各县多设几个机关罢了,于民众固无多大利益;于文化也未见得能以发扬。由今之道,无变今之俗,则《图书馆条例》恐怕不免变为教育法令中一种装饰品。"③此后,大学院在南京召开全国教育会议(1928年),刘国钧所提《请规定全国图书馆发展步骤大纲案》是该会中关于图书馆事业发展的八个提案之一,这些提案虽经全国教育会议通过,但当时负责管理图书馆事业的大学院未能将该案付诸实施。如此种种表明,借由政府之力发展图书馆事业已成泡沫幻影,而这也是刘国钧毅然加入中华图书馆协会的原因之一。

在中华图书馆协会的各项工作中,刘国钧兢兢业业、尽心尽职,既以高瞻远瞩的大格局视发展中国图书馆事业为己任,又脚踏实地地谋求图书馆工作的些微改进。

如在中华图书馆协会首次年会的第三次会议中(1929年2月1日上

---

① 戴志骞. 年会筹备主任报告[R]//中华图书馆协会执行委员会. 中华图书馆协会第一次年会报告[R]. 北平:中华图书馆协会事务所,1929:23.

② 吟秋. 全国图书馆年会花絮录[N]. 申报,1929 – 02 – 04(19).

③ 刘国钧. 图书馆事业的进行步骤[J]. 现代评论,1928,7(165):5 – 7.

午于金陵大学科学馆内),刘国钧提出了《请拟定本会事业之进行程序以资发展案》,理由是:"航海洋者必有南针;举大业者必有程序;本会成立之始,适当干戈扰乱之秋,各方责望已属甚殷。今全国底定,建设开始,社会之有需于本会者,定必什佰于前,亦即本会对于社会之责任什佰于前。若不量自身之能力,审事势之轻重,为缜密之计划,定进行之步骤,则必有顾此失彼,挂一漏万之虞。次本会事业之进行程序,所以亟应规定者也。本会现时所应举办之事业,极为复杂,若同时进行,必一无所成。窃以为就本会之财力人力,与社会之需要而论,当以研究事业、目录事业、指导事业及出版事业等,为最切要。兹将其办法条列于后,以俟公决。"①其后,刘国钧详列十二项解决办法,分别对中华图书馆协会会务范围、研究解决具体问题、成立相关委员会、指导地方图书馆或图书馆工作人员等做出详细阐释,可以说,刘国钧提出的解决办法处处力求落到实处,且对中华图书馆协会寄予厚望(可惜的是,该提案因种种原因未付议)。在本次年会分类编目组召开第二次会议时,刘国钧发表了题为《分类目录与标题之比较》②的演说,借以引发图书馆界人士对于图书分类的关注与深入研究。

此外,刘国钧多次代表中华图书馆协会及中国图书馆界参加国际图书馆界的交流与往来,为中国图书馆界与世界图书馆界的交往搭建起了桥梁。因此,刘国钧也被吴稌年称为"中华图书馆协会的第一使者"③。

4. 发起兰州图书馆协会

兰州图书馆协会的成立是刘国钧作为图书馆学家的一次拓荒,也是将其在中华图书馆协会任职期间的管理经验应用于西北地区的一次独立实践。民国初期的西北地区虽为"中华民族之一大生命线"④,但因为地处偏僻内陆,多民族杂居,文化贫瘠,遑论图书馆事业的发展。抗战时期,西北作为抗战的大后方,赢得了相对稳定的社会发展环境,加上大量的人才和高校的内迁,西北文化教育得到了一定的发展,宁夏省立图书

---

① 中华图书馆协会执行委员会. 中华图书馆协会第一次年会报告[R]. 北平:中华图书馆协会事务所,1929:33 – 35.
② 中华图书馆协会执行委员会. 中华图书馆协会第一次年会报告[R]. 北平:中华图书馆协会事务所,1929:57.
③ 吴稌年. 中华图书馆协会的第一使者——刘国钧[J]. 图书馆,2013(1):96 – 98.
④ 安汉. 西北农业考察序[G]//政协南郑县文史资料研究委员会. 南郑县文史资料:第5辑. 汉中:资料研究委员会,1988:33.

馆、宁夏民众教育馆①成为社会教育的中坚力量。但图书馆事业的发展较内地仍羸弱不堪,且与中华民族之一大生命线不匹配。因此,在经过了准备、推进阶段后,20世纪40年代开始,政府将开发西北的工作推进到了实施阶段,并将发展西北图书馆事业的中心放在了兰州,拟在兰州建立国立西北图书馆,而筹建和主持国立西北图书馆的重任则交给了具有深厚的图书馆学理论与实践经验,且具有学界威望的刘国钧。

1943年,刘国钧被政府委以国立西北图书馆筹委会主任之职,赴渝商讨该馆成立计划等事宜,后远赴西北筹建国立西北图书馆。在中华图书馆协会多年的工作经历,使得刘国钧颇为重视西北地区图书馆协会的发展。因此《国立西北图书馆筹备计划书》中的第五部分中,明确将组织图书馆协会作为国立西北图书馆所要从事的一项辅导工作:"设法与各省图书馆取得联络,组织图书馆协会,并举行图书馆馆员座谈会。"而且在该计划书末尾还指出:"以上各种事业,当就环境之需要与经费之宽绌,或由本馆单独举行,或与其他机关合办。期于三年之内陆续实现。"②由此可见刘国钧对于发展西北地区图书馆事业的规划与决心。

次年,西北国立图书馆如期成立。接下来,成立兰州图书馆协会的工作也在刘国钧的推动下顺利开展,最终,1945年,兰州图书馆协会成立,刘国钧以其在西北图书馆界杰出的影响力当之无愧地被选举为首任理事长。在任兰州图书馆协会理事长的短短几个月内,刘国钧试图遵循中华图书馆协会的运行模式将兰州图书馆协会发展壮大,如积极征求机关及个人会员以扩大协会的社会影响力、编制兰州市联合图书目录、整合兰州图书馆界资源、举办图书馆学讲座、提升民众对于图书馆重要性的认识、定期出版刊物以传播和发展图书馆学、联络和团结图书馆人士等,以点及面的方式努力辐射和影响西北地区图书馆事业的发展。然而,随着几个月后国立西北图书馆的停办,兰州图书馆协会的各项工作也戛然而止。次年,虽然国立西北图书馆复馆,但兰州图书馆协会并未复会。其原因据有关学者③分析是多方面的,除了协会登记被注销导致主要职员流失之外,更主要的原因是当时的社会环境对于图书馆事业不利,导致中华图书馆协会等图书馆社团的影响力降低,而且经历了闭馆

---

① 马红艳.民国时期的西北开发与新西北思想研究[M].银川:宁夏人民出版社,2016:152.

② 国立西北图书馆筹备计划书[J].社会教育季刊(重庆),1943,1(3):90-91.

③ 董隽,唐红安.刘国钧先生发起成立兰州市图书馆协会的经过及其影响[J].大学图书馆学报,2019(6):17-21.

和复馆,作为馆长的刘国钧只能将主要精力放在维持国立西北图书馆的正常运行方面。

兰州图书馆协会与民国时期的其他诸多图书馆协会一样,未及按照计划开展各项工作就无形消失了,但其从酝酿到成立的过程中汇聚和吸引了一批有志于发展和从事图书馆事业的人士,并且由于当地媒体诸如《西北日报》《甘肃民国日报》《西北文化》等的大力宣传报道,引发了西北地区各界人士的广泛关注,为图书馆协会和图书馆事业的发展营造了良好的舆论环境和支持。这其中,刘国钧的功绩不可埋没。

民国时期,一批批的图书馆人怀揣着国家强盛、人民强智的理想,兀兀穷年,不计报酬,不计个人得失,不计环境艰苦,为图书馆事业和图书馆学术的发展呕心沥血,倾力奉献。除了以上提及的梁启超、李大钊和韦棣华等为图书馆事业呼喊号召者,戴志骞、袁同礼、沈祖荣、杜定友和刘国钧等从事图书馆社团具体工作者外,还有陶行知、桂质柏、金敏甫、程伯庐、杨昭悊、冯陈祖怡、裘开明、李小缘、皮高品、查修、陈训慈、李文裿、蒋复璁、柳诒徵、余日章、王云五、毛坤、洪范五、朱家治、孙心磐、胡庆生、马宗荣、蒋吟秋、陈华鼎、万国鼎、陈子彝、叶启勋、徐旭、王重民、钱亚新、徐家麟、汪长炳、严文郁、李景新、施廷镛、岳良木、周连宽、李钟履、傅振伦、吕绍虞、邓衍林、汪应文、于震寰、田洪都、裘开明、张遵俭、沈学植、曹祖彬、吴光清、欧阳祖经、章篯、王文山、钱存训、向达、毛准、徐旭、俞爽迷、邢云林、陈长伟、徐家璧……恕笔者粥粥无能,无法将其一一列举。他们或为图书馆事业摇旗呐喊,或从事图书馆工作,或热心图书馆事业,其爱馆敬业的奉献精神,求真务实的科学精神,锲而不舍的进取精神,东西并融的开放精神,团结协作的凝聚精神仍通过其学术论文、专著等影响着今天的图书馆工作者和图书馆学者。

斯人远去,精神永存!

第七章 结　论

在中国图书馆事业发展史中,民国时期的图书馆社团确实是一个不应该被忽视的团体。它们作为中国近代文化、教育事业的组织者与推动者之一,为建立"中国的图书馆学"、推进中国近代图书馆事业的发展做出了卓越贡献。本章在前面章节研究的基础上,总结民国时期图书馆社团的主要特点,并尝试对其在中国图书馆事业近代化进程中的历史地位做分析和总结。

第一节　图书馆社团的主要贡献

一、于战乱与困境中推动图书馆事业发展

民国史,不啻是一部战乱史。各种群众性社团在夹缝中寻求生存的空间,而且往往实难如愿,饱受战乱、政局跌宕和经济窘困的压榨。民国时期的图书馆社团同样如此,但与一些应时而起、应声而落的群众性社团不同,图书馆社团,尤其是其中最具有代表性的中华图书馆协会,在战乱与困境中竭蹶前行,不辱使命。

以中华图书馆协会年会为例,中华图书馆协会从成立至解散仅召开了 8 次年会,从开会的时间间隔来看,年会受时局影响明显,"受时局影响""时局不靖""时局多故""交通梗阻"等一再出现在中华图书馆协会推迟年会的原因当中。随着日军侵入,年会参会人数从 200 余人(1929年年会)一路锐减到 12 人(1947 年年会)。而且在重庆召开的第三次年会中,很多知名图书馆学家缺席,"会议无法掩盖战争年代理论活动的严重萧条"[①],社会大环境对中华图书馆协会这个群众性组织的影响,乃至对整个图书馆事业的影响更为鲜明。而且从年会议案数量来看,从第一

---

① 　中国图书馆学会.百年文萃——空谷余音[M].北京:中国城市出版社,2005:83.

次年会的 108 项议案,到之后的年会议案逐年减少直至无议案提交,既有中华图书馆协会所推行议案不受政府重视的原因,又有中华图书馆协会困于外患内战尚且自顾不暇的原因。这都说明图书馆事业与图书馆社团始终摆脱不了政治、经济、文化教育等客观大环境的影响,而一个稳定的社会环境对于各项事业的发展都极其重要。

即使面临这样内忧外患的窘困局面,中华图书馆协会仍以各种方式积极推行议案。中华图书馆协会年会以及各次常会中通过的议案从推行方向上可以分为三类。第一类:关于图书馆事业上推下行的议案,中华图书馆协会陈请国民政府、教育部、内政部、军政部及中央研究院等政府部门采择办理或施行;第二类:关于各个图书馆馆务工作的改良,或关于与其他相关组织的交流、合作的议案,需由中华图书馆协会函请全国各图书馆、地方图书馆协会、报馆、出版社或具体负责单位采酌办理;第三类:关于中华图书馆协会内务工作的推进的议案,中华图书馆协会敦由负责人以及各个委员会或相关人员负责办理。对此,中华图书馆协会不仅在各条议案后附有具体的推行、解决办法,而且指定具体的责任人,积极向政府方面呈函请命,与其他社会组织联络接洽,并敦促相关负责人及时汇报议案推行进展情况。

此外,当时的图书馆社团虽经费窘困时有发生,但仍积极开展各项工作,尤其是全面抗战爆发后,图书馆社团及时调整战时工作内容,调查全国图书馆被毁状况,协助全国图书馆积极复兴等。

1988 年,程焕文发表了《论"图书馆精神"》[①]一文,提出图书馆精神是中国图书馆事业的前辈们献身于图书馆事业,并且取得成就的内在动力。"图书馆精神"主要包括:①强烈的民族自尊、自信与自强精神;②强烈的自爱、自豪与牺牲精神;③大胆地吸收、探索、改革与创新精神;④读者至上精神;⑤嗜书如命精神[②]。吴稌年更提出了"近代图书馆精神",并将其归纳为"虚心吸纳,勇于创新;爱国爱馆,勇于献身,舍弃名利,扎根于馆;爱书爱人,视馆为家"[③]。"图书馆精神"一词虽为现代名词,但民国时期以图书馆社团的职员和会员为代表的图书馆人,以发展中国的图书事业为终身奋斗目标,以自身为表率向世界展示了中国图书馆人的图书馆精神,这一点在前述各个图书馆社团的成立、运行以及所做出的

---

① 程焕文.论"图书馆精神"[J].黑龙江图书馆,1988(4):9-11.

② 程焕文.图书馆精神[M].北京:北京图书馆出版社,2007:13.

③ 吴稌年.中国近代图书馆精神的形成[J].图书与情报,2005(1):36-41.

各类工作中均有体现,而图书馆社团刊物中则更为明显地体现出了当时图书馆人的奋斗精神、坚持精神与公仆精神,这是在当时的恶劣环境中推动中国图书馆事业向前发展的最根本动力来源。

1. 奋斗精神

对于民国时期的图书馆人来说,图书馆事业在当时尚属初创,若非筚路蓝缕,不可启山林。陈长伟提出:"吾人(图书馆人)苟本奋斗有为之精神……则未有不能成者也。"加之当时时局动荡,战火峰峦,人尚且避之不及,更何况图书馆与古籍。因此,图书馆人的奋斗还应附带有"牺牲精神"①,以保古籍、护文明、扬国粹。沈祖荣指出,"我们图书馆从业同志须有事业的信心与实行的恒心毅力"②,这不仅是奋斗的基础,更是图书馆事业取得成绩的不二法门。沈祖荣更从民族尊严的角度鼓励图书馆人坚持奋斗精神,振兴民族文化:"精神文明,物质文明,皆欲驰逐乎宇宙之内,不限于其本地本国已也。抑有进者,欧美外人于东方文化且若此,我国为东方文化之代表,独不思所以振兴之乎?"③

2. 坚持精神

吴敬轩认为,图书馆人应"不避手续的烦难,不怕岁月的悠久,如此百折不挠的干下去,或者能够达到实现我们理想中的改造计划(图书分类)的时候"④。图书馆事业并非一蹴而就,一劳永逸,因此沈祖荣提出图书馆人应"提高专业兴趣,增强信心,从有恒来策成功"⑤。学术如山峦叠翠,往往欲穷其林而无果,但有学者认为:"因烦难方始引起思虑、考察、研究等等学术上的工作,因而兴趣随之产生。"⑥更有学者为鼓励后学从事编目工作而具文:"标题的工作和效用是活的,是活跃跃的!因为标题的采取是变化无穷,随着书的内容而转变的;标题的编制也是刻刻翻新,随着时代而转变的;标题的形式也不一律,是随着实用常时改进的。总之,标题的工作是一桩活动,新颖有兴趣的工作。"⑦文字之鲜活,令人赞叹。杜定友指出:"图书馆学术与事业的本身,是极富有兴味,不过这种兴味与趣旨,要自身去领悟,去追求,而不可以由外物诱致的。"而且服务于图书馆的工作人员"职责很重,范围很广,于是刻苦奋斗以求打

---

① 陈长伟. 小图书馆组织法[J]. 图书馆学季刊,1928,2(4):507 – 523.

②⑤ 沈祖荣. 战后图书馆发展之途径[J]. 中华图书馆协会会报,1944,18(4):5.

③ 沈祖荣. 参加国际图书馆第一次大会及欧洲图书馆概况调查报告[J]. 中华图书馆协会会报,1929,5(3):3 – 29.

④ 吴敬轩. 对于中文旧书分类的感想[J]. 图书馆学季刊,1926,1(3):419 – 422.

⑥⑦ 黄星辉. 编目中的标题问题[J]. 图书馆学季刊,1929,3(1/2):91 – 108.

破恶劣的环境,增进图书馆的效用,孜孜矻矻,数十年如一日,澹泊宁处"①。

3. 公仆精神

对于图书馆人公仆精神的宣扬既包含了当时图书馆人对于旧式藏书楼的猛烈批判,又孕育了现代公共图书馆思想:"以书籍为公有而公用之,此近代图书馆学之精神,而亦近代图书馆之所以异于昔日之藏书楼者也。"②因此,图书馆之设,既专为公用,则图书馆人之服务精神亦需百倍重视,"对读者,应具墨子摩顶放踵之精神","对于读者一律看待,有求必应,有问必答。小而问字询书,大而解决问题,搜集材料,是诚为知识之府库,教授之教授……间或有所不知而书中亦无法查出者,亦必想法询问城中专门人才,俾得转答"③。李小缘还认为图书馆员的态度要"和蔼可亲,循循善诱,自认为人民公仆"④,进一步提出图书馆员应上门服务:"巡回文库更进了一步了,不单是开放而已,如果人民因朝夕工作太忙,路途太远,不能到图书馆取书,图书馆为普及这班人起见,便想出法来把书送到他们手里……我们或者以为这巡环(回)文库是多事,可以不用的,殊不知农民乡民所得的益处是无穷的"⑤。杜定友则直呼图书馆人应"只有为民众服务之心,而无升官发财之想"⑥。李钟履认为,为了扩大图书馆的效用,表现图书馆服务社会的真精神,图书馆员必须"竭心尽力,诱导襄助,务使参考者之目的得达,图书馆之宝藏无隐"⑦。

民国时期图书馆人的图书馆精神尚不足以借上述几篇论文加以囊括,且寥寥摘录数语也仅能掠其皮毛,只因篇幅所限,以待后人补充。

二、于借鉴与继承中开创中国的图书馆学

刘兹恒曾对"图书馆学本土化"做过如下定义:"图书馆学本土化是使来源于西方国家的图书馆学中的合理成分同本土社会的实际相结合,以增强图书馆学对本土图书馆现象的认识和在本土图书馆实践中的应用,形成具有本土特色的图书馆学理论、方法的一种学术活动和学术取向。"⑧

---

①⑥　杜定友,葆撝. 图书馆迷[J]. 图书馆学季刊,1933,7(2):401.

②　刘国钧. 现时中文图书馆学书籍评[J]. 图书馆学季刊,1926,1(2):346-349.

③　李小缘. 公共图书馆之组织[J]. 图书馆学季刊,1926,1(4):609-636.

④⑤　李小缘. 藏书楼与公共图书馆[J]. 图书馆学季刊,1926,1(3):375-396.

⑦　李钟履. 图书馆参考论[J]. 图书馆学季刊,1931,5(2):211-266.

⑧　刘兹恒. 试论图书馆学本土化的目的与特征[J]. 图书馆杂志,2004(11):2-7.

笔者看来,"中国的图书馆学",抑或称之为图书馆学中国化、图书馆学本土化,其最为根本的理论基点在于"实用"与"适用"二词。什么样的图书馆学才是"中国的"? 笔者的答案是:符合中国国情的、体现(而不是抑制)中国特色的、适合中国需要的图书馆学才是真正的"中国的图书馆学"。徐鸿指出,中国近代图书馆学"从它产生的那一天起,就开始了'中国的图书馆学'的艰难探索"①。确实,国外图书馆学要进入中国,就必须经历使之所谓"化"的过程,而这个"化"也就是中国化与本土化——往往与"实用"和"适用"互相交织。

民国初年,就在东西方图书馆学次第涌入中国之时,我国学者就意识到了外国图书馆学在本国"水土不服"的问题。留美归国的沈祖荣在其《民国十年之图书馆》一文中说:"虽然,海外留学,所费不赀,远涉重洋,谈何容易? 纵令虚往实归,而橘枳变异,势所必然;所学之件,在外国虽称合法,在中国不能完全采用。"②

因此,中国学者逐渐将注意力从关注国外新学,转移到了如何科学地借鉴西方图书馆学的理论与方法,并根据中国图书馆(藏书)文化积淀、实际情形以及独特馆藏来构建起符合中国图书馆事业发展规律与学术研究需要的理论体系和工作方法。虽然如刘兹恒所述"从西方图书馆学被引进中国开始,图书馆学本土化就伴随着图书馆学在中国的逐步建立而存在了"③,然而,最初我国学者基本上以引进与吸收西方图书馆学为理论发展的主要方式,当时对于中国化与本土化问题的研究多为个体的、零散的研究,没有明确的目标和导向,因此研究成果也表现出进展缓慢与影响力有限的特点。但自从 1925 年中华图书馆协会成立之后,我国图书馆学人才开始逐渐消化与掌握欧美图书馆学,并开始结合国情开展构建"中国的图书馆学"的探讨,图书馆学中国化问题才第一次真正有组织、有系统地迈开了其理论与实践的步伐。

刘兹恒对于中华图书馆协会在图书馆学本土化方面的贡献评价极高:

> 中国图书馆学本土化建设自 1925 年以后发展迅速,成果不断(1937 年以后抗战爆发,图书馆学发展缓慢甚至停顿,是不可抗力

---

① 徐鸿.中国近代图书馆学的产生与发展[J].图书情报知识,1988(1):53 – 54.
② 沈祖荣.民国十年之图书馆[J].新教育,1922,5(4):763 – 797.
③ 刘兹恒.20 世纪初我国图书馆学家在图书馆学本土化中的贡献[J].图书与情报,2009(3):1 – 7.

的影响所致），一个重要的原因就是中华图书馆协会的建立。而其在倡导、组织、推进"中国的图书馆学"建设方面所起的作用是怎么评价也不会过分的。作为以促进"中国的图书馆学建设"为宗旨之一的全国性图书馆学术团体，中华图书馆协会不仅明确提出了图书馆学本土化的目标，而且在其主办的各种学术活动中（包括出版图书、期刊，召开学术会议，开展人员培训等），也无不贯穿着图书馆学研究必须本土化的思想。它还充分发挥自己在广大图书馆学研究者中的纽带作用，努力为图书馆学研究者营造出了一个探讨、交流、争鸣的学术氛围，为图书馆学本土化提供了良好的学术环境，这就使图书馆学本土化的观念很快成为中国图书馆学研究者学术研究的追求。①

1925 年的中华图书馆协会成立大会上，任中华图书馆协会董事部部长的梁启超发表了著名的《中华图书馆协会成立会演说辞》，演说辞中有关"建立中国的图书馆学"的具体目标及阐释，其实质就是将西方图书馆学理论与方法加以修正与改造，以适应中国书籍的特点及传统目录学、文献学的知识积累，以创造出符合中国国情的图书馆学。梁启超还提道："若勉强比附杜威的分类，其穷屈只怕比四部更甚；所以我们不能不重新求个分类标准来。"②这是针对当时中国图书馆学先后步武日本、欧美的实际情形，而对未来中国图书馆学要走本土化道路的一次有益尝试与建议。梁启超借中华图书馆协会成立大会以及参会人员的社会影响力与传播力首次正式且公开对外宣传"建立中国的图书馆学"、实施图书馆学的本土化研究，是中华图书馆协会在引领图书馆学中国化道路上迈出的第一步，也是非常具有历史意义的一步。

此外，各个图书馆社团的刊物，尤其是《中华图书馆协会会报》与《图书馆学季刊》中刊载的学术论文中，有不少就图书馆学若干具体问题进行研究时，也多表露出试图树立适合中国国情的本土图书馆学思想。

在对藏书楼与公共图书馆进行对比后，李小缘对未来的研究者提出了几点希望，其中一条就是"极力采求新方法求适合中国情形，不一味的抄袭模仿"③。诚然在中国延续数千年的藏书楼已不适应当时开启蒙昧、

① 刘兹恒. 20 世纪初我国图书馆学家在图书馆学本土化中的贡献[J]. 图书与情报,2009 (3):1 – 7.
② 梁启超. 中华图书馆协会成立会演说辞[J]. 中华图书馆协会会报,1925,1(1):11 – 15.
③ 李小缘. 藏书楼与公共图书馆[J]. 图书馆学季刊,1926,1(3):375 – 396.

解放民智之社会大潮,然而一味地抄袭模仿国外现代图书馆,无异于削足适履,不仅会丢掉千年积淀的文化精华,更无益、无助于中国社会的进步与发展。因此,李小缘对于传统藏书楼的期望中也蕴含了建设具有中国特色藏书楼的思想。

沈祖荣鼓励学者翻译介绍英国、美国新出版的图书馆学名著,以供国内学者与工作者研究参考。但对这些名著中所述具体方法的使用,沈祖荣则持较为谨慎的态度:"采行其与我国情相合者。"①沈祖荣还在《战后图书馆发展之途径》中指出:"中国文化自有其特长,尤富于吸收外来文化的伟力,所以从不是排外的。图书馆的规制,当然要采取欧美各国的有效设施,但决不可一味盲从,而要事前有慎重的批判。要顾到我们的习惯风俗,切合我们的实用。"②沈祖荣作为曾在美国纽约州立图书馆学校学习的"留美的一代"③,其对于中美两国的差异,尤其是图书馆事业的差异可以说是有切身体会的。因此,他所提出的以"习惯和风俗""切合实用"作为应对当时由国外而来的图书馆规制的取舍标准,从某种层面来说,更具说服力。

此外,对于当时各种外国分类法纷纷涌入中国的现实情形,在历史、哲学、政治等领域颇有成就的章太炎致函杜定友,称:"一国自有一国之分类法,不必舍己从人……今既科学繁兴,有变通之必要,亦当取人所有,补我所无。断不能一概抹煞,专奉十分法④为金科玉律也。"⑤严文郁也指出:"然变通外法,亦不免有削趾适履之讥,且难适合国情。"⑥因此需要建立适合中国国情的图书分类法。

此外,同样蕴含"中国的图书馆学"思想的还有刘国钧的《现时中文图书馆学书籍评》⑦一文。该文一方面批评了当时国内学者照搬日本、欧美等国的图书馆学理论所形成的图书馆学书籍,另一方面对"取法西洋、适合中国"的代表性研究成果——杜定友的《世界图书分类法》大为推

---

① 沈祖荣.我对于文华图书科季刊的几种希望[J].武昌文华图书科季刊,1929,1(1):3-6.

② 沈祖荣.战后图书馆发展之途径[J].中华图书馆协会会报,1944,18(4):5.

③ 程焕文认为过去的一百年间,中国图书馆事业的发展经历了四代学人:留美的一代、文华的一代、留苏的一代和开放的一代。详见:程焕文.图书馆精神[M]北京:北京图书馆出版社,2007:78-79.

④ 此处的"十分法"指"杜威十进分类法",又称之为"杜威分类法"。

⑤ 杜定友.图书分类法出版以后之讨论[J].图书馆学季刊,1926,1(2):333-339.

⑥ 严文郁.美国国会图书馆及其分类法[J].图书馆学季刊,1929,3(4):509-538.

⑦ 刘国钧.现时中文图书馆学书籍评[J].图书馆学季刊,1926,1(2):346-349.

崇,盛赞该书"努力于改易西洋成法,以适应中国之情形,则凡从事图书馆事业者皆当奉为准则"。刘国钧还进一步指出当时中国的图书馆学研究中"本新图书馆之原理,以解决中国特有问题之趋势已皎然可见"。诚如刘国钧所言,中国的图书馆学者在探索"中国的图书馆学"的道路上,虽经历步武日本、效仿欧美的轨迹,然而却又竭力以"解决中国特有问题"作为批判、取舍的最终标准,终使得中国图书馆学在世界图书馆之林居有一席之地。

此外,图书馆社团刊物中刊载的大量译文,既有国外图书馆各类规章制度的介绍,也有国外学人对于现实情形、研究成果的批判,如《欧洲的三种图书分类法之批评》①,这说明肩负学术引导使命的图书馆社团刊物不仅仅是一味地推崇"拿来主义",而是在此基础上引导学人的研究思路和批判性思维,引导图书馆学本土化与具有中国特点的图书馆学的建设。据此有学者认为中华图书馆协会创办的《图书馆学季刊》基本上完成了建设"中国的图书馆学"的历史使命②。

三、于理论发展中倡导图书馆学实用性研究

现代图书馆学学者吴慰慈曾指出:"图书馆学是一门实践性很强的学科,是一门致用的科学,图书馆学研究不能游离于图书馆事业的实践之外,因而它与技术、经济和社会发展有着密切的联系,离开或割裂了这种联系,图书馆学研究就无法开展下去。"③王子舟也有"实用原则是图书馆学最本质的精神抽象,是图书馆学主要哲学基础"④的论断。有关图书馆学研究中所应遵循的实用性原则的共识,在民国时期的图书馆学者中也颇受认同。例如,身为中华图书馆协会职员兼《武昌文华图书科季刊》创办人之一的沈祖荣,在为《武昌文华图书科季刊》题写的发刊辞中提出图书馆学研究应坚持审和人民便利的原则:

> 图书馆之设立,所以谋当地人民之福利也。故一切经营方法之取舍,一视便利人民与否为转移。譬之编张之洞所著书,当用张之

---

① 白黎斯.欧洲的三种图书分类法之批评[J].林斯德,译.图书馆学季刊,1924,9(1):135-136.

② 刘亮.民国时期图书馆学思想的特征、影响和局限[J].图书馆建设,2011(12):29-33.

③ 吴慰慈.回顾过去 展望未来 开拓前进——建设面向21世纪的图书馆学学科体系[J].中国图书馆学报,1998(5):3-5.

④ 王子舟.20世纪中国图书馆学发展的三次高潮[J].图书情报工作,1998(2):3-5.

洞为著者名。若夫抱冰、南皮、文襄,概不可用。何则?不便于人民也。推之其他一切,亦莫不然。我们所研究的一切,不可忘此要件。①

经笔者对民国时期由图书馆社团创办的 13 种刊物刊载论文的粗略翻阅后发现,这些刊物的学术旨归也是"实用"二字,即所研究与考察事项皆以指导实践、改进实践为目标,不做虚谈。这一特点首先反映在其载文主题数量的多少上,例如,《图书馆学季刊》以有关"图书分类法"这一图书馆业务工作中最为紧要事件的文章最多,对"图书馆民众教育"这一图书馆最基本功能予以研讨的论文次之。其次,《图书馆学季刊》刊载的论文中亦随处可见"切合实际,以取实效"的思想。

陈长伟指出,虽然国家正值多事之秋,"提倡创办国立省立等规模洪(宏)大之图书馆者,不乏其人"。然而却"终难成事实",即便有一二处勉强成立者,"惜乎能享受其中利益之人,仅少数学者而已。而此少数学者中有因地方距离之较远者,则又不能享受之"。"至于一般民众,则又因学识平常不能插足其中"。因此,为了使学者及一般民众享受图书馆的利益,陈长伟提出设立小图书馆于各县、市、区、乡、机关、团体,"以便利于读者,为普及教育之先导"。因此小图书馆的优势就在于可以根据各地情况不同而购置相应的书籍:"如近于农业地方,则多购农业图书,近于工业地方,则多购工业图书,属于政府机关,则多购政治图书,属于商会机关,则多购商业图书等等。"②陈长伟一反当时建立规模宏大图书馆的热议,而将目光转向简便、实用的小图书馆,乃是从当时交通、民众学识水平等实际情况出发,其文视角之独到可称得上是民国时期图书馆学实用性研究的代表性著作之一。

沈祖荣参加第一次国际图书馆大会后指出各国图书馆藏书应与其人民嗜好相匹配:"各国各地之图书馆,往往因其人民嗜好之不同,而注重亦异。"沈祖荣列举意、德、荷、俄、法、英等国图书馆的特点,总结这些国家的图书馆"皆深合其国情民情,亦唯有于此,乃能得特殊之贡献。不然,用非所储,储非所用,亦何益哉③。国情有别,民情亦有别,沈祖荣所提出的以国情与民情为出发点的图书馆藏书策略,无疑会极大地提高

① 沈祖荣.我对于文华图书科季刊的几种希望[J].武昌文华图书科季刊,1929,1(1):3-6.
② 陈长伟.小图书馆组织法[J].图书馆学季刊,1928,2(4):507-523.
③ 沈祖荣.参加国际图书馆第一次大会及欧洲图书馆概况调查报告[J].中华图书馆协会会报,1929,5(3):3-29.

图书馆的使用率,使得"用有所储,储有所用",实现读者与图书的双向选择。

刘国钧曾对杜定友所著的《世界图书分类法》给予极高的赞誉,称其"注重实用,不拘理论",而且"理论周到,系统明白,而切于实用",这是"杜书之所长也"①。刘国钧还在其《现时中文图书馆学书籍评》一文的结尾对其所评论的六部书②的宗旨进行归纳:"此宗旨为何,则适用是矣。详言之,即办理一最适用之图书馆是也。然所谓适用者……乃一切使用图书馆者之适用也。"③一句话中,4 个"适用",足可见刘国钧对于图书馆学理论研究切合实际的高度要求。

图书馆社团刊物,尤其是《中华图书馆协会会报》与《图书馆学季刊》中刊载的论文是当时学术研究水平与价值取向的最集中体现,两刊都以实用性、适用性为取舍标准,足见当时图书馆学学者脚踏实地的学术态度与学术精神。

四、于独立自主中树立开放包容的态度

以中华图书馆协会创办的《图书馆学季刊》为例,其主编刘国钧早年留学美国,从威斯康星图书馆学院毕业,并获得哲学博士学位。这位具有中美文化与学术背景的编辑,不仅经历了"西学东渐"的文化大潮的冲击,更因此对于中西融合的学术理念有着孜孜不倦的追求。《图书馆学季刊》的办刊宗旨是"本新图书馆运动之原则,一方参酌欧美之成规,一方稽考我先民对于斯学之贡献,以期形成一种合于中国国情之图书馆学"④。参酌与稽考,就是要将中西方图书馆学两相融会,进而形成一种既传承中国传统藏书与目录学精华,又发扬当前图书馆学新理念、新技术、新方法的新式图书馆学。这一定位,亦或称"学术立足点",使得《图书馆学季刊》刊载的论文亦处处体现出中国学者对于外来文化的开放与包容。

刘国钧称其《中文图书编目条例草案》为"绀绎宋元以来之公私著

---

①③　刘国钧.现时中文图书馆学书籍评[J].图书馆学季刊,1926,1(2):346-349.

②　六部书分别是:《图书馆指南》(顾实,1918 年,上海医学书局出版)、《图书馆学术讲稿》(戴志骞,见《教育丛刊》1923 年第 3 卷第 6 集《图书馆学术研究号》)、《图书馆简说》(蔡莹,1924 年,中华书局出版)、《阅览室概论》(高尔松、高尔柏,1925 年,新文化书社出版)、《图书分类法》(杜定友,1925 年,上海图书馆协会出版)。

④　本刊宗旨及范围[J].图书馆学季刊,1926,1(1):首页.

录,抉其通例,征之于西方目录学家之规定,而略为变通"①。该草案为刘国钧历经 5 年心血,稿凡数易所成,可以说是博古通今、融合中西之学的力作。曾有学者对该草案加以深入研究后指出,该草案融合了《汉书艺文志》《通志艺文略》《文献通考经籍考》《国史经籍志》《书目答问》《四库总目》等分类体系以及杜威十进分类法、美国国会图书馆分类法等西方分类体系②。由于对于中国传统经籍著作与外来分类体系的兼容并包,该草案对中国图书馆界的影响延续到 20 世纪 70 年代③。

袁同礼对于中外学术的共享与融合也多有提倡:"复次,中外大通,学术界亦不闭关自守,是以欧战而还,国际联盟乃有国际知识合作委员会之设,盖所以谋万国知识之沟通,化除畛域之见,以跻世界于大同也。"④中国近代的学术,尤其是近代图书馆学,得益于学术开放而以"舶来品"的身份进入中国,其扎根中国更得益于西方新图书馆学思想的不断冲刷以及中国图书馆事业与学术研究的内应力。但欲谋更进一步发展,则更需要中国的图书馆学人继续秉承开放、包容的态度,对西学的精华加以借鉴,对其不适加以调适,对其糟粕加以撤弃。只有如此,才能真正如袁同礼所言使中国的图书馆学"跻世界于大同"。

沈祖荣亦是引领图书馆学中西融合思想的大家之一。他对学习欧美图书馆的具体做法持积极而热烈的态度:"欧洲之各大图书馆,大抵于图书多重在保存;于应用,则多顾及专门之学者。美国图书馆,大抵于图书多重在普及;于应用,多顾及于公民。"其中的原因就在于"盖欧洲有较长之历史与文献,美洲开国不远,因之所从之道以异"。反观"我国图书馆今后究当以何为归耶?",沈祖荣的答案是采用兼容并包、采而择之为我所用的方法与态度。为此,对于国立图书馆,当以欧洲为法,重保存与照顾专门研究之需要;对于公共图书馆,当以美国为法,注重流通,广泛服务于一般公民,使公民自觉勤学。如此,则文献可以长久保存,民智可以增进⑤。此外,在研习国外图书馆学理论方面,沈祖荣郑重指出:"图

① 刘国钧.中文图书编目条例草案[J].图书馆学季刊,1929,3(4):473-508.

② 许雪姬,张隆志,陈翠莲.坐拥书城——赖永祥先生访问记录[M].台北:"中研院"台湾史研究所,2007:260-269.

③ 文榕生.文献编目论[EB/OL].[2016-12-11].http://www.china001.com/show_hdr.php?xname=PPDDMV0&dname=N2CUK21&xpos=13.

④ 袁同礼.国立北平图书馆之使命[J].中华图书馆协会会报,1931,6(6):3-4.

⑤ 沈祖荣.参加国际图书馆第一次大会及欧洲图书馆概况调查报告[J].中华图书馆协会会报,1929,5(3):3-29.

书馆学属世界性的科学,无畛域之分,无种族之异。而英美图书馆事业发达完善之国家,一切颇多足资我国借镜者。"①沈祖荣的无畛域乃至种族之分的开放心态,可见一斑。

杜定友于 1925 年出版了《图书分类法》之后,得各地读者来函商榷者众多,于是杜定友将讨论中各要点加以整理,写成了《图书分类法出版以后之讨论》一文。文中论及新旧书籍的分类时,作者认为应打破新旧意见,"聚中西先哲于一堂,汇古今文化于一室"②。李小缘亦认为:"中国图书馆……必求彻底改造。一面斟酌国情,一面采取西洋数十年来图书馆事业之基础。"③严文郁对于国外图书馆学所应采取的态度提出了自己的看法:"际兹新旧过渡之期,吾人对于西洋之图书馆学,其完全采纳乎? 抑一味拒绝乎? 若人云亦云,则蹈盲从之弊;掩耳不闻,则犯顽固之讥,故须于欧美国图书馆之状况,有正确之介绍,以资观摩,而求取则焉。"④

另据笔者统计,图书馆社团所创办的期刊中,译文占据了相当篇幅。单以《图书馆学季刊》为例,其中刊载的译作共有 140 余篇⑤,占《图书馆学季刊》载文总量的 11% 。对欧美及日本图书馆学研究成果的引进和传播,是图书馆社团兼具开放性与世界性眼光的编辑们为建设中国的图书馆学所做的努力,也是其兼容并蓄的学术理念的具体表现。

第二节　图书馆社团功能发挥不充分的原因分析

从对民国时期 43 个图书馆社团成立经过及发展始末的粗略梳理可以看出,除了延安图书馆协会外,在 1925 年中华图书馆协会成立以前,各地方图书馆社团主要由中华教育改进社发起组织,该社历次会议中通过了关于组织各地图书馆协会的议案,并派其会员赴各地组织成立地方图书馆社团。各地图书馆社团的发起人也多为中华教育改进社社员,例

---

① 沈祖荣.我对于文华图书科季刊的几种希望[J].武昌文华图书科季刊,1929,1(1):3-6.
② 杜定友.图书分类法出版以后之讨论[J].图书馆学季刊,1926,1(2):333-339.
③ 李小缘.全国图书馆计划书[J].图书馆学季刊,1928,2(2):209-234.
④ 严文郁.美国图书馆概况[J].图书馆学季刊,1932,5(3/4):321-346.
⑤ 这类译作或为国外学者原著,国内学者编译;或国外学者撰,国内学者摘要。另外,由于作者名称多为英译汉字,因此此处 140 篇译文属保守统计。

如天津图书馆协会发起人王文山、开封图书馆协会发起人何日章等。而1925 年中华图书馆协会成立以后,中华教育改进社在地方图书馆社团成立中的作用渐渐减弱,中华图书馆协会肩负起了倡导成立地方性图书馆社团的重任,并且各地方图书馆社团视中华图书馆协会为领导。对此,有学者指出,中华图书馆协会成立后在已经成立的省级以及地方性图书馆协会中扮演了领导者的角色①。

从整体上看,中华图书馆协会和北平图书馆协会、上海图书馆协会以及浙江第二学区图书馆协会是民国时期工作活跃度和社会参与度最高的几个社团,关于这些社团促进图书馆事业与学术研究发展的相关论述已在本书第四、五两章中着重论述,此处仅分析其他一些地方性社团的整体工作开展情况。根据目前收集到的民国时期的各类文献来看,其他地方性图书馆社团的发展都不尽如人意:或成立时间短,不久中辍;或开展活动少,几经停滞。究其原因主要有以下三个方面:

第一,政局的不稳定与政党的挤压。民国时期既有思想的革新带来人们观念的突变,更有政局更迭以及外敌入侵给国家、民族带来的深重苦难,当时的内忧外患对图书馆社团的生存环境造成了极大的破坏。受全面抗战爆发后的形势所迫,大批的高校、图书馆内迁以避战乱,图书馆社团也多颠沛流离,职员会员流离失所,中华图书馆协会总事务所也为避战乱先后设于北平、昆明、重庆及南京四地。全国性图书馆社团尚能依靠其社会影响力勉强自救,而地方图书馆社团则往往难以维续,于无形中停顿会务,于战火中无声消亡。而且当时国家被战火涂炭,更迭的军阀政府岌岌可危,松散的群众组织实非政权巩固的必需品、非必要的国家治理工具,因此也不为政党高层所重视。因此,即使中华图书馆协会的年会中多有政界人士的身影,然而这种"参与"既有当时的政府试图通过参与群众性社团构建良好的社会形象的意图,又有通过这种方式对群众性社团加以掌控的意图,以避免其演变为政治性社团。1927 年大革命失败,1929 年《人民团体组织方案》出台,政府对社团的掌控力进一步加强。"九一八事变"后,全国各地的群众性社团风起云涌,国民政府出于巩固政权、防范社会冲突的考量,收紧了社团管理政策,严密监管社团成立与活动,加强了对社团的管理。1929 年,《人民团体组织方案》出

---

① LIN S C. Historical development of library education in China[J]. Journal of Library History, 1985:Fall,20(4):368.

台,政府对社团的掌控力进一步加强。然而后果可想而知,正如研究政治学的学者任剑涛所言,"国民党执政后,试图建立的是强国家弱社会组合……社会受到国家权力的高度防备而衰颓"①,图书馆社团的各项正常活动同样受到极大限制。因此,可以说当时图书馆社团的社会生存空间既受到当时国家政局的影响,又受到政党的挤压,其工作开展的顺畅度、实施社会改造的参与度都大大降低,无法充分施展其社会功能。

第二,经费来源的不稳定与不足。由于图书馆社团由群众自发组织,其经费主要来自不定期的政府补助、社会捐助与会员会费。而民国时期又是中华民族历史上的一大变革时期,政局多变,军阀派系混战频繁,中央政府治理失效,秩序失控,地方政府腐败无能。翻阅民国时期各类期刊、档案,有关请拨图书馆经费者数不胜数,而且各级政府连公立图书馆的经费都一再缩减、克扣②,就连中华图书馆协会的经费请拨申请都数次无果,更遑论其他地方性的图书馆社团。因此,经费占比本应最多但却无以为续的政府资助的缺失严重影响了图书馆社团各项工作的开展。即使是会员会费也无法按时缴纳,原因有三:一是因为社团会员分散各地,且因战乱频仍,会员各自奔命,生计窘迫自顾不暇,纵然心有余而力不足;二是图书馆社团或设在当地图书馆内,或设于学馆、文教机构内,但全面抗战爆发后图书馆、学校等或停办,或内迁他地,且通信阻隔,无法与会员保持联系,进而收取会费;三是由于是群众性组织,社团对会员并无强制约束力,虽有的社团订立入会条件和要求,对会员提供一定的图书期刊购买优待政策,但对于会员退会却未加以规定,且优待政策也仅限于一团之内,因此会员对于社团的归属感和依附感并不算强,缴纳会费的意愿也不强。以上三点原因共同导致了会员会费无法按时收齐,以会员会费为主要经费来源的图书馆社团往往经费掣肘,难以维续。

第三,社团职员的非专职性和社团管理的经验缺乏。民国时期的图书馆社团的职员多由图书馆工作人员、从事文化教育事业的热心人士担当,主要依靠开常会、年会来开展和推动会务工作。但由于社团职员均为

---

① 任剑涛. 会社、社会与国家:现代中国的社会运势与国家突起[J]. 学术界,2021(7):24-49.

② 市省立图书馆:经费拮据员工缺乏使它失去光彩[J]. 天津市周刊,1947,3(8):4-5.

兼职且四散分布,加之当时通信艰难,往往连常会都无法如期召开①,难以有效开展会务工作,年会的召开更是多有延期②③④,甚至多数图书馆社团从未召开年会,更遑论各项会务工作的开展和推进。而且无论是中华图书馆协会,还是其他各地方图书馆社团,其职员往往身兼数职,尤其是社团负责人,大多专任地方图书馆公职,或在学校图书馆开展教育工作,分身乏术,难以全力投身社团事务工作,这也是造成当时图书馆社团开展活动较少,未能充分发挥其既定功能,实现社团理想的原因之一。此外,社团职员具有专业图书馆学识及社团管理经验者少。民国时期,虽有国内外图书馆学教育培育了一批具有图书馆学专业知识和技能的人员,但相比当时全国各地图书馆的数量,这样的专职人员量小力微,而且由于当时图书馆经费不稳定,因收入等问题中途转为他职者不在少数,因此也影响到了图书馆社团的稳定性。虽然部分图书馆社团职员具有图书馆学基本常识,但由于民国时期图书馆事业处于初创期,无论是相关学者还是实际从业者有关图书馆事业的整体理论认知和实际经验都较缺乏,对于图书馆社团的组织建设、运行管理方面的知识和方法所知甚少,因此,社团的组织管理和运行的非专业化导致了其工作开展的延误迟滞,当然这是民国时期各类群众性社团普遍存在的问题,而非图书馆社团独有的。

民国时期图书馆社团的成立,无论是对于当时的图书馆事业还是对于新中国成立后的中国图书馆学会、地方图书馆学会的建设等都具有非常重要的作用。要深刻认识民国时期图书馆社团,就要将其放置在整个中华民族的图书事业、图书馆事业发展的历史长河中进行考察。民国时期的图书馆社团,对于前人,它是图书馆事业发展的必然产物,也是千年藏书发展史的成果;对于后人,它又是开启图书馆事业新发展阶段的大门,也是影响未来图书馆事业走向的决定性因素之一。而且这些图书馆社团成立于战火纷飞、政局动荡的恶劣环境下,更凸显了我国图书馆人的坚忍不拔与坚定信念,以及对于中国图书馆事业满怀的希望,对于国家、民族未来的期许!

---

① 本协会会务报告[J].中华图书馆协会会报,建国教育,1938(1):25-29.

② 协会年会延期举行[J].中华图书馆协会会报,1933,8(5):19.

③ 协会年会延期通告[J].中华图书馆协会会报,1943,18(2):24.

④ 中华图书馆协会第六次年会展期[J].中华图书馆协会会报,1944,18(3):15.

　　民国时期的图书馆社团是中国图书馆事业与学术研究服务社会、参与社会并影响社会的中介,是图书馆事业与学术研究从亦步亦趋效仿日美转为追求建设中国的图书馆学的引导者和实施者,这些图书馆社团的坚持与奋斗是中国图书馆精神的重要组成部分,其所开展的各项工作已开辟出一条条通往希望的坦途。

参 考 文 献

一、档案与档案汇编类

[1] 中华图书馆协会概况. 国民政府档案(1927—1946年)[A]. 中国第二历史档案馆藏：全宗号一(6)案卷号246.

[2] 中华图书馆协会关于图书并作问题的决议案. 行政院档案(1929年11月—1930年7月)[A]. 中国第二历史档案馆藏：全宗号二案卷号2669.

[3] 中正文化馆章则(内有中华图书馆协会1931年选举票). 教育部档案[A]. 中国第二历史档案馆藏：全宗号五案卷号11644.

[4] 中华图书馆协会组织大纲及会务报告. 国立中央图书馆档案[A]. 中国第二历史档案馆藏：全宗号六二四案卷号7.

[5] 中华图书馆协会参加全国教育学术团体联合年会纪要及有关文件[A]. 中国第二历史档案馆藏：国立中央图书馆档案. 全宗号六二四案卷号8.

[6] 重庆图书馆协会章程[A]. 中国第二历史档案馆藏：全宗号：零一一五号案卷号6.

[7] 重庆市社会局严文郁关于准予筹组重庆市图书馆协会的呈批[A]. 重庆市档案馆藏：0060 - 0011 - 00064,1947 - 05 - 05.

[8] 重庆市图书馆协会第二届理监事联席会议记录[A]. 重庆市档案馆藏：0115 - 0001 - 00008,1948 - 02 - 21.

[9] 重庆市图书馆协会关于报送会章草案、职员名册及准予备案、核发登记证书上重庆市社会局的呈：附职员略历册、章程草案[A]. 重庆市档案馆藏：0060 - 0011 - 00064,1947 - 10 - 30.

[10] 中国第二历史档案馆. 中华民国史档案资料汇编(第五辑　第一编　教育一)[G]. 南京：江苏古籍出版社,1994.

[11] 中国第二历史档案馆. 中华民国史档案资料汇编(第五辑　第二编　教育二)[G]. 南京：江苏古籍出版社,1997.

[12] 中国第二历史档案馆. 中华民国史档案资料汇编(第五辑　第一编　文化二)[G]. 南京：江苏古籍出版社,1994.

二、民国报刊类

[1]《申报》(上海)

［2］《新新新闻》（成都）

［3］《晨报》（北京）

［4］《民国日报》（上海）

［5］《图书馆学季刊》（南京）

［6］《中华图书馆协会会报》（北京）

［7］《北京图书馆协会会刊》（北京）

［8］《图书馆杂志》（上海）

［9］《广州图书馆协会会刊》（广州）

［10］《上海图书馆协会会报》（上海）

［11］《福建图书馆协会会报》（福州）

［12］《浙江省第二学区图书馆协会季刊》（嘉兴）

［13］《无锡图书馆协会会报》（上海）

［14］《浙江第一学区图书馆协会会刊》（杭州）

［15］《浙江省图书馆协会会刊》（杭州）

［16］《图书馆学报》（璧山）

［17］《文华图书馆学科学校季刊》（武昌）

［18］《学风》（安庆）

［19］《江苏省政府公报》（镇江）

［20］《陕西教育周刊》（西安）

［21］《新北辰》（北平）

［22］《学觚》（南京）

［23］《学生杂志》（上海、重庆、香港）

［24］《图书展望》（杭州）

［25］《教育通讯》（汉口、重庆、上海）

［26］《商务印刷所图书馆部图书馆通讯》（上海）

［27］《华中通讯》（武昌）

［28］《教与学》（南京、重庆）

［29］《国立山东大学周刊》（青岛）

［30］《厦大周刊》（厦门）

［31］《浙江省立图书馆馆刊》（杭州）

［32］《图书展望》（杭州）

［33］《江苏省立苏州图书馆馆刊》（苏州）

［34］《厦门图书馆声》（厦门）

［35］《浙江公立图书馆年报》（杭州）

［36］《清华周刊》（北京）

［37］《教育与民众》（无锡）

［38］《暨南校刊》（广州）

[39]《商业月报》(上海)

[40]《中国图书馆声》(上海)

三、著作类

[1]北京图书馆业务研究委员会.北京图书馆馆史资料汇编(1909—1949)[G]北京:书目文献出版社,1992.

[2]蔡鸿源,徐友春.民国会社党派大辞典[M].合肥:黄山书社,2012.

[3]陈以爱.中国现代学术研究机构的兴起——以北京大学研究所国学门为中心的探讨[M].南昌:江西教育出版社,2002.

[4]陈有志,郑章飞.湖南大学图书馆史[M].长沙:湖南大学出版社,2018.

[5]陈源蒸,宋安莉,李万建.20世纪中国图书馆学文库[M].北京:国家图书馆出版社,2013.

[6]程焕文.裘开明图书馆学论文选集[M].桂林:广西师范大学出版社,2003.

[7]程焕文.图书馆精神[M].北京:北京图书馆出版社,2007.

[8]程焕文.晚清图书馆学术思想史[M].北京:北京图书馆出版社,2004.

[9]程焕文.中国图书馆学教育之父——沈祖荣评传[M].台北:台湾学生书局,2013.

[10]程焕文.图书馆的价值与使命[M].上海:上海科学技术文献出版社,2014.

[11]丁道凡.中国图书馆界先驱沈祖荣先生文集(1918—1944)[M].杭州:杭州大学出版社,1991.

[12]丁守和,劳允兴.北京文化综览[M].北京:北京师范学院出版社,1990.

[13]董小英.图书馆学情报学文献源[M].北京:书目文献出版社,1996.

[14]杜定友.杜定友先生遗稿文选[M].南京:江苏省图书馆学会,1987.

[15]杜定友.图书馆学概论[M].上海:上海商务印书馆,1931.

[16]杜定友.新中华图书管理学[M].上海:中华书局,1932.

[17]段治文.中国现代科学文化的兴起(1919—1936)[M].上海:上海人民出版社,2001.

[18]范并思,等.20世纪西方与中国的图书馆学——基于德尔菲法测评的理论史纲[M].北京:北京图书馆出版社,2004.

[19]范凡.民国时期图书馆学著作出版与学术传承[M].北京:国家图书馆出版社,2011.

[20]范铁权.近代中国科学社团研究[M].北京:人民出版社,2011.

[21]范铁权.体制与观念的现代转型——中国科学社与中国的科学文化[M].北京:人民出版社,2005.

[22]广东省立中山图书馆.广东省立中山图书馆志[M].广州:广东教育出版社,2012.

[23]郭明蓉.中国高等教育发展进程中的高校图书馆研究[M].成都:四川人民出版

社,2009.

[24]黄宗忠.武汉大学百年名典图书馆学导论[M].武汉:武汉大学出版社,2013.

[25]霍瑞娟.中华图书馆协会史料研究[M].北京:国家图书馆出版社,2018.

[26]霍益萍.科学家与中国近代科普和科学教育:以中国科学社为例[M].北京:科学普及出版社,2007.

[27]江山.近代图书馆与地方文献发展研究(1912—1945)[M].合肥:黄山书社,2019.

[28]蒋复璁,黄克武.蒋复璁口述回忆录[M].台北:"中研院"近代史研究所,2000.

[29]教育部.第一次中国教育年鉴[M].上海:开明书店,1934.

[30]金敏甫.中国现代图书馆概况[M].广州:广州图书馆协会,1929.

[31]柯平,张怀涛,崔永斌.图书情报学文献检索[M].郑州:河南省图书馆学会,1988.

[32]来新夏,等.中国图书事业史[M].上海:上海人民出版社,2008.

[33]李朝先,段克强.中国图书馆史[M].贵阳:贵州教育出版社,1992.

[34]李桂林,戚名琇,钱曼倩.中国近代教育史资料汇编:普通教育[G].上海:上海教育出版社,1995.

[35]李彭元.中华图书馆协会史稿[M].北京:国家图书馆出版社,2018.

[36]李希泌,张椒华.中国古代藏书与近代图书馆史料(春秋至五四前后)[M].北京:中华书局,1982.

[37]李致忠.中国国家图书馆馆史资料长编:1909—2008[M].北京:国家图书馆出版社,2009.

[38]刘宝瑞,秦亚欧,朱成涛.民国图书馆学文献学著译序跋辑要[M].北京:国家图书馆出版社,2012.

[39]刘国钧,史永元.刘国钧图书馆学论文选集[M].北京:书目文献出版社,1983.

[40]刘国钧.图书馆学要旨[M].上海:中华书局,1949.

[41]刘民钢,蔡迎春.民国文献整理与研究发展报告(2015)[M].北京:国家图书馆出版社,2015.

[42]刘民钢,蔡迎春.民国文献整理与研究发展报告(2016)[M].北京:国家图书馆出版社,2016.

[43]刘中威.中国图书馆思想探究[M].北京:现代教育出版社,2008.

[44]马红艳.民国时期的西北开发与新西北思想研究[M].银川:宁夏人民出版社,2016.

[45]冒荣.科学的播火者——中国科学社述评[M].南京:南京大学出版社,1999.

[46]孟化.国家图书馆与近代文化(1909—1949)——从京师图书馆到国立北平图书馆[M].北京:人民出版社,2014.

[47]孟雪梅.近代中国教会大学图书馆研究[M].北京:国家图书馆出版社,2009.

[48]彭斐章,等.目录学[M].武汉:武汉大学出版社,2003.

[49]钱存训.杜氏丛著书目[M].[出版地不详],1936.

[50]钱亚新,白国应.杜定友图书馆学论文选集[M].北京:书目文献出版社,1998.

[51]丘东江,等.国际图联(IFLA)与中国图书馆事业(下)[M].北京:华艺出版社,2002.

[52]桑兵.清末新知识界的社团与活动[M].北京:生活·读书·新知三联书店,1995.

[53]山东省图书馆志编纂委员会.山东省图书馆志[M].北京:中华书局,2004.

[54]沈云龙.近代中国史料丛刊三编:第十辑[M].台北:文海出版社有限公司,1987.

[55]舒新城.中国近代教育史资料:上册[M].北京:人民教育出版社,1981.

[56]宋建成.中华图书馆协会[M].台北:台北育英社文化事业有限公司,1980.

[57]宋应离.中国期刊发展史[M].河南大学出版社,2000.

[58]孙广勇.社会转型中的中国近代教育会研究[M].武汉:华中师范大学出版社,2007.

[59]王爱功,张松道.河南省图书馆志[M].沈阳:吉林文史出版社,2009.

[60]王世刚,李修松.中国社团史[M].合肥:安徽人民出版社,1994.

[61]王振鹄.图书选择法[M].台北:台湾学生书局,1986.

[62]王子舟.杜定友和中国图书馆学[M].北京:北京图书馆出版社,2002.

[63]韦庆媛,邓景康.清华大学图书馆百年图史[M].北京:清华大学出版社,2013.

[64]魏文享.中间组织:近代工商同业公会研究(1918—1949)[M].武汉:华中师范大学出版社,2007.

[65]吴稌年.图书馆活动高潮与学术转型[M].北京:兵器工业出版社,2005.

[66]吴慰慈.图书馆学基础[M].北京:北京高等教育出版社,2004.

[67]吴仲强,等.中国图书馆学史[M].长沙:湖南出版社,1991.

[68]谢灼华.谢灼华文集[M].广州:中山大学出版社,2014.

[69]谢灼华.中国图书和图书馆史[M].修订版.武汉:武汉大学出版社,2005.

[70]徐小群.民国时期的国家与社会:自由职业团体在上海的兴起,1912—1937[M].北京:新星出版社,2007.

[71]徐引篪,霍国庆.现代图书馆学理论[M].北京:北京图书馆出版社,1999.

[72]许纪霖.近代中国知识分子的公共交往(1895—1949)[M].上海:上海人民出版社,2007.

[73]许雪姬,张隆志,陈翠莲.坐拥书城——赖永祥先生访问记录[M].台北:"中研院"台湾史研究所,2007.

[74]薛愚.中国药学会史略[M].北京:中国医药科技出版社,1987.

[75]严文郁.中国图书馆发展史——自清末至抗战胜利[M].新竹:枫城出版社,1983.

[76]严文郁先生八秩华诞庆祝委员会.严文郁先生图书馆学论文集[G].台北:辅仁

大学图书馆学系,1983.

[77]杨翠华.中华教育文化基金会对科学的赞助[M].台北:"中研院"近代史研究所,1991.

[78]杨威理.西方图书馆史[M].北京:商务印书馆,1988.

[79]杨昭悊.图书馆学[M].上海:上海商务印书馆,1923.

[80]叶赋桂.新制度与大革命——以近代知识分子和教育为中心[M].北京:教育科学出版社,2010.

[81]叶继元.南京大学百年学术精品:图书馆学卷[M].南京:南京大学出版社,2002.

[82]袁慧熙,袁澄.思忆录:袁守和先生纪念册[M].台北:商务印书馆,1968.

[83]袁同礼,国家图书馆.袁同礼文集[M].北京:国家图书馆出版社,2010.

[84]张剑.科学社团在近代中国的命运——以中国科学社为中心[M].济南:山东教育出版社,2005.

[85]张剑.中国近代科学与科学体制化[M].成都:四川人民出版社,2008.

[86]张锦朗.中国图书馆事业论集[M].台北:台湾学生书局,1984.

[87]张树华,张久珍.20世纪以来中国的图书馆事业[M].北京:北京大学出版社,2008.

[88]张喜梅.馆里馆外文化名人与中国近代图书馆的创建和理论探索[M].北京:中国时代经济出版社,2013.

[89]张玉法.民国初年的政党[M].长沙:岳麓书社,2004.

[90]浙江省图书馆志编纂委员会.浙江省图书馆志[M].北京:中国书籍出版社,1994.

[91]郑智明.福建省图书馆百年纪略(1911—2011)[M].厦门:鹭江出版社,2011.

[92]中国社团研究会.中国社团发展史[M].北京:当代中国出版社,2001.

[93]中国图书馆学会,国家图书馆.中国图书馆事业发展报告2010[M].北京:国家图书馆出版社,2010.

[94]中国图书馆学会.百年大势——历久弥新[M].北京:科学出版社,2004.

[95]中国图书馆学会.百年文萃——空谷余音[M].北京:中国城市出版社,2005.

[96]中国图书馆学会.中国图书馆学学科史[M].北京:中国科学技术出版社,2014.

[97]中华图书馆协会.图书馆学季刊总索引(第1—10卷)[M].北平:中华图书馆协会,1937.

[98]中华图书馆协会执行委员会.中华图书馆协会第二次年会报告[R].北平:中华图书馆协会事务所,1933.

[99]中华图书馆协会执行委员会.中华图书馆协会第一次年会报告[R].北平:中华图书馆协会事务所,1929.

[100]中华图书馆协会执行委员会.中华图书馆协会概况[M].北平:中华图书馆协会事务所,1933.

[101]李学勤.中华文化通志·历代文化沿革典[M].上海:上海人民出版社,1998.

[102]广东省立中山图书馆,中山大学图书馆.杜定友文集:第18册[G].广州:广东教育出版社,2012.

[103]周洪宇.不朽的文华——从文华公书林到文华图书馆学专科学校[M].武汉:华中师范大学出版社,2013.

[104]周建文,程春焱.江西省图书馆馆史(1920—2010)[M].南昌:江西人民出版社,2010.

[105]周松青.上海地方自治研究(1905—1927)[M].上海:上海社会科学院出版社,2005.

[106]朱庆祚.上海图书馆事业志[M].上海:上海社会科学院出版社,1996.

[107]左玉河.中国近代学术体制之创建[M].成都:四川人民出版社,2008.

四、期刊论文类

[1]曹志梅,孔玉珍.留学欧美与袁同礼图书馆学思想之形成[J].徐州师范大学学报,1998(4):3-5.

[2]陈琳.杨昭悊及其图书馆学[J].国家图书馆学刊,2009(4):81-85.

[3]陈庆梅.浅述袁同礼对中国图书馆事业的贡献[J].中国科技信息,2005(8):201.

[4]程焕文.百年沧桑世纪华章——20世纪中国图书馆事业回顾与展望[J].图书馆建设,2004(6):1-8.

[5]程焕文.百年沧桑世纪华章——20世纪中国图书馆事业回顾与展望(续)[J].图书馆建设,2005(1):15-21.

[6]程焕文.论"图书馆精神"[J].黑龙江图书馆,1988(4):9-11.

[7]程焕文.民国时期图书馆事业的发展与评价[J].图书情报知识,1986(3):37-38,36.

[8]程焕文.实在的图书馆精神与图书馆精神的实在——《图书馆精神》自序[J].大学图书馆学报,2006(4):2-14.

[9]程焕文.一代宗师　千秋彪炳——记中国图书馆学教育之父沈祖荣先生[J].图书馆,1990(4):54-58.

[10]程焕文.一代宗师　千秋彪炳——记中国图书馆学教育之父沈祖荣先生(续)[J].图书馆,1990(6):64-67.

[11]程焕文.一代宗师　千秋彪炳——记中国图书馆学教育之父沈祖荣先生(续)[J].图书馆,1991(1):71-73,76.

[12]程焕文.一代宗师　千秋彪炳——记中国图书馆学教育之父沈祖荣先生(续)[J].图书馆,1991(3):63-67,76.

[13]程焕文.一代宗师　千秋彪炳——记中国图书馆学教育之父沈祖荣先生(续)[J].图书馆,1991(5):69-73.

[14]程焕文.中华民国图书馆学术史序说[J].中山大学学报(哲学社会科学版),

1988(2):91-98.

[15]程亚南.跨文化交流与中国图书馆现代化[J].图书情报工作,1997(1):11-14,47.

[16]李致忠.论中国图书馆学的形成与发展[J].中国图书馆学报,1996(6):7-14.

[17]戴煜滨.论李小缘先生超时代的图书馆学思想[J].图书情报工作,1997(5):18-21,55.

[18]邓咏秋.评《中华图书馆协会会报》[J].大学图书馆学报,2010,28(2):119-121,108.

[19]董隽,唐红安.刘国钧先生发起成立兰州市图书馆协会的经过及其影响[J].大学图书馆学报,2019,37(6):17-21.

[20]杜志刚,孙峰,李军.《中华图书馆协会成立会演说辞》之再读[J].图书馆工作与研究,2004(5):58-59.

[21]范并思,胡小菁.图书馆学教育与现代图书馆理念[J].图书情报知识,2008(6):5-9.

[22]范并思.构建中国图书馆核心价值体系之思考[J].图书与情报,2015(3):50-55,140.

[23]范并思.李小缘与中国近代公共图书馆研究[J].新世纪图书馆,2007(3):20-22.

[24]范凡.民国时期图书馆学论著大量出现的事业基础[J].山东图书馆学刊,2011(3):36-40.

[25]范红霞.柳诒徵的图书馆学思想及成就[J].图书与情报,2006(3):108-111,144.

[26]郜向荣.梁启超图书馆学思想与实践研究综述[J].四川图书馆学报,2006(2):68-71.

[27]龚蛟腾.清末至民国图书馆事业的勃兴与繁荣(上)[J].图书馆,2011(1):1-6.

[28]龚蛟腾.清末至民国图书馆事业的勃兴与繁荣(下)[J].图书馆,2011(2):8-11,34.

[29]顾烨青,吴稌年,刘宇.从学科认同的构建看"中国的图书馆学"的建立[J].图书馆杂志,2012,31(3):2-7.

[30]顾烨青.刘国钧先生与少年中国学会——一个知识青年学术报国的心路历程[J].大学图书馆学报,2011,29(2):114-120.

[31]顾烨青.民国时期图书馆学会考略[J].山东图书馆学刊,2009(6):19-23,27.

[32]顾烨青.图书馆学会与图书馆协会之辨及其思考——写在中国图书馆学会成立三十周年之际[J].图书馆,2009(6):1-6,10.

[33]顾烨青.中国近现代图书馆学人史料建设:现状与展望[J].大学图书馆学报,2010,28(3):5-14.

[34]侯玮辰.民国时期社会力量建设图书馆分析——基于1925—1927年《申报》报道[J].大学图书馆学报,2009,27(4):33－38.

[35]胡俊荣.论图书馆国际化[J].中国图书馆学报,2003(3):24－27.

[36]胡俊荣.晚清知识分子创建中国近代图书馆的历程[J].四川图书馆学报,2000(5):61－66.

[37]胡俊荣.晚清三次社会变革与中国图书馆的近代化[J].中国典籍与文化,2000(2):36－41.

[38]胡俊荣.西方传教士对中国近代图书馆的影响[J].图书馆,2002(4):88－91,85.

[39]黄苹.民族觉醒与近代中国图书馆学思想[J].图书馆学研究,1998(2):3－5.

[40]黄少明.中华教育改进社年会有关图书馆议决案对中国图书馆事业的影响[J].国家图书馆学刊,2009,18(3):88－92.

[41]霍彩玲.馆藏民国时期图书馆学期刊发行与学术传承[J].图书馆研究与工作,2019(4):23－27,34.

[42]霍国庆.百年沧桑 三次高潮 四代学人——20世纪中国大陆和台湾地区图书馆学史总评[J].图书馆,1998(3):3－5.

[43]霍国庆.百年沧桑 三次高潮 四代学人——20世纪中国大陆和台湾地区图书馆学史总评(续)[J].图书馆,1998(4):3－5.

[44]黎飞.民国时期的图书馆协会及其活动编年[J].图书馆建设,2020(2):21－31.

[45]李明华.中美图书馆界扩大交流合作走向21世纪[J].大学图书馆学报,1996(4):23－26.

[46]李彭元.《图书馆规程》和《通俗图书馆规程》的公共图书馆思想研究[J].图书馆理论与实践,2013(1):78－80,85.

[47]李彭元.八年抗战中的中华图书馆协会[J].图书馆论坛,2009,29(5):42－45.

[48]李彭元.袁同礼与中华图书馆协会及其对我国图书馆事业的贡献[J].图书馆,2011(2)2:35－38,40.

[49]李爽."新图书馆运动"质疑[J].图书情报知识,2005(2):90－92.

[50]李晓泽.袁同礼——中西文化交流的使者中国现代图书馆事业的先驱[J].河北科技图苑,2008(5):52－55.

[51]廖铭德.20世纪"新图书馆运动"研究述评[J].图书情报工作,2009,53(3):128－131.

[52]林霞.中国近代图书馆学的形成——二十世纪二、三十年代中国图书馆学研究[J].四川图书馆学报,2005(4):71－75.

[53]刘桂芳,张文琴.记天津图书馆协会成立前后——对《天津图书馆志》的再补遗[J].图书馆工作与研究,2009(2):77－78.

[54]刘晖."20世纪中国图书馆100件大事"评选揭晓[J].图书馆,2003(1):1－4.

[55]刘宇,宋歌.《图书馆学季刊》载文计量研究[J].图书馆,2008(3):48－51.

［56］刘兹恒,余训培.新图书馆运动的精神实质———对图书馆"民众"概念的回顾和反思［J］.图书馆,2005(5):1－4.

［57］刘兹恒.20世纪初我国图书馆学家在图书馆学本土化中的贡献［J］.图书与情报,2009(3):1－7.

［58］刘兹恒.论中国图书馆学历史传统的传承［J］.图书馆论坛,2006,25(6):22－26.

［59］刘兹恒.试论图书馆学本土化的目的与特征［J］.图书馆杂志,2004(11)2－7.

［60］罗德云.应认真开展对中国图书馆学人的研究(上)［J］.图书馆杂志,2002(3):7－10.

［61］罗德云.应认真开展对中国图书馆学人的研究(下)［J］.图书馆杂志,2002(4):15－18.

［62］罗友松,董秀芬,肖林来.试评中华图书馆协会的历史作用［J］.江苏图书馆工作,1981(2):40－46.

［63］吕明,李蓉梅.西学东渐对近代中国目录学的影响［J］.合肥教育学院学报,2003(3):65－66,83.

［64］马启.如何评价中华图书馆协会［J］.江苏图书馆工作,1982(1):37－41.

［65］农伟雄,关建文.中国图书馆界的第一个全国性团体——中华图书馆协会［J］.江苏图书馆学报,1993(3):35－37.

［66］潘燕桃,程焕文.清末民初日本图书馆学的传入及其影响［J］.中国图书馆学报,2014,40(4):65－75.

［67］裴成发.20世纪前半叶的中国图书馆学［J］.图书馆理论与实践,1992(3):41－47.

［68］彭敏慧.文华公书林与文华图专的巡回文库［J］.图书馆论坛,2008(4):115－117.

［69］秦亚欧,魏硕,金敏求.中国近代图书馆协会对图书馆学教育的促进和影响［J］.图书馆学研究,2010(22):94－98.

［70］秦亚欧,郑晓丹.中国近代巡回文库服务研究［J］.图书馆学研究,2009(9):73－76,95.

［71］沈占云.中华图书馆协会成立的背景因素、历史意义之考察［J］.图书馆,2006(1):24－26.

［72］疏志芳.中外文化交流视野下的近代图书馆事业［J］.巢湖学院学报,2005(3):161－162,164.

［73］苏全有."圕"字的发明与使用史探析［J］.大学图书馆学报,2019(4):102－110.

［74］孙凤玲.从以藏为本到以人为本———中国图书馆学思想的回顾与展望［J］.四川图书馆学报,2005(5):2－4.

［75］孙海生.中国图书馆学教育之父沈祖荣述略［J］.兰台世界,2010(11):42－43.

[76] 王阿陶,姚乐野.《图书馆学季刊》及其学术特点刍议[J].图书情报知识,2015 (5):32-38.

[77] 王阿陶,姚乐野.图学史卷 时代华章——《中华图书馆协会会报》研究[J].大 学图书馆学报,2014,32(3):120-126.

[78] 王阿陶,姚乐野.中华图书馆协会研究综述[J].图书馆建设,2011(12):24- 28,33.

[79] 王蕾,张琦,程焕文.中国图书与图书馆史教育九十年[J].图书馆论坛,2010,30 (6):58-65.

[80] 王雅戈,侯汉清.近代索引研究的先驱万国鼎——纪念万国鼎先生诞辰110周 年[J].大学图书馆学报,2008(4):106-110.

[81] 王余光.索引运动的发生[J].出版发行研究,2003(6):74-76.

[82] 王子舟,廖祖煌.图书馆学本土化问题初探[J].图书情报工作,2002(1): 22-28.

[83] 王子舟,孟晨霞,汪聪,等."中国的图书馆学"建设仍在路上——纪念梁启超《中 华图书馆协会成立会演说辞》发表90周年[J].图书馆论坛,2015,35(5):6- 12,67.

[84] 王子舟.20世纪中国图书馆学发展的三次高潮[J].图书情报工作,1998(2): 3-5.

[85] 王子舟.《民国图书馆学文献学著译序跋辑要》序[J].图书馆杂志,2013,32 (10):25-28,50.

[86] 王子舟.学术创新必先从学术史研究入手[J].图书情报工作,2007(3):5.

[87] 王子舟.中国图书馆学教育九十年回望与反思[J].中国图书馆学报,2009,35 (6):70-78,96.

[88] 文榕生.20世纪图书馆学研究回顾[J].图书馆,1998(5):3-5.

[89] 吴稌年.论"新图书馆运动"的高潮期[J].图书馆,2007(2):6-9,16.

[90] 吴稌年."新图书馆运动"若干关键点之研究[J].图书馆,2006(6):27-30.

[91] 吴稌年.中国近代图书馆精神的形成[J].图书与情报,2005(1):36-37,41.

[92] 吴稌年.中国近代图书馆史分期的历史语境[J].图书情报工作,2008(3): 53-56.

[93] 吴慰慈.回顾过去 展望未来 开拓前进——建设面向21世纪的图书馆学学 科体系[J].中国图书馆学报,1998(5):3-5.

[94] 吴仲强.中国图书馆学史论[J].中国图书馆学报,1992(4):20-24,89.

[95] 徐鸿.中国近代图书馆学的产生与发展[J].图书情报知识,1988(1):53-54.

[96] 徐菊.近代中国图书馆关于公平使用图书馆资源的思想[J].图书馆,2007(3): 17-21.

[97] 徐文.试评中华图书馆协会的性质及其作用[J].图书馆学研究,1987 (4):61-65.

［98］杨志永.民国时期我国公共图书馆事业的变迁特点及原因分析［J］.图书情报工作,2011,55(21):130 – 133.

［99］易凌,龚蛟腾.近代"中国的图书馆学"学科体系之应然研究［J］.图书馆论坛,2019,39(9):19 – 29.

［100］印永清.近代中国图书馆事业对外开放的历程［J］.情报资料工作,2001(5):74 – 77.

［101］曾凡菊.民国时期三大图书馆学期刊办刊特色之比较［J］.高校图书馆工作,2019(5):76 – 80.

［102］曾凡菊.中华图书馆协会与民国时期图书馆界的交流——以协会年会为中心的考察［J］.图书馆理论与实践,2008(1):115 – 117.

［103］翟桂荣.新图书馆运动的新纪元——中华图书馆协会第一次年会及其《宣言》的历史意义［J］.图书情报工作,2010,54(4):136 – 139.

［104］张殿清.中华文化教育基金董事会对中国近代图书馆的资金援助［J］.大学图书馆学报,2006(2):54 – 56.

［105］张书美,刘劲松.鲍士伟对中国图书馆事业的贡献［J］.国家图书馆学刊,2010,19(2):85 – 87,95.

［106］张书美,刘劲松.美国所退庚款与中国近代图书馆事业［J］.图书馆界,2008(3):49 – 52.

［107］张树华,刘素清.解放前我国图书馆学期刊发展述略［J］.晋图学刊,1993(1):41 – 45.

［108］张树华.中国图书馆读者服务工作百年回眸［J］.中国图书馆学报,1999(6):3 – 5.

［109］LIN S C. Historical development of library education in China［J］. The Journal of Library History(1974—1987),1985,20(4):368 – 386.

［110］LESTER M S. The rise of the non prof it sector［J］. Foreign Affairs,1994,73(4):109 – 122.

［111］YI Z X. History of curriculum development in library science education in China［J］. Chinese Librarianship,2018(46):1 – 12.

［112］ZHENG S H. Developing oral history in Chinese libraries［J］. Journal of Academic Librarianship,2008,34(1):74 – 78.

［113］TING L. "book-review" The history of libraries and books in China［J］. Libraries & Culture,1990,25(2):276.

［114］WU J Z , HUANG R H. The academic library development in China［J］. The Journal of Academic Librarianship,2003,29(4):249 – 253.

［115］ZHENG J D,YOU C,MIN C S,et al. The queen of the modern library movement in China:Mary Elizabeth Wood［J］. Library Review,2010,59(5):341 – 349.

［116］ZHANG W X. Classification for Chinese libraries(CCL):histories, accomplishments, problems and its comparisons[J]. 教育資料與圖書館學,2003,41(1):1-22.

[117] LOUISE S R. Liu Guojun's American studies[J]. American Libraries,1999,30 (11):61.

[118] DONALD G D,CHENG H W. The destruction of a great library:China's loss belongs to the world[J]. American Libraries,1997,28(9):60-62.

五、学位论文类

[1]陈洪杰. 中国近代科普教育:社团、场馆和技术[D]. 上海:华东师范大学,2006.

[2]陈忠海. 中国图书档案损毁史实的调查与书厄观研究[D]. 郑州:郑州大学,2012.

[3]董成颖. 民国留美图书馆学人与中国图书馆事业的现代化[D]. 南京:南京大学,2018.

[4]范凡. 民国时期图书馆学著作出版与学术传承[D]. 北京:北京大学,2008.

[5]房正. 中国工程师学会研究(1912—1950)[D]. 上海:复旦大学,2011.

[6]付青云. 民国时期苏州图书馆研究(1914—1937)[D]. 苏州:苏州科技大学,2019.

[7]付天松. 中国三代图书馆学家论著及其被引研究[D]. 哈尔滨:黑龙江大学,2013.

[8]刘晓霞. 公共文化服务视角下的上海近代图书馆发展研究[D]. 上海:上海师范大学,2019.

[9]潘芳莲. 非营利组织人力资源开发对组织绩效的影响研究——以我国图书馆为例[D]. 武汉:武汉大学,2011.

[10]钱益民. 中华学艺设研究(1916—1932)[D]. 上海:复旦大学,2001.

[11]孙大权. 中国经济学社研究(1923—1953)[D]. 成都:四川大学,2005.

[12]王东杰. 政治、社会与文化视野下的大学"国立化":以四川大学为例(1925—1939)[D]. 成都:四川大学,2002.

[13]吴小龙. 少年中国学会研究——从最初的理想认同到政治思想的激烈论争[D]. 北京:中国社会科学院研究生院,2001.

[14]杨娜. 中国近代科学社团的历史演进与社会影响[D]. 大连:大连理工大学,2008.

[15]张敏. 民国时期图书馆学期刊研究[D]. 苏州:苏州大学,2015.

[16]朱文通. 李大钊与近代中国社团[D]. 石家庄:河北师范大学,2013.

六、网络文献类

[1]老槐. 中华图书馆协会80年,不该忘却的纪念[EB/OL]. [2017-01-16]. http://oldhuai. bokee. com/2435887. html.

［2］广西通志［EB/OL］.［2012 – 01 – 02］. http：//www. gxdqw. com/bin/mse. exe? seachword = &K = a&A = 28&rec = 123&run = 13.

［3］文榕生. 文献编目论［EB/OL］.［2016 – 12 – 11］. http：//www. china001. com/show_hdr. php? xname = PPDDMV0&dname = N2CUK21& xpos = 13.

［4］中国图书馆学会简介［EB/OL］.［2013 – 05 – 23］. http：//www. lsc. org. cn/CN/gy-wm. html.

［5］王彦祥.《中国藏书文化》讲义［EB/OL］.［2017 – 11 – 02］. http：//blog. sina. com. cn/s/blog_4903ef0100dial. html.

［6］美国图书馆协会历史（1876）［EB/OL］.［2022 – 01 – 03］. https：//www. ala. org/aboutala/history/details-ala-history.

附　　录

附录一　民国时期图书馆社团大事记

（主要记述民国时期社团的成立、名称变更、对外交流等）

1918 年

12 月 21 日,北京大学文科事务室召开"北京各图书馆全体会",宣布正式成立中国历史上第一个图书馆社团——北京图书馆联合会,来自北京国民政府国务院、教育部以及在京高校及图书馆的代表共二十人参加此次成立大会,并制定有会章及附则六条,但该会因政府不予立案而未能正式开展工作。

1920 年

8 月 2—20 日,北京高等师范学校举行图书馆讲习会。该讲习会不仅成立了图书馆员研究所,而且为成立全国性的图书馆社团奠定了思想基础。

1922 年

3 月 27 日,广东省教育委员会下设图书馆管理员养成所成立,后该所组织成立了"图书馆研究会",杜定友被推举为会长,穆耀枢任编辑部主任,孤志成任文牍部主任,陈德芸任调查部主任,李华龙任庶务部主任。该研究会是目前我国历史上有据可查的最早的图书馆学术研究型社团。

7 月 3—8 日,中华教育改进社在济南召开第一次年会,分组会议中设置了图书馆教育组,戴志骞提《组织图书馆管理学会案》和《请中华教育改进社组织图书馆教育研究委员会案》,后一项提案讨论通过。

1923 年

1 月,中华教育改进社成立图书馆教育研究委员会,实际上起到了全国性图书馆的民间领导机构的职能,该委员会的会员在后来各类图书馆社团的成立中起到了积极的倡导作用。

8 月,中华教育改进社在济南召开第二次年会,会中通过了戴志骞所提《组织各地方图书馆协会案》。

1924 年

2 月 19 日,中华教育改进社"通知本社社员在各地图书馆办事者,克日发起组织图书馆协会"。

3 月 30 日,北平图书馆协会成立①,戴志骞被选为会长,冯陈祖怡为副会长,查修为书记,制定有协会章程等。

4 月 26 日,浙江省会图书馆协会成立,推选章篯为会长,陈允恭为副会长。制定有《浙江省会图书馆协会简章》,会址设在浙江省公立图书馆分馆内。

5 月 18 日,北平图书馆协会在北京大学图书馆举行第二次常会,决定函请各地图书馆发起成立各地图书馆协会。

5 月 26 日,南阳图书馆协会成立,杨廷宪任会长,李寰宇任副会长,王洪策任书记。

5 月 29 日,开封图书馆协会成立,何日章当选为会长,齐真如为副会长,李燕亭为书记,制定有《开封图书馆协会简章》,会址设在河南省立图书馆。

6 月 1 日,天津图书馆协会成立,王文山任会长,严台孙任副会长,李晴皋为书记。制定有《天津图书馆协会简章》。

6 月 14 日,南京图书馆协会正式成立。洪范五任会长,职员有总干事钟福庆,文牍朱家治,交际冯绍苏,会计石廷镛。制定有《南京图书馆协会章程》,会址设在南京市公园路江苏省立民众教育馆内,后改为金陵大学图书馆。

6 月 27 日,上海图书馆协会成立,选出委员长杜定友,编辑潘圣一、陈仁达,调查马崇淦、潘仰尧,交际朱少屏、黄警顽,庶务邓演存、黄维廉,

---

① 成立之初,该会名称为"北京图书馆协会",1928 年 12 月 23 日,该会改名为"北平图书馆协会"。

会计孙心磐,书记梁朝树。制定有《上海图书馆协会简章》,会址设在上海总商会图书馆。

8月3日,江苏图书馆协会成立,洪范五任会长,施廷镛任副会长,朱家治任书记,芮逸夫、郑为钧、朱香晚、朱慰堂、陈家凤、姜镇淮等为干事,制定有《江苏图书馆协会会章》,通讯处及会所暂设南京国立东南大学孟芳图书馆。

8月,北平图书馆协会编辑出版《北京图书馆协会会刊》。

12月16日,济南图书馆协会成立,桂质柏为会长,张信庵为副会长,尹世铎、纪文岩当选为书记,制定有《济南图书馆协会简章》。

是年,江苏图书馆协会编辑出版《江苏图书馆协会特刊》。

1925 年

1925年初,北平图书馆协会特别成立全国图书馆协会筹备委员会,并邀请南京、江苏、上海、天津等地的图书馆协会一同发起全国图书馆协会。

4月2日,广州图书馆协会成立,选出正会长吴康,副会长陈德芸,书记杨始开,指制定有《广州图书馆协会章程》,通信处暂定广东大学图书馆,无固定会址。

4月9日,上海图书馆协会函请全国各图书馆选派代表赴沪于22日至25日商讨组织全国性图书馆协会。

4月11日,上海图书馆协会在《申报》发布《全国各图书馆公鉴》。

4月12日,全国性图书馆协会的发起人大会在北平中央公园内的来今雨轩召开。

4月22日,上海图书馆协会召集全国各图书馆协会在上海举行关于成立全国性图书馆协会的会议。

4月25日,中华图书馆协会在上海成立,公选戴志骞任执行部部长,杜定友、何日章任副部长,另聘定干事33人。成立之初制定有《中华图书馆协会组织大纲》(1925年)、《中华图书馆协会执行部细则》、《中华图书馆协会总事务所办事简则》、《中华图书馆协会委员会规程》。

5月18日,中华图书馆协会以学术团体类社会组织的职能呈请京师警察厅转呈内务部立案,该厅于同年6月4日批示准予备案。

5月27日,中华图书馆协会董事部召开第一次会议,公选梁启超为董事部部长,袁同礼为书记,并推举颜惠庆、熊希龄、袁希涛、丁文江、胡适5人组织成立财政委员会,另推选施肇基、鲍士伟、韦棣华为其名誉董事。

6月1日,上海图书馆协会编辑出版《图书馆杂志》。

6月2日,中华图书馆协会借北京南河沿欧美同学会礼堂举行成立仪式。

6月30日,中华图书馆协会出版发行《中华图书馆协会会报》。

6月,中华图书馆协会图书馆开办。

7月15—8月15日,中华图书馆协会图书馆教育委员会与国立东南大学、中华职业教育社、江苏省教育会在南京东南大学内合办暑期学校。

8月20日,中华图书馆协会决定参加国际联盟智育合作委员会下设的国际大学询问处的"编制世界各国名著目录计划",拟分担其中我国名著目录部分的编制,并向国内各方征集出版名著目录。

9月26日,中华图书馆协会依学术团体立案前例,呈请教育部立案,10月17日获准备案。

9月,中华图书馆协会执行部成立5个委员会:图书馆教育委员会、分类委员会、编目委员会、索引委员会、出版委员会。

10月,中华图书馆协会开始与苏俄文化沟通社交换书籍。

11月,自美返国的戴志骞正式接手中华图书馆协会执行部部长一职。

是年,苏州图书馆协会成立,会长为彭清鹏,书记为蒋怀若,制定有《苏州图书馆协会简章》,通讯处设在苏州图书馆。

1926 年

3月,中华图书馆协会编辑出版《图书馆学季刊》。

4月18日,浙江省会图书馆协会召开第二届年会,议决改浙江省会图书馆协会为"杭州图书馆协会",制定有《杭州图书馆协会简章》。

6月16日,中华图书馆协会与武昌华中大学文华图书科颁布《招考图书馆学免费生规程》。

7月,杜定友代表上海图书馆协会赴日本考察图书馆事业。

10月14日,中华图书馆协会派厦门大学图书馆主任裘开明、齐鲁大学图书馆主任桂质柏、武昌文华大学韦棣华女士3人为代表赴美国费城参加美国图书馆协会成立50周年纪念大会以及美国为庆祝建国150周年纪念而举行的世界博览会。

1927 年

3月,中华图书馆协会加入中国学术团体协会。

6月,中华图书馆协会重组编目委员会,选李小缘为主任,章篯君为副主任,沈祖荣、查修、蒋复璁、爨汝僖、施廷镛、王文山为委员。

9月30日,中华图书馆协会派韦棣华为代表赴英国爱丁堡参加英国图书馆协会成立50周年纪念大会。会议最终决议成立国际图书馆及目录委员会,并通过组织条例7条,韦棣华女士代表中华图书馆协会签字同意该组织的成立。

1928 年

5月,中华图书馆协会派代表参加中华民国大学院召开的第一次全国教育会议,代表提出《国立大学应增设图书馆学专科案》等有关图书馆事业发展的议案。

7月,中华图书馆协会向国民政府大学院申请立案。同年12月行政院教育部成立,中华图书馆协会重新向教育部申请立案,14日获批准。

11月7日,中央大学区图书馆联合会正式成立,制定有《中央大学区图书馆联合会简章》,会址设在苏州图书馆。

是年,武汉图书馆协会成立。

1929 年

1月28日—2月1日,中华图书馆协会在南京召开第一次年会,对《中华图书馆协会组织大纲》(1925年)进行了修改,最终通过《中华图书馆协会组织大纲》(1929年)。会议还将执行部改为"执行委员会",董事会改为"监察委员会",制定了《中华图书馆协会监察委员会章程》。

3月31日,北平图书馆协会召开常会,德国莱斯米博士发表演讲。

3月,中华图书馆协会成立检字委员会。

4月,广州图书馆协会出版发行《广州图书馆协会会刊》。

5月29日,太原图书馆协会成立。成立大会中宣读《太原图书馆协会缘起》《太原图书馆协会成立宣言》,并讨论通过《太原图书馆协会简章》,最后选出太原图书馆协会执行委员为省党部图书馆、商业专校图书馆、法政专校图书馆等。

6月,沈祖荣赴意大利罗马参加第2次国际图书馆及目录委员会大会,此次大会上中国学者的5篇论文被当众宣读,分别是《现代图书馆之发展》(戴志骞)、《中国之图书馆馆员教育》(胡庆生)、《中国图书制度之变迁》(顾子刚)、《中国文字索引法》(沈祖荣)、《中国图书馆今昔观》(佚名)。

9 月 17 日,福建图书馆协会成立,选举出谢大祉、侯鸿鉴等为常务委员;谢源、叶升等为执行委员;龚履谦、朱涵等为监察委员,会中宣读《福建图书馆协会成立宣言》,制定有《福建图书馆协会章程》《执行委员会办事细则》《监察委员会办事细则》,设会址在福建省立图书馆内。

9 月,上海图书馆协会编辑出版《上海图书馆协会会报》。

是年,中华图书馆协会增设检字委员会、编纂委员会、建筑委员会、宋元善本调查委员会及版片调查委员会。

1930 年

3 月 18 日,山东图书馆协会成立。会中宣读《山东图书馆协会简章》及《山东图书馆协会成立宣言》,推举齐鲁大学图书馆、民众教育馆等为执行委员,山东省立图书馆、齐鲁大学图书馆等为常务委员,会址设在山东省立图书馆内。

5 月,浙江第二学区图书馆协会成立,制定有《浙江第二学区图书馆协会简章》,会址设嘉兴县立图书馆,是当时国内地方性图书馆社团以学区组织之首创。

9 月 14 日,瑞安图书馆协会召开成立大会。会中宣读《瑞安图书馆协会简章》与《瑞安图书馆协会成立宣言》,并选举出李笠为正会长,胡经、王释为副会长。会址设在浙江省瑞安杨衙街利济医院。

9 月,福建图书馆协会出版发行《福建图书馆协会会报》。

10 月,《图书馆学季刊》编辑部随其主编刘国钧任职于北平而由南京金陵大学移至北平。

11 月,无锡图书馆协会成立,选举无锡县立图书馆、江苏省立民众教育学院图书馆、大公图书馆等为首届执行委员,制定有《无锡图书馆协会简章》《无锡图书馆协会执行委员会办事细则》《无锡图书馆协会缘起》等。

1931 年

4 月,浙江第二学区图书馆协会编辑出版《浙江第二学区图书馆协会季刊》。

6 月 22 日,安徽图书馆协会在安庆旧藩属安徽省立图书馆召开成立大会,选举出陈东原、刘华锦等 7 人为执行委员,杨起田、汪荫祖等 3 人为监察委员。会中公决通过《安徽图书馆协会会章》及《安徽图书馆协会成立宣言》。

是年,金陵大学图书馆学会成立。

是年,由天津市属各图书馆工作人员以及部分市立师范图书馆学讲习班的毕业生,发起组织筹备天津市图书馆学会,起草有《天津市图书馆学会组织简章》。

1932 年

1 月,无锡图书馆协会编辑出版《无锡图书馆协会会刊》。

5 月 22 日,浙江第一学区图书馆协会成立,会中宣读了《浙江省第一学区图书馆协会成立宣言》,通过了《浙江省第一学区图书馆协会简章》,此后还制定有《浙江省立第一学区图书馆协会执监会细则》《浙江省第一学区图书馆协会理事会细则》。

6 月,第 5 届国际图联大会在瑞士首都伯尔尼国立图书馆举行,中华图书馆协会编一年来中国图书馆界概况的简略报告,并附上海各大图书馆遭 1931 年日军侵略轰炸的损失情况寄送大会。

11 月 14 日,江西省会图书馆协会成立,会中选举杨立诚、蔡全篪等 7 人为执行委员,并通过了《江西省会图书馆协会简章》和《江西省会图书馆协会成立宣言》,会址暂设江西省立图书馆。

11 月,中华图书馆协会执行委员会第一次年度会议决议通过了《改组各委员会案》《督促各委员会实际工作俾中途不致停顿案》等 8 案,改组后的委员会由:分类委员会、编目委员会、索引委员会、检字委员会、图书馆教育委员会、建筑委员会、编纂委员会、版片调查委员会以及《图书馆学季刊》编辑部。

1933 年

8 月 18 日,中华图书馆协会出版了《中华图书馆协会第二次年会指南》。

8 月 28—31 日,中华图书馆协会在北京举行第二次年会。

8 月,《中华图书馆协会概况》出版。

9 月 10 日,杭县图书馆联合会成立。

10 月 14—16 日,中华图书馆协会派驻美国会员哈佛大学汉和图书馆主任裘开明携《中国图书馆现状》与《中国图书馆与出版之统计》两报告参加在美国芝加哥举行的第 6 届国际图联大会。

是年,中华图书馆协会新增两个委员会:图书馆经费标准委员会、审定杜威分类法关于中国编目委员会。

1934 年

2 月,中华图书馆协会执行部部长袁同礼奉教育部委派赴欧美考察图书馆事业。

3 月 13 日,四川图书馆协会成立,金豹庐任正会长,设经济、文书、宣传、交际、组织五股,会中通过《中华图书馆协会四川分会成立宣言》,会址设成都市立图书馆。

4 月,浙江省第一学区图书馆协会编辑出版《浙江第一学区图书馆协会会刊》。

5 月 28—29 日,中华图书馆协会邀请日内瓦中国国际图书馆馆长胡天石代为参加在西班牙马德里举行的第 7 届国际图联大会,会中胡天石宣读了《中国图书馆概况》(德文)的报告。

是年,中华图书馆协会新成立募集基金委员会与基金保管委员会,订立《中华图书馆协会募集基金办法》。

1935 年

3 月,中华图书馆协会加入中国学术团体联合会。

5 月 20—30 日,中华图书馆协会派汪长炳为代表出席在西班牙马德里与巴塞罗举行的第 8 次国际图联大会,执行委员冯陈祖怡正因公至日内瓦,一并就近参加。

8 月,中华图书馆协会出版 Library in China(译为《中华图书馆协会十周年纪念论文集》)。

是年,中华图书馆协会与武昌文华图书馆学专科学校合办招考图书馆学免费生,在北平、武昌、南京、上海 4 地同时招考,共录取学生 9 人。

是年,南宁图书馆协会成立。

1936 年

4 月 19 日,浙江省图书馆协会成立,选出陈训慈、潘树藩等 9 人为首届理事,会中通过了《浙江省图书馆协会简章》。

5 月,浙江图书馆协会编辑出版《浙江省图书馆协会会刊》。

5 月,浙江第三学区图书馆协会成立,常务理事为方觉,会址设吴兴县图书馆。

7 月 20—22 日,中华图书馆协会在青岛召开第三次年会(与中国博物馆协会联合举办），并修改了组织大纲，是为《1937 年组织大纲》。

1937 年

1 月，中华图书馆协会发布新修订的《中华图书馆协会组织大纲（1937 年）》。

4 月 20 日，浙江第十学区图书馆协会成立，制定有《浙江省第十省学区图书馆协会简章》。

"七七事变"后，中华图书馆协会会务停顿。

10 月 24 日，上海图书馆协会通过议案决定组织战时服务团。

11 月 19 日，中华图书馆协会理事长袁同礼致函美国图书馆协会会长和总干事，请求援助中国图书馆复兴。

11 月，中华图书馆协会总事务所迁至长沙。

是年，中华图书馆协会编辑出版《图书馆学季刊总索引》。

1938 年

3 月，中华图书馆协会为接受国外赠书便利起见，在香港大学冯平山图书馆内设立办事处。

4 月，中华图书馆协会在全国各地设立通讯处 14 个。

7 月，中华图书馆协会总事务所迁至昆明国立西南联合大学图书馆内并恢复工作。

9 月，中华图书馆协会加入中国教育学术团体联合办事处。

11 月 27—30 日，中华图书馆协会在重庆召开第四次年会（与中国教育学术团体联合年会合并举行）。

是年，第 11 届国际图联大会召开，中华图书馆协会未派代表，但中华图书馆协会袁同礼在香港致电大会，告知战争给中国造成的巨大破坏，呼吁国际图联发起向中国赠书活动。

1939 年

是年，国民政府委托中华图书馆协会继续办理在美征集图书事宜。

是年，第 12 届国际图联大会中，国际图联秘书长赛文司马代表中华图书馆协会发言，介绍中国图书馆的现状，全世界掀起了向中国赠书的热潮。

1940 年

是年,金陵大学图书馆学座谈会成立。

1941 年

7 月 13 日,延安图书馆协会成立,会址设在延安文化沟的中山图书馆内。

1942 年

2 月 8—9 日,中华图书馆协会在重庆召开第五次年会(与中国教育学术团体联合年会合并举行)。

是年,私立武昌文华图书馆学专科学校的学生发起组建成都市图书馆协会。

1943 年

9 月,中华图书馆协会将其总事务所由昆明移至重庆沙坪坝国立北平图书馆内办公。

11 月,中华图书馆协会将我国图书馆在战事中所受损失及目前工作概况以及今后的复兴计划写成《中国图书馆之被毁及战后复兴》(英文),邮寄至美国图书馆协会。

12 月 8 日,中华图书馆协会理事会召开会议,讨论中心问题为战后图书馆复员和人才培养计划等。

1944 年

1 月,中华图书馆协会在重庆设图书青年服务部。

5 月 5—6 日,中华图书馆协会在重庆国立中央图书馆举办第六次年会(与中国教育学术团体联合年会合并举行),并修改通过了《中华图书馆协会组织大纲》(1944 年)。

11 月,中华图书馆协会理事长袁同礼受国民政府委派赴美考察文化事业。

1945 年

3 月 30 日,国立社会教育学院师生发起成立了中国图书馆学社。

4月6日,中华图书馆协会借中央图书馆举行茶话会欢迎美国图书馆专家诺伦堡博士。

4月8日,兰州图书馆协会成立,选出刘国钧为理事长,刘国钧、袁翰青等为理事,发布《发起组织兰州图书馆协会缘起》,制定有《兰州图书馆协会简章》,会址设立于兰州图书馆。

6月,中国图书馆学社编辑出版《图书馆学报》(创刊号)。

8月18—19日,中华图书馆协会第七次年会在重庆北碚儿童福利社举行(与中国教育学术团体联合年会合并举行)。

1946 年

5月,中华图书馆协会派代表徐家璧参加英国图书馆协会战后首次年会,主题是战后图书馆之善后与复兴工作。

1947 年

3月16日,上海图书馆协会将筹办图书馆学与档案管理讲习二科。

3月,中华图书馆协会由国立北平图书馆迁至南京国立中央图书馆办公,《中华图书馆协会会报》印刷地点改为上海。

3月30日,广东图书馆协会成立,并选出杜定友、黄慕龄等为理事;徐信符、陈德芸等为监事。

4月18日,重庆图书馆协会成立,选出严文郁为理事长,杜钢百等4人为常务理事,王世芳为常务监事,制定有《重庆市图书馆协会章程》。

5月20—22日,第13届国际图联大会在挪威首都奥斯陆召开,中华图书馆协会托请中国驻挪威使馆秘书雷孝敏代为出席并宣读报告《复员后之中国图书馆概况》。

10月19日中华图书馆协会召开茶会欢迎美国图书馆学者沙本生博士。

10月26—27日,中华图书馆协会在南京举行第八次年会(与中国教育学术团体联合会年会合并举行)。

1948 年

1月14日,中华图书馆协会召开座谈会欢迎美国图书馆协会东方委员会主席白朗及美国国会图书馆副馆长克莱普。

5月1日,重庆市图书馆协会编辑出版《图书副刊》。

附录二　民国时期图书馆社团创办刊物发刊辞

北平图书馆协会创办《北京图书馆协会会刊》(1924 年)

发刊辞

人生之享乐,有精神与物质之分;物质之享乐有限,而精神之享乐无穷。盖物欲徒供一时之冲动,而无永久之回味;且杯水之润,此得之,则彼失之,得之者亦不过尽其量而已,过则病矣。至若精神之享乐如图书者,不独一人一遍得其益,万人万遍,而其效益大,其兴益浓,靡有既焉。然一人之财力有限,书不能多备,不能多读,而所知所识,乃囿于一曲。能以一书而供天下无穷人之读,一人而得读天下无穷之书,决无穷精神之源泉,为无穷人享乐,而收无穷之效,是则图书馆尚矣。

近世欧美文化为猛烈之进展,其原因虽有多端,而图书馆实居重要之地位,试披其史,观其发展之程序,几与文化史相合,即可知之。返视吾国,则创设虽早,而进行殊缓;兰台石室,为中秘之所藏;汲古天一,乃私家之搜集,非普通人所得同享者也。及乎清末,乃有图书馆之立,然设置简陋,不过如昔日一私人之藏书楼耳。比年以来,风云俶扰,弦歌为辍,学校教育,尚且如此,遑论图书馆之事业矣!然欧战以还,国人思潮不变,求知之欲,日见增高,处此学术饥荒之秋,不有完备之图书馆,何能餍嗷嗷之待哺;更不有精密之研究,详细之讨论,何能谋图书馆之完备,闭户造车,事乌能成。故非群策群力,不足收效,此同人等所以有图书馆协会之组织也。

本会告成以来,已历半载,草创经始,规制粗具,爰本会章所规定,每半年出会刊一册,将平日同人等所评论者,商榷者,以及一切调查记录,汇而刊之,集为册录,聊陈一得之愚,备供刍荛之献,邦人君子,其匡谬焉!

上海图书馆协会创办《图书馆》(1925 年)

上海图书馆协会杂志发刊趣旨

杜定友

我国近二十余年来,提倡图书馆教育,颇不乏人,然能实行设立图书馆者殊鲜,实行而能收效者,尤鲜,故社会上反对图书馆者,虽无其人,而热心援助者,实不可多得,我国之图书馆,未得社会之信仰,此其明证欤?

欲求社会上之信仰,端赖业图书馆者之努力,盖图书馆者,非衹求庋藏宏富,偏理完备而已也,犹须力求阅者阅览与参考之便利焉。抑犹有进者,图书馆之设立,非图一般人士有求学参考之所;且有以引诱阅者,以养成其读书之习惯,而助其学术之研究,提高其科学之精神,增进其人生之兴味。故图书馆者,学术之中心点也,社会之重要机关也。本会设立之宗旨,即欲求图书馆界之努力,使真正图书馆之实现,而为我国学术教育之助焉。兹为达到本会目的起见,特发刊图书馆杂志。试论其责任与内容,如下:

一、对于学术界之责任

挽近科学。最尚新颖。故研究学术者,对于新出图籍最应注意。但介绍各科新书,我国向无专门之出版物。学术界深引为憾。本杂志拟将国内新出版物,按月披露。将内容,著者,出版处,及价目等,详为说明;俾学者先睹为快。更请国内外科学专家,将读书心得,治学方法,随时登刊。并载有系统有秩序之各科书目,以助学者之研究。实为学者案头必备之书。

二、对于教育界之责任

教育家亦科学家也。学生乃将来之科学家也。故对于新出之教育书籍,教育学说之发明,读书之心得,皆应随时注意、以求增进。且本杂志除介绍新著及各科书目之外,随时登载指导阅书之方法,教材之搜集,读书书目,自修之方法及材料等,以供教员学生之采用。教育家与学生不能一日脱离书籍,即一日不能脱离讨论关于书籍之杂志。

三、对于出版界之责任

各书局新书之出版,虽有目录及日报杂志之广告。研究学术,欲选择一书者,焉能翻阅数十百种之目录及逐日之报纸杂志?且目录不能每月增添,日报过时即忘。兹有本杂志之发行,则阅者一翻即得。何等便利?于书局之营业上,亦有利焉。且也,出版家与图书馆界,实相依为命。亟应联络合作。本杂志除登载书籍出版之外,并载出版消息。使出版界与图书馆界,互通声气。实出版机关不得不备者也。

四、对于图书馆界之责任

本杂志既为本会之产物,其目的自当与本会宗旨相吻合。力求于图书馆管理上有切实之讨论与贡献。于图书馆事业上,竭诚提倡,力谋发展。流通图书馆消息,鼓励联络与合作。是诚各图书馆所不可少之杂志也。

五、本杂志之内容

本杂志之内容,详列如下。但因篇幅及材料关系,每期之中,难求齐全也。

一、论著　讨论图书馆管理上之切实问题,报告研究之心得。材料甯少,不务虚论。

二、调查　a 报告调查上海图书馆之状况,解决共同或各个之困难问题;并瞻上海各图书馆界之进退。

　　　　　b 调查出版界之状况。

三、新书书目　a 国内每月新出之书,分类编列。详载内容,著者,价值等件,以备学者及图书馆采购。

四、联合目录　a 杂志图书馆本会会员图书馆所订之杂志,分类编目,登刊本报。以便阅者披览是编则知上海各图书馆所有杂志,以便于取阅。

　　　　　　　b 新书图书馆本会会员图书馆新到书籍,亦将书名著者汇登本刊,其用意与上同列。

五、书报介绍　a 由著名学者,介绍书报,详为批评,及指导读书方法。

　　　　　　　b 由学者或图书馆介绍有系统的各科书目,以便研究。

　　　　　　　c 编印各种杂志之索引或检目,以便研究。

六、新闻　a 图书馆消息。

　　　　　(1)中国图书馆消息,全体披集,每月报告。

　　　　　(2)外国消息,撮要报告。

　　　　　b 出版界消息。

　　　　　(1)关于出版事业之新闻。

　　　　　(2)关于出版物之新闻。

　　　　　c 本会消息。

　　　　　(1)本会之进行及会议结果。

　　　　　(2)本会之各项报告。

七、杂俎　a 关于图书馆及图书馆生活之趣闻谈屑,文艺小说图画等。

　　　　　b 关于出版界及出版物之趣闻谈屑,文艺小说图画等。

　　　　　c 关于图书馆管理上诸问题。

八、广告　a 关于征求出让及交换书籍之广告。

b 关于书局出版书籍杂志之广告。

c 关于文具日用品之广告。

结　论

余述本月报之宗旨内容既竟,更有不能已于言者。余尝默察世界大势,文明之进化,端赖人群之合作。学术之进行,又何独不然。本杂志之发刊。对于学术界有重大之使命,非独为图书馆自身之计已也。故深望本会同人之尽力,以底于成,而尤望学术界诸君子之合作,以谋我国学术之进步。斯则全人等所祷者也。

中华图书馆协会创办《图书馆学季刊》(1926 年)

发刊辞

梁启超

图书馆学成为一专门科学,最近二十余年间事耳。顾斯学年龄虽稚,然在欧美则既蔚为大国,骎骎乎笼群学之枢键,而司其荣养焉。我国他事或落人后,而士大夫好读书之习则积之既久。故公私藏书之府彪炳今昔者未易一二数,于是目录之学缘之而兴,自刘略班志以下迄于逊清中叶,衍而愈盛,更分支派。其缥帙庋藏之法,亦各有颛家。至如类书编辑,肇创萧梁,丛书校刊,远溯赵宋,自而以来,岁增月益,其所以津逮学子者亦云美盛矣。所惜者宝存爱玩之意多,而公开资用之事少。坐是一切设备乃至纂录,只能为私家增饰美誉,而不适于善群之具。比年以来,学校日辟,自动教育之主旨亦随而日昌,于是图书馆之需要乃日益迫切。承学之士,负笈海外研精斯学者,与夫国内大学特设专科讲习者,既皆不乏;虽然以此有限之人才,供今后发展之需求,其竭蹶之形盖不待问。如何而能使斯学普及——使多数人得获有现代图书馆学最新之智识且谙习其运用以为改良旧馆增设新馆之资? 此国人所宜努力者一也。学问天下公器,原不以国为界,但各国因其国情不同,有所特别研究贡献。以求一科学中支派内容之充实,此则凡文化的国民所宜有事也。图书馆学之原理原则,虽各国所从同,然中国以文字自有特色,故以学术发展之方向有特殊情形,故书籍之种类及编庋方法,皆不能悉与他国从同。如何而能应用公共之原则,斟酌损益,求美求便,成一“中国图书馆学”之系统,使全体图书馆学之价值缘而增重? 此国人所宜努力者又一也。同人不揣棉薄,创此季刊,冀以嘤鸣之诚,幸获丽泽之益。海内外好学深思之士,或赐鸿篇,或纠疵误,惠而教之,所愿望也。

上海图书馆协会创办《上海图书馆协会会报》(1929年)

发刊大意

陈伯达

图书馆最发达之处,全世界首推美国。我国图书馆近年来虽增加不少,大小凡六七百所,而以幅员之大,人口之众,此六七百所,诚渺乎其微,不敷应用;何况此中有徒具明目,欲如一完备之书报室而亦不可得者,恐亦难免。

图书馆之意义如何?图书馆之沿革如何?图书馆之功用如何?图书馆于个人于社会之利益如何?于今日训政时期之建设上更如何迫切需要?凡此种种,明瞭者尚少,所以图书馆之事业,进步甚缓,其他各种事业,亦间接蒙其影响,有时或发生障碍,本刊当尽力以理论介绍与阅众而共同提倡之。

图书馆不仅在任何地方须设立,亦不仅在各级学校须添加;各党部,各农工商团体,以及各行政机关,小而至于家庭,均有设图书馆之必要,顾现在仅极少数之学校,或一二著名之团体有之;家庭中又大都藏而不阅。购时注重版本,而非在应用,于图书馆之旨相去甚远。本刊当以合用之计划披露,以最诚恳之意贡献之,督促之。

凡已成立之图书馆应如何引起阅书之兴趣?应如何养成阅书之习惯?应如何使布置有艺术化?应如何使组织有科学化?如何使图书之性质不失效用?如何使阅众寻书迅速,参考便利?本刊亦愿以最简明之原理,切实之方法,公之同道。

广州图书馆协会创办《广州图书馆协会会刊》(1929年)

发刊词

杜定友

广州图书馆协会之组织,有年矣。自民国十四年成立以后,其间以国家多故,内战频仍,以致会务停滞。数载之中,赖陈延煊,陈德芸,徐信符,梁春华,诸君,苦心维持,本会生命,不绝如缕。至十七年冬,本会同志以国内统一,训政伊始,自当重振旗鼓,及时努力。乃由陈君等奔走呼号,召集大会,改选职员。至今方得就绪。缘本会组织之初,良以团图书馆为专门事业,凡服务图书馆界者,自当集合研讨,以求图书馆学识之进益,力谋图书馆事业之发达。而对外尤有提倡与宣传之必要,爰有会刊之发行,借以通消息而供研究。会刊内容,署分四项:(一)论著(二)研究(三)会务(四)消息。每会员大会一次,发行一期。每期至少四页,盖本会同人,自量人才财力,两不逮人。故发行之初,不敢稍事铺张。力图日渐扩充,永机弗绝。免陷于虎头蛇尾之诮。区区愚诚,谅蒙阅者垂鉴。至若论文之篇幅较长,或研究讨论之可以专勒成书者,则随时发行专刊,以广流传。第同人等力薄鲜能,陨虞之处,知所难免。尚祈阅者诸君,随时指正,匡其不逮。倘蒙时锡鸿文,以光篇幅,尤为幸甚!

福建图书馆协会创办《福建图书馆协会会报》(1930 年)

发刊词

侯鸿鉴

闽省图书馆,自前年由程柏庐厅长提倡创办,鸿鉴偕谢君雪汀,姚君雨苍,筹备三月而开馆。时适中华图书馆协会,开全国会议于南京,鸿鉴代表省图书馆厅图书馆赴会,在京偕闽省各县图书馆代表,暨闽人之代表他省县图书馆者,有提议组织福建图书馆协会之说,得发起人十人,成筹备委员五人,迨返福州,组织图书馆协会,去年九月协会成立,闽南北及闽省垣同人,共得机关会员十二,个人会员七六,一时开会广盛,颇引起社会注意,今年五月拟开年会,已定期矣;适以烽火烛天,影响于图书馆协会者,致屡变其期。虽然,同人对于图书馆协会之会报,既不敢因军事之梗阻,而编辑遽停,又不容以文化之关系,而梓行稍缓,此区区一册之创刊,不能不应秋风之起,而借为吹送于四方。或者可希月旦之来,更敬领批评于大雅,岂不幸甚! 同人等不揣谫陋,采摭所得,搜罗所闻,而调查以姚君雨苍,编辑以叶君跻卿等诸君,致力为多,鸿鉴不文,乘谢君暨同人推委,作创刊之辞,愧无以应,迟迟者数月矣,兹因离闽之期近,遂乘炎炎酷暑之将终,借玉露秋凉之爽,而握管成此,得无笑西风病马,消瘦如斯,夜月笔花。寒俭过甚乎?

中华民国十九年秋八月锡山骥叟侯鸿鉴

浙江第二学区图书馆协会创办《浙江第二学区图书馆协会季刊》(1931 年)

发刊辞

雪昆

发扬我国固有的文化,和吸收外来的文化,普遍的灌输到我们的全民族里,保持着光大着民族固有的精神,提高未来的民族地位,这是我国的图书馆的绝大使命,也是我国的图书馆应尽的义务。

我国的图书馆既经负着这样绝大的使命,同时自然应尽那唯一的义务,这是绝对不容规避的。那么,担任办理图书馆事业的,决非单凭着一己的主观,和片面的观察,即能实现图书馆的使命,完成图书馆的唯一的义务。那么,怎样能够实现图书馆的使命,完成图书馆唯一的事业呢?在我们理想中,最低限度的要求,必须有相互的联络,和相当的集合;同时并须有深刻的研究,和恳切的讨论;才能探取多方面的长处,督促自己的进步,这是我们成立浙江省第二学区图书馆协会的主意。

我们的图书馆协会的设立,现在已经过了一个年头了;年年到了春秋两季,总要开一次大会,现在预备进行第三次大会了;集合的地点,先前是固定的,后来是流动的,现在已经巡回过两具了。我们相互的调查以往的经过,设计将来的工作,发现了一切的缺点,同时并觉着忽略了,许多应有的建设;为了这个原因,我们在那第二次会议里边,议决编制一种季刊,把那经过的事实,研究的新的,尽量地宣布出来,恳求办理图书馆事业和研究图书馆学的同志们,给我们以赤裸裸的批评或指正! 这是我们深深地感激的!

无锡图书馆协会创办《无锡图书馆协会会报》(1932 年)

发刊词

编者

数年来各会社各机关之出版日报也,周报也,旬刊也,月刊也,实多如过江之鲫。最近九一八空前外祸临头之后,报章杂志之刊印也,更若雨后春笋之蓬勃生长。本会于此民国二十一年开始之际,亦不揣棉薄之力,所以刊印量不上七八小页,质不过三五拙文者,聊尽吾会分内之事耳。故所揭橥之要义,仅为后列二点。

一曰研究活用图书馆方法——考我国保藏图书,远溯周老,其后台,室,院,府,楼,殿,馆,阁,由藏书楼而改称欧名图书馆者,此进步之现象也。图书校编目录,肇创汉刘,中经志,录,薄,略,典,史,部,目,由非七即四而变为西化之统一宗十者,斯亦进步之现象也。但如何能使图书馆由保藏文化进而为发扬文化? 由辅助教育机关进而为实施全民教育机关? 由静而动? 由死而生? 凡此种种,皆为本会同人所刻刻欲研究者也。

一曰设法推行图书馆事业——图书为古人传递绵延思想学术之代表,图书馆为今人改造增进思想学术之宝库;是故美国图书馆之林立,俄国今年图书馆之剧增,他若欧西各国无不重视图书馆者,无他,所以欲完成全民教育耳,我国今日,亦知民主政治之无由实现,国民经济之陷于贫困,衰颓社会之不能振兴,日下世风之不能挽救,皆由于大多数民众之未受教育。今当民众教育肇始之际,其唯一能手之图书馆事业,当如何极力推行? 此亦为本会同人所亟亟欲设法者也。

本会同人之井蛙之识,野人之曝,本无为文梓椠之价值;但深原以此靡微之音,弱小之声,得波震吾国教育界诸君,起而匡正,赐以雅教,是所切祷。

浙江第一学区图书馆协会创办《浙江第一学区图书馆协会会刊》(1934 年)

弁言

浙江之图书馆事业,其历史既有久远之渊源,其数量在全国各省中亦在前列。盖浙省之私家藏书既炳耀前史,文澜阁书开公共阅览之滥觞,即省县之藏书楼亦在光绪间先后创设,不如河南陕西等省至宣统间始创,更非安徽江西山西等省在民国以后设立者所可比。就其数量言之,则二十年中华图书馆协会所调查,浙江居第四位,教部统计全国图书馆二九三五所,浙江凡二五〇所,居第五位。而图书馆间相互之联络,则在十三年间即有杭州图书馆协会之设,又不可谓非开风气之先者也。

第一学区包括旧杭州府属各县,即杭州市及杭县富阳余杭临安于潜昌化新登等七县是。第一学区既为省会之所在,其图书馆自较他学区为多。据本会之调查,并民教馆及中学以上图书馆计之,凡八十所,居全省图书馆四分之一,而省立图书馆亦在本学区之中。杭州图书馆协会虽略经停顿,至二十一年五月而有本会之成立,其范围自杭州推及于本学区,其所以策联络共进之效者,盖视昔为尤进焉。

本会自成立以来,曾在省立图书馆,之江交理学院图书馆、私立浙江流通图书馆、及海宁县立图书馆,先后举行大会四次,执监会曾集会凡九次。以现代图书馆工作之繁重,故会员各以其固有职责之牵制,对会务不能多所献替。凡创始时所期望者,未能完全实现。然如各图书馆相互间之联络,学校图书馆与民众图书馆诸问题之讨论,图书馆学讲演之举行,应用簿籍表卡之征集与分发,亦不无成效之可言。而如对社会宣导图书馆之重要,增加其应用图书馆之习惯,亦有因斯会之联络而增其效力者。此尤吾人不敢过自菲薄,原普告社会,期益与以指导与匡助也。

本会在此二年中,久欲编为会刊,旋以鉴于国内定期刊物之日增,以为实际工作比文字表示更为重要。顾一部分会员则以为会务之报告,各馆之情形,乃至实际问题之商讨,不可不有相互之传达,且以使社会有相当之联络。爰于四次大会之后,辑集会史论文与图书馆应用表卡之审查报告等,汇为一帙,而成此刊。同人之意,将以此刊为本会同人间相互报告攻磋之地,与策励服务改进之资;同时兼为对社会之忠实自白,且期其稍能转移社会之成见,而增一般人应用图书馆之习惯。本省图书馆事业,有待于改进者何限,同人等尤原倡导风声,以为更广之联络偕进于准备。本刊既以报告意味为主,其刊行不以定期,积有材料,即以绩刊。所望本会会员,共予扶掖,各界君子咸赐指教,俾本会之所自期者,得渐谋其实现焉。

中国图书馆学社创办《图书馆学报》(1945 年)

发刊辞

本学报发刊伊始,本社同人编行这个刊物的旨趣何在,愿有以就正与我国图书馆界暨外界诸君子。谨应陈所见如文:图书馆学是一种新兴的西洋学术,在欧美诸国,图书馆界成为一种专业的组织,图书馆业务,为一种专门学科研究与事业经营,都只是在十九世纪七十年代以后的事。现代图书馆介绍入我国,对此有所创办与讲习,乃是民国以来的事。话虽如此说,但自本世纪以来,尤其在第一次世界大战之后,领导世界图书馆业务的美国图书馆界,对于图书馆服务有关的学理之研究,技术之改进,制度之建立,专业之创办各方面,都有了好些崭新的,精彩的学术研究作品问世。它们对于近年图书馆业务的进展,影响广大。欧洲图书馆界亦闻风兴起,交相观摩。欧美两派图书馆学,更渐有合义的趋势。在目前第二次世界大战终了以后,可以断言,欧美图书馆界必又有一番新的改进。既是这样,图书馆学既有了它在过去许多世纪所积累得到的遗产,更有了此新的创设,其能成为一种具有坚实丰富内容的学术之事理,当为其它学术界人士所不能否认的了。同时呢,这种革新的图书馆学,函有对于我中国图书馆界同仁来共同介绍,研讨,并创作,然后我等终得不为时代之落伍者,缠有以自见于国际图书馆界,本刊的发行,愿为我国图书馆界供给一个图书馆学术研究发表的园地。此其一。

我中国以文化灿烂悠久闻于世,历代以来,图书公藏与私藏以及其相关的事业,都为朝野所重视。然则在今日的我国图书馆界,为发扬光大这种光荣的传统,对于今后的我国图书馆学术事业的改进,必当尽其最大的努力了。图书馆学有其纯粹的学术内容,更有其属于地域性的学术内容。因此之故,想谋我国图书馆事业的发展,只移植外来图书馆学术不为功,只学步于外国图书馆的设施,尤未见其可！本社同人窃以为我中国图书馆界,当多多研讨有关中国图书馆学术诸题材,解决中国图书馆各种实际问题,进以谋中国图书馆学术体系以及事业制度的建立,视为当务之急。这种责任,在我国图书馆界同仁,实责无旁贷。外国图书馆专家与学者,与本国的外界人士,对此能为力之处,毕竟有限。兹事体大,头绪纷繁,自不必说。我国经历此次抗战,大小图书馆遭受极大的损失,只图谋恢复,已甚不易易,这样一来更加重了我等的困难与负担。然而事在人为,有志竟成,我国人向以勤勉,坚毅,能干者称,设我国图书馆界同仁,不甘傲我中华民族的不长进份子,对于战后我国图书馆的规复,以及我国图书馆学术事业卓然树立的大业,自必急起图之！本社同人不敏,愿为在此方面努力的诸同志,略尽执鞭之劳,共効驰驱！本刊甚愿能多刊布此类的文字。此其二。

考察近代人类知识学术演进的史实,可知一学术界进步与否,可以代表该学术界的团体组织,是否健全活跃,传布该学术界的言论与学术刊物,是否质与量都够好,作为一种衡量的尺度。这种例证,并不逮求,即就目前我国某某学术界的情况来讲,那些是够标准的,那些是不够标准的,必都逃不过明眼人们的观察。本社同人认为不能不令人深抱遗憾的,乃是我国图书馆界,在近一二十年内,的确没有干出什么好的成绩来。本界各种事体,多只是在停顿的,或退化的状态中,在平时,在战时,本界未能努力谋贡献,求进展的事例,虽不算少,固然,图书馆事业原有其本身的限制,它乃是一种最依赖外界支援,最易受外界影响的教育,文化,学术业务,然而将我等自己的不肖与不长进,全都掩饰起来,完全只透过于时会与环境,我等却当认为这是最不应该,最不智,最危险的一种作风！我图书馆界同仁,必当正视现实,严格做自我的检讨,切实改进,这□自□自强的正道！且说我中华图书馆界,在近年来,集体组织与事业是怎样健全,怎样活跃呢？学术以及言论刊物是怎样兴成？怎样自由呢？对这种局面,又是否有待本界同仁奋起改革呢？我等未敢自是,对这几个问题,固早已有我等直率的答复,然并不可勉强人以同我,所以原闻本界同仁之明教。本学报的发刊,原对于我图书馆本业情况的改进上,特别对于加强本界集体与个人之努力,及言论自由的事上,能有微末的贡献。此其三。

综合以上三点,述本社同人发刊本学报的旨趣留尽其荦荦大者,吾人等实自知能力薄弱,对上面所揭示的种种,能做到多少,也并不敢自信,这一期创刊号能与读者见面,就是一件颇费心力的事。但吾人却敢相信,凡正当的事,是必应当有人出来干的,而其能成功,也是必然的。有所耕耘,必能有所收获,虽成功不必在我,却是并不消丝毫介怀的一件事。吾人今不自量力,编行这个学报,其能有以自慰的,仅此而已。至于督促并扶助本刊的长盛,谨以企求于对它表同情,怀希望的诸君子!

后　　记

从 2012 年完成博士学位论文《中华图书馆协会研究（1925—1949）》，到本书的出版，刚好十年整。从中华图书馆协会到民国时期的图书馆社团，在学术研究的道路上一路走来，我需要感谢的人太多。

我要感谢我的硕、博士导师姚乐野教授。姚老师治学严谨、博闻强识，在图书馆史、信息资源管理等多个研究领域深耕不辍，颇有建树。姚老师不仅引导我对于图书馆史研究的志趣，不遗余力地锤炼我的研究和写作能力，培养我的学术素养，而且往往能在我迷思困顿之时，高屋建瓴直指要点，从我的硕、博士论文的写作，到平时的科研工作，乃至本书的完成，每个阶段都离不开姚老师的指导与点拨。可以说，没有姚老师的严格要求和敦促鼓励，没有参加姚老师的科研团队，我不会在图书馆史研究的道路上走这么远，更不会有本书的完成。同时，我要感谢师母陈丽莉老师，从攻读硕士研究生投到姚老师门下到现在已有十八载，陈老师时常关心我的学习、生活和工作，鼓励我自立自强，她是我的榜样。

感谢中山大学的程焕文教授、武汉大学的周耀林教授、南京大学的郑建明教授、南方科技大学的燕今伟教授、四川大学黄存勋教授对我博士学位论文的肯定，这进一步激励了我以图书馆史为努力的方向。

感谢四川大学党跃武教授和赵媛教授对本课题申请的大力支持，感谢国家社科基金后期资助项目的相关评审专家在本课题立项、结项之时给出的修改建议和意见，使本书更趋严谨和完善。

感谢国家图书馆出版社图书馆学编辑室的唐澈女士和邓咏秋女士对本书严谨细致的审校和把关。

感谢成都大学任家乐博士，淮阴师范学院唐艳博士，四川师范大学黎飞博士，四川大学胡康林博士、华礼娴博士等同门，在我写作本书过程中予以文献资料方面的帮助。

感谢我的家人，你们的支持和鼓励，给了我走出困境的勇气和决心。

　　民国时期的图书馆社团主题宏大,草蛇灰线多隐没其中,因此在本书的写作过程中,我始终战战兢兢,如履薄冰,不敢有所懈怠,不敢似是而非,亦不敢稍有虚论。然而由于本人才力不逮等原因,不足和谬误之处在所难免,敬请专家学者不吝批评指正,以便后续完善。

王阿陶

2022 年 7 月